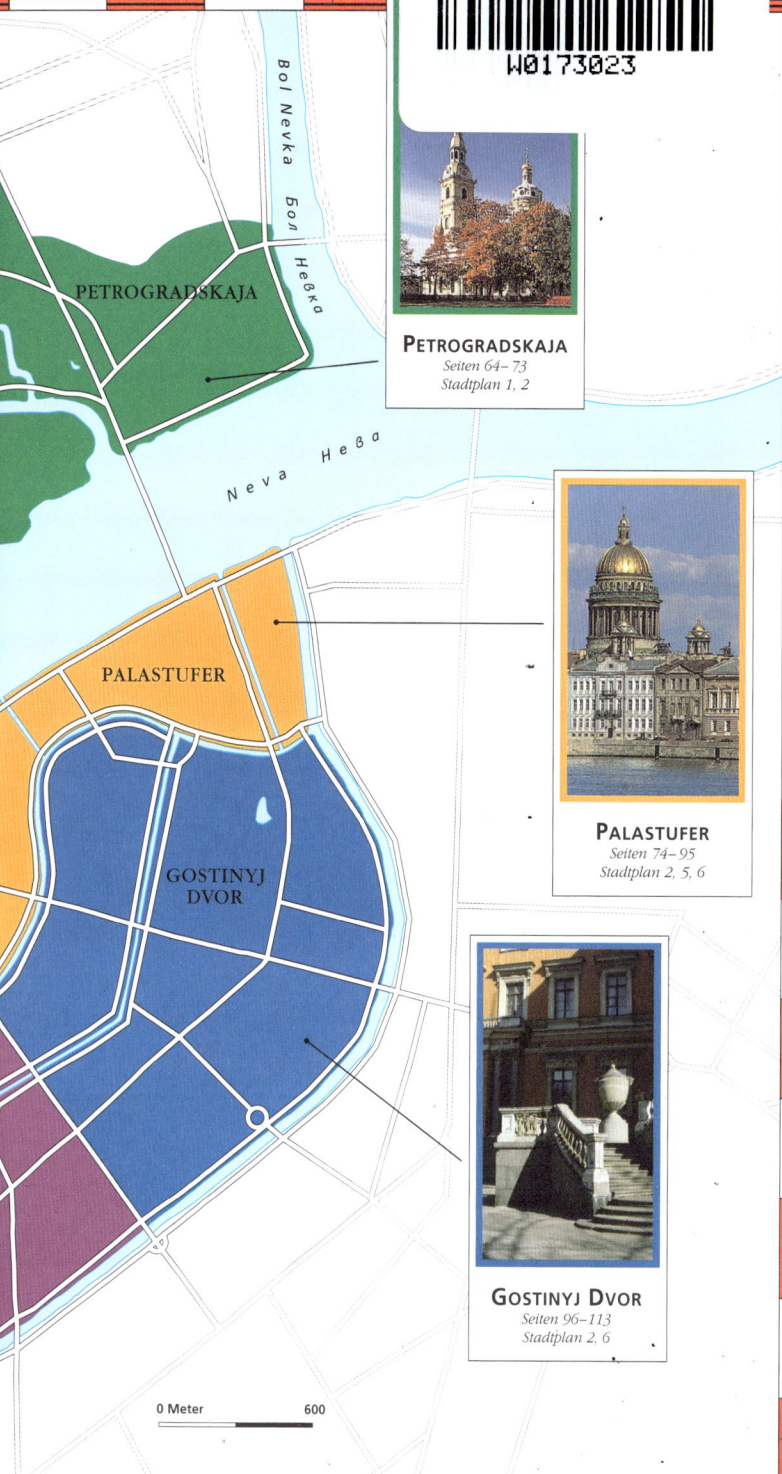

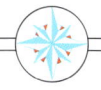

ST. PETERSBURG

ST. PETERSBURG

Hauptautoren: CATHERINE PHILLIPS,
CHRISTOPHER UND MELANIE RICE

DORLING KINDERSLEY
LONDON • NEW YORK • MÜNCHEN
MELBOURNE • DELHI
www.dorlingkindersley.de

Ein Dorling Kindersley Buch
www.dorlingkindersley.de

TEXTE
Catherine Phillips, Christopher und Melanie Rice

FOTOGRAFIEN
Demetrio Carrasco, John Heseltine

ILLUSTRATIONEN
Stephen Conlin, Maltings Partnership,
Chris Orr & Associates, Paul Weston

KARTOGRAFIE
Rob Clynes, Maria Donnelly,
Ewan Watson (Colourmap Scanning Ltd)

REDAKTION UND GESTALTUNG
Dorling Kindersley London: Anna Streiffert, Marisa Renzullo, Ella Milroy, Gillian Andrews, Carolyn Hewitson, Paul Jackson, Elly King, Nicola Rodway, Joy Fitzsimmons, Emily Green, David Pugh, Samantha Borland, Sarah Martin, Pamela Shields, Douglas Amrine

•

© 1998, 2013 Dorling Kindersley Limited, London
Titel der englischen Originalausgabe:
Eyewitness Travel Guide *St. Petersburg*
Zuerst erschienen 1998 in Großbritannien
bei Dorling Kindersley Ltd.
A Penguin Company

•

Für die deutsche Ausgabe:
© 1999, 2013 Dorling Kindersley Verlag GmbH, München

Aktualisierte Neuauflage 2013 / 2014

Alle Rechte vorbehalten, Reproduktionen, Speicherung in Datenverarbeitungsanlagen, Wiedergabe auf elektronischen, fotomechanischen oder ähnlichen Wegen, Funk und Vortrag – auch auszugsweise – nur mit schriftlicher Genehmigung des Copyright-Inhabers.

•

PROGRAMMLEITUNG Dr. Jörg Theilacker, Dorling Kindersley Verlag
PROJEKTLEITUNG Stefanie Franz, Dorling Kindersley Verlag
ÜBERSETZUNG Pesch & Partner, Bremen
REDAKTION Gerhard Bruschke, München
SCHLUSSREDAKTION Philip Anton, Köln
LITHOGRAFIE Colourscan, Singapur
DRUCK South China Printing Co. Ltd., China

ISBN 978-3-8310-1541-2
11 12 13 14   16 15 14 13 12

Dieser Reiseführer wird regelmäßig aktualisiert. Angaben wie Telefonnummern, Öffnungszeiten, Adressen, Preise und Fahrpläne können sich jedoch ändern. Der Verlag kann für fehlerhafte oder veraltete Angaben nicht haftbar gemacht werden. Für Hinweise, Verbesserungsvorschläge und Korrekturen ist der Verlag dankbar. Bitte richten Sie Ihr Schreiben an:

Dorling Kindersley Verlag GmbH
Redaktion Reiseführer
Arnulfstraße 124 • 80636 München
travel@dk-germany.de

◁ **Fassade der Eremitage** *(siehe S. 84 – 93)*
◁◁ **Umschlag: Katharinenpalast in Carskoje Selo** *(siehe S. 152 – 155)*

INHALT

BENUTZERHINWEISE 6

Schiffsmodell aus Bronze,
ein Symbol für St. Petersburg

ST. PETERSBURG STELLT SICH VOR

VIER TAGE IN ST. PETERSBURG
10

ST. PETERSBURG AUF DER KARTE
12

DIE GESCHICHTE VON ST. PETERSBURG
16

ST. PETERSBURG IM ÜBERBLICK 32

St. Petersburger genießen den Schnee
vor der Admiralität *(siehe S. 78)*

NEVSKI PROSPEKT
46

DAS JAHR IN ST. PETERSBURG 50

Die Kleine Marstallbrücke *(siehe S. 35 und S. 37)* führt über die Mojka

| ANREISE *218* |
| IN ST. PETERSBURG UNTERWEGS *221* |
| STADTPLAN *230* |
| TEXTREGISTER *246* |
| DANKSAGUNG UND BILDNACHWEIS *258* |
| SPRACHFÜHRER *260* |

STADTTEILE VON ST. PETERSBURG

VASILEOSTROVSKI-INSEL *56*

PETROGRADSKAJA *64*

PALASTUFER *74*

GOSTINYJ DVOR *96*

ZU GAST IN ST. PETERSBURG

HOTELS *168*

RESTAURANTS *178*

SHOPPING *194*

UNTERHALTUNG *200*

GRUND-INFORMATIONEN

PRAKTISCHE HINWEISE *208*

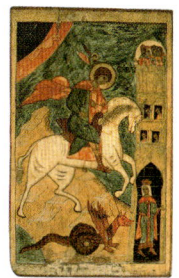
Ikone des hl. Georg mit dem Drachen (15. Jh.), Russisches Museum

VERKEHRSNETZ
Hintere Umschlaginnenseiten

Peterhof: Vergoldete Skulptur an der Großen Kaskade *(siehe S.151)*

SENNAJA PLOŠČAD *114*

ABSTECHER *124*

DREI SPAZIERGÄNGE *132*

AUSFLÜGE *140*

Die Isaakskathedrale ist innen mit mehr als 40 verschiedenen Steinen und Mineralien verschwenderisch geschmückt *(siehe S. 80f)*

Benutzerhinweise

Mit seinen Empfehlungen und praktischen Hinweisen soll dieser Reiseführer Ihren Besuch in St. Petersburg zu einem unvergesslichen Erlebnis machen. *St. Petersburg stellt sich vor* beschreibt geografische, historische und kulturelle Zusammenhänge, die Zeitskala vermittelt Ihnen einen Überblick über die russischen Herrscher und wichtige Ereignisse. *St. Petersburg im Überblick* zeigt die Hauptattraktionen der Stadt. Das Kapitel *Die Stadtteile von St. Petersburg* begleitet Sie mit Karten, Fotos und Illustrationen durch die Metropole. Auf den vorgeschlagenen Spaziergängen durch St. Petersburg lernen Sie die Kanäle und Inseln der Stadt kennen. Das Kapitel *Ausflüge* schlägt ein- oder zweitägige Kurzreisen in die Umgebung vor. Empfehlenswerte Hotels, Restaurants, Shopping- und Unterhaltungsmöglichkeiten finden Sie im Abschnitt *Zu Gast in St. Petersburg*. Die *Grundinformationen* versorgen Sie mit Wissenswertem aus allen Bereichen und vielen praktischen Tipps.

Orientierung in St. Petersburg

Jedes Kapitel beginnt mit einer Einführung zu Geschichte und Charakter des dargestellten Gebiets. Detailkarten zeigen interessante Straßenzüge des Stadtteils. Sehenswürdigkeiten außerhalb St. Petersburgs sind in Übersichtskarten eingezeichnet. Die Nummerierung der Sehenswürdigkeiten entspricht genau der Nummerierung auf den Karten. Wichtigen Sehenswürdigkeiten sind zudem ein oder mehrere Doppelseiten gewidmet.

1 Stadtteilkarte
Die Stadtteilkarte bietet einen Überblick des folgenden Stadtteils. Alle Sehenswürdigkeiten sind in der Karte eingezeichnet und nummeriert (zusätzlich auch die Metro-Stationen).

Die Orientierungskarte zeigt Ihnen auf einen Blick, wo sich der Stadtteil befindet.

Die Farbcodierung auf jeder Seite erleichtert das Auffinden von Stadtteilen.

Zur Orientierung

Der rot unterlegte Teil der Stadtteilkarte wird in der *Detailkarte* zeichnerisch dargestellt.

2 Detailkarte
Aus der Vogelperspektive wird der farbig hervorgehobene Kern eines Stadtteils detailgetreu mit allen Gebäuden gezeigt. Die Sehenswürdigkeiten werden kurz erläutert. Die Nummern korrespondieren mit denen der Stadtteilkarte.

Routenempfehlungen führen Sie durch die interessantesten Straßen des Stadtteils.

BENUTZERHINWEISE

DIE STADTTEILE VON ST. PETERSBURG

Diese Übersichtskarte von St. Petersburg *(siehe S. 14f)* zeigt fünf farbig markierte Stadtteile. Diese Bereiche werden im Kapitel *Die Stadtteile von St. Petersburg (siehe S. 54–139)* detailliert dargestellt und beschrieben. Diese Einteilung St. Petersburgs zieht sich durch den gesamten Reiseführer.

Im Abschnitt *St. Petersburg im Überblick (siehe S. 32–49)* zeigen wir Ihnen die Highlights der Stadt, die Sie auf keinen Fall versäumen sollten.

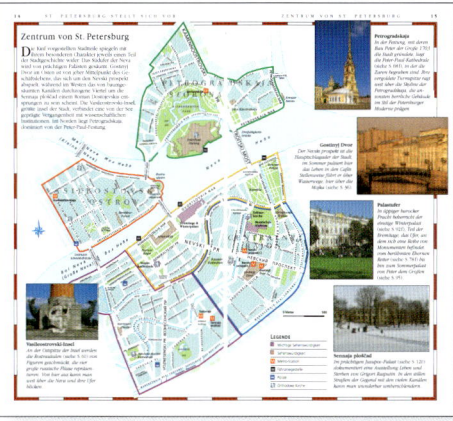

Die Zahlen beziehen sich auf die Stadtteilkarte und die Reihenfolge innerhalb des Kapitels.

Der Infoblock bietet praktische Informationen sowie Verweise auf den *Stadtplan (S. 230–245)*.

Hinweis: In diesem Buch verwenden wir das international etablierte **Transliterationssystem nach DIN 1460**. »Tschaikowsky« wird demnach zu »Čajkovski«, »Puschkin« zu »Puškin«.

3 Detaillierte Informationen
Hier werden die Sehenswürdigkeiten einzeln beschrieben. Die Reihenfolge entspricht der Nummerierung in der Stadtteilkarte am Anfang jedes Kapitels. Alle Symbole werden auf der hinteren Umschlagklappe erklärt.

Die Infobox enthält praktische Informationen, die Ihnen die Planung des Besuchs erleichtern.

Textkästen versorgen Sie mit interessanten Hintergrundinformationen und Geschichten.

4 Hauptsehenswürdigkeiten
Den Highlights der Stadt werden zwei oder mehrere Doppelseiten gewidmet. Historische Gebäude finden Sie im Aufriss dargestellt, farbige Grundrisse von Museen helfen Ihnen, die wichtigsten Exponate rasch zu finden.

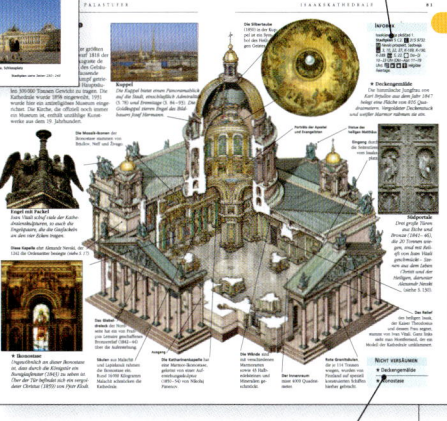

Sterne kennzeichnen die wichtigsten Sehenswürdigkeiten.

ST. PETERSBURG STELLT SICH VOR

Vier Tage in St. Petersburg 10-11

St. Petersburg auf der Karte 12-15

Die Geschichte von St. Petersburg 16-31

St. Petersburg im Überblick 32-49

Das Jahr in St. Petersburg 50-53

Vier Tage in St. Petersburg

Seit der Gründung der Stadt im Jahr 1703 hat St. Petersburg gleich mehrfach den Namen gewechselt. In einem Sumpfgebiet ließ Peter der Große eine glänzende Metropole nach europäischem Vorbild entstehen, schon 1712 wurde sie Hauptstadt Russlands. Rund 200 Jahre später war St. Petersburg die »Wiege der Revolution«, hier kam Lenin an die Macht. Im Zweiten Weltkrieg wurde die Stadt zum Symbol des russischen Widerstandswillens. Mit den Schätzen der Eremitage und den zahlreichen Events präsentiert sich die nach Moskau zweitgrößte russische Metropole heute als Kulturhauptstadt des Landes. Die folgenden vier Routenvorschläge führen Sie zu allen Highlights der Stadt. Die Preisangaben enthalten Fahrtkosten, Eintritt und Essen, der Familienpreis ist für zwei Erwachsene und zwei Kinder berechnet.

Siegesdenkmal

Rastrellis prächtige Haupttreppe im Winterpalast *(siehe S. 92 f)*

Zaristische Stadt

- Einmalige Kunstschätze
- Prunkvolle Plätze
- Auf den Spuren Rasputins

Zwei Erwachsene
etwa 6000 Rubel (150 €)

Vormittags
Den Tag beginnen Sie am besten im Stadtzentrum mit dem barocken **Winterpalast** *(siehe S. 92 f)*, einst die offizielle Residenz der Zarenfamilie und heute das Herz der Eremitage *(siehe S. 84–93)*. Versäumen Sie nicht die herrlichen Prunksäle, in denen die Zaren bedeutende Staatsgäste empfingen. Über den **Schlossplatz** *(siehe S. 83)* gelangt man zum Generalstabsgebäude, das heute zur Eremitage gehört. Ein Spaziergang am Palastufer führt Sie zum Restaurant **Krokodil** *(siehe S. 186)*, in dem Sie zu Mittag essen können.

Nachmittags
Über die Galernaja ulica geht es zurück zum **Senatsplatz** *(siehe S. 78)* mit dem **Ehernen Reiter**, einem Standbild Peters des Großen. Jenseits der Neva erkennt man die eleganten Stadthäuser und Museumsbauten der Vasileostrovski-Insel.

Weithin sichtbar ist die goldene Kuppel der **Isaakskathedrale** *(siehe S. 80 f)*. 40 Jahre dauerte die Errichtung des gewaltigen Kirchenbaus, der seit der Sowjetära als Museum dient.

Weniger als einen Kilometer westlich birgt der **Jusupov-Palast** *(siehe S. 120)* eine Ausstellung über Grigori Rasputin, den berüchtigten »Heiligen«, der hier von Fürst Felix Jusupov ermordet wurde. Essen Sie im **Bella Vista** *(siehe S. 188)* mit schönem Blick auf die Neva zu Abend oder – deutlich preiswerter – im gemütlichen **1913** *(siehe S. 185)*.

Russische Metropole

- Orthodoxe Ikonen
- Mittagessen auf typisch russische Art
- Zwischendurch Mitbringsel einkaufen

Zwei Erwachsene
etwa 4800 Rubel (120 €)

Vormittags
Wir führen Sie zu den wichtigsten Sehenswürdigkeiten in St. Petersburg. Beginnen Sie im **Russischen Museum** *(siehe S. 104–107)* mit der weltweit größten Sammlung russischer Kunst. Bewundern Sie die **Erlöserkirche** *(siehe S. 100)* mit ihrem prächtigen Innenraum. Danach bietet

Die Erlöserkirche *(siehe S. 100)* – ein Beispiel für den altrussischen Stil

◁ Stadtansicht von St. Petersburg mit der Troicki-Brücke (19. Jh.) von Johann Heinrich Schröder (1757–1812)

sich ein traditioneller russischer Mittagstisch im **Kalinka-Malinka** *(siehe S. 187)* an.

Nachmittags
Auf dem **Souvenirmarkt** *(siehe S. 199)* finden Sie Ikonen und Pelzmützen. Mit der Metro zum Ploščad Alexandra Nevskovo kommen Sie zum **Alexandr-Nevski-Kloster** *(siehe S. 130f)*. Viele berühmte Russen liegen hier begraben, darunter Čajkovski und Dostojevski. Der Nachmittag klingt mit einem Gottesdienst in der Verkündigungskirche aus. Beenden Sie den Tag mit einem Besuch bei **Slavjanski stil** *(siehe S. 198)*, wo es hübsche Leinenstoffe gibt.

Eine abendliche Ballett-Aufführung *(siehe S. 202f)* oder ein Abendessen im **St. Peterburg** *(siehe S. 188)* sollte man rechtzeitig buchen.

Spass für Kinder

- Lockende Aussichten
- Im Gruselkabinett
- Speisen unter Bäumen
- Zirkus oder Eisbahn

Familie zu viert
etwa 4500 Rubel (110 €)

Vormittags
Genießen Sie zuerst den Ausblick von der Kuppel der **Isaakskathedrale** *(siehe S. 80f)*. In der **Strelka** *(siehe S. 58f)* im Osten der Vasileostrovski-Insel erwarten Sie mehrere interessante Museen *(siehe S. 60f)*, darunter das **Zoologische Museum**, das **Marinemuseum** und – sofern Sie starke Nerven haben – die teils bizarren Kuriositäten der **Kunstkammer**.

Ein Spaziergang über den Fluss führt Sie nach Petrogradskaja *(siehe S. 64–73)*. In der **Pelmeni Bar** können Sie sich bei Hausmannskost stärken, Vegetarisches bietet **Troicki most** *(siehe S. 193)*.

Nachmittags
Highlight von Petrogradskaja ist die **Peter-Paul-Festung** *(siehe S. 66f)* mit der herrlichen Kathedrale. Hier gibt es

Die Münze *(siehe S. 66)* in der Peter-Paul-Festung ist noch heute in Betrieb

auch für Kinder sehr viel zu sehen. Im Sommer bietet der Park jenseits des Mauerrings jede Menge Unterhaltung für die ganze Familie.

Das Restaurant **Zver** *(siehe S. 185)* im Park ist umgeben von Bäumen, unter denen es sich entspannen lässt, während die Kinder herumtollen.

Nach dem Mittagessen bringt Sie die Metro nach Krestovski Ostrov. Zu Fuß erreichen Sie schnell die westliche Spitze der **Jelagininsel** *(siehe S. 136f)*, wo Sie ein toller Sonnenuntergang und im Winter eine Eisbahn erwarten. Kinder lieben hier den **Zirkus** *(siehe S. 201)*.

Sowjetische Stadt

- Stätten der Revolution
- Denkmäler für das Volk
- Speisen wie zu Sowjet-Zeiten

Zwei Erwachsene
etwa 2800 Rubel (70 €)

Vormittags
Wer auf den Spuren Leningrads, der »Wiege der Revolution«, wandeln möchte, startet am besten am Stadtrand im **Smolnyj-Institut** *(siehe S. 128f)*, dem Ausgangspunkt der Oktoberrevolution und späteren Sitz der Kommunistischen Partei. Mit dem Bus Nr. 46 kommen Sie zum Denkmal für Dzeržinski, den Gründer der sowjetischen Geheimpolizei. Vorbei am **Marsfeld** *(siehe S. 94)*, wo man die Opfer der Revolution begrub, geht es über den Fluss zur schönen **Villa Kšesinskaja** *(siehe S. 72)*. Der berühmte **Kreuzer *Aurora*** *(siehe S. 73)* liegt nicht weit entfernt. Für ein Mittagessen bietet sich das **Salchino** *(siehe S. 185)* an.

Nachmittags
Das **Kirov-Museum** *(siehe S. 72)* widmet sich dem ersten Sekretär der Leningrader kommunistischen Partei, dessen Ermordung 1934 eine Säuberungsaktion folgte.

Fahren Sie mit der Metro bis Moskovskaja, wo das **Siegesdenkmal** *(siehe S. 131)* die Bevölkerung des belagerten Leningrad ehrt. Die Metro bringt Sie zurück zum Technologischen Institut. Jede Station der Metro-Linie Avtovo–Ploščad Vosstanija beleuchtet Aspekte der Geschichte St. Petersburgs *(siehe S. 16–31)*. Dem Tag angemessen speist man im **Kvartirka** *(siehe S. 187)* oder im **Russki kitč** *(siehe S. 184)*.

Metro-Station Avtovo *(siehe S. 222)* – eine der prachtvollsten der Stadt

St. Petersburg auf der Karte

Die Russische Föderation oder Russland ist mit einer Fläche von 17,07 Millionen Quadratkilometern das größte Land der Erde. Im Nordwesten dieses Landes liegt St. Petersburg, mit knapp fünf Millionen Einwohnern – nach Moskau – die zweitgrößte Stadt des Landes. Die Metropole wurde in einem Sumpfgebiet erbaut, dort, wo die Neva in den Finnischen Meerbusen mündet. Einst war sie Russlands Hauptstadt und als das »Tor zum Westen« *(siehe S. 20f)* bekannt.

Weitere Zeichenerklärungen *siehe hintere Umschlagklappe*

Zentrum von St. Petersburg

Die fünf vorgestellten Stadtteile spiegeln mit ihrem besonderen Charakter jeweils einen Teil der Stadtgeschichte wider. Das Südufer der Neva wird von prächtigen Palästen gesäumt. Gostinyj Dvor im Osten ist von jeher Mittelpunkt des Geschäftslebens, das sich um den Nevski prospekt abspielt, während im Westen das von baumgesäumten Kanälen durchzogene Viertel um die Sennaja ploščad einem Roman Dostojevskis entsprungen zu sein scheint. Die Vasileostrovski-Insel, größte Insel der Stadt, verbindet eine von der See geprägte Vergangenheit mit wissenschaftlichen Institutionen. Im Norden liegt Petrogradskaja, dominiert von der Peter-Paul-Festung.

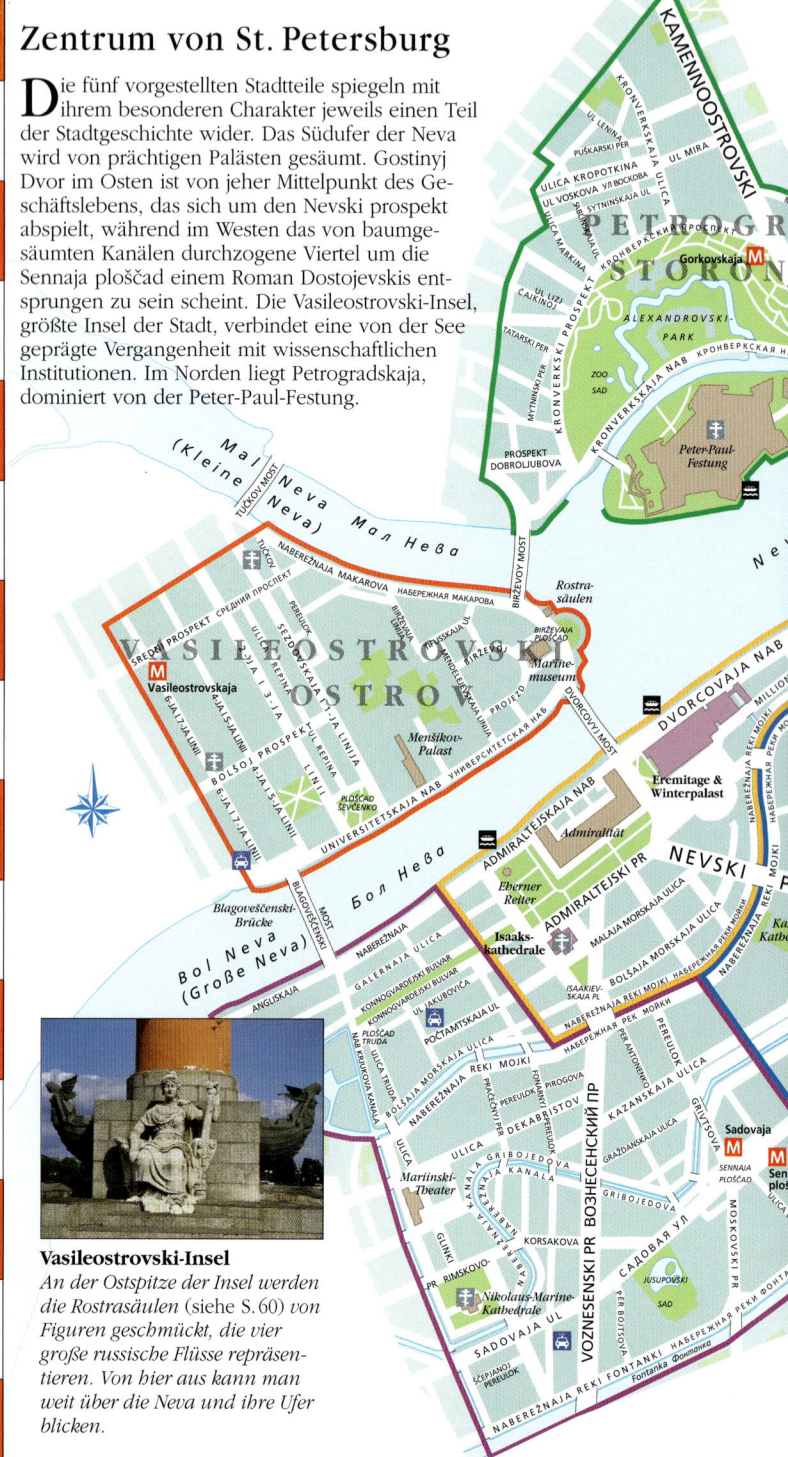

Vasileostrovski-Insel
An der Ostspitze der Insel werden die Rostrasäulen (siehe S. 60) von Figuren geschmückt, die vier große russische Flüsse repräsentieren. Von hier aus kann man weit über die Neva und ihre Ufer blicken.

ZENTRUM VON ST. PETERSBURG

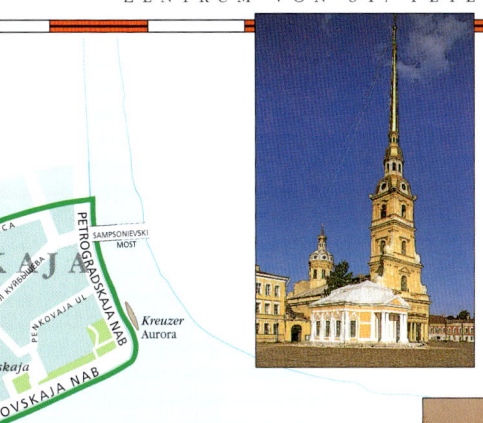

Petrogradskaja
In der Festung, mit deren Bau Peter der Große 1703 die Stadt gründete, liegt die Peter-Paul-Kathedrale (siehe S. 68f), in der die Zaren begraben sind. Ihre vergoldete Turmspitze ragt weit über die Skyline der Petrogradskaja, die ansonsten herrliche Gebäude im Stil der Petersburger Moderne prägen.

Gostinyj Dvor
Der Nevski prospekt ist die Hauptschlagader der Stadt, im Sommer pulsiert hier das Leben in den Cafés. Stellenweise führt er über Wasserwege, hier über die Mojka (siehe S. 36).

Palastufer
In üppiger barocker Pracht beherrscht der einstige Winterpalast (siehe S. 92f), Teil der Eremitage, das Ufer, an dem sich eine Reihe von Monumenten befindet: vom berühmten Ehernen Reiter (siehe S. 78f) bis hin zum Sommerpalast von Peter dem Großen (siehe S. 95).

LEGENDE
- Wichtige Sehenswürdigkeit
- Sehenswürdigkeit
- **M** Metro-Station
- Fähranlegestelle
- Polizei
- Orthodoxe Kirche

Sennaja ploščad
Im prächtigen Jusupov-Palast (siehe S. 120) dokumentiert eine Ausstellung Leben und Sterben von Grigori Rasputin. In den stillen Straßen der Gegend mit den vielen Kanälen kann man wunderbar umherschlendern.

Die Geschichte von St. Petersburg

Binnen zehn Jahren nach der Gründung im Jahr 1703 wurde St. Petersburg Hauptstadt des riesigen Russischen Reiches und galt als eine der schönsten Städte Europas. Im 20. Jahrhundert überstand diese kaum 300 Jahre alte Stadt drei Namensänderungen, drei Revolutionen und eine 900-tägige Belagerung.

Etwa 850 Jahre bevor St. Petersburg Hauptstadt wurde, wählten slawische Stämme den Warägerhäuptling Rurik zu ihrem Anführer. Sein Nachfolger gründete Kiev (später ein Großfürstentum). Großfürst Vladimir führte 988 das orthodoxe Christentum ein, das die russische Identität nachhaltig prägen sollte: Selbst die 250-jährige Herrschaft der muslimischen Mongolen änderte daran nichts. 1237 eroberten diese alle Fürstentümer – außer Novgorod. Im 14. Jahrhundert ließen sie den machthungrigen Großfürsten Moskaus, Ivan I. (1325–40), den Tribut anderer Fürstentümer eintreiben. Es begann das Ende der Mongolenherrschaft, denn da sich Moskau unter ihrer Milde prächtig entwickelte, wurde es zugleich zu einer wirklichen Bedrohung. Innerhalb von 50 Jahren besiegte eine Armee unter dem Moskauer Großfürsten Dmitri Donskoi die Mongolen, unter Ivan III. (1462–1505) wurden sie endgültig bezwungen. Die russische Nation war geboren.

Ivan der Schreckliche

Ivan der Schreckliche (1533–84) trug als Erster den Titel »Zar der ganzen Rus«. Doch seine ruhmreich begonnene Herrschaft endete im Fiasko. Er hatte seinen einzigen Erben getötet, seine Nachfolger erwiesen sich als schwache Herrscher. Sie und in Moskau einfallende polnische Usurpatoren schufen chaotische Zustände.

Romanov-Zaren

Um das Chaos zu beenden, wählte 1613 der Dienstadel Michail Romanov zum Zaren. Russland erholte sich von den Wirren. Unter Michails Sohn Alexej, einem intelligenten und frommen Mann, wurde der Staat modernisiert, zahlreiche ausländische Architekten ins Land geholt, Gesetze verabschiedet und die Macht des Staates über die Kirche durchgesetzt.

Bild aus einer Handschrift (14. Jh.): mongolische Krieger

Zeitskala

800	1000	1200	1400	1600
862 Rurik gründet in Novgorod eine Warägerfestung	**1147** Gründung Moskaus	**1480** Ivan III. stellt die Tributzahlung an die Mongolen ein		**1605–13** Zeit der Wirren
863 Kyrill und Method entwickeln das Kyrillische		**1462–1505** Herrschaft Ivans III.		
988 Fürst Vladimir bekennt sich zum orthodoxen Christentum	**1108** Gründung der Stadt Vladimir	**1223** Erster Mongoleneinfall	**1242** Alexandr Nevski besiegt deutsche Ordensritter	**1533–84** Herrschaft Ivans des Schrecklichen	**1613** Michail Romanov wird erster Zar der Romanov-Dynastie
		1240 Die Mongolenherrschaft etabliert sich	**1598** Boris Godunov erhält nach 12 Jahren Herrschaft den Zarentitel	

Boris Godunov

◁ **Peter der Große gründet Petersburg** (1862), ein Bild des Historienmalers Alexander von Kotzebue (1815–1889)

PETER DER GROSSE

In der Übergangsphase vom Mittelalter zur Moderne wurde Peter der Große, der Begründer von St. Petersburg, geboren. Nach dem Tod seines Vaters Alexej wurde seine Kindheit von der Rivalität zwischen der Familie seiner Mutter, den Naryškins, und der Familie der ersten Frau seines Vaters, den Miloslavskis, überschattet. Als Zehnjähriger bestieg Peter den Thron, doch die Strelitzen starteten, angestiftet von den Miloslavskis, eine blutige Revolte. Daraufhin wurde ihm sein geistesschwacher Halbbruder Ivan als Zar zur Seite gestellt, dessen Schwester Sophia wurde Regentin. Peter musste erleben, wie seine Familie brutal getötet wurde, was seinen Hass auf Moskau und sein Misstrauen gegenüber Moskaus konservativer Gesellschaft begründete.

Peter der Große (1682–1725)

Als Ivan 1696 starb, war der 24-jährige Peter ein Mann voller Willenskraft und Elan. Er reformierte die Armee und träumte von einer russischen Marine. 1697 bereiste er Westeuropa, um Schiffbau und andere Errungenschaften zu studieren. Er verbrachte mehr Zeit auf den Docks als an den Höfen. Nach Russland zurückgekehrt, setzte er Reformen nach westlichem Vorbild in Gang.

NEUE HAUPTSTADT

Peters Entschlossenheit, einen nördlichen Hafen mit Zugang zur Ostsee zu errichten, führte zum Krieg mit Schweden – zu dieser Zeit eines der mächtigsten Länder Europas. Im Mai 1703 hatte Peter die Neva gesichert und begann mit dem Bau der Peter-Paul-Festung sowie einer Schiffswerft *(siehe S. 20f)*. Nur ein Autokrat mit Peters Elan konnte eine Stadt in einem solchen

Ansicht von St. Petersburg im frühen 17. Jahrhundert mit der Admiralitätswerft zur Linken

ZEITSKALA

1672 Geburt Peters des Großen im Kolomeskoje-Palast

1689 Peter verbannt Sophia ins Neue Jungfrauenkloster, Moskau

1697/98 Peter reist durch Westeuropa

1698 Peter richtet die Strelitzen hin *(siehe S. 20)*

1703 Gründung von St. Petersburg

1712 Regierungsumzug nach St. Petersburg

| 1680 | 1690 | 1700 | 1710 |

1682 Strelitzen-Aufstand: Peter wird Zar mit seinem Halbbruder Ivan V., die Halbschwester Sophia hat Regierungsgewalt

Regentin Sophia (1682–89)

1696 Ivan V. stirbt; Peter wird Alleinherrscher

1700 Krieg gegen Schweden beginnt

1709 Sieg über Karl XII. von Schweden in der Schlacht von Poltava

1714 Peter verbietet Steine für den Hausbau, außer in St. Petersburg

LEBEN AM HOF ELISABETHS

Wenn Elisabeth nicht über Architektenplänen saß, lag sie oft auf ihrem Bett und schwatzte mit ein paar Frauen, deren Hauptaufgabe darin bestand, ihr die Füße zu kitzeln. Aufgrund ihrer rastlosen Natur hatten ihre Höflinge endlose Jagdausflüge und Schlittschuhpartien zu ertragen und ihr jederzeit Gesellschaft zu leisten. Ihre ausschweifenden Maskeraden waren berühmt-berüchtigt, ihre Garderobe soll rund 15000 Kleider umfasst haben.

Zarin Elisabeth, umringt von eilfertigen Höflingen, lustwandelt in Carskoje Selo

ÄRA DER ZARINNEN

Von nun an wurde das 18. Jahrhundert überwiegend von Frauen geprägt, deren Geschmack in hohem Maß verantwortlich ist für die grandiose Architektur von St. Petersburg. Während der Herrschaft von Peters Frau Katharina I. (1725–27) und seinem Enkel Peter II. (1727–30) zog der Hof das bequemere Leben in Moskau dem in der Grenzstadt vor. Als Anna, Ivans Tochter, den Thron bestieg, beschloss sie, in St. Petersburg einen Hof nach europäischem Muster zu schaffen. Sie war 37 Jahre alt und hatte den Großteil ihres Lebens in Deutschland verbracht. Viele von ihr ausgewählte Minister und Günstlinge stammten von dort. In Mode- und Stilfragen gab jedoch Frankreich den Ton an, die Opern kamen aus Italien. Obwohl Anna ernst und ein wenig grausam war, tat sie viel, um den Hof mit den frivolsten Europas vergleichbar zu machen.

übel riechenden Sumpf errichten, in dem Baumaterial Mangelware und verheerende Überschwemmungen an der Tagesordnung waren. Über 40000 schwedische Kriegsgefangene und Bauern wurden zur Arbeit an der neuen Stadt gezwungen.

Regierungssitz wurde St. Petersburg erst, nachdem Peter 1709 bei Poltava der schwedischen Bedrohung durch den Entscheidungssieg ein Ende bereitet hatte. 1712 wurde St. Petersburg zur Hauptstadt Russlands ernannt. Als Peter 1725 starb, hatte die Stadt rund 40000 Einwohner, viele weitere lebten in den Arbeitslagern im Umland.

Elisabeth (1741–1761)

Zarin Elisabeth war die ideale Nachfolgerin für diesen sinnenfrohen Hof. Sie war attraktiv, geistreich und voller Energie – und damit bei fast jedem beliebt, besonders bei der Wache, die ihr bei der Sicherung des Throns half. Die Staatsgeschäfte überließ Elisabeth ausgewählten Beratern. Daneben legte sie eine erstaunliche Frömmigkeit an den Tag, die sie dazu bewegte, sich von Zeit zu Zeit in ein Kloster zurückzuziehen. Als Haupterbe hat sie eine herrliche Barockarchitektur hinterlassen, die vor allem ihrem Lieblingsarchitekten Rastrelli *(siehe S. 93)* zu verdanken ist.

1721 Der Frieden von Nystad beendet den Krieg mit Schweden

1733 Peter-Paul-Kathedrale nach 12 Jahren Bauzeit vollendet

1738 Russlands erste Ballettschule wird in St. Petersburg gegründet

1745 Carevič Peter heiratet die spätere Katharina die Große

1757 Gründung der Akademie der Künste

1720 — **1730** — **1740** — **1750**

1717 Peter reist nach Holland und Frankreich

1725 Nach dem Tod Peters des Großen wird Katharina I. Kaiserin

1730–40 Anna regiert

1727–30 Regentschaft Peters II.

1741 Annas Nachfolger, Ivan VI., wird abgesetzt; Elisabeth übernimmt die Macht

1754 Baubeginn von Rastrellis Winterpalast

Anna Ivanovna, Tochter Ivans V.

Stadt Peters des Großen

Peter der Große wollte sein Land aus dem Mittelalter herausführen. Er bereiste als erster Zar Westeuropa und kehrte mit Reformplänen und architektonischen Neuheiten für seine neue Stadt zurück. 1710 – die schwedische Gefahr war gebannt – wurden die sich sträubende Herrscherfamilie und die Regierung in das frostige Sumpfgebiet umgesiedelt. Peter war hartnäckig: Bald wurde aus St. Petersburg eine blühende Hauptstadt mit guten Straßen, Gebäuden aus Stein und Akademien. Hier wurden Modeerscheinungen und Entdeckungen aus Europa ausprobiert, bevor sie in das restliche Russland vordrangen.

AUSDEHNUNG DER STADT
☐ 1762   ☐ Heute

ENTWURF DER NEUEN STADT
Diese Karte von 1712 zeigt Peters ursprünglichen Plan für seine Hauptstadt. Die Vasileostrovski-Insel liegt hier im Zentrum. Wegen Gefahren bei der Überquerung der Neva unterließ man den Plan.

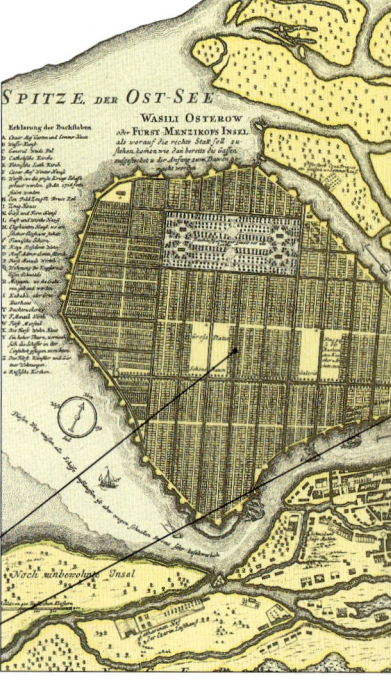

Der Zimmermann-Zar
1697/98 arbeitete Peter (links im Bild) während seiner Europareise monatelang auf den Deptford Docks, um sich Grundwissen im Schiffbau anzueignen.

Wie in Amsterdam sollte ein Netzwerk aus Kanälen das Stadtbild prägen, doch diesen Plan musste man ändern *(siehe S. 57)*.

Menšikov-Palast

Neue Mode
Die Verwestlichung führte zu einem Gesetz, wonach Höflinge ihre buschigen Bärte abrasieren mussten.

STRELITZEN-AUFSTAND
Als Folge des bösartigen Gerüchtes, Peters Verwandte würden den Mord an seinem Halbbruder Ivan planen, stürmten 1682 die Strelitzen den Kreml. Vor den Augen des zehnjährigen Peter gab es ein Gemetzel: die Ermordung seiner Erzieher und der Mitglieder seiner Familie. Das traumatische Erlebnis mag der Grund für Peters nervöses Gesichtszucken und seinen Wunsch nach einer anderen Hauptstadt gewesen sein. 1698 rächte er sich, indem er über tausend Strelitzen töten ließ.

Brutale Morde im Kreml, 1682

STADT PETERS DES GROSSEN

Im Zentrum der Stadt sind noch verschiedene Gebäude aus der frühen Zeit St. Petersburgs erhalten. Zu den prachtvollsten gehören das Haus Peters des Großen *(S. 73)*, der Sommerpalast *(S. 95)* und der barocke Menšikov-Palast *(S. 62)*. Große Teile der Peter-Paul-Festung *(S. 66 f)* stammen aus dieser Zeit. Auch ein Besuch von Monplaisir, Peters erstem Haus am Peterhof *(S. 150)*, lohnt sich sehr.

Schlacht von Poltava
Die Auseinandersetzung mit Schweden um die Kontrolle über die Ostsee führte zu einem großen Krieg. Neun Jahre nach der Niederlage bei Narva trugen Peters Reformen innerhalb der Armee Früchte. 1709 gewann er bei Poltava die entscheidende Schlacht gegen Karl XII.

Peters erste Residenz, der Sommerpalast

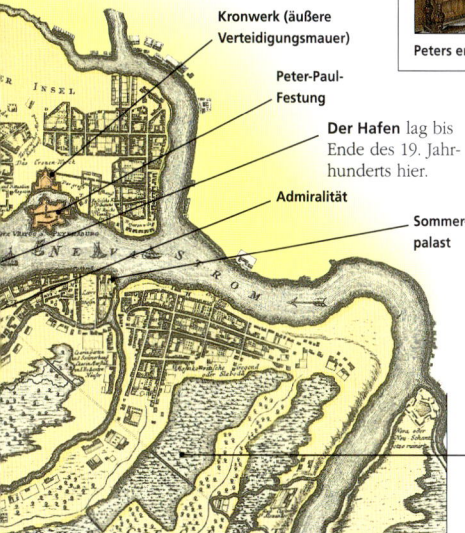

Kronwerk (äußere Verteidigungsmauer)

Peter-Paul-Festung

Der Hafen lag bis Ende des 19. Jahrhunderts hier.

Admiralität

Sommerpalast

Weinkelch
Der Zar war recht trinkfest und liebte es, seinen Gästen Alkohol einzuflößen, bis sie umkippten. Dieser elegante Kristallkelch mit eingraviertem Wappen gehörte seinem engen Freund Menšikov.

Sumpfiger Boden und der Mangel an Steinen erschwerten den Bau – Tausende von Arbeitern starben in den ersten Jahren.

Katharina I.
Nach der ersten gescheiterten Ehe verband sich Peter mit einer Litauerin, die der Armee seit den Kriegen 1704 gefolgt war. Alexandr Menšikov (siehe S. 62) stellte dem Zaren das gut aussehende Mädchen vor. Obwohl nur zwei Töchter überlebten, führten sie eine glückliche Ehe. Nach Peters Tod wurde Katharina die erste Zarin Russlands.

Mäuse beerdigen die Katze
Zu Peters Zeit dienten farbige Holzschnitte als politische Karikaturen. Der Zar wurde wegen seines Schnurrbarts als Katze porträtiert.

Katharina die Grosse

Katharina, eine deutsche Prinzessin, wurde von Elisabeth als Gemahlin für ihren Neffen Peter III. erwählt. Als Peter 1761 den Thron bestieg, lebte Katharina bereits seit 18 Jahren in Russland und beherrschte auch die Landessprache. Sie hatte bereits begonnen, in die später von ihr so geliebte russische Kultur einzutauchen. Auf dem Thron blieb Peter III. ein halbes Jahr. Katharina und ihre Verbündeten in der Königlichen Wache ließen ihn ermorden. Sie wurde Zarin Katharina II. Als sie mit 67 Jahren starb, überschatteten ihre Reaktion auf die Französische Revolution 1789 und Gerüchte über ihre zahllosen Liebesaffären ihren Ruf als aufgeklärte Herrscherin *(siehe S. 24)*. Doch sie hinterließ ein nach erfolgreichen Feldzügen gegen Polen und die Türkei enorm vergrößertes Land.

Katharina die Große 1762

Krieg und Frieden

In den Napoleonischen Kriegen fand Russland unter Katharinas Enkel Alexander I. schließlich seinen Platz neben den anderen großen europäischen Mächten.

Von dem schönen Zaren, einem Anhänger der Aufklärung, wurde viel erwartet. Inzwischen hatte Russland Reformen dringend nötig. Besonders die Not der in Leibeigenschaft gebundenen Bauern war sehr groß. Doch die Kriegsführung hatte Vorrang: Während der Herrschaft Alexanders I. wurde an Russlands Autokratie nicht gerüttelt.

Alexander nutzte die Welle des russischen Patriotismus, verbündete sich mit England und zog 1805 gegen Napoléon. Die vernichtende Niederlage in der Schlacht von Austerlitz, in der der unerfahrene Zar den Rückzug antrat, brachte seiner Armee den Verlust von 11 000 Männern.

1807 nutzte Napoléon den Frieden von Tilsit, um Europa in eine französische und eine russische Zone aufzuteilen. Damit wollte er Alexander in Sicherheit wiegen. 1812 schließlich marschierte Napoléon in Russland ein, scheiterte aber an Größe und Klima des Landes. Die russische Armee folgte der seinen bis nach Paris. Gemeinsam mit den Alliierten bezwang sie Napoléon in einem Feldzug – 1814 trat er zurück.

Ermordung Pauls I., 1801. Trotz aller Vorsichtsmaßnahmen wurde Katharinas labiler, paranoider Sohn in seinem Palast umgebracht *(siehe S. 101)*

Zeitskala

| 1762 Tod Elisabeths. Peter III. wird Zar, doch nach sechs Monaten ermordet; seine Frau übernimmt den Thron als Katharina II. | 1783 Annexion der Krim | 1787–92 Zweiter Türkenkrieg | 1801 Ermordung Pauls I.; Alexander I. wird Zar | 1805–1807 Der Krieg gegen Frankreich endet mit dem Frieden von Tilsit |

1760 — **1780** — **1800**

| 1763 Katharina II. beginnt Korrespondenz mit Voltaire | 1767 Katharina II. veröffentlicht ihren Großen Erlass | 1773–75 Pugačovs-Aufstand / 1768–74 Erster Türkenkrieg | 1782 Falconets Statue, der Eherne Reiter, wird enthüllt | 1796 Tod Katharinas II.; Paul I. wird Zar | 1812 Napoléon überfällt Russland / 1816 Alexander bremst Reform |

Alexander I. (1801–25)

Niederschlagung des Dekabristen-Aufstands 1825

DEKABRISTEN-AUFSTAND

Die Offiziere der russischen Armee hatten die Freiheiten eines demokratischen Europa erlebt und waren enttäuscht von Alexanders Unlust, eine Verfassungsreform zu erwägen. Als dessen Bruder Nikolaus 1825 Zar wurde, zogen sie in der Hoffnung, der ältere Bruder Konstantin würde aufgeschlossener sein, ihre Truppen zusammen, um diesen zu unterstützen. Auf dem heutigen Senatsplatz *(siehe S. 78)* setzten sie sich gegen loyale Truppen des Zaren zur Wehr, doch diese töteten Hunderte, bevor sich die Anführer ergaben. Nikolaus I. behandelte sie mit einer für seine Herrschaft typischen Härte: Fünf Anführer wurden gehängt, mehr als hundert Verschwörer nach Sibirien verbannt.

ARM UND REICH

Ein Bummel über den Nevski prospekt machte im 19. Jahrhundert das zunehmende Auseinanderdriften der Gesellschaft deutlich. Höflinge, Beamte und besser gestellte Bürger eilten, vorbei an Betrunkenen, Bettlern und Prostituierten, in Mode- und Feinkostläden. Sie lebten oft über ihre Verhältnisse und verpfändeten Land und Leibeigene, um die astronomischen Kosten ihres Luxuslebens decken zu können. In St. Petersburg konnte sogar das Gehalt eines unteren Regierungsbeamten keine Familie ernähren. Auf dem Land wuchs der Unwille unter den Leibeigenen, die an die Ländereien der Aristokratie gefesselt waren. Die krasse gesellschaftliche Ungleichheit schrie nach politischen Reformen.

Nach der unerbittlichen Autokratie unter dem »Eisernen Zaren« Nikolaus I. begrüßten die Liberalen die Herrschaft des milderen Alexander II. 1861 hob er zwar die Leibeigenschaft auf, doch konnten die Bauern Land nur unter wenig gerechten Bedingungen erwerben. Schließlich kam die Industrialisierung in Gang, als die Bauern in die Städte strömten, um dort in den Fabriken Arbeit – und noch schlechtere Lebensbedingungen – zu finden.

NAPOLÉONS EINMARSCH

Im September 1812 erreichte Napoléons Armee mit 600 000 Männern Moskau. Doch die Taktik des großen russischen Helden, General Kutusov, die Verweigerung des Kampfes, bescherte den Franzosen eine bittere Niederlage. Napoléon fand sich in einer Stadt wieder, die die Herrscher verlassen und die Bewohner in Brand gesetzt hatten. Dazu kam die Härte des russischen Winters. Den Rückzug durch die eiskalte Landschaft überlebten nur 30 000 Soldaten.

Die französische Armee auf dem Rückzug

Lev Tolstoj

1820		1840		1860	
1822 Abschaffung der Freimaurer- und Geheimgesellschaften	**1833** Puškin schreibt das Gedicht *Der Eherne Reiter*	**1855** Tod Nikolaus' I.; Alexander II. wird Nachfolger			**1863–69** Tolstoj schreibt *Krieg und Frieden*
		1853–56 Krimkrieg			
	1825 Dekabristen-Aufstand: Nikolaus I. wird Zar		**1851** Eröffnung der Eisenbahnlinie zwischen Moskau und St. Petersburg	**1861** Aufhebung der Leibeigenschaft	
1818 Baubeginn an der Isaakskathedrale				**1864** Reform der Verwaltung sowie des Rechts- und Bildungswesens	

Klassizistische Stadt

Die als unbedeutende deutsche Prinzessin geborene Katharina II. war eine gelehrte und energiegeladene Frau. Sie erkannte die Bedeutung der aufklärerischen Philosophen Voltaire und Diderot, mit denen sie korrespondierte, sammelte europäische Kunst für die Eremitage *(siehe S. 84–93)*, Bücher für Russlands Gelehrte und sprach viel davon, die Not der russischen Leibeigenen zu lindern. Doch ein Bauernaufstand und die Französische Revolution rüttelten an ihren liberalen Ansichten. Als sie starb, ging es den meisten Russen ebenso schlecht wie zuvor.

Ausdehnung der Stadt
☐ 1790 ☐ Heute

Der Tempel spielt auf Katharinas Vorliebe für klassizistische Architektur an.

Die Medaille erhielt Graf Orlov für seinen Sieg über die Türken 1770 bei Çeşme.

Treueschwur der Königlichen Garde
Nach geglücktem Staatsstreich gegen ihren Gatten Peter III. bestieg Katharina 1762 den Thron. Die Palastgarde unterstützte sie. Acht Tage später wurde der Zar ermordet.

KATHARINA DIE GROSSE
Katharina II. (1762–1796) verfolgte eine expansionistische Außenpolitik. Hier wird allegorisch an Russlands ersten Sieg auf See erinnert, der zur Annexion der Krim führte.

Graf Alexej Orlov, Bruder des ehemaligen Liebhabers Katharinas, spielte eine wesentliche Rolle bei ihrer Thronübernahme.

Katharinas Erlass
1767 veröffentlichte die 36-jährige Katharina ihren Großen Erlass. Das 22 Kapitel umfassende Buch enthält eine Sammlung von Ideen für die Reform von Russlands Rechtssystem.

Prätendent Pugačjov
Die größte Gefahr für Katharina war der Kosak Pugačjov, der Peter III. zu sein behauptete. Er wurde eingesperrt, floh und initiierte 1773 einen Volksaufstand, der erst durch Pugačjovs Hinrichtung 1775 beendet wurde.

Neue Akademie der Wissenschaften
Katharina gründete über 25 wichtige akademische Einrichtungen in Russland und gab Erweiterungen der bereits bestehenden in Auftrag. Quarenghi baute 1783–85 die Akademie der Wissenschaften.

KLASSIZISTISCHE STADT

Katharina ließ für zwei ihrer Liebhaber den Marmorpalast *(siehe S. 94)* und den Taurischen Palast *(S. 128)* bauen. Der Winterpalast wurde um die Kleine und die Große Eremitage *(S. 84f)* ergänzt. Ihr Architekt entwarf die Cameron-Galerie und den Achatpavillon in Carskoje Selo *(S. 152–155)* sowie den Palast von Pavlovsk *(S. 158–161)*.

Halle in Pavlovsk, 1782–86 von Charles Cameron erbaut

Katharina ist als Pallas Athene, die Göttin der Weisheit und Kriegskunst, mit Schild und Helm porträtiert.

Vase im Empirestil (1790)
Porzellan wurde am Hof sehr geschätzt. 1744 eröffnete die Königliche Porzellanfabrik in St. Petersburg.

Das Tuch, genutzt für einen Schirm, wurde 1770 von Pernons in Lyon hergestellt.

Michail Lomonosov
Als Philosoph, Historiker, Linguist und Naturwissenschaftler verkörperte Lomonosov (1711–1765) den aufgeklärten Intellektuellen. Die Darstellung als Fischerjunge am Strand erinnert an seine Herkunft.

Grigori Potjomkin (1739–1791)
Ihren Liebhaber Potjomkin, General und wichtiger Berater, bewunderte und respektierte Katharina am meisten. Sie blieben Freunde bis zu seinem Tod.

Alexander II. wurde 1881 von Revolutionären ermordet, als er Pläne für ein russisches Parlament bei sich gehabt haben soll

Untergang des Zarenreichs

Die Forderung nach Reformen war so groß geworden, dass 1881 Revolutionäre Alexander II. ermordeten. Sein Nachfolger Alexander III. reagierte mit einem rabiaten Regierungsstil. Bei strenger Zensur war die Geheimpolizei aktiver denn je. Doch die Arbeiter organisierten sich. Trotz rascher Industrialisierung befand sich das Land am Rand des Zusammenbruchs, als Nikolaus II. es übernahm. Auf den erfolglosen Krieg gegen Japan (1904/05) folgte der »Blutsonntag«: Am 22. Januar 1905 brachte eine friedliche Demonstration dem Zaren eine Petition, wurde jedoch mit Kugelfeuer empfangen. Schnell war die Nachricht verbreitet, eine Revolution brach aus, begleitet von Streiks im ganzen Land. Zur Beschwichtigung versprach Nikolaus II. grundlegende Bürgerrechte und eine gewählte Volksvertretung, ausgestattet mit einem Vetorecht. Doch der Zar löste das Parlament auf, wann es ihm passte. Seine Überheblichkeit und die unbeliebte enge Freundschaft der Zarenfamilie zu Rasputin (siehe S. 121) schadeten dem Ruf der Romanovs.

Der Ausbruch des Ersten Weltkriegs brachte eine Welle des Patriotismus, die der Zar nutzen wollte. Ende 1916 hatte Russland dreieinhalb Millionen Männer verloren, die Moral befand sich auf dem Tiefstand, Lebensmittel waren extrem knapp.

Abzeichen der Roten Armee

Trends in der Kunst

Kostümentwurf von Lev Bakst, 1911

Das repressive politische Klima der Zeit um 1900 hatte kaum Einfluss auf die Kunst. Aus einer kleinen Künstlergruppe aus St. Petersburg, darunter Bakst und Benua, entstand unter Sergej Djagilev eine einflussreiche kreative Bewegung. Ihre Zeitschrift *Die Welt der Kunst* stellte westliche Kunst vor, während die Bühnenbilder und -kostüme für die Ballets Russes (siehe S. 118f) die russische Kunst in den Westen brachten.

Revolution und Bürgerkrieg

Im Februar 1917 gab es in der Hauptstadt (jetzt Petrograd genannt) Streiks. Der Zar musste abdanken, seine Familie stand unter Arrest, eine provisorische Regierung formierte sich. Aus dem Exil zurückkehrende Revolutionäre übernahmen im Oktober mittels eines Aufstands die Macht (siehe S. 28f).

Zeitskala

1881 Alexander II. fällt einem Anschlag der Gruppe »Volkswille« zum Opfer. Alexander III. wird Zar

1881/82 Antisemitische Pogrome

1887 Lenins Bruder wegen Attentatsversuchs auf den Zaren gehängt

1894 Alexander III. stirbt, Nikolaus II. wird sein Nachfolger

1898 Gründung der Sozialdemokratischen Arbeiterpartei. Eröffnung des Russischen Museums

1902 Lenin veröffentlicht *Was tun?*

1903 Gewaltbefürworter (unter Lenin) spalten sich von der Sozialdemokratischen Partei ab

1904/05 Russisch-Japanischer Krieg

Die Familie Romanov 1913

1905 Auf die Revolution von 1905 folgt 1906 die erste Duma

1913 300 Romanov Herrschaft

1914 Beginn des Ersten Weltkriegs, St. Petersburg heißt nun Petrograd

Die Bolschewiken kümmerten sich ebenso wenig um Demokratie wie der Zar, schlossen aber 1918 einen Friedensvertrag mit Deutschland. Die Armee wurde zu Hause als Waffe im entstehenden Bürgerkrieg gebraucht.

Die Bolschewiken (»Roten«) fanden ihren Gegner in einer Koalition antirevolutionärer Gruppen, den ursprünglich vom Ausland unterstützten »Weißen«, die sich um die Zarenfamilie scharten. Die von ihnen ausgehende Bedrohung führte zur Exekution der Zarenfamilie im Juli 1918. Als im November 1920 die letzten Truppen aufgaben, hatte die Auseinandersetzung zwischen Weißen und Roten eine verwüstete Sowjetunion hinterlassen, in der zwei Jahre lang eine Hungersnot tobte. Lenin musste seinen »Kriegskommunismus« zugunsten der »Neuen Ökonomischen Politik« aufgeben, die Privatunternehmen zuließ.

Die Paläste um St. Petersburg – hier Pavlovsk 1944 *(siehe S. 158–161)* – wurden im Zweiten Weltkrieg von der Wehrmacht zerstört

STALIN-DIKTATUR

Fünf Jahre nach Lenins Tod 1924 hatte Iosif Stalin, Generalsekretär der kommunistischen Partei, alle Rivalen beseitigt. Seine Diktatur begann.

Nackter Terror machte sich mit der Kollektivierung der Landwirtschaft breit, als man die Bauern zwang, ihr gesamtes Vieh, die Maschinen und das Land an Kollektive abzugeben. In dieser Zeit und während der folgenden Hungersnot (1931/32) sollen bis zu zehn Millionen Menschen gestorben sein. Die ersten »Intellektuellensäuberungen« in den Städten fanden 1928/29 statt. Dann wurde angeblich von einer antikommunistischen Zelle, tatsächlich aber auf Anordnung Stalins Sergej Kirov, Parteiführer in Leningrad, im Dezember 1934 ermordet *(siehe S. 72)* – Startschuss für eine fünfjährige »Säuberungsaktion«. 15 Millionen Menschen wurden eingesperrt, viele in ein Gulag (Arbeitslager) verschleppt, ungezählte wurden getötet.

Iosif Stalin auf einem Propagandaplakat 1933

Stalins »Säuberung« der Roten Armee ließ für den Zweiten Weltkrieg Böses ahnen, denn er hatte drei Viertel der Offiziere beseitigt. So konnten die Deutschen, als sie 1941 Russland überfielen, Leningrad in weniger als drei Monaten isolieren. Während der 900-tägigen Belagerung der Stadt *(siehe S. 131)* kamen zwei Millionen, davon etwa die Hälfte Zivilisten, ums Leben. Leningrad wurde die »Heldenstadt«.

Nach der Niederlage der Deutschen terrorisierte Stalin die Russen, die 20 Millionen Landsleute verloren hatten, erneut, bis er im März 1953 starb.

1917 Russische Revolution *(siehe S. 28f)* | **1929** Kollektivierung von privatem Land | **1934** Ermordung Kirovs, stalinistische »Säuberungen« nehmen zu | **1939** Pakt zwischen Hitler und Stalin

1918 Beginn des Bürgerkriegs, Moskau wird Hauptstadt | **1924** Tod Lenins; Petrograd wird Leningrad | | | **1941** Deutschland überfällt Russland; Belagerung Leningrads | **1947** Erstmalige Verwendung des Begriffs »Kalter Krieg«

1920 | | | | **1940**

1921 Nach dem Kronstadter Aufstand verbannt Lenin die Opposition | **1925** Trotzki wird aus dem Politbüro ausgeschlossen | **1932** Der Sozrealismus wird die offizielle Kunstrichtung | | **1944** Ende der Belagerung

1922 Stalin wird Generalsekretär der Partei | | | **1942** Uraufführung von Šostakovičs *7. Sinfonie* im belagerten Leningrad

Sergej Kirov

Russische Revolution

St. Petersburg ist bekannt als Wiege eines zentralen Ereignisses des 20. Jahrhunderts: der Russischen Revolution. Nach der Februarrevolution 1917, die zur Abdankung des Zaren Nikolaus II. führte, erließ die provisorische Regierung eine politische Amnestie. Revolutionäre wie Lenin und Trotzki kamen aus dem Exil zurück nach St. Petersburg. Mithilfe eines Netzwerks aus Arbeitern und Soldaten, vom Volk gewählten Räten, stellten sie eine Alternativregierung auf. Als im Oktober Soldaten in Scharen von der Front flohen, gelangten die Kommunisten durch einen bewaffneten Aufstand an die Macht.

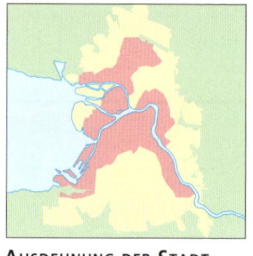

AUSDEHNUNG DER STADT
☐ 1917   ☐ Heute

Der Zar
Nikolaus II., der hier während seines Hausarrests in Carskoje Selo im März 1917 Schnee schippt, wurde später mit seiner Familie in Jekaterinburg ermordet.

Zu Plünderungen verführten besonders die Weinkeller des Palastes die Horde der Matrosen und Soldaten.

Soldat der Roten Garde

STURM AUF DEN WINTERPALAST
Am Abend des 7. November 1917 feuerte der Kreuzer *Aurora (siehe S. 73)* einige Blindschüsse auf den Winterpalast ab. Die Rote Garde, von Trotzki im Smolnyj-Institut geschult, nahm die provisorische Regierung fest. 300 Kosaken versuchten erfolglos, den Palast zu verteidigen.

Die Kosaken, die den Palast mit Kadetten und Mitgliedern des Frauenbataillons verteidigten, waren zahlenmäßig unterlegen.

Lenin, Führer des Volkes
Das Bild von Ivanov zeigt Lenin, aus dem Exil zurückgekehrt, als charismatischen Redner. Bis 1918 wurde die Entschlossenheit der Bolschewiken zu regieren deutlich.

Revolutionsteller
Zur Erinnerung an besondere Ereignisse wurden Keramikarbeiten mit Revolutionsmotiven, gemischt mit russischer Folklore, produziert. Diese erinnert an die Gründung der Dritten Internationalen 1919.

RUSSISCHE REVOLUTION

Lev Trotzki
Der Intellektuelle spielte in der Revolution eine militärisch entscheidende Rolle. Im Machtkampf nach Lenins Tod wurde er 1929 von Stalin verbannt und 1940 in Mexiko von einem sowjetischen Agenten ermordet.

Propaganda
Ein Markenzeichen des Sowjetregimes war der mächtige Propagandaapparat. Viele talentierte Künstler schufen eindrucksvolle Plakate, die den Sozialismus propagierten. Während des Bürgerkriegs (1918–20) rühmten Plakate wie dieses den Einsatz der »pazifistischen Arbeiterarmee« im Kampf für den Kommunismus.

Avantgardekunst
Schon vor der Revolution von 1917 schufen russische Künstler die ersten wirklich abstrakten Gemälde. Ein schönes Beispiel ist das avantgardistische Supremus Nr. 5 von Kasimir Malevič.

Minister der provisorischen Regierung versuchten, die Ordnung zu wahren, wurden aber verhaftet.

Neue Werte
Die Revolution brach mit bürgerlichen Traditionen. Statt in der Kirche heiratete man unter dem roten Banner. Die propagierte Gleichberechtigung von Mann und Frau bedeutete in der Praxis, dass Frauen doppelt so viel arbeiten mussten: zu Hause und in den Fabriken.

ZEITSKALA

Februarrevolution in St. Petersburg	**März** Der Zar tritt ab, die provisorische Regierung wird von Fürst Lvov geführt	**November** Bolschewiken stürmen den Winterpalast in St. Petersburg und stürzen die Regierung	**März** Der Friedensvertrag von Brest-Litovsk mit Deutschland beendet den Krieg für Russland. Moskau wird wieder Hauptstadt

1917 | **1918**

Juli Kerenski wird Premierminister der provisorischen Regierung	**Januar** Trotzki leitet die Friedensverhandlungen mit Deutschland	**Juli** Beginn des Bürgerkriegs; der Zar und seine Familie werden in Jekaterinburg ermordet
Kreuzer Aurora	**Dezember** Lenin gründet die Čeka (Geheimpolizei)	

Friedenstaube aus Washington (1953): eine russische Karikatur aus dem Kalten Krieg

Hinter dem Eisernen Vorhang

Drei Jahre nach Stalins Tod verurteilte sein Nachfolger Nikita Chruščov dessen Verbrechen öffentlich auf dem 20. Parteitag, was das »Tauwetter« einleitete. Tausende politische Gefangene wurde freigelassen, kritische Bücher über Stalin erschienen. In der Außenpolitik gab man sich weniger liberal. 1956 fuhren sowjetische Panzer in Ungarn ein, und die Stationierung von Atomraketen auf Kuba führte 1962 fast zu einem Atomkrieg.

Pioniere im Weltraum

Unter Chruščov landete die Sowjetunion ihren größten Coup gegen den Westen, als im Jahr 1957 *Sputnik 1* ins All geschickt wurde. Im selben Jahr noch startete *Sputnik 2* mit der Hündin Laika an Bord, dem ersten Lebewesen im Weltraum. Laika kam nie zurück, doch nur vier Jahre später kehrte der Kosmonaut Juri Gagarin vom weltweit ersten bemannten Raumflug als Held heim. Das Rennen um den ersten Mondflug verloren die Russen, doch ihr Raumfahrtprogramm diente als Beweis für die Prognosen russischer Politiker, dass Russland den Westen bald überholen würde.

Sputnik 2 und die Hündin Laika, 1957

Mit Leonid Brežnev begann das intellektuelle Klima wieder frostiger zu werden. In den ersten zehn Jahren seiner Regierung herrschte relativer Wohlstand, dahinter standen aber ein großer Schwarzmarkt und steigende Korruption. Die Parteiapparatschiks, die davon profitierten, waren an Änderungen nicht interessiert. Als Brežnev 1982 starb, wollte das Politbüro mit allen Mitteln einen jungen Nachfolger verhindern. Auf Brežnev folgten der 68-jährige Andropov und der 72-jährige Černenko.

Glasnost und Perestroika

Erst als der 53-jährige Generalsekretär Michail Gorbačov 1985 seinen neuen Kurs von *perestroika* (Umgestaltung) und *glasnost* (Transparenz) verkündete, trat die Brüchigkeit des Systems vollends zutage. Gorbačov ahnte noch nicht, was er damit auslöste. Das erste Mal seit 1917 gab es bei der Wahl zum Volksdeputiertenkongress 1989 so etwas wie Auswahl, Kandidaten wie der Menschenrechtskämpfer Andrej Sacharov sowie Boris Jelzin wurden gewählt. Im Herbst zerfiel das Bündnis, als immer mehr Republiken von der Sowjetunion lösten und die Unabhängigkeit anstrebten. Bei den lokalen Wahlen innerhalb der Union 1990 kamen in den Republiken meist nationalistisch gesinnte Kandidaten an die Macht.

Michail Gorbačov und George Bush

Zeitskala

1950–1954 Koreakrieg	1961 Stalins Leichnam wird von Lenins Seite auf dem Roten Platz entfernt; Juri Gagarin ist der erste Mensch im All	1962 Kubakrise	1964 Brežnev wird Generalsekretär	1970 Solženicyn erhält den Nobelpreis für Literatur		1982 Brežnevs Tod; Andropov wird sein Nachfolger
1950		**1960**		**1970**		**1980**
1953 Tod Stalins	1957 *Sputnik 1* wird gezündet	1968 Sowjetische Truppen marschieren in Prag ein; Ende des »Prager Frühlings«	1969 Gespräche zur Begrenzung strategischer Waffen		1979 Einmarsch in Afghanistan
1955 Chruščov an der Macht, Warschauer Pakt	1956 Chruščov verurteilt Stalin beim 20. Parteitag; Aufstand in Ungarn		*Leonid Brežnev (1906–1982)*		

Demonstrationen auf dem Palastplatz während des Putsches 1991

1991 traten die baltischen Republiken und Russland aus der Sowjetunion aus. Die Bewohner Leningrads stimmten unter der Leitung des Reformpolitikers Anatoli Sobčak für die Umbenennung ihrer Stadt in St. Petersburg.

Die Wahlen zum Präsidenten der Russischen Sowjetrepublik endeten mit einem überragenden Sieg Boris Jelzins. Das Ende der Sowjetunion war nahe. Nach dem Putsch gegen Gorbačov im August 1991 galt Jelzin wegen seines Vorgehens beim Anrücken von Panzern in Moskau als nationaler Held. In St. Petersburg waren zwar keine Panzer in den Straßen, aber trotzdem versammelte Sobčak Befürworter der Demokratie um sich. Nach Gorbačovs Arrest auf der Krim zwang ihn Jelzin zum Rücktritt. Am Jahresende schließlich existierte die Sowjetunion nicht mehr.

Neues russisches Staatswappen

ST. PETERSBURG HEUTE

Die Reformen seit 1991 öffnen die Schere zwischen Arm und Reich immer mehr. Manche feiern die neuen Arbeits- und Reisemöglichkeiten, andere wünschen sich das kommunistische System zurück. Man versucht, die sozialen Probleme zu bewältigen, wachsende wirtschaftliche Stabilität lockt zunehmend Investoren in die Stadt.

Bei den Wahlen 1999 wurden die Kommunisten dramatisch geschwächt – liberale Reformer wurden zum Sinnbild für Russlands Zukunft. Die Religion erlebt einen neuerlichen Aufschwung. Kirchen, die einstmals als Warenhäuser dienen mussten, erfüllen wieder ihren ursprünglichen Zweck.

Im Jahr 2000 wurde Vladimir Putin zum Präsidenten Russlands gewählt und bei den Wahlen 2004 im Amt bestätigt. Nachfolger wurde 2008 Dmitri Medvedev, Putin übernahm von diesem das Amt des Ministerpräsidenten – beide Politiker wurden in St. Petersburg geboren. Nach den Wahlen von 2012 tauschten Putin und Medvedev ihre Ämter wieder.

Seit die Religion an Bedeutung zurückgewinnt, sind kirchliche Trauungen wieder beliebt

---

1984 Andropov wird von Černenko abgelöst

1989 Vollständiger Truppenabzug aus Afghanistan

1990 Gorbačov erhält Friedensnobelpreis

1991 Jelzin wird Russlands Präsident. Auflösung der Sowjetunion am 25. Dezember

Boris Jelzin mit russischer Flagge (1991)

1998 Der letzte Romanov-Zar, Nikolaus II., wird samt Familie am 17. Juli in der Peter-Paul-Kathedrale bestattet

2000 Putin wird Präsident Russlands

Vladimir Putin

2004 In Beslan töten tschetschenische Rebellen in einer Schule rund 300 Menschen

2008 Dmitri Medvedev wird neuer russischer Präsident, Putin übernimmt das Amt des Ministerpräsidenten

2012 Putin wird wieder Staatspräsident, Medvedev Ministerpräsident

ST. PETERSBURG IM ÜBERBLICK

Gleichsam auf dem Wasser erbaut, bietet St. Petersburg zahlreiche Sehenswürdigkeiten. Die Peter-Paul-Festung *(siehe S. 66f)*, das früheste Gebäude der Stadt, bildet einen deutlichen Kontrast zu Barockklöstern und klassizistischen Palästen. Die kurze, aber stürmische Stadtgeschichte spiegelt sich in den Museen wider, in denen man von der Kunstsammlung Katharinas in der Eremitage bis zu Memorabilien der Revolution in der Villa Kšesinskaja *(siehe S. 72)* alles findet.

Um Ihnen die Qual der Wahl zu erleichtern, zeigen wir Ihnen auf den folgenden Seiten die besten Museen und Paläste, die interessantesten Brücken und Wasserstraßen sowie Persönlichkeiten aus Kunst und Kultur, die St. Petersburg zu einer der bedeutendsten Städte Europas machten.

ZEHN HAUPTATTRAKTIONEN IN ST. PETERSBURG

Russisches Museum
Seiten 104–107

Mariinski-Theater
Seite 119

Nevski prospekt
Seiten 46–49

Erlöserkirche
Seite 100

Eremitage
Seiten 84–93

Štiglic-Museum
Seite 127

Kazaner Kathedrale
Seite 111

Isaakskathedrale
Seiten 80f

Peter-Paul-Kathedrale
Seiten 68f

Alexandr-Nevski-Kloster
Seiten 130f

◁ Die klassizistische Kazaner Kathedrale *(siehe S. 47 und S. 111)* mit ihren beeindruckenden Granitsäulen

Highlights: Brücken und Wasserstraßen

Wie die Prachtstädte Amsterdam und Venedig durchziehen auch St. Petersburg Kanäle und Flüsse – sie sind die Lebensadern der Stadt. Ihr Beitrag zu der einmaligen Atmosphäre sind im Winter die unheimlichen, vom eistragenden Wasser aufsteigenden Nebel und im Sommer der glitzernde Spiegel der Fassaden bei Sonnenuntergang oder in den Weißen Nächten.

Die vielen Brücken, die die einzelnen Inseln verbinden, zieren Skulpturen, kunstvolle Laternenpfähle und schmiedeeiserne Arbeiten. Diese Juwele kann man bei einem Spaziergang oder einem Bootsausflug *(siehe S. 134f und 226f)* genießen.

Winterkanal
Er wurde 1718–20 angelegt; ihn kreuzen drei Brücken und das Foyer des Eremitage-Theaters (1783–87).

Blagoveščenski-Brücke
Sie wurde 1936–38 wiederaufgebaut und besitzt noch ihre gusseisernen Seepferdchen-Geländer von Brjullov.

Löwenbrücke
Eine der ersten Fußgänger-Hängebrücken wurde 1825/26 gebaut. Ihre Aufhängung ist in vier gusseisernen Löwen verankert, die Pavel Sokolov schuf.

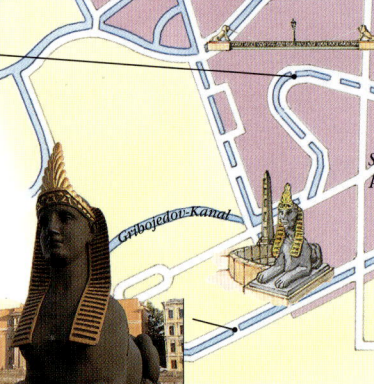

Ägyptische Brücke
1826, als die Brücke über die Fontanka gebaut wurde, war der ägyptische Stil in Mode.

Dreifaltigkeitsbrücke
Die zehnbogige Dreifaltigkeitsbrücke (1897–1903) ist berühmt für ihre Laternen und Geländerverzierungen, die die französischen Ingenieure Vincent Chabrol und René Patouillard schufen.

Schwanenkanal
Der von Bäumen gesäumte Kanal (1711–19), der zur Neva führt, verdankt seinen Namen Schwänen, die einst an seinen Ufern lebten.

Brückenpassage
Wo Mojka und Gribojedov-Kanal zusammenfließen, verläuft die Kleine Marstallbrücke. Sie wurde 1829–31 von Traitteur und Adam errichtet.

Aničkov-Brücke
Auf der 1839–41 erbauten Brücke über die Fontanka verläuft der Nevski prospekt. An jeder Ecke steht ein beeindruckender Rossbändiger, geschaffen vom Bildhauer Pjotr Klodt.

Lomonosov-Brücke
In den unverwechselbaren Granittürmen, gebaut 1785–87, befand sich der Öffnungsmechanismus der Brücke. Bei der Restaurierung 1912 wurden sie belassen.

Bankbrücke
Sie stammt vom selben Erbauerteam und aus derselben Zeit wie die Löwenbrücke. Vier gusseiserne Greifenfiguren schmücken die Brücke, die ihren Namen von der Assignatenbank ableitet.

Überblick: Brücken und Wasserstraßen

Höhepunkt eines jedes Aufenthalts in St. Petersburg ist eine Bootsfahrt auf den Kanälen und Wasserwegen. Von der Aničkov-Brücke aus fahren die Boote *(siehe S. 226 f)* unter prächtigen Brücken und vorbei an vielen Sehenswürdigkeiten einen Bogen über Neva, Fontanka und Mojka. Per Wassertaxi *(siehe S. 227)* kann man sich auch seine eigene Route wählen. Ein Bummel an den Ufern des Gribojedov-Kanals führt an imposanten Wohnhäusern aus dem 19. Jahrhundert und an prächtigen Brücken vorbei. Im Winter kann man auf der zugefrorenen Neva spazieren gehen.

Brücken

Die Kartenverweise beziehen sich auf den Stadtplan (S. 230–245).
Ägyptische Brücke **5 B5**
Alexandr-Nevski-Brücke **8 F3**
Aničkov-Brücke **7 A2**
Bankbrücke **6 E2**
Blagoveščenski-Brücke **5 B1**
Dreifaltigkeitsbrücke **2 E4**
Kleine Marstallbrücke **2 F5**
Laternenbrücke **5 C2**
Litejnyj-Brücke **3 A3**
Löwenbrücke **5 C3**
Lomonosov-Brücke **6 F3**
Pantelejmon-Brücke **2 F5**
Palastbrücke **1 C5**
Peter-der-Große-Brücke **4 F5**
Rote Brücke **6 D2**
Sängerbrücke **2 E5**
Theaterbrücke **2 F5**

Eis auf der Neva – im Hintergrund die Peter-Paul-Festung

Neva und Seitenarme

Die größte Wasserstraße von St. Petersburg, die Neva, beginnt im östlich der Stadt gelegenen Ladogasee und führt über eine Strecke von 74 Kilometern bis zum Finnischen Meerbusen, in den sie mündet. Die Vasileostrovski-Insel, eine von über 100 Inseln im Neva-Delta, teilt den Fluss in zwei Arme: in die Große Neva und die Kleine Neva.

Nachdem sie mindestens vier Monate im Winter zugefroren ist, zeigt die Neva meist im März erste Risse in der Eisdecke. Mit Beginn des Frühlings wird der Fluss offiziell für die Schifffahrt freigegeben. Bis zur Revolution wurde dieses Ereignis groß gefeiert: An der Spitze einer Flotille schöpfte der Kommandant der Peter-Paul-Festung *(siehe S. 66f)* etwas Eiswasser in einen silbernen Kelch, den er dem Zaren in den Winterpalast *(siehe S. 92f)* brachte.

Flüsse und Kanäle

Inspiriert von Amsterdam, ließ Peter der Große die vielen Wasserläufe des Deltas als Kanäle erhalten, was bei der Trockenlegung des sumpfigen Bodens hilfreich war. Als die Stadt größer wurde, hob man weitere Kanäle aus.

Früher entsprang die **Mojka** einem Sumpf in der Nähe des Marsfeldes *(siehe S. 94)*. Im 19. Jahrhundert errichtete die Aristokratie ihre klassizistischen Häuser an die Kais. Bis heute sind sie die Hauptattraktion. Auf der sieben Kilometer langen Fontanka, der breitesten und belebtesten Wasserstraße (einst die Stadtgrenze), fahren Boote und Frachtkähne. Beide Flüsse verbindet der **Krjukov-Kanal** aus dem 18. Jahrhundert.

Der **Gribojedov-Kanal**, zunächst zu Ehren der Zarin Großer Katharinenkanal genannt, diente der Frachtschifffahrt von Sennaja ploščad. Besonders reizvoll ist die Strecke von der Löwenbrücke aus in Richtung Süden. Der **Winterkanal** östlich des Winterpalasts ist die engste Wasserstraße. In der Nähe liegt der **Schwanenkanal**, der durch den Sommergarten *(S. 95)* führt. Im Zuge der Industrialisierung im 19. Jahrhundert wurde 1834 der **Obvodnov-Kanal** gebaut, damit die zunehmende Menge an schweren Frachtkähnen an den Stadtrand gelangen konnte.

Neva-Brücken

Ihre heutige Form erhielt die **Schlossbrücke** Anfang des 20. Jahrhunderts. Sie ersetzte eine jahreszeitenabhängige Pontonbrücke, die die Vasileostrovski-Insel mit dem Festland verband. Zu dieser Insel führt auch die

Ansicht der Mojka und ihres Südufers

Nahe dem Smolnyj-Institut führt die Peter-der-Große-Brücke über die Neva

Blagoveščenski-Brücke *(siehe S. 63)*, die erste Brücke über die Neva. Bevor sie 2007 wieder ihren ursprünglichen Namen erhielt, hieß sie einige Jahrzehnte Leutnant-Schmidt-Brücke. Die **Dreifaltigkeitsbrücke** *(siehe S. 73)* wurde 1897–1903 von der französischen Batignolles-Gesellschaft gebaut. Mit 582 Metern war sie die längste Brücke über die Neva, bis in den 1960er Jahren die etwa 900 Meter lange **Alexandr-Nevski-Brücke** errichtet wurde.

Dazwischen erstreckt sich die **Litejnyj-Brücke**, erbaut in den Jahren 1874–79. Im Jahr 1917 versuchte die Stadtbehörde die Revolutionäre an der Überquerung der Neva von der Vyborger Seite aus zu hindern, indem sie den mittleren Brückenbogen hochziehen ließ. Dies schlug fehl, weil die Revolutionäre den Weg über das gefrorene Wasser nahmen.

Nahe dem Smolnyj-Institut liegt die **Peter-der-Große-Brücke** (Most Petra Velikovo). Sie hat eine Zugbrücke in der Mitte und unverkennbare Zwillingsbögen aus massivem Stahl. Errichtet wurde sie 1909–11. Von April bis November werden fast alle Neva-Brücken nachts für den Schiffsverkehr zur Wolga *(siehe S. 209)* hochgezogen.

Dekorative Brücken

Zunächst waren es Holzbrücken, die sich über die Kanäle und Flüsse spannten. Man erkannte sie an ihrer Farbe – Rot, Blau, Grün usw. Die **Rote Brücke** über die Mojka hat ihren Namen aus dieser Zeit behalten. Sie wurde in den Jahren 1808–14 gebaut und ist mit malerischen Laternen auf vier Granitobelisken verziert. Laternen zeichnen auch die **Laternenbrücke** aus, die die Mojka in der Nähe des Jusupov-Palasts *(siehe S. 120)* überquert. Die prächtig vergoldeten Laternenpfähle sind wie Notenschlüssel geformt.

Die **Sängerbrücke** am anderen Ende der Mojka verdankt ihren Namen dem Chor der nahe gelegenen Glinka-Kapelle. Ihr Konstrukteur Jegor Adam entwarf auch das wie Spitzen wirkende Geländer.

Wo Gribojedov-Kanal und Mojka zusammenfließen, bilden die breite **Theaterbrücke** und die **Kleine Marstallbrücke** ein interessantes Ensemble.

Laternenpfahl der Pantelejmon-Brücke

Letztere ist derart geschickt gestaltet, dass sie wie zwei eigenständige Brücken wirkt. Zu den attraktivsten Brücken zählt die von Georg von Traitteur gestaltete Fußgängerbrücke, die **Bankbrücke** über den Gribojedov-Kanal. Ihre Taue werden von vier Greifenfiguren mit goldenen Flügeln gehalten.

Auch die **Löwenbrücke** stammt von Traitteur und zeigt einen ähnlichen Kunstgriff: Die Tauaufhängung führt aus dem Rachen von vier Löwen.

Die **Pantelejmon-Brücke** *(siehe S. 99)* über die Fontanka nahe dem Sommergarten war Russlands erste Kettenbrücke (1823/24). Zu den erhaltenen Dekorationselementen zählen vergoldete Liktorenbündel und doppelköpfige Adler auf Lorbeerkränzen.

Gleich am Nevski prospekt steht die bekannte **Aničkov-Brücke**, auf der vier Bronzeskulpturen beeindrucken, die wilde Pferde und ihre kraftvollen Bändiger darstellen. Etwas weiter die Fontanka hinunter zeigt die **Lomonosov-Brücke** ungewöhnliche Steintürmchen.

Die **Ägyptische Brücke** führt nahe dem Krjukov-Kanal über die Fontanka. Sie ist mit Bronzesphingen und Brückenköpfen, die an einen ägyptischen Tempel erinnern, verziert. Die im Jahr 1826 gebaute Brücke brach 1905 unter der Last einer Kavallerieschwadron zusammen, wurde aber 1955 wiederaufgebaut.

Zeichnung einer Überschwemmung in St. Petersburg (19. Jh.)

Eine Stadt unter Wasser

Peter der Große hätte wissen müssen, dass hier nicht gerade die beste Stelle für eine Stadtgründung war. 1703, drei Monate nach Baubeginn der Festung, wurde das Baumaterial hinweggeschwemmt. Das Wasser steigt jedes Jahr gefährlich hoch; vier Fluten richteten immensen Schaden an: 1777, 1824, 1924 und 1955. Im Jahr 1824 stand alles unter Wasser, 462 Gebäude wurden dabei zerstört. Das inspirierte Puškin zu seinem Gedicht *Der Eherne Reiter (siehe S. 78)*. Am Winterkanal und an der Peter-Paul-Festung sind die Wasserhöchststände markiert. 1989 begann man mit dem Bau eines Schutzdamms.

Highlights: Paläste und Museen

Mehr als 90 Museen gibt es in St. Petersburg. Viele von ihnen sind in Palästen oder anderen historischen Gebäuden untergebracht. Manche sind weltberühmt, wie die Eremitage, die zunächst für die Privatsammlung europäischer Kunst von Katharina der Großen gedacht war. Andere wiederum präsentieren lokale Kunst, Geschichte und Kultur, so etwa das Russische Museum und der Sommerpalast. Einige der reizvollsten Museen sind jene, die an das Leben und Werk berühmter Künstler, Schriftsteller und Musiker erinnern.

Eremitage
Zur Eremitage gehören neben den atemberaubenden Räumen des Winterpalasts auch fast drei Millionen Exponate, die von den schönen Künsten bis zu archäologischen Funden reichen.

Menšikov-Palast
Dieser grandiose Barockpalast auf der Vasileostrovski-Insel zeugt von der Macht des Prinzen Menšikov, ein Freund Peters des Großen.

HERRSCHAFTLICHE LANDSITZE

Um der Hektik der Stadt zu entkommen, bauten die russischen Herrscher im Hinterland von St. Petersburg luxuriöse Landsitze, die einen faszinierenden Einblick in den Lebensstil der Romanovs geben.

Carskoje Selos Katharinenpalast gestaltete Rastrelli im aufwendigen Barockstil.

Palast und Pavillons von Peterhof werden von Kaskaden und Brunnen auf dem umliegenden Gelände geschmückt.

Pavlovsks Palast liegt in einem weitläufigen Landschaftspark, der mit Teichen, Pavillons und Denkmälern verschönert ist.

0 Kilometer 30

Villa Kšesinskaja
Die Jugendstil-Villa wurde für eine Primaballerina des Mariinski-Theaters gebaut, heute ist darin das Museum der politischen Geschichte Russlands mit Erinnerungsstücken der Revolution untergebracht.

Sommerpalast
Die Inneneinrichtung (mit dem Bett Peters des Großen) gibt einen Eindruck vom relativ einfachen Lebensstil des Zaren.

Štiglic-Museum
Messmachers wunderbares Gebäude, das an die italienischen Renaissance-Paläste erinnert, beherbergt eine reiche Kunstsammlung.

Russisches Museum
Carlo Rossis Michajlov-Palast eignet sich wunderbar für die bemerkenswerte Sammlung russischer Kunst, die von mittelalterlichen Ikonen bis zu zeitgenössischen Gemälden und Skulpturen reicht. Diese Arbeit von Vasili Kandinski stammt von 1917.

Puškin-Museum
Antike Möbel und persönliche Habe wie dieses Tintenfass prägen die Atmosphäre in Alexandr Puškins letztem Wohnhaus.

0 Meter 500

Überblick: Paläste und Museen

Die Bandbreite der Paläste reicht von zaristischer Grandeur bis zu geschmackvollen Heimen des Adels. In den Museen findet man alle Arten von Kunst und Kunsthandwerk sowie Informationen über die Geschichte von St. Petersburg. Einblick in die Kultur der Stadt gewinnt man dagegen vor allem in den Wohnungen der Schriftsteller, Komponisten und Künstler. Aber auch für Spezialgebiete – von Lokomotiven und militärischem Allerlei bis hin zu Insekten und Walen – hat man in St. Petersburg Museen eingerichtet.

Schlafzimmer im Chinesischen Palast, Oranienbaum

Sommerpalast Peters des Großen an der Fontanka

PALÄSTE

Der sagenhafte Reichtum des Zarenreichs spiegelt sich in der Pracht seiner Paläste wider. Ein Aufenthalt in St. Petersburg wird erst durch den Besuch von mindestens einer der üppigen Sommerresidenzen außerhalb der Stadt abgerundet: **Peterhof** *(siehe S. 148–151)*, **Pavlovsk** *(siehe S. 158–161)* oder der Katharinenpalast *(siehe S. 152f)* in **Carskoje Selo**. Die unter der Herrschaft der Romanovs errichteten Bauten illustrieren die Extravaganz des herrschaftlichen Hofes und den Reichtum an natürlichen Ressourcen. Überall stößt man auf Gold, Lapislazuli, Malachit, Marmor und anderes wertvolles Material, das häufig das Innere der Paläste schmückt. Parks und Ländereien beherbergen Zierbauten und Denkmäler.

Im Stadtzentrum verkörpert der **Winterpalast** *(siehe S. 92f)* in der Eremitage den Prunk des Hofes. Der etwas intimere **Sommerpalast** *(siehe S. 95)* Peters des Großen steht dazu in deutlichem Kontrast. Peters Freund und Berater, Fürst Alexandr Menšikov, baute ebenfalls zwei luxuriöse Residenzen, den **Menšikov-Palast** *(siehe S. 62)* auf der Vasileostrovski-Insel und einen Sommerlandsitz in **Oranienbaum** *(siehe S. 146f)*.

Auf die Mojka blickt der **Jusupov-Palast** *(siehe S. 120)*, der bekannt wurde, weil hier Rasputin ermordet wurde, der besondere Günstling mit unheilvollem Einfluss auf die Zarenfamilie.

Wer sich vom Treiben der Stadt entspannen möchte, sollte einen Tagesausflug zum **Jelagin-Palast** *(siehe S. 126)* auf der Jelagin-Insel machen.

KUNSTMUSEEN

Eine der weltweit größten Sammlungen westlicher Kunst befindet sich in der **Eremitage** *(siehe S. 84–93)* mit über drei Millionen Exponaten: ägyptische Mumien, skythisches Gold, griechische Vasen, kolumbianische Smaragde sowie Werke Alter Meister, Impressionisten und Postimpressionisten.

Das **Russische Museum** *(siehe S. 104–107)* zeigt russische Kunst bis zur Avantgarde des 20. Jahrhunderts und der sie beeinflussenden Volkskunst. Es gibt wechselnde Ausstellungen aus Museumsbeständen im **Michajlovski-Schloss** *(siehe S. 101)*, **Marmorpalast** *(siehe S. 94)* und **Stroganov-Palast** *(siehe S. 112)*.

Die **Akademie der Künste** *(siehe S. 63)* zeigt Werke ehemaliger Studenten und Modelle bedeutender Gebäude.

Das **Štiglic-Museum** *(siehe S. 127)* widmet sich dem Kunsthandwerk mit Arbeiten aus der ganzen Welt, darunter Keramiken, Holzschnitzereien, Eisenverzierungen und Stickereien. Bewundernswert sind auch Inneneinrichtung und Glasdach des Museums.

Der Fahrradfahrer (1913) von N. Gončarova, Russisches Museum

Historische Museen

Der dramatischen 300-jährigen Geschichte von St. Petersburg erinnert man sich stolz in einer Reihe von Museen. Das **Haus Peters des Großen** *(siehe S. 73)*, das früheste Gebäude der Stadt, gewährt einen Einblick in den eher bescheidenen Lebensstil dieses Zaren.

Innerhalb der Peter-Paul-Festung gibt es viele historische Sehenswürdigkeiten: In der **Peter-Paul-Kathedrale** *(siehe S. 68f)* sind – bis auf drei Ausnahmen – alle russischen Zaren seit Peter dem Großen bestattet. Hunderte von politischen Gefangenen verschwanden in den Zellen der **Trubeckoj-Bastion** *(siehe S. 69)*, nachdem man im **Kommandantenhaus** *(siehe S. 69)* über sie gerichtet hatte. Letzteres zeigt heute eine Ausstellung über mittelalterliche Siedlungen in der Region. Im **Ingenieurshaus** *(siehe S. 68)* gewinnt man Einblick in den Alltag vor der Revolution.

Zahlreiche Erinnerungsstücke an die Revolution, darunter Stalin-Plakate und eine riesige Propagandawand aus Buntglas, findet man im **Museum der politischen Geschichte Russlands**. Es ist in der Villa Kšesinskaja *(siehe S. 72)* untergebracht, in der sich 1917 das Zentralkomitee der Bolschewiken einquartiert hatte. Auch der **Kreuzer Aurora** *(siehe S. 73)* spielte eine Rolle in der Revolution: Er gab im November 1917 den Startschuss zur Erstürmung des Winterpalasts.

In den restaurierten Klassenräumen des **Lyzeums** in Carskoje Selo *(siehe S. 155)*, das auch der Dichter Alexander Puškin besuchte, erhält man einen Eindruck von dieser vorrevolutionären Prestigeschule.

Am südlichen Stadtrand erinnert auf dem Siegesplatz *(siehe S. 131)* das **Denkmal der Verteidiger Leningrads** nicht nur an die Belagerung von Leningrad (1941–44), sondern vor allem auch an die große Not, die die Bewohner während des Zweiten Weltkriegs zu erdulden hatten.

Arbeitszimmer des ZK-Sekretärs Sergej Kirov, Kirov-Museum

Museen für Spezialgebiete

In der **Kunstkammer** *(siehe S. 60f)*, dem ältesten Museum der Stadt, wird das aufbewahrt, was von der Kuriositätensammlung Peters des Großen übrig geblieben ist. Dort befindet sich auch das **Museum für Anthropologie und Ethnografie** mit Exponaten aus aller Welt. Das **Zoologische Museum** *(siehe S. 60)* zeigt vielfältige Lebensformen, auch eine einzigartige Sammlung von Mollusken und blauen Korallen.

Das **Marinemuseum** *(siehe S. 60)* enthält Modellschiffe, kleine Boote, Galionsfiguren und Flaggen, das **Artilleriemuseum** *(siehe S. 70)* militärisches Material, von Piken bis zu Raketengeschossen. Eisenbahnfreunde haben im **Eisenbahnmuseum** *(siehe S. 123)* ihren Spaß, in dem man auch eine eigens für die Carskoje-Selo-Bahn gebaute Lokomotive von 1835 bestaunen kann.

Das **Museum des musikalischen Lebens** im Šeremetjev-Palast *(siehe S. 129)* stellt Instrumente aus und informiert über die Familie Šeremetjev, im 19. Jahrhundert wichtige Förderer der Musik.

Neben Fotos und zahlreichen Bühnenmodellen sind im **Theatermuseum** auf dem Ostrovskiplatz *(siehe S. 110)* Bühnenkostüme sowie andere Theateraccessoires zu sehen.

Wohnhäuser als Museen

Einige kleine Museen gedenken der berühmtesten Bewohner der Stadt. Das **Nabokov-Museum** *(siehe S. 122)*, das **Puškin-Museum** *(siehe S. 113)* und das **Dostojevski-Museum** *(siehe S. 130)* sind restauriert und zeigen etwas vom Leben und dem Charakter ihrer früheren Bewohner.

Das **Anna-Achmatova-Museum** im einstigen Diensthaus des Šeremetjev-Palasts *(siehe S. 129)* zeichnet den dramatischen Lebensweg der Dichterin nach, die lange Jahre in diesen Räumen gelebt hat.

Das **Kirov-Museum** *(siehe S. 72)* ist dem mächtigen Politiker aus den 1930er Jahren gewidmet. Mit seiner Ermordung (vermutlich auf Stalins Befehl) begannen die »Säuberungsaktionen« *(siehe S. 27)*.

Vor der Stadt liegt in **Repino** *(siehe S. 146)* das Haus des Malers Illja Repin inmitten schöner Wälder.

Violine (18. Jh.) und Partitur im Musikmuseum, Šeremetjev-Palast

Highlights: Prominente in St. Petersburg

In St. Petersburg, im frühen 18. Jahrhundert Residenz der russischen Herrscherfamilie samt Hof, konzentrierte sich das Mäzenatentum. Die Stadt bot den perfekten Nährboden für eine Fülle an künstlerischer Kreativität und schöpferischen Ideen. In Institutionen wie der Akademie der Künste, der Universität, der Kunstkammer und der Ballettschule wurden Generationen von Künstlern und Wissenschaftlern ausgebildet. Zu Beginn des 20. Jahrhunderts war St. Petersburg eine der wichtigsten Kulturmetropolen Europas geworden.

Grigori Kosincev
Der Regisseur untermauerte seinen guten Ruf im Westen mit einer eindrucksvollen Interpretation (1964) von Shakespeares Hamlet.

Nikolaj Gogol
Der unbarmherzige Kritiker der St. Petersburger Gesellschaft lebte drei Jahre in der Malaja Morskaja ulica (siehe S. 82).

Illja Repin
Der berühmte naturalistische Maler und Professor bei einer Vorlesung in der Akademie der Künste (siehe S. 63).

Peter Čajkovski
Čajkovski absolvierte 1865 das Konservatorium (siehe S. 120), bevor er weltberühmte Opern und Ballettmusik schrieb.

Anna Pavlova
Die Primaballerina des Mariinski-Theaters (siehe S. 119) eroberte 1909 Paris im Sturm. Sie tanzte in Les Sylphides *mit den Ballets Russes.*

PROMINENTE IN ST. PETERSBURG

Alexandr Puškin
Die Wohnung des großen Poeten (er skizzierte sein Selbstporträt auf ein Manuskript) ist heute ein Museum (siehe S. 113).

Sergej Djagilev
Die treibende Kraft hinter den Ballets Russes produzierte in seiner Wohnung am Litejnyj prospekt Nr. 45 die einflussreiche Zeitschrift Die Welt der Kunst. *Hier mit Jean Cocteau (links).*

Anna Achmatova
Das berühmteste Gedicht der Poetin, Requiem, *ist eine ausdrucksstarke und bewegende Anklage des stalinistischen Regimes. Achmatova – hier ein Porträt von Natan Altman – lebte im Diensthaus des Šeremetjev-Palasts* (siehe S. 129).

Dmitri Šostakovič
Šostakovičs 7. Sinfonie wurde im August 1942 während der Belagerung der Stadt live aus dem Großen Saal der Philharmonie (siehe S.98) *übertragen. Viele bestätigten, die Musik habe das Durchhaltevermögen der Bewohner gestärkt.*

Fjodor Dostojevski
Der Romancier lebte lange Jahre in den Elendsquartieren von Sennaja ploščad (siehe S. 122f), *die er zum Schauplatz seines größten Werkes,* Schuld und Sühne, *machte.*

0 Meter 500

Überblick: Prominente in St. Petersburg

Die Straßen von St. Petersburg atmen den Geist von Literatur und Kunst. Faszinierende Kunstsammlungen, Theater und Konzertsäle erinnern an berühmte Bewohner der Stadt. Mühelos kann man sich in die Welt des genialen Lomonosov (18. Jh.) und der Schriftsteller Puškin und Dostojevski (19. Jh.) hineinversetzen. Der Geist des zaristischen Balletts, als Stars wie Anna Pavlova und Vaclav Nižinski die Vorstellungen des Mariinski-Theaters krönten, »schwebt« durch die Luft. Anfang des 20. Jahrhunderts schufen Maler, Musiker, Tänzer und Schriftsteller eine einzigartige Atmosphäre der Kreativität.

Der Symbolist Andrej Belj (1880–1934)

SCHRIFTSTELLER

Der als Begründer der russischen Literatur geltende **Alexandr Puškin** (1799–1837) liebte nicht nur die Schönheit St. Petersburgs, er hatte auch ein Gespür für das Klima von politischem Misstrauen und Intoleranz, dem die Schriftsteller als Nachwirkung des Dekabristen-Aufstandes von 1825 (siehe S. 23) ausgesetzt waren. **Nikolaj Gogol** (1809–1852) konterte diesen Druck mit der satirischen Darstellung des Status quo. In der *Nase* nahm er die Bürokraten mit ihrem übertriebenen Selbstwertgefühl und dem verstandtötenden Konformismus aufs Korn.

Einen weiteren Aspekt der Stadt legte **Fjodor Dostojevski** (1821–1881) offen. Sein Roman *Schuld und Sühne* spielt im Schmutz der berüchtigten Elendsquartiere von Sennaja ploščad (siehe S. 122f). Die Geschichte des Mordes an einer alten Geldverleiherin basiert auf einer wahren Begebenheit, ihre Veröffentlichung 1866 wurde dafür verantwortlich gemacht, dass es in der Stadt eine Reihe von ähnlichen Morden gab.

Die Dichtung mit ihrer Blüte im »Goldenen Zeitalter« Puškins gewann im ersten Jahrzehnt des 20. Jahrhunderts, im »Silbernen Zeitalter«, wieder die Oberhand über den Roman. Einige der aufregendsten Dichter, etwa **Alexandr Blok** (1880–1921), **Andrej Belj** (1880–1934), der später *Petersburg* schrieb, und **Anna Achmatova** (1889–1966), trafen sich im »Turm«, einer Wohnung mit Blick über den Taurischen Garten (siehe S. 128).

Achmatova zu Ehren wurde das Museum im Šeremetjev-Palast (siehe S. 129) eingerichtet. Einen ihrer Protegés, **Iosif Brodski** (1940–1996), ehrte man im Jahr 1987 mit der Verleihung des Nobelpreises für Literatur. Die Weigerung der Behörden, seine Werke zu veröffentlichen – sie wurden als pessimistisch und dekadent eingestuft –, trieb ihn 1972 schließlich in die Emigration.

MUSIKER

Der erste bedeutende Komponist, der aus der nationalen Bewegung hervorging, war **Michail Glinka** (1804–1857). 1862 gründete **Anton Rubinstein** (1829–1894) das Konservatorium (siehe S. 120), das zum Mittelpunkt des musikalischen Lebens avancierte. Hier lehrte 37 Jahre lang **Nikolaj Rimski-Korsakov** (1844–1908). Er und weitere Komponisten wie etwa **Modest Musorgski** (1839–1881) und **Alexandr Borodin** (1833–1887) waren weitestgehend Autodidakten und wollten eine musikalische Sprache entwickeln, die in der russischen Volksmusik und slawischen Traditionen wurzelte. Viele ihrer Opern wurden am Mariinski-Theater (siehe S. 119) uraufgeführt.

Der geniale **Igor Stravinski** (1882–1971) verbrachte zwar den größten Teil seines Lebens im Ausland, doch wurzeln seine Werke fest in seiner russischen Heimat, wie *Le Sacre du Printemps* erkennen lässt.

Wichtigster Aufführungsort von St. Petersburg ist der Große Saal der Philharmonie (siehe S. 202), in dem 1893 die *6. Sinfonie* von **Peter Čajkovski** (1840–1893) und 1942 die *7. Sinfonie* von **Dmitri Šostakovič** (1906–1975) uraufgeführt wurden.

Porträt (1887) des Komponisten Michail Glinka von Illja Repin

Der Zirkus (1919) des Avantgardisten Marc Chagall

BILDENDE KÜNSTLER

Seit dem 18. Jahrhundert ist die Akademie der Künste *(siehe S. 63)* unangefochten Zentrum des künstlerischen Lebens in St. Petersburg. Zu ihren Schülern zählen **Dmitri Levitski** (1735–1822), **Orest Kiprenski** (1782–1836), **Silvestr Ščedrin** (1791–1830) und der erste russische Künstler von internationalem Rang, **Karl Brjullov** (1799–1852).

1863 rebellierte eine Studentengruppe gegen die Akademie und gründete die Bewegung der Wanderaussteller *(siehe S. 106 f)*. Die Gruppe und die Akademie söhnten sich aus, als der vielseitigste von ihnen, **Illja Repin** (1844–1930), 1893 Professor für Malerei an der Akademie wurde.

Sergej Djagilev (1872–1929) und der Maler **Alexander Benua** (1870–1960) gaben die Zeitschrift *Die Welt der Kunst* *(siehe S. 107)* heraus und proklamierten »Kunst um der Kunst willen«. **Lev Bakst** (1866–1924) entwarf die berühmtesten Kostüme der Ballets Russes. Er unterrichtete **Marc Chagall** (1887–1985), der später nach Frankreich zog und die Kunst in Russland wie im Westen stark beeinflusste. Ebenfalls zur russischen Avantgarde zählen **Kasimir Malevič** (1878–1935) und **Pavel Filonov** (1883–1941). Werke aller hier genannten Künstler hängen im Russischen Museum *(siehe S. 104–107)*.

TÄNZER UND CHOREOGRAFEN

Das Können russischer Tänzer ist legendär, die Aufführungen des Mariinski-Balletts begeistern auf der ganzen Welt. Seit 1836 werden die Tänzer an der ehemaligen zaristischen Ballettschule *(siehe S. 110)* geschult. 1855-1903 choreografierte der überragende **Marius Petipa** am Mariinski-Theater und inspirierte eine Generation von Tänzern, unter ihnen **Matilda Kšesinskaja** *(siehe S. 72)*, **Vaclav Nižinski** (1889–1950) und die legendäre **Anna Pavlova** (1881–1931).

Der Nachfolger Petipas, **Michail Fokin** (1880–1942), gilt als einer der wichtigsten Choreografen der Ballets Russes *(siehe S. 119)*. Nach der Revolution wurde die Mariinski-Tradition von einer weiteren Absolventin der Ballettschule wiederbelebt: **Agrippina Vaganova** (1879–1951). Ihre Arbeit ebnete einer Generation den Weg: **Rudolf Nurijev** (1938–1993) sowie **Galina Mesenzeva** und **Emil Fašoutdinov**.

FILMREGISSEURE

Die Lenfilm-Studios *(siehe S. 70)* wurden 1918 an einem Ort gegründet, an dem 1896 der erste russische Film gezeigt worden war. Man produzierte hier 15 Filme pro Jahr. Die beiden bedeutendsten

Plakat für *Die Jugend Maxims* (1935) von Kosincev

Regisseure, **Grigori Kosincev** (1905–1973) und **Leonid Trauberg** (1902–1990), taten sich 1922 zusammen und machten kurze Experimentalfilme. Die beiden schufen *Das neue Babylon* (1929), dessen Schnitt und Lichteffekte beeindruckten, und *Die Maxim-Trilogie* (1935–39). Kosincevs Versionen von *Hamlet* (1964) und *König Lear* (1972), unterlegt mit Musik von Šostakovič, waren die Höhepunkte seines Erfolgs im Westen.

WISSENSCHAFTLER

Der große Universalgelehrte Michail Lomonosov

Die Grundlage moderner russischer Wissenschaft wurde im 18. Jahrhundert von **Michail Lomonosov** (1711–1765; *siehe S. 61*) gelegt, der mehr als 20 Jahre lang in der Kunstkammer *(siehe S. 60 f)* arbeitete. Seine Abhandlung *Elementa Chymiae Mathematica* (1741) nimmt Daltons Theorie von der Atomstruktur der Materie vorweg.

1869 erstellte der Chemieprofessor **Dmitri Mendelejev** (1834–1907) das periodische System der Elemente.

Viele Leute glauben, dass **Alexandr Popov** (1859–1906) im Jahr 1896 aus dem Labor der St. Petersburger Universität das erste Radiosignal gesendet hat.

Dem weltberühmten Physiologen **Ivan Pavlov** (1849–1936) wurde für seine Theorie der konditionierten Reflexe, die er an Hunden demonstrierte, der Nobelpreis für Medizin verliehen.

Nevski prospekt
Von der Admiralität zum Gribojedov-Kanal

Ein Bummel über diesen Teil von St. Petersburgs Hauptschlagader führt an zahlreichen schönen Gebäuden vorbei. Eine verschwenderische Fülle architektonischer Stile reicht von Barock am Stroganov-Palast über die klassizistische Kazaner Kathedrale bis zu Jugendstil-Gebäuden. Der Boulevard war einst als »Straße der Toleranz« bekannt. Diesen Namen verdankte er einer Anzahl Kirchen verschiedener Konfessionen, die hier Ende des 18. und Anfang des 19. Jahrhunderts geweiht wurden *(siehe auch S. 108).*

Literaturcafé
Als Wolf et Béranger war es für seine vornehme Kundschaft berühmt. Von hier brach Puškin 1837 zu seinem tödlichen Duell auf (siehe S. 83).

Admiralität (S. 78)

Schlossplatz (S. 83) und Eremitage (S. 84–93)

Die Wohnblocks (1760er Jahre) Nr. 8 und 10 sind Beispiele des frühen Klassizismus.

ADMIRALTEJSKI PROSPEKT

NEVSKI PROSPEKT

BOLŠAJA MORSKAJA ULICA

MALAJA MORSKAJA ULICA

BOLŠAJA MORSKAJA ULICA

Admiralitätsgarten
In dem 1872–74 angelegten Park stehen Büsten des Komponisten Michail Glinka, des Schriftstellers Nikolaj Gogol und des Dichters Michail Lermontov.

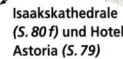

Isaakskathedrale (S. 80 f) und Hotel Astoria (S. 79)

0 Meter 100

Schule Nr. 210
»Bürger! Während eines Artilleriebeschusses ist diese Straßenseite besonders gefährlich«, warnt dieses Schild aus der Zeit der Belagerung.

Büro der Aeroflot
Marian Peretjakovičs strenges Granitgebäude (1912) ist untypisch für die Architektur der Stadt. Die oberen Etagen erinnern an den Palazzo Medici in Florenz, die Architektur an den Dogenpalast in Venedig.

NICHT VERSÄUMEN

★ Kathedrale Unserer Lieben Frau von Kazan

NEVSKI PROSPEKT

ZUR ORIENTIERUNG

Holländische Kirche
Hinter einem Portikus von Paul Jacots scheinbar weltlichem Gebäude (1831–37) verbarg sich die Holländische Kirche. In den länglichen Flügeln befinden sich nun Geschäfte, Büros und Wohnungen.

Stroganov-Palast
Die Fassade des Barockpalasts, eines der ältesten Bauten in der Straße (1753), schmücken plastische Ornamente und das Wappen der Stroganovs (siehe S. 112).

Das Haus der Mode
Marian Ljalevič entwarf dieses Gebäude (1912) für Mertens' Pelzhandlung. Das schöne Tafelglas verstärkt die Wucht der klassizistischen Säulen.

Das Singer-Haus wurde 1902–1904 von Pavel Sjusor für den Nähmaschinenfabrikanten Singer gebaut. Auf einem kegelförmigen Turm steht ein Globus aus Glas.

↘ Fortsetzung (S. 48 f)

Die Evangelische Kirche (1833) war ein wichtiges Zentrum für die evangelische Gemeinde. Unter den Sowjets zum Schwimmbad umfunktioniert, dient sie nun wieder als Kirche *(siehe S. 112)*.

Der Gribojedov-Kanal, ursprünglich der Katharinenkanal, wurde 1923 nach dem russischen Dramatiker Alexandr Gribojedov umbenannt.

★ **Kathedrale Unserer Lieben Frau von Kazan**
Ein Bogen aus 96 korinthischen Säulen in vier Reihen schaut auf den Nevski prospekt. Der Architekt Andrej Voronichin ließ sich von Berninis Kolonnaden der Peterskirche in Rom inspirieren (siehe S. 111).

Nevski prospekt
Vom Gribojedov-Kanal zur Fontanka

Seit Mitte des 18. Jahrhunderts ist der Nevski prospekt die wichtigste Geschäfts- und Unterhaltungsmeile in St. Petersburg. Folgt man dem Boulevard in Richtung der Aničkov-Brücke, häufen sich Cafés, Bars, Restaurants und Kinos. Man trifft auf drei historische Einkaufsarkaden: die Silberreihen-Arkaden, Gostinyj Dvor und Passaž. Doch auch auf dieser Höhe des Nevski prospekt gibt es viel architektonisch und historisch Sehenswertes, so etwa den Aničkov-Palast.

Passaž
Dieses beliebte Kaufhaus wird von einer 180 Meter langen Glasüberdachung geschützt. Es eröffnete 1848 und wurde 1900 wiederaufgebaut.

Erlöserkirche (S. 100)

Der Kleine Saal der Philharmonie war wichtigster Konzertsaal Anfang des 19. Jahrhunderts.

Die Katharinenkirche (1762–82) von Vallin de la Mothe vereint barocken und klassizistischen Stil. Sie ist die älteste katholische Kirche Russlands.

Grandhotel Europa (S. 101)

Russisches Museum (S. 104–107)

Die Armenische Kirche (1771–80) ist ein schönes Beispiel für Juri Feltens klassizistischen Baustil *(siehe S. 108)*.

Nevski prospekt 2 (Gribojedov-Kanal)

Nevski prospekt 1

Gostinyj Dvor

Silberreihen-Arkaden (1784–87)

Der Turm der ehemaligen Duma wurde 1804 als Feuerwache gebaut. Das Gebäude war von 1786 bis 1918 Sitz des Stadtrats.

Die Russische Nationalbibliothek besitzt über 33 Millionen Werke, darunter auch das erste handschriftliche russische Buch (1057).

Rusca-Portikus (Perinnije Rjadi)
Der sechssäulige Portikus von Luigi Rusca war ursprünglich der Eingang zu einer langen Arkade voller Geschäfte. Beim Bau der U-Bahn wurde er abgerissen, 1972 dann rekonstruiert.

0 Meter — 100

★ Gostinyj Dvor
Die hübschen Arkaden waren St. Petersburgs erster Basar (Mitte 18. Jh.; siehe S. 108f). Hier sind mehr als 300 Geschäfte unter einem Dach vereint. Von Kleidern bis zu Schokolade gibt es alles.

NEVSKI PROSPEKT

★ **Jelisejev**
Dieses Gebäude (siehe S. 109), in dem eine Kleinkunstbühne untergebracht ist, ist für sein Jugendstil-Dekor berühmt.

ZUR ORIENTIERUNG

NICHT VERSÄUMEN

★ Gostinyj Dvor

★ Jelisejev

Beloselski-Belozerski-Palast
Der luxuriöse Palast im Stil des Neobarock, heute Kulturzentrum und Bürogebäude, wurde von Andrej Štakenschneider 1847/48 gebaut. Die verblasste rote Fassade ist mit korinthischen Pfeilern und Atlanten als Stützen für die Balkone dekoriert.

Quarenghis Stände wurden 1803–06 als Geschäftszeile errichtet, später dann jedoch als das sogenannte Kabinett bekannt.

Nr. 66 wurde im 19. Jahrhundert von den Musikverlegern Bessel und Co. bewohnt. Auch Čajkovski verkehrte hier neben vielen anderen Komponisten.

Die Zentrale Steuerbehörde wirkt klassizistisch, stammt aber aus den 1940er Jahren.

Alexandrinski-Theater

Statue von Katharina der Großen auf dem Ostrovskiplatz *(siehe S. 110).*

Den Aničkov-Palast schenkte Zarin Elisabeth ihrem Geliebten Alexej Rasumovski. Später wurde der Bau die Winterresidenz ihrer Thronerben *(siehe S. 109).*

Moskauer Bahnhof

Aničkov-Brücke
Vier dynamische Bronzestatuen von Pferden und ihren Bändigern (19. Jh.) schmücken dieses Wahrzeichen. Sie wurden von Pjotr Klodt (siehe S. 35) entworfen.

Das Jahr in St. Petersburg

Die Russen haben bei jeder Witterung Freude am Feiern, dementsprechend ernst nehmen sie ihre Feiertage. Blumen haben hohen Symbolgehalt, beispielsweise die Mimose für den Internationalen Frauentag oder der Flieder für den Sommeranfang. Alle offiziellen Feiertage werden sowohl im Stadtzentrum als auch gesondert in vielen Bezirken gefeiert. Zu diesen Anlässen veranstaltet man Regatten, Ballonfahrten und Feuerwerk bei Nacht, wenn die Fackeln auf den Rostrasäulen *(siehe S. 60)* angezündet sind. Oft steht klassische Musik im Mittelpunkt der Feierlichkeiten und lockt Musiker aus aller Welt an. Doch auch ohne offiziellen Feiertag unternehmen die Russen gerne etwas, ob Skifahren oder Eislaufen im Winter oder Pilzesammeln im Spätsommer und Herbst.

Flieder, Symbol des Sommers

Frühling

Der Frühling ist ausgebrochen, wenn die ersten Sonnenhungrigen an die Strände der Peter-Paul-Festung *(siehe S. 66f)* kommen und Anfang April die Brücken freigegeben sind.

Um sich nach den kälteren Monaten aufzuwärmen, feiern die Einheimischen vor der Fastenzeit *maslenica* (Butterwoche) mit köstlichen Blinis.

Dann sammeln sie Weidenzweige als Symbol des herannahenden Palmsonntags. Am Vorabend der Fastenzeit, dem »Versöhnungssonntag«, ist es Sitte, jene um Verzeihung zu bitten, die man im vergangenen Jahr gekränkt hat.

Sobald der Schnee schmilzt, beginnen die Ausflüge zur Datscha, um den Garten in Ordnung zu bringen.

Kerzen erhellen die russisch-orthodoxe Kirche zur Ostermesse

Die ersten Sonnenhungrigen am Ufer bei der Peter-Paul-Festung

März

Internationaler Frauentag *(Meždunarodny ženski den)*, 8. März. Männer eilen durch die Stadt und kaufen Blumensträuße für ihre Frauen. Man wünscht sich gegenseitig *s prazdnikom* (Gratulation zum Feiertag). Es gibt spezielle Theateraufführungen und Konzerte.
Von der Avantgarde zur Gegenwart *(Ot avangarda do naši dnej)*, Mitte März. In der ganzen Stadt werden Kunst und Musik des 20. und 21. Jahrhunderts gefeiert.
Ostersonntag *(Paša)*. Die genauen Daten von Fastenzeit und Ostersonntag variieren von Jahr zu Jahr. Am Ostersonntag füllen sich die Kirchen mit Gläubigen. Geistliche Musik, himmlischer Gesang und Weihrauchduft liegen in der Luft. Man begrüßt sich mit *Christos voskres* (Christ ist auferstanden), woraufhin man mit der Bemerkung *Vo istine voskres* (Er ist wahrhaftig auferstanden) antwortet.

April

Musikalischer Frühling in St. Petersburg *(Musikalnaja vesna v Sankt-Peterburge)*, Mitte April. Nach dem langen Winter strömen die Menschen in die Konzertsäle, um das Verschwinden des letzten Schnees zu feiern.
Kosmonautentag *(Den kosmonautiki)*, 12. April. Die Sowjetunion war stolz auf ihre Weltraumforschung – Anlass genug, dies mit Feuerwerken um 22 Uhr zu feiern.

Mai

Tag der Arbeit *(Den truda)*, 1. Mai. Feiertag.
Peterhofbrunnen, 1. Wochenende im Mai. Bands und Orchester spielen während des Aufdrehens der Springbrunnen von Peterhof *(siehe S. 151)*.
Tag des Sieges *(Den pobedi)*, 9. Mai. Nach einer Andacht auf dem Piskarjevskoje-Gedenkfriedhof *(siehe S. 126)* finden sich Veteranen auf dem Nevski prospekt *(siehe S. 46–49)* und dem Schlossplatz *(siehe S. 83)* zum Gedenken des Sieges über die Nationalsozialisten 1945 ein.
Stadttag *(Den goroda)*, letzte Maiwoche. Zum Jahrestag der Stadtgründung ist rund um die Peter-Paul-Festung *(siehe S. 66f)* etwas los.
Olympus Musicus *(Musykalnyj Olimp)*, Ende Mai–Anfang Juni. Musiker und Bands aus aller Welt treten auf und werden dabei vom besten Orchester der Stadt begleitet.

Stolzer Kriegsveteran am Siegestag

DURCHSCHNITTLICHE TÄGLICHE SONNENSTUNDEN

Sonnenschein

St. Petersburgs Klima variiert im Jahresverlauf sehr stark – heiße Sonnentage mit heftigen Regengüssen im Sommer werden abgelöst von Wintermonaten mit Schnee und Temperaturen bis weit unter 0 °C. Von Mitte Juni bis Mitte Juli wird es nicht richtig dunkel. Im Winter sind die Tage mitunter extrem kurz.

SOMMER

Blühender Flieder ist das Symbol für die warme Jahreszeit, wenn die Luft über dem Marsfeld *(siehe S. 94)* vibriert. In den Sommermonaten ist die Stadt an Wochenenden leer, weil sich die Bewohner auf ihre Datschas zurückgezogen haben, die sich vor den Toren der Stadt befinden.

Die Weißen Nächte im Juni sind St. Petersburgs wichtigste Festzeit, in der die Sonne kaum untergeht und es niemals richtig dunkel wird. In der ganzen Stadt, in die zahllose Menschen strömen *(siehe S. 201)*, gibt es Konzerte, Ballette und andere Veranstaltungen. In der Nacht treffen sich die Feiernden am liebsten am Neva-Ufer, um das Hochziehen der Brücken gegen 2 Uhr nachts mitzuerleben.

JUNI

Internationaler Kinderschutztag *(Den čačiti detej)*, 1. Juni. Veranstaltungen für Kinder finden in ganz St. Petersburg und Umgebung statt.

Russland-Tag *(Den rossii)*, 12. Juni. Der Tag, an dem Russland »unabhängig« von der Sowjetunion wurde, wird um 22 Uhr mit einem Feuerwerk gefeiert.

Trinitatis *(Troica)*, 50 Tage nach Ostern. Gläubige wie Atheisten gleichermaßen bringen die Gräber in Ordnung und heben ein Glas Wodka auf das Wohl der Toten.

The White Nights Swing, Jazz Festival, Mitte Juni. Eine große Jamsession von einheimischen und Gastmusikern.

Stars der Weißen Nächte, Festival der klassischen Musik *(Svesdy Belych nočei)*, Juni. Das ursprüngliche Fest der Weißen Nächte, mit vielen Opern-, Musik- und Ballettaufführungen.

Weiße Nächte, Rockfestival *(Belyje noči)*, Ende Juni. In der Peter-Paul-Festung *(siehe S. 66f)* gibt es zahlreiche Konzerte im Freien mit lokalen, aber auch international bekannten Gruppen.

Festival der Festivals *(Festivalfestivalei)*, letzte Juniwoche.

Russische Schlachtschiffe auf der Neva am Flottentag *(Ende Juli)*

Internationale Filmstars treffen sich in St. Petersburg. Auf dem internationalen Filmfestival werden neue Filme präsentiert.

Carskoje-Selo-Karneval *(Carskoselski karnaval)*, letztes Wochenende im Juni. Kostümierte Menschen und Musik füllen das Zentrum von Carskoje Selo *(siehe S. 152–155)*.

JULI

Sportveranstaltungen St. Petersburg ist vor allem im Juli Austragungsort einer Reihe von interessanten Sportveranstaltungen – vom Tennis bis zum Segeln.

Flottentag *(Den vojennomorskovo flota)*, erster Sonntag nach dem 22. Juli. Die Neva gleicht mit geschmückten U- und Torpedobooten einer riesigen Werft.

AUGUST

Während der Schulferien und zugleich der heißesten Jahreszeit fliehen die meisten Familien auf ihre Datscha außerhalb der Stadt. Das Gros der Theatergruppen geht auf Tournee, viele Theater sind geschlossen.

Eine Brücke wird in einer Weißen Nacht hochgezogen *(Juni)*

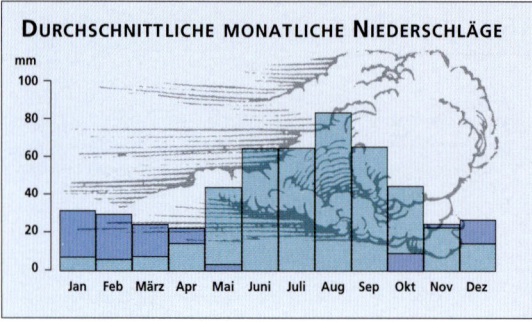

DURCHSCHNITTLICHE MONATLICHE NIEDERSCHLÄGE

☐ Schnee
☐ Regen

Niederschläge
St. Petersburgs Sommer sind feucht, doch die Regengüsse bieten willkommene Erfrischung in der Sommerhitze. Im Winter sorgt ständiger Schneefall für meterhohe Verwehungen, die meist nicht vor März tauen.

HERBST

Wenn die Menschen von ihrer Datscha zurückkehren und die Kinder sich auf die Schule vorbereiten (die Stadt hängt voller entsprechender Plakate, überall werden Schulsachen eingekauft), kommt das Stadtleben wieder in Gang.

Jetzt gibt es auch wieder Theatervorstellungen. Das Mariinski-Theater kehrt von Gastspielen zurück, neue Theaterstücke und Opern haben Premiere. Im Oktober beginnt die Festivalzeit mit Gastmusikern und Theatergruppen aus aller Welt.

Das frische Herbstwetter eignet sich gut zum Pilzesuchen. Das Gebiet nordwestlich der Stadt, um Selenogorsk und Repino *(siehe S. 146)*, ist ein beliebtes Revier für Pilzsammler. Besonders Eifrige stehen früh auf, um Pfifferlinge, Austernpilze, *podberjosoviki* (braune Pilze) sowie *podosinoviki* (orangegelbe Rotkappen) zu suchen. Die Einheimischen sind erfahrene Pilzkenner, Amateure sollten sich vor Giftpilzen hüten.

Weniger gefährlich ist eine Fahrt mit dem Tragflächenboot nach Peterhof *(siehe S. 148–151)*, um noch einmal die Brunnen zu betrachten, bevor sie winterfest gemacht werden.

Pfifferlinge

Kinder haben sich für den ersten Schultag fein gemacht *(1. Sep)*

SEPTEMBER

Tag des Wissens *(Den znani)*, 1. September. Am ersten Schultag nach den Ferien sind die Schulkinder mit Blumen und Geschenken für die Lehrer beladen.

OKTOBER

Baltisches Theaterfestival *(Teatralny festival Baltiski dom)*. Clowns, Schauspieler und Pantomimen aus dem gesamten Baltikum veranstalten in einigen Theatern zwei Wochen lang ein buntes kreatives Chaos.

NOVEMBER

Der **Tag der Nationalen Einheit**, 4. November, würdigt die unterschiedlichen Religionen und Kulturen der russischen Föderation.
Klangwege *(Svukovyje puti)*, Mitte November. Dieses Festival bietet eine hervorragende Gelegenheit, neueste Trends der russischen und europäischen Jazz- sowie modernen klassischen Musik kennenzulernen. Für eine Teilnahme an diesem beliebten Festival sagen ausländische wie einheimische Musiker sogar andere lukrativere Engagements ab.

Der Park von Carskoje Selo im Herbstkleid

HERBST UND WINTER

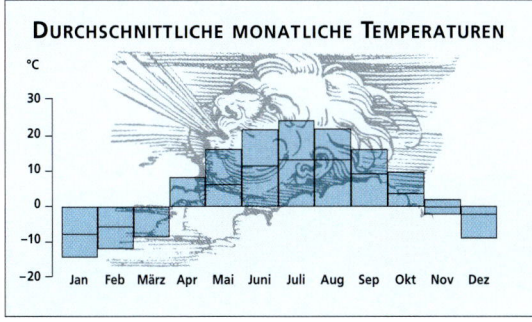

Durchschnittliche monatliche Temperaturen

Temperaturen

In St. Petersburg herrscht Seeklima, das milder ist, als man erwarten mag. Die Sommer sind warm, oft hat schon der Mai heiße Tage, während im Winter die Temperaturen meist bis weit unter den Gefrierpunkt fallen. Die Tabelle zeigt die durchschnittlichen Tiefst- und Höchsttemperaturen im Verlauf eines Jahres in St. Petersburg.

WINTER

Wenn das Eis auf dem Wasser dicker wird und der Schneefall zunimmt, gehen die Menschen wieder nach draußen. Kinderschlitten kosten nicht viel, alles andere kann man sich ausleihen. Skilanglauf macht ebenfalls Spaß. An den Skistationen *(lyžnyje basy)* in den Parks von Carskoje Selo *(siehe S. 152–155)* und Pavlovsk *(siehe S. 158–161)* kann man sich Skier und Schlitten ausleihen. Schlittschuhe für die Eisbahn im Pobedy-Park bekommt man in der gleichnamigen Metro-Station. Für die im Zentralpark für Kultur und Erholung in der Metro Krestovski Ostrov. Die Hartgesottenen schlagen jeden Morgen das Eis an der Peter-Paul-Festung *(siehe S. 66f)* auf, um baden zu gehen.

Mitten in die winterlichen Aktivitäten fallen Weihnachten und Neujahr. Neujahr ist der große Festtag, Weihnachten wird nach dem orthodoxen Kalender am 7. Januar gefeiert. Viele feiern auch noch das alte Neujahr, das auf den

Ein Schlitten auf der gefrorenen Neva vor der Eremitage *(siehe S. 84–93)*

14. Januar fällt. Ein Glanzlicht ist die traditionelle Aufführung des Weihnachtsballetts *Der Nussknacker* im Mariinski-Theater *(siehe S. 119)*.

DEZEMBER

Verfassungstag *(Den konstitucii)*, 12. Dezember. Als Jelzins neue Verfassung die der Brežnev-Ära ersetzte, wurde auch der alte Verfassungstag von einem neuen abgelöst. Um 22 Uhr gibt es in der ganzen Stadt Feuerwerk.
Musikalische Begegnungen in der Nordpalmyra *(Musykalnyje vstreči v Severnoi Palmire)*, Dezember/Januar. Dieses Musikfest ist das letzte im Jahr. Durch die verschneiten Straßen und gefrorenen Wasserwege gewinnt es zusätzlichen Reiz.
Silvester *(Novy god)*, 31. Dezember. Den größten Feiertag des Jahres begeht man mit dem lokalen »Champagner«, šampanskoje *(siehe S. 183)*. Zum Familienfeiertag verkleidet man sich als Väterchen Frost (das russische Äquivalent zum Nikolaus) und Schneeflöckchen, die traditionellen Geschenkboten.

JANUAR

Russisch-orthodoxes Weihnachten *(Roždestvo)*, 7. Januar. Weihnachten wird ruhiger gefeiert als Ostern. Traditionellerweise geht man am Vorabend in die Christmette, zu der die Glocken in der ganzen Stadt rufen.

FEBRUAR

Tag der Verteidiger des Vaterlandes *(Den zaščitnikov rodiny)*, 23. Februar. Das männliche Gegenstück zum Frauentag – Herren erhalten Blumen und Geschenke.

FEIERTAGE

Neujahr *(1. Jan)*
Russisch-orthodoxes Weihnachten *(7. Jan)*
Internationaler Frauentag *(8. März)*
Ostersonntag *(März/Apr)*
Tag der Arbeit *(1. Mai)*
Tag des Sieges *(9. Mai)*
Unabhängigkeitstag *(12. Juni)*
Tag der Nationalen Einheit *(4. Nov)*
Verfassungstag *(12. Dez)*

Erst wird das Eis aufgebohrt, dann wird geangelt

Wassertaxis auf der Mojka vor dem Stroganov-Palast *(siehe S. 112)* ▷

Die Stadtteile von St. Petersburg

VASILEOSTROVSKI-INSEL 56-63

PETROGRADSKAJA 64-73

PALASTUFER 74-95

GOSTINYJ DVOR 96-113

SENNAJA PLOŠČAD 114-123

ABSTECHER 124-131

DREI SPAZIERGÄNGE 132-139

VASILEOSTROVSKI-INSEL

Eigentlich wollte Peter der Große die Vasileostrovski-Insel, die größte Insel im Neva-Delta, zum Verwaltungssitz der neuen Hauptstadt machen. Da die Stadt jedoch schwer zugänglich war (die erste Steinbrücke gab es erst 1850) und Fluten und Stürme die Flussüberquerung riskant machten, ließ man von dem Projekt ab. Das Zentrum entstand nun auf der anderen Seite des Flusses um die Admiralität *(siehe S. 78)*. Die Anordnung der Straßen – durchnummerierte Linien *(linii)*, von Norden nach Süden verlaufend – basiert auf der Anordnung von Kanälen, die allerdings nie ausgehoben wurden *(siehe S. 20)*. Den Mittelpunkt der Insel bildet die Strelka, die Inselspitze, mit ihren prächtigen öffentlichen Gebäuden. Die anderen Bereiche entwickelten sich im 19. Jahrhundert im Lauf der Industrialisierung, als sich hier die Mittelschicht niederließ. Früher gab es auch eine reiche deutsche Gemeinde mit evangelischen Kirchen. Heute wirkt die Insel mit ihren Alleen und Museen aus dem 19. Jahrhundert ein wenig verschlafen.

Allegorische Skulptur Neptuns an der Fassade des Marinemuseums

SEHENSWÜRDIGKEITEN AUF EINEN BLICK

Museen und Sammlungen
Kunstkammer ❹
Marinemuseum ❷
Menšikov-Palast ❻
Zoologisches Museum ❸

Historische Gebäude und Denkmäler
Akademie der Künste ❾
Rostrasäulen ❶
Zwölf Kollegien ❺

Kirche
Andreaskathedrale ❽

Straßen und Brücken
Blagoveščenski-Brücke ❿
Bolšoj prospekt ❼

LEGENDE
- Detailkarte *S. 58f*
- **M** Metro-Station
- Tramhaltestelle

◁ Eine der beiden imposanten Sphingen (14. Jh. v. Chr.) vor der Akademie der Künste *(siehe S. 63)*

Im Detail: Strelka

Das als Strelka bekannte Ostende der Insel, früher das Handelszentrum von St. Petersburg, ist heute eine Stätte der Gelehrsamkeit. Neben der Akademie der Wissenschaften und der Universität von St. Petersburg gibt es hier mehrere Museen, Institute und Bibliotheken, die in ehemaligen Lager- und Zollhäusern untergebracht sind. Maritimes präsentiert sich im Marinemuseum und in Form der beiden Rostrasäulen. Auf dem Rasen vor den früheren Leuchttürmen lassen sich gern frischgetraute Paare fotografieren. Von dort sieht man am anderen Ufer der Neva die Peter-Paul-Festung *(siehe S. 66f)* und die Eremitage *(siehe S. 84–93).*

Blick über die Neva auf Marinemuseum und Rostrasäulen

Das Lomonosov-Denkmal ehrt Michail Lomonosov (1711–1765), Professor der Akademie der Wissenschaften.

Zwölf Kollegien
Für die zwölf Ministerien der Regierung Peters des Großen erbaut, bilden sie nun das Hauptgebäude der Universität von St. Petersburg. ❺

Die Akademie der Wissenschaften wurde 1724 gegründet. Das heutige Gebäude baute Giacomo Quarenghi von 1783 bis 1785.

★ Kunstkammer
Hier ist die Sammlung biologischer Kuriositäten Peters des Großen zu sehen. Der von einer Sonnenuhr gekrönte Turm ist ein Wahrzeichen der Stadt. ❹

Palastufer

Zoologisches Museum
Mit über 1,5 Millionen Exponaten ist das Museum weltweit eines der schönsten seiner Art. Es zeigt einige ausgestopfte Tiere, die Peter dem Großen gehörten, und eine weltberühmte Sammlung von Mammuts. ❸

Hotels und Restaurants auf der Vasileostrovski-Insel siehe Seiten 174 und 184

Nicht versäumen
★ Kunstkammer
★ Marinemuseum

STRELKA

In der Bibliothek der Akademie der Wissenschaften, 1714 von Peter dem Großen gegründet, stehen nun über 17 Millionen Bände.

ZUR ORIENTIERUNG
Siehe Stadtplan 1

Die neue Börse wurde Anfang des 19. Jahrhunderts von Quarenghi entworfen. Damals fand in dem klassizistischen Bau ein lebhafter Handel statt. Heute sind hier Abteilungen der Universität untergebracht.

Das Institut für russische Literatur, auch als Puškin-Haus bekannt, wurde 1832 gebaut. Es beherbergt nun ein literarisches Museum.

★ **Marinemuseum**
Zu den schönen Modellbooten gehört ein botik, auch als »Großvater der russischen Marine« bekannt, auf dem Peter der Große segeln lernte. ❷

Rostrasäulen
Die 32 Meter hohen Säulen, ursprünglich Leuchttürme, die Schiffen den Weg durch den Hafen von St. Petersburg wiesen, sind ein markantes Merkmal der Skyline. Am Flottentag und bei anderen Wasserfesten leuchten die Gasfackeln. ❶

LEGENDE
– – – Routenempfehlung

0 Meter   400

Stadtplan *siehe Seiten 230–245*

Rostrasäulen ❶
Ростральные колонны
Rostralnye kolonny

Birževaja ploščad. **Stadtplan** 1 C5. 🚌 7, 10, 24, 47, 191, K-187, K-209, K-252. 🚋 1, 7, 10, 11.

Die beeindruckenden rostbraunen Rostrasäulen vor dem Marinemuseum wurden 1810 von Thomas de Thomon als Leuchttürme entworfen. Im 19. Jahrhundert tauschte man die Öllampen gegen Gasfackeln aus, die noch heute bei Festen entzündet werden. Nach römischer Sitte sind die Säulen zum Gedenken an erfolgreiche Seeschlachten mit Schiffsbugen geschmückt. Die Figuren an den Sockeln repräsentieren vier der bedeutendsten russischen Flüsse: Neva, Wolga, Dnjepr und Volchov.

Rostrasäulen auf der Strelka

Marinemuseum ❷
Центральный Военно-Морской музей
Zentralnyj Vojenno-Morskoj musej

Birževaja ploščad 4. **Stadtplan** 1 C5. 📞 328 2502. 🚌 7, 10, 24, 47, 191, K-187, K-209, K-252. 🚋 1, 7, 10, 11. ⏰ Mi–So 11–18 Uhr. 📷🎟️ in Englisch. www.museum.navy.ru

Die ehemalige Börse *(birža)* entstand von 1805 bis 1810 als Mittelpunkt der Strelka. Der Architekt Thomas de Thomon entwarf sie nach dem Vorbild eines griechischen Tempels im italienischen Paestum. Die Ostfassade ist von einer Skulptur des Neptun gekrönt, dessen Wagen von Seepferdchen gezogen wird – Symbol für die Rolle des Seehandels in St. Petersburg.

Nach der Revolution wurde die Börse überflüssig und 1940 zu einem Museum umfunktioniert. In der geräumigen Handelshalle mit ihrer schönen Kassettendecke zeigt eine Ausstellung die Geschichte der russischen und sowjetischen Marine von ihren Ursprüngen unter Peter dem Großen bis zur Gegenwart. Das Prunkstück ist ein *botik*, das Schiffchen, auf dem Peter der Große segeln lernte. Daneben gibt es viele andere interessante Dinge zu bestaunen, vom Modellschiffen und Galionsfiguren bis zu Uniformen, Flaggen und ferngesteuerten U-Booten. Im zweiten Stock ist ein Diorama der Erstürmung des Winterpalasts *(siehe S. 28f)* zu sehen.

Schwerpunkt einer Fotoausstellung ist die Zeit der Revolution. 1955 wurde sie erweitert, um die Beteiligung der Westmächte am Zweiten Weltkrieg deutlich zu machen und somit ein ausgewogeneres Bild von bestimmten Ereignissen zu präsentieren.

Die klassizistische Fassade des Marinemuseums auf der Strelka

Zoologisches Museum ❸
Зоологический музей
Zoologičeski musej

Universitetskaja naberežnaja 1/3. **Stadtplan** 1 C5. 📞 328 0112. 🚌 7, 10, 24, 47, 191, K-187, K-209, K-252. 🚋 1, 7, 10, 11. ⏰ Sa–Do 11–18 Uhr. 🎟️ (Do frei). 📷 🔆 in Englisch. www.zin.ru

Das in einem 1826 von Giovanni Lucchini entworfenen Zolllagerhaus untergebrachte Museum enthält eine der weltgrößten Sammlungen zur Naturgeschichte. Einige Exponate gehörten zur Kunstkammer-Sammlung Peters des Großen, darunter das Pferd, das er in der Schlacht von Poltava ritt *(siehe S. 18)*.

Dioramen zeigen die natürlichen Lebensräume von Riesenkrabben, Wieseln, Polarbären und Blauwalen. Besonders sehenswert ist die Mammutsammlung. Das wertvollste Skelett, das fast 44 000 Jahre alt ist, wurde 1902 in Sibirien ausgegraben.

Wiesel im Zoologischen Museum

Kunstkammer ❹
Кунсткамера
Kunstkamera

Universitetskaja naberežnaja 3. **Stadtplan** 1 C5. 📞 328 1412. 🚌 7, 10, 24, 47, 191, K-187, K-209, K-252. 🚋 1, 7, 10, 11. ⏰ Di–Sa 11–18 Uhr. 📷 🔆 in Englisch. www.kunstkamera.ru

Der schlanke meergrüne Turm der barocken Kunstkammer ist weithin sichtbar. Das Gebäude wurde 1718 bis 1734 von Georgi Mattarnovi für die berühmt-berüchtigte Kunstkammer-Sammlung Peters des Großen gebaut. Während einer Reise durch Holland im Jahr 1697 besuchte Peter die Vorlesungen von

Hotels und Restaurants auf der Vasileostrovski-Insel siehe Seiten 174 und 184

Die Barockfassade der Kunstkammer (1718–34), des ersten Museums in Russland

Frederik Ruysch (1638–1731), dem berühmtesten Anatomen seiner Zeit. Ruyschs Raritätensammlung beeindruckte Peter derart, dass er 1717 die komplette Kollektion von über 2000 Exemplaren erwarb und sie nach seiner Rückkehr nach St. Petersburg einer durch kostenlosen Wodka angelockten Öffentlichkeit vorführte. Damals umfasste seine Sammlung auch so bizarre Objekte wie deformierte oder ungewöhnliche Menschen, etwa einen Hermaphroditen. Zu diesem ersten Museum Russlands gehörten außerdem eine Bibliothek, ein anatomischer Schauraum und ein Observatorium.

Heute ist in der Kunstkammer das Museum für Anthropologie und Ethnografie untergebracht. Das, was von Peters Kuriositätensammlung erhalten blieb, ist in der Rotunde ausgestellt. Zu den Exponaten gehören Herz und Skelett von Peters Kammerdiener, der stolze 2,27 Meter groß war, sowie eine Sammlung von Zähnen, die der Zar, ein begeisterter Amateurzahnarzt, gezogen hat. Am makabersten sind konservierte Exponate wie siamesische Zwillinge und ein zweiköpfiges Schaf.

In den die Rotunde umgebenden Sälen gibt es Sammlungen über die Völker der Welt zu sehen. Das Spektrum an Artefakten ist sehr groß, es reicht von einem Kajak der Inuit bis hin zu javanischen Schattenfiguren.

Zwölf Kollegien ❺
Двенадцать коллегий
Dvenadcat kollegi

Universitetskaja naberežnaja 7.
Stadtplan 1 C5. 🚌 7, 24, 47, 129, K-187, K-209. 🚊 1, 10, 11.
⬤ für die Öffentlichkeit.

Das vornehme Barockgebäude aus rotweißem, mit Stuck verziertem Backstein ist beinahe 400 Meter lang. Es wurde seinerzeit für die Verwaltung Peters des Großen, die aus zwölf Kollegien (Ministerien) bestand, entworfen. Dabei sollte die lückenlose Fassade die gemeinsamen Ziele der Regierung symbolisieren, während sich die merkwürdige Ausrichtung im rechten Winkel

Michail Lomonosov (1711–1765)

Ein Teil der Westfassade der Zwölf Kollegien

zum Ufer hin mit Peters nie verwirklichtem Plan erklären lässt, einen großen Platz mit direktem Blick über die Strelka zu bauen. Einer anderen Theorie zufolge änderte Fürst Menšikov den Plan in Peters Abwesenheit so, dass das Gebäude nicht bis auf sein Grundstück reichte. Die Funktion des Gebäudes änderte sich im Lauf der Zeit, 1819 erwarb die Universität von St. Petersburg einen Teil davon. Hier studierten viele Revolutionäre, einschließlich Lenin 1891. Zu den berühmten russischen Dozenten der Universität gehörten der Chemiker Dmitri Mendelejev (1834–1907) und der Physiologe Ivan Pavlov (1849–1936).

Vor den Zwölf Kollegien steht, zur Neva hin gewandt, die Bronzestatue von Michail Lomonosov, dem großen Gelehrten des 18. Jahrhunderts, die 1986 enthüllt wurde. Der Sohn eines Fischers war das erste in Russland geborene Mitglied der nahe gelegenen Akademie der Wissenschaften. Das Universalgenie schrieb Gedichte, systematisierte die russische Grammatik und war ein Pionier in der Mathematik und der Physik. Seinen wissenschaftlichen Entdeckungen verdankt Russland die Kunst der Porzellan-, Glas- und Mosaikherstellung.

Stadtplan siehe Seiten 230–245

Die Südfassade des Menšikov-Palasts aus dem 18. Jahrhundert

Menšikov-Palast ❻
Меншиковский дворец
Menšikovski dvorec

Universitetskaja naberežnaja 15.
Stadtplan 5 B1. 323 1112.
7, 24, 47, 191, K-209. 1, 10, 11. 1, 11. Di–Sa 10.30–18, So 10.30–17 Uhr. in Deutsch.

Der ockerfarbene barocke Menšikov-Palast mit seinen schönen Pfeilern war einer der ersten Steinbauten St. Petersburgs. Er wurde von Giovanni Fontana und Gottfried Schädel für den Fürsten Menšikov entworfen und 1720 fertiggestellt. Das Palastgelände erstreckte sich ursprünglich nach Norden hin bis zur Kleinen Neva.

Hier feierte Fürst Menšikov seine feudalen Feste, oft im Namen Peters des Großen, der den Palast als Zweitwohnung nutzte. Die Gäste kamen in einem Boot über die Neva und wurden von einem livrierten Orchester empfangen. Heute ist der Palast eine Zweigstelle der Eremitage *(siehe S. 84–93)* und beherbergt eine Ausstellung zur russischen Kultur des frühen 18. Jahrhunderts. Sie beschwört den damaligen Zeitgeist herauf und zeigt den Einfluss des Westens auf den Hof Peters des Großen.

Die Führung beginnt im Erdgeschoss: Neben der Küche sieht man Peters Schreinerwerkzeuge, zeitgenössische Kostüme, Eichenkommoden und Schiffskompasse. Im gewölbten Flur stehen Marmorstatuen aus Italien, darunter ein römischer Apollo (2. Jh. v. Chr.).

Die Zimmer der Sekretäre im Obergeschoss schmücken holländische Stiche (17. Jh.) von Leiden, Utrecht und Krakau. Eine Reihe atemberaubend schöner Zimmer ist mit handbemalten holländischen Fliesen geschmückt. Fliesen waren nicht nur modern, sondern auch ein sehr praktisches Mittel, um Fliegen und Staub fernzuhalten. Im gefliesten Schlafzimmer von Varvara (Menšikovs Schwägerin und Vertraute) steht ein Himmelbett mit einer Tagesdecke aus Wolle, Seide und silbernem Garn. Hinter dem Bett hängt ein feiner flämischer Wandteppich aus dem 17. Jahrhundert.

Menšikov und Peter empfingen oft Gäste im Walnusssaal, von dem man einen Blick auf die Neva hat. Der Mode entsprechend hängen Gemälde an bunten Bändern, so ein Porträt (17. Jh.) Peters des Großen, ein Werk des niederländischen Malers Jan Weenix. Die damals neuartigen Spiegel waren der orthodoxen Kirche ein Gräuel.

In dem mit Gold und Stuck verzierten Großen Saal fanden Bälle und Bankette statt. Einmal war er Schauplatz einer »Zwergenhochzeit«, die Menšikov zur Unterhaltung seines Herrn arrangierte.

FÜRST MENŠIKOV

Menšikov (1673–1729), Berater, Waffenbruder und Freund Peters des Großen, stieg aus recht bescheidenen Verhältnissen bis zum ersten Gouverneur von St. Petersburg auf. Nach Peters Tod 1725 arrangierte Menšikov die Thronbesteigung Katharinas I. (Peters Frau und Menšikovs Geliebte), womit er seinen Machteinfluss bis zu ihrem Tod sicherte. Extravaganz und Bestechlichkeit wurden ihm zum Verhängnis. Des Verrats angeklagt, starb er 1729 im Exil.

Die schöne *apteka* im Jugendstil, direkt am Bolšoj prospekt

Bolšoj prospekt ❼
Большой проспект
Bolšoj prospekt

Stadtplan 1 A5. M *Vasileostrovskaja.*
6, 7, 41, 42, 128, 151, 152, K-124, K-183, K-346, K-350, K-690.
10, 11.

Der imposante Boulevard, der Menšikovs Anwesen mit dem Finnischen Meerbusen verband, wurde Anfang des 18. Jahrhunderts eröffnet. Die Architekturstile reichen vom Klassizismus der Katharinenkirche (1768–71; Nr. 1) bis zum einfachen Trojekurov-Haus (Nr. 13, 6-ja Linija) im Petersburger Barock des 17. Jahrhunderts. Sehenswert sind auch der Andreasmarkt (1789/90) und zwei Gebäude im Jugendstil. Eines davon ist die ehemalige Apotheke (1907–10) in der 7-ja Linija mit Mosaiken und Fliesen, das andere die Nr. 55, Adolf Gavemans Waisenhaus (1908).

Die Akademie der Künste (1764–88) am Neva-Ufer, ein Beispiel des frühen russischen Klassizismus

Andreaskathedrale ❽

Андреевский собор
Andrejevski sobor

6-ja Linija 11. **Stadtplan** 5 B1.
📞 323 3418. 🚌 7, 24, 42, 100, 128, 151, K-62, K-154, K-183, K-200, K-349, K-690. 🚊 10, 11. ♿

Die ursprüngliche Holzkirche wurde durch ein Feuer zerstört. Katharina I. *(siehe S. 21)*, die zweite Frau Peters des Großen, hatte den Bau des Gotteshauses angeregt und dafür 3000 Rubel gespendet.

Die heutige Barockkirche mit spitzem Glockenturm wurde 1764–80 von Alexander Wist gebaut. In ihrem Inneren ist vor allem die kunstvoll geschnitzte Ikonostase mit Ikonen aus der ursprünglichen Kirche sehenswert. Nebenan liegt Giuseppe Trezzinis kleine Kirche der drei Heiligen (1740–60), die Basilius dem Großen, Johannes Chrysostomos und Gregor von Nazianz gewidmet ist.

Akademie der Künste ❾

Академия Художеств
Akademija Chudožestv

Universitetskaja naberežnaja 17.
Stadtplan 5 B1. 📞 323 3578. 🚌 7, 47, K-62, K-124, K-154, K-350. 🚊 10, 11. 🕒 Mi–So 11–18 Uhr. 📷 ♿
www.rah.ru

Die Akademie der Künste wurde 1757 gegründet, um einheimische Künstler in den bevorzugten westlichen Techniken und Kunststilen auszubilden. Aus ihr gingen u. a. der Maler Illja Repin *(siehe S. 42)* sowie die Architekten Andrej Sacharov (1761–1811) und Andrej Voronichin (1759–1814) hervor.

Der Konservatismus der Akademie verhinderte Innovation und Experimente. 1863 verließ eine Gruppe von 14 Studenten unter Protest die Abschlussprüfung. Die Kunstbewegung der sogenannten Wanderer, der *peredvižniky (siehe S. 106f)*, war geboren.

Das Akademiegebäude, das 1764 bis 1788 von Alexander Kokorinov und Vallin de la Mothe gebaut wurde, ist ein Musterbeispiel für den Übergang vom Barock zum Klassizismus. Im Inneren sind Werke der Studenten aus Vergangenheit und Gegenwart ausgestellt: Gemälde, Gipsabdrücke berühmter Skulpturen, architektonische Entwürfe sowie Modelle vieler Gebäude der Stadt, wie des Smolnyj-Klosters *(siehe S. 128)*.

Großartig sind die klassizistischen Säle und Galerien. Sehenswert sind auch der Konferenzraum im ersten Stock mit der von Vasili Šebujev bemalten Decke sowie die angrenzenden Raffael- und Tizian-Galerien mit Kopien von Fresken aus dem Vatikan.

Die Freitreppe zur Neva wird von zwei Sphingen aus dem 14. Jahrhundert v. Chr. flankiert. Sie wurden unter den Ruinen von Theben entdeckt und 1832 hierhergebracht. Ihre Gesichter sollen Pharao Amenophis III. darstellen.

Blagoveščenski-Brücke ❿

Благовещенский мост
Blagoveščenskij most

Stadtplan 5 B2. 🚌 6, K-154, K-350.

Die unter diesem Namen 1842 eröffnete Brücke war die erste über die Neva. 1855 erfolgte die Umbenennung in Nikolausbrücke, 1918 erhielt sie den Namen Leutnant-Schmidt-Brücke – nach einem Matrosen, der 1905 den Aufstand der Schwarzmeerflotte initiiert hatte. Beim Wiederaufbau der Brücke 1936–38 verwendete man Alexandr Brjullovs originales, mit Seepferdchen verziertes Geländer. 2007 erhielt die Brücke wieder den ursprünglichen Namen.

Die wunderschöne barocke Ikonostase der Andreaskathedrale

Stadtplan *siehe Seiten 230–245*

PETROGRADSKAJA

Als man 1703, während des Krieges mit Schweden *(siehe S. 18)*, auf einer Insel am Nordufer der Neva begann, St. Petersburg zu bauen, entwickelte sich die Gegend des heutigen Petrogradskaja zu einem sumpfigen Vorort. Hier standen Holzhütten für die Arbeiter, die die neue Stadt Peters des Großen errichteten.

Das Gebiet um den Dreifaltigkeitsplatz war später ein kleines Kaufmannsviertel, entstanden um eine inzwischen zerstörte Kirche und die erste Börse von St. Petersburg.

Detail an der Brücke zur Peter-Paul-Festung

Petrogradskaja war bis zum Beginn des 20. Jahrhunderts nur dünn besiedelt. Dann verband die neu erbaute Dreifaltigkeitsbrücke (Troicki most) das Viertel mit dem Stadtzentrum. Schnell schossen Häuser im Jugendstil aus dem Boden. Die Bevölkerungzahl vervierfachte sich, das Viertel wurde zum Treffpunkt für Künstler und Akademiker.

Das architektonische Zentrum von Petrogradskaja, das ein Wohnviertel geblieben ist, stellt die Peter-Paul-Festung dar.

SEHENSWÜRDIGKEITEN AUF EINEN BLICK

Museen und Sammlungen
Artilleriemuseum ❼
Haus Peters des Großen ⓭
Ingenieurshaus ❷
Kirov-Museum ❿
Kommandantenhaus ❹
Kreuzer *Aurora* ⓬
Trubeckoj-Bastion ❻
Villa Kšesinskaja ⓫

Tore
Neva-Tor ❺
St. Peterstor ❶

Kathedrale
Peter-Paul-Kathedrale ❸

Straßen, Plätze und Parks
Alexandrovski-Park ❽
Dreifaltigkeitsplatz ⓮
Kamennoostrovski prospekt ❾

LEGENDE

- Detailkarte S. 66f
- **M** Metro-Station
- Tramhaltestelle
- Bootsanlegestelle

◁ Die barocke Peter-Paul-Kathedrale *(siehe S. 68f)* in der Peter-Paul-Festung *(siehe S. 66f)*

Im Detail: Peter-Paul-Festung

Die Gründung der Peter-Paul-Festung am 27. Mai 1703 auf Befehl Peters des Großen bedeutete auch die Gründung der Stadt selbst. Die Festung wurde zunächst aus Holz erbaut, später ersetzte Domenico Trezzini das Holz durch Stein. Die Geschichte der Festung ist mit Blut getränkt, denn Hunderte Zwangsarbeiter starben bei diesem Bau. In den Bastionen wurden später viele politische Gefangene gefoltert, darunter war auch Peters Sohn Alexej. Die ehemaligen Zellen der Gefangenen sind der Öffentlichkeit ebenso zugänglich wie einige Museen und die Kathedrale mit den Gräbern der Romanovs.

Artilleriemuseum (siehe S. 70)

Kronwerkbrücke

Das Archiv des Kriegsministeriums steht an der Stelle des »Geheimen Hauses«, einst ein Gefängnis für politische Gefangene.

Sotov-Bastion

Trubeckoj-Bastion
Von 1872 bis 1921 dienten die dunklen, feuchten Einzelhaftzellen der Bastion als Gefängnis für Staatsfeinde. Heute ist die Bastion Besuchern zugänglich. ❻

Die Münze von 1724 stellt noch Sondermünzen, Medaillen und Abzeichen her.

Der Strand ist nicht nur im Sommer beliebt: Im Winter brechen hartgesottene Schwimmer das Eis auf, um ein erfrischendes Bad zu nehmen.

Von der Naryškin-Bastion (1725) schallt mittags ein Kanonenschuss. Diese Tradition wurde nach der Revolution aufgegeben, 1957 aber wieder eingeführt.

Kommandantenhaus
150 Jahre lang wurden in diesem Barockhaus politische Gefangene verhört und abgeurteilt. Das heutige Museum widmet sich der Regionalgeschichte. ❹

Neva-Tor
Der auch als »Todestor« bekannte Eingang führt zum Kommandantenpier, von dem aus Gefangene ihre Reise ins Exil oder zur Hinrichtung antraten. Der Wasserstand der Neva bei Hochwasser (siehe S. 37) ist unter dem Bogen angegeben. ❺

Restaurants in Petrogradskaja siehe Seiten 184f

PETER-PAUL-FESTUNG

★ Peter-Paul-Kathedrale
Marmorsäulen, glitzernde Kronleuchter und dekorative Malerei bilden mit Ivan Zarudnys geschnitzter und vergoldeter Ikonostase einen großartigen Rahmen für die Gräber der Romanov-Monarchen. ❸

Das Bootshaus ist nun ein Souvenirladen mit Kartenschalter.

Golovkin-Bastion

Die Großfürstengruft ist die letzte Ruhestätte vieler 1919 von den Bolschewiken ermordeter Großfürsten sowie des Großfürsten Vladimir, der 1992 im Exil starb.

ZUR ORIENTIERUNG
Siehe Stadtplan 2

St. Peterstor
Das Festungstor (1718) von Domenico Trezzini ziert der doppelköpfige Adler der Romanovs mit einem Emblem des heiligen Georg. ❶

NICHT VERSÄUMEN

★ Peter-Paul-Kathedrale

0 Meter — 100

Kartenverkauf

Das Ivanstor in der Außenmauer wurde 1731–40 gebaut.

Johannesbrücke

Kamennoostrovski prospekt, Metro-Station Gorkovskaja und Dreifaltigkeitsbrücke

Diese Statue Peters des Großen stammt aus dem Jahr 1991.

Zarenbastion

Ingenieurshaus
In diesem Haus aus den Jahren 1748/49 werden Ausstellungen von Artefakten des St. Petersburger Alltagslebens vor der Revolution gezeigt. ❷

LEGENDE
--- Routenempfehlung

Stadtplan siehe Seiten 230–245

St. Peterstor ❶
Петровские ворота
Petrovskje vorota

Petropavlovskaja krepost. **Stadtplan** 2 E3. Ⓜ *Gorkovskaja.*
🚌 *46, 49, K-46, K-76, K-223.*

Der Haupteingang zur Peter-Paul-Festung führt durch zwei unterschiedliche Bogen: das schlichte Ivanstor (Neorenaissance, um 1735) und das imposantere St. Peterstor (1708–18), mit prunkvoller Barockstruktur einschließlich verschnörkelter Flügel und Ziergiebel. Domenico Trezzini entwarf das Tor neu, behielt aber Karl Osners Basrelief bei, das als Allegorie des Sieges Peters des Großen über Karl XII. von Schweden *(siehe S. 18)* interpretiert wird. Es zeigt, wie Petrus den Magier Simon bezwingt.

Peterstor, Eingang zur Festung

Ingenieurshaus ❷
Инженерный дом
Inženernyj dom

Petropavlovskaja krepost. **Stadtplan** 2 D3. 📞 *232 9454, 230 0329.* Ⓜ *Gorkovskaja.* 🕒 *Do–Mo 11–17 Uhr, Di 11–16 Uhr.* 📷 🎧 *in Englisch.* **www.spbmuseum.ru**

Im Ingenieurshaus, das von 1748 bis 1749 gebaut wurde, gibt eine Ausstellung Einblick in das Alltagsleben in St. Petersburg vor der Revolution. Neben historischen Gemälden sind zahlreiche Artefakte zu sehen, von alten Ladenfronten bis zu Modellbooten, Duellierpistolen und Ballmasken.

1915 gab es in der Stadt über 100 Läden, die Musikinstrumente verkauften. Das

Ein Akkordeon und eine Orgel inmitten von Möbeln im Jugendstil

Museum zeigt eine Sammlung Grammofone und Akkordeons aus der damaligen Zeit.

In der Abteilung, die mit der Technologie jener Zeit bekannt macht, befinden sich alte Singer-Nähmaschinen, Schreibmaschinen, Bakelit-Telefone und Boxkameras.

Peter-Paul-Kathedrale ❸
Петропавловский собор
Petropavlovski sobor

Petropavlovskaja krepost. **Stadtplan** 2 D4. 📞 *230 6431.* Ⓜ *Gorkovskaja.* 🕒 *Mo–Fr 10–19 Uhr, Sa 10–17.45 Uhr, So 11–19 Uhr.* 📷 🎧 *in Englisch.* **www.spbmuseum.ru**

Domenico Trezzini entwarf im Jahr 1712 diese herrliche Kirche innerhalb der Festung. Im Auftrag Peters des Großen, der die traditionelle russische Kirchenarchitektur erneuern wollte, schuf Trezzini ein barockes Meisterwerk von einzigartiger Eleganz. Um das Fundament zu testen, wurde als Erstes der Glockenturm gebaut. Von dort aus konnte Peter die Arbeit an seiner neuen Stadt überwachen. Die Kathedrale wurde 1733 fertiggestellt, aber 1756 schwer beschädigt, als der Blitz in den 106 Meter hohen Turm einschlug. Beim Wiederaufbau wurde der Turm auf 122 Meter erhöht und blieb mit seiner 39 Meter langen vergoldeten Spitze bis zum Bau des Fernsehsenders in den 1960er Jahren das höchste Gebäude St. Petersburgs.

Auch das Innere mit seinen glitzernden Kronleuchtern sowie rosafarbenen und grünen Säulen weicht stark von traditionellen russisch-orthodoxen Kirchen ab. Selbst die Ikonostase, die in einem Triumphbogen gipfelt, ist barock. Das Meisterwerk wurde von Ivan Zarudny entworfen und in den 1720er Jahren von Handwerkern aus Moskau fertiggestellt.

Nach Peters Tod 1725 wurde die Kathedrale letzte Ruhestätte der Zaren. Ihre Sarkophage sind aus weißem Carrara-Marmor mit Ausnahme der Gräber von Alexander II.

Die Peter-Paul-Kathedrale mit der Schlossbrücke im Vordergrund

Restaurants in Petrogradskaja siehe Seiten 184f

und seiner Frau Marija Alexandrovna, die aus Jaspis und Ural-Rhodonit geschnitzt sind. Das Grab Peters des Großen mit einer Bronzebüste befindet sich rechts neben der Ikonostase. Die einzigen nicht hier begrabenen Zaren sind Peter II. und Ivan VI. Die Gräber des letzten Romanov-Herrschers, Nikolaus II., mit Familie sowie dem Diener wurden 1998 in die Kathedrale verlegt. Ende des 19. Jahrhunderts wurde das Gotteshaus um die Großfürstengruft, in der einige Verwandte des Zaren begraben sind, erweitert.

Das Neva-Tor führt vom Fluss in die Peter-Paul-Festung

Kommandantenhaus ❹

Комендантский дом
Komendantski dom

Petropavlovskaja krepost. **Stadtplan** 2 D4. 230 6431. Gorkovskaja. Do–Mo 11–19 Uhr, Di 11–18 Uhr. in Englisch.

Das schlichte zweistöckige Kommandantenhaus aus Backstein aus den 1640er Jahren diente als Sitz des Festungskommandanten und als Gericht. Hier verhörte und verurteilte man politische Gefangene wie die Dekabristen *(siehe S. 23)*. Das Haus ist nun ein Museum mit Exponaten im Erdgeschoss zu mittelalterlichen Siedlungen im Gebiet von St. Petersburg und wechselnden Ausstellungen im ersten Stock.

Neva-Tor ❺

Невские ворота
Nevskine vorota

Petropavlovskaja krepost. **Stadtplan** 2 E4. Gorkovskaja.

Dieser schmucklose Eingang zur Festung war früher als »Todestor« bekannt. Gefangene, die man in einem Boot zu der noch berüchtigteren Schlüsselburg-Festung (im Osten von St. Petersburg) zur Hinrichtung oder einem »lebendigen Tod« brachte, wurden die Granittreppen hinuntergeführt. Das graue Tor wurde 1730–49 errichtet und 1784–87 wieder aufgebaut. Der einzige Schmuck ist ein Anker im Giebeldreieck. Im Torbogen markieren Messingschilder die höchsten Wasserstände der Neva. Der schrecklichen Überschwemmung vom November 1824 gedenkt Puškin in seinem Gedicht *Der Eherne Reiter (siehe S. 78)*.

Trubeckoj-Bastion ❻

Трубецкой бастион
Trubeckoj bastion

Petropavlovskaja krepost. **Stadtplan** 2 D4. 230 6431. Gorkovskaja. tägl. 10–19 Uhr. in Englisch.

Alexej, der Sohn Peters des Großen, war der erste politische Gefangene, der in dem trostlosen Festungsgefängnis saß. Nachdem sein herrischer Vater ihn 1718 des Verrats beschuldigt hatte, floh er ins Ausland, kehrte aber, durch das Versprechen der Begnadigung angelockt, nach Russland zurück. Er wurde zu Tode gefoltert, wahrscheinlich mit Peters Zustimmung und auch Beteiligung.

Die nächsten hundert Jahre wurden Gefangene im inzwischen zerstörten »Geheimen Haus« eingesperrt. 1872 eröffnete man einen neuen Gefängnistrakt in der Trubeckoj-Bastion, der seit 1924 ein Museum ist. Im Erdgeschoss sind zeitgenössische Fotos, Gefängnisuniformen und ein Modell der Wachstube ausgestellt. Die 69 Einzelzellen im Obergeschoss sind im Originalzustand erhalten, in zwei unbeheizten Dunkelzellen wurden Aufsässige 48 Stunden lang eingesperrt. Alle vierzehn Tage wurden die Gefangenen zum Badhaus auf dem Exerzierhof zur Entlausung geführt. Hier legte man ihnen Hand- und Fußschellen an, bevor sie in sibirische Straflager verfrachtet wurden.

POLITISCHE GEFANGENE

Noch lange Zeit nach der Revolution war die Festung Gefängnis für politische Aktivisten, die hier verhört und eingesperrt wurden. Lev Trotzki saß hier nach der Revolution von 1905 ein. Andere prominente Gefangene waren 1825 die Dekabristenführer *(siehe S. 23)*, 1849 Dostojevski *(siehe S. 123)* und 1874–76 der anarchistische Fürst Pjotr Kropotkin. 1917 waren zuerst die Minister des Zaren, dann die Mitglieder der provisorischen Regierung an der Reihe. Während des Bürgerkriegs *(siehe S. 27)* hielten die Bolschewiken vier Großfürsten der Romanovs als Geiseln. Sie wurden 1919 hingerichtet.

Lev Trotzki (1879–1940) in der Trubeckoj-Bastion

Raketenabschussgerät im Hof des Artilleriemuseums

Artilleriemuseum ❼
Музей Артиллерии
Musej Artilleri

Alexandrovski park 7. **Stadtplan** 2 D3.
📞 *232 0296.* Ⓜ *Gorkovskaja.*
🕐 *Mi–So 11–17 Uhr.* ⬤ *letzter Do im Monat.*

Das riesige hufeisenförmige Backsteingebäude ist Teil des weitgehend zerstörten Kronwerks der äußeren Festungsanlage der Peter-Paul-Festung *(siehe S. 66f)*. Das Museum, von Pjotr Tamanski entworfen und von 1849 bis 1860 erbaut, diente ursprünglich als Waffenlager.

Es präsentiert mehr als 600 Geschütze und Artilleriefahrzeuge, darunter der Panzerwagen, mit dem Lenin im April 1917 im Triumph vom Finnischen Bahnhof *(siehe S. 126)* zur Villa Kšesinskaja *(siehe S. 72)* fuhr. Zu sehen sind außerdem Uniformen, Fahnen und Waffen sowie mehrere Räume, die dem Zweiten Weltkrieg gewidmet sind.

Alexandrovski-Park ❽
Александровский парк
Alexandrovski park

Kronverkski prospekt. **Stadtplan** 2 D3. Ⓜ *Gorkovskaja.* ♿

Der einzigartige Charakter des Parks als Freizeitzentrum wurde 1900 mit der Einweihung des Nikolaus-II.-Volkshauses begründet. Hier unterhielten einst Schausteller die Massen, während es wissbegierige Menschen in die Vorlesungssäle und Leseräume zog. Hauptattraktion war die großartige, kuppelförmige Oper (1911), in der der legendäre Bass Fjodor Šaljapin zuweilen auftrat.

Heute bietet die Oper weniger anspruchsvolle Unterhaltung, wie ihre Umbenennung in Musikhalle deutlich macht. Zu den angrenzenden, in den späten 1930er Jahren errichteten Gebäuden gehören auch das innovative Baltische Theater, das Planetarium und das Wachsfigurenmuseum.

An Sommerwochenenden und Feiertagen zieht es Scharen von Besuchern in den Park, obwohl einige der Vergnügungen, vor allem der Tierpark, heute ziemlich geschmacklos sind.

Kamennoostrovski prospekt ❾
Каменноостровский проспект
Kamennoostrovski prospekt

Stadtplan 2 D2. Ⓜ *Gorkovskaja oder Petrogradskaja.* 🚌 *46, K-30, K-76, K-233.*

Dieser ins Auge stechende Boulevard, der während des Baubooms Ende des 19. Jahrhunderts entstand, ist für seine Jugendstil-Architektur berühmt. Das erste Haus, Nr. 1–3 (1899–1904), wurde von Fjodor Lidval, einem der führenden Vertreter dieses Stils, entworfen. Die typischen Charakteristika der russischen Version des Jugendstils sind eine Strukturvielfalt der Fassade, Fenster in unterschiedlicher Form und Größe, prunkvolle schmiedeeiserne Balkone und fantasievolle Verzierungen. Das Nachbarhaus (Nr. 5) wurde vom Grafen Sergej Vitte bewohnt, einem Industriellen, der 1905 den Friedensvertrag mit Japan aushandelte.

Am Anfang des Boulevards liegt die einzige Moschee (1910–14) St. Petersburgs. Sie stammt von russischen Architekten. Ihre Minarette, die Majolika-Fliesen und die Granitflächen der Wände passen zu der sie umgebenden Jugendstil-Architektur. Die Moschee ist nach dem Vorbild des Mausoleums in Samarkand von zentralasiatischen Handwerkern erbaut.

Nr. 10 mit der hohen Säulenhalle ist Sitz der Leningrader Filmstudios (Lenfilm). Hier zeigten die Brüder Lumière 1896 den ersten Film in Russland. Seit Gründung des Studios 1918 haben hier einige russische Regisseure wie Leonid Trauberg und Grigori Kosincev *(siehe S. 45)* gearbeitet.

Griffon, Kamennoostrovski Nr. 1–3

Die Häuser an der Kreuzung zur Ulica Mira haben Ecktürme, Reliefs und Balkone. Interessant: Haus Nr. 24 (1896–1912) mit seiner roten Majolika-Terrakotta-Fassade, Nr. 26–28, in dem Sergej Kirov lebte *(siehe S. 72)*, und an der Ecke des Bolšoj prospekt das »Eckturmhaus« mit neogotischem Portal.

Eckturmhaus (1913–15), Kamennoostrovski prospekt

Jugendstil in St. Petersburg

Von den 1890er Jahren bis zu den 1920er Jahren war in ganz Europa der Jugendstil in Mode. Diese Bewegung begann in der bildenden Kunst und setzte sich in der Architektur mit ornamentreichen Elementen und organischen Formen fort. Von den neuen industriellen Techniken inspiriert, gingen die Künstler überaus verschwenderisch mit Materialien wie Natur- und Ziegelstein, Schmiedeeisen, Stuck, Buntglas und Keramikfliesen um.

Villa Kšesinskaja, Geländerdetail

Typisch für den Jugendstil sind geschwungene, wellenförmige Linien und blumenartige oder vegetative Elemente. Selbst traditionelle Bauformen wie Türen und Fenster werden durchbrochen oder verzerrt. Im St. Petersburg des Fin de Siècle blühte der Jugendstil im Zuge eines Baubooms, vor allem in Petrogradskaja. Die Stadt wurde die Bühne so talentierter Architekten wie Fjodor Lidval und Alexander von Gogen.

Die Villa Kšesinskaja *zeigt von Gogens relativ strengen Jugendstil. Die asymmetrische Komposition wird durch Schmiedeeisen und glasierte Fliesen belebt (siehe S. 72).*

Jelisejev *zeugt von der Kunst Gavriil Baranovskis, der industrielle Techniken für große Fensterflächen nutzte. Der schmuckvollen Fassade entspricht ein Inneres mit eleganten Holztresen und Kristalllüstern (siehe S. 109).*

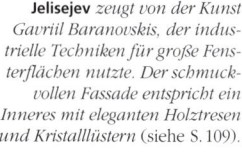

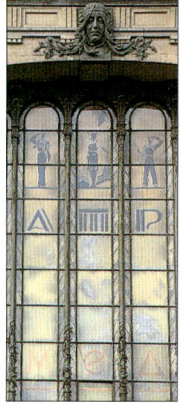

Das Haus Bolšaja Selenina ulica Nr. 28 *gehört zu den besten Beispielen für die Verwendung stilisierter Tier- und Fischmotive sowie einer kunstvollen Oberflächendekoration. Fjodor von Postels Apartmentblock (1904/05) erinnert an die Arbeit des katalanischen Architekten Gaudí.*

Das Haus Kamennoostrovski prospekt Nr. 1–3 *ist das Werk des Jugendstil-Meisters Fjodor Lidval. Details wie Blumen- und Tierreliefs heben sich von einem Hintergrund dezent verlängerter Proportionen und ungewöhnlicher Fensterformen ab.*

Das Singer-Haus *(1910–14) zeigt Pavel Sjusors ungewöhnliche eklektische Stilmischung. Schmiedeeiserne Balkone im Jugendstil und dekorative Holzfenster verbinden sich mit Elementen der Renaissance und des Barock.*

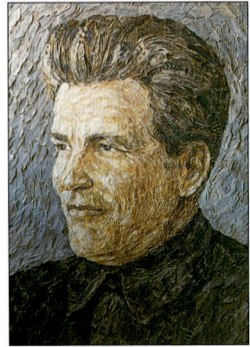

Porträt von Sergej Kirov aus Federn (1930), Kirov-Museum

Kirov-Museum ❿
Музей С. М. Кирова
Musej S. M. Kirova

Kamennoostrovski prospekt 26–28, 4. Stock. **Stadtplan** 2 D1. ☎ 346 0217, 346 0289. Ⓜ *Petrogradskaja.* ◯ *Do–Mo 11–18, Di 11–17 Uhr.* 📷 🎧 *in Englisch.*
www.spbmuseum.ru

Von 1926 bis 1936 wohnte hier Sergej Kirov, einer der engsten Verbündeten Stalins. Der charismatische erste Sekretär der Leningrader KP gewann rasch an nationaler Bedeutung, seine wachsende Popularität machte ihn für Stalin zum potenziellen Rivalen. Am 1. Dezember 1934 wurde Kirov im Smolnyj-Institut *(siehe S. 128f)* von Leonid Nikolajev, einem Parteikritiker, erschossen. Stalin nutzte das Attentat als Vorwand für seine »Säuberungsaktion« *(siehe S. 27)*, obwohl die meisten Historiker glauben, dass Stalin selbst hinter dem Mord stand.

Kirov wurde nach seinem Tod als Märtyrer verehrt. Zahlreiche Gebäude erhielten seinen Namen. Seine Wohnung ist noch erhalten und ein einzigartiges Beispiel für den kultartigen Status der Parteiführer. Neben Dokumenten und Fotos, die Kirovs politische Karriere zeigen, sind Memorabilien wie Kirovs Bekleidung und seine Lieblingsbücher zu sehen.

Villa Kšesinskaja ⓫
Особняк М. Кшесинской
Osobnjak M. Kšesinskoj

Ulica Kujbyševa 4. **Stadtplan** 2 E3. ☎ 233 7052. Ⓜ *Gorkovskaja.* ◯ *tägl. 10–18 Uhr.* ● *letzter Mo im Monat.* 📷 🎧 *in Englisch.*
www.polithistory.ru

Dieses großartige Beispiel der Jugendstil-Architektur wurde für die Primaballerina Matilda Kšesinskaja in Auftrag gegeben. Der Hofarchitekt von Gogen entwarf das asymmetrische Gebäude 1904 mit nur einem achteckigen Turm. Auffallend sind die unterschiedlichen Baumaterialien: Streifen rosafarbenen und grauen Granits, cremefarbene Ziegel, fein verzierte schmiedeeiserne Gitter und Majolika-Fliesen.

Innen beeindruckt vor allem der Konzertsaal mit seinen säulengestützten Torbogen und Palmen. Im Kšesinskaja-Gedenkraum sind persönliche Dinge der Tänzerin zu sehen, u. a. Skizzen von Nikolaus II.

Im März 1917 machten die Bolschewiken die Villa zu ihrem Hauptquartier. Nach Lenins Rückkehr *(siehe S. 126)* sprach er vom Balkon der Villa zum Volk. Früher war in diesem Gebäude das Museum der Oktoberrevolution untergebracht, heute ist es Sitz des Museums der politischen Geschichte Russlands. Im ersten Stock kann man das Büro Lenins und das Sekretariats der Bolschewiken besichtigen. Außerdem gibt es eine faszinierende Sammlung von Memorabilien aus der Revolutionszeit mit kommunistischen Plakaten, und sogar eine Polizeiakte über den Mord an Rasputin *(siehe S. 121)* ist zu sehen.

Wechselnde Ausstellungen beschäftigen sich u. a. mit Politikgeschichte, der Theorie und den Konsequenzen der Perestroika sowie der Politik der maßgeblichen Parteien in Russland.

MATILDA KŠESINSKAJA

Matilda Kšesinskaja (1872–1971), eine der überragenden Ballerinen in der Geschichte des Mariinski-Theaters *(siehe S. 119)*, machte 1890 ihren Abschluss an der zaristischen Ballettschule *(siehe S. 118)*. Kurz danach begann sie eine Affäre mit dem späteren Zaren Nikolaus II., die sie ebenso berühmt machte wie ihre Tanzkunst. 1920 emigrierte Matilda Kšesinskaja nach Paris, wo sie den Großherzog Andrej Vladimirovič heiratete, ein Mitglied der Zarenfamilie und Vater ihres elfjährigen Sohnes. In Paris schrieb sie später auch ihre Memoiren, in denen sie u. a. von ihrer Affäre mit dem letzten russischen Zaren berichtet.

Von Gogens eleganter Konzertsaal in der Villa Kšesinskaja

Restaurants in Petrogradskaja *siehe Seiten 184f*

Der historische Kreuzer *Aurora* (1900) vor der neubarocken Nachimov-Schule (1912)

Kreuzer *Aurora* ⓬
Крейсер Аврора
Krejser Avrora

Petrogradskaja naberežnaja 3. **Stadtplan** 2 F3. 230 8440. 49, K-30, K-183. 6, 40. Di–Do, Sa, So 10.30–16 Uhr. in Englisch, Deutsch und Französisch; kostenpflichtig (tel. reservieren).

Den Annalen der Revolution zufolge gab die *Aurora* am 7. November 1917 um 21.40 Uhr aus ihrer Bugkanone den Startschuss für den Sturm auf den Winterpalast *(siehe S. 28)* ab.

Der Kreuzer wurde 1903 in Dienst gestellt, später als Ausbildungsschiff genutzt und zu Beginn der Belagerung Leningrads *(siehe S. 27)* versenkt. 950 Tage später, im Jahr 1944, wurde er gehoben. Seit 1956 dient er als Museum.

Zu sehen sind die berühmte Kanone, die Glocke und die Quartiere der Besatzung sowie eine Ausstellung über die Geschichte des Kreuzers.

Haus Peters des Großen ⓭
Музей-домик Петра I
Musej-domik Pjotra I

Petrovskaja naberežnaja 6. **Stadtplan** 2 F3. 232 4576, 314 0374. Gorkovskaja. Mi–So 10–17.30 Uhr. letzter Mo im Monat.

Diese Hütte aus Kiefernholz wurde für Peter den Großen 1703 in drei Tagen errichtet. Peter wohnte hier sechs Jahre, um den Bau seiner neuen Stadt *(siehe S. 20f)* zu überwachen. Katharina die Große ließ 1784 um das Blockhaus einen steinernen Schutzbau errichten.

Es gibt nur zwei Zimmer mit alten Möbeln und einen Flur als Schlafzimmer. Zu sehen sind einige Dinge aus Peters persönlichem Besitz.

Vor den Häuschen wachen zwei mandschurische Skulpturen, mythische Wesen, die im Russisch-Japanischen Krieg (1904/05) hierhergebracht wurden.

Dreifaltigkeitsplatz ⓮
Троицкая площадь
Trojckaja ploščad

Stadtplan 2 E4. Gorkovskaja. 46. 6, 40.

Im frühen 18. Jahrhundert war Petrogradskaja als Dreifaltigkeitsinsel bekannt. Der Name ging zurück auf die Dreifaltigkeitskirche (1710 erbaut, in den 1930er Jahren abgerissen) auf dem Dreifaltigkeitsplatz, dem Kern des Kaufmannsviertels. Obwohl es bis ins frühe 20. Jahrhundert keine direkte Verbindung zum Festland gab, florierte das Viertel mit Läden, einer Druckerei und der ersten Börse der Stadt.

Während der Revolution von 1905 *(siehe S. 26f)* kam es auf dem Platz am »Blutsonntag« zu einem der grausamsten Massaker, als 48 Arbeiter von Regierungstruppen getötet wurden. Die Kommunisten benannten ihn zum Gedenken an die hier Getöteten in Ploščad Revoljucii um.

Vom Platz führt die 600 Meter lange Dreifaltigkeitsbrücke *(siehe S. 35)* über die Neva. Der Errichtung der Brücke folgte ein Bauboom in Petrogradskaja *(siehe S. 65)*. Ihre Fertigstellung 1903 fiel mit dem zweihundertjährigen Bestehen der Stadt zusammen.

Die prunkvolle Dreifaltigkeitsbrücke (Troicki most) über die Neva

Palastufer

Was Ausmaß und Pracht angeht, findet das Südufer St. Petersburgs kaum seinesgleichen. Sein gewaltiger, zwei Kilometer langer Granitkai vom Senatsgebäude im Westen bis zum Sommerpalast Peters des Großen, die herrlichen aristokratischen Paläste und kunstvollen Kanalbrücken sind zu Recht weltberühmt. Das vornehme Viertel spiegelt zahlreiche Aspekte der Stadtgeschichte wider. Falconets Statue von Peter dem Großen, der Eherne Reiter, ist eine beredte Darstellung der Zarenmacht, während der Platz, auf dem sie steht, nach den Dekabristen benannt ist, die sich 1825 gegen das Zarenregime erhoben. Auf dem Schlossplatz vermittelt Rastrellis Winterpalast (Teil der Eremitage) den Reichtum des zaristischen Russland, die Ewige Flamme auf dem Marsfeld erinnert an die Opfer der Revolution.

Die Silhouette von St. Petersburg wird von der Kuppel der Isaakskathedrale und der vergoldeten Turmspitze der Admiralität dominiert. Schöne Eindrücke der Stadt erhält man bei einer Bootsfahrt über die Wasserstraßen *(siehe S. 226f)* oder bei einem Bummel durch den Sommergarten.

Alexandersäule, Schlossplatz

SEHENSWÜRDIGKEITEN AUF EINEN BLICK

Paläste und Gärten
Marmorpalast ⑭
Sommergarten ⑯
Sommerpalast ⑰

Museum
Eremitage S. 84–93 ⑫

Historische Gebäude und Denkmäler
Admiralität ①
Eherner Reiter ③
Fabergé-Haus ⑨
Manege der Gardekavallerie ④

Kirche
Isaakskathedrale S. 80f ⑤

Straßen und Plätze
Isaaksplatz ⑥
Malaja Morskaja ulica ⑧
Marsfeld ⑮
Millionärsstraße ⑬
Schlossplatz ⑪
Senatsplatz ②

Hotels und Cafés
Hotel Angleterre ⑦
Literaturcafé ⑩

LEGENDE

▨ Detailkarte *S. 76f*

⛴ Bootsanlegestelle

◁ **Die goldene Kuppel der Isaakskathedrale *(siehe S. 80f)* erhebt sich über die eleganten Fassaden an der Neva**

Im Detail: Isaaksplatz

Detail des Frieses auf dem Turm der Admiralität

Das Zentrum des Isaaksplatzes ist die imposante Kathedrale von 1858, die vierte Kirche an dieser Stelle. Wie der Platz wurde sie nach dem heiligen Isaak von Dalmatien benannt, weil der Geburtstag Peters des Großen auf dessen Festtag fiel. Der belebte Platz war in der ersten Hälfte des 19. Jahrhunderts ein Marktplatz und bildet nun das Herzstück eines Viertels, das reich an Gebäuden und Statuen von historischem und architektonischem Interesse ist. Hierzu gehören die Admiralität, der Marienpalast und der Eherne Reiter.

Manege der Gardekavallerie
Sie wurde nach Plänen von Giacomo Quarenghi als Reitschule der Garde erbaut (1804–07). ❹

Eherner Reiter
Étienne Falconets großartiges Standbild Peters des Großen, dessen Pferd die Schlange des Verrats zertritt, zeugt vom Geist des kompromisslosen, eigenwilligen Gründers der Stadt. ❸

Senatsplatz
Die Westseite des Platzes dominieren Carlo Rossis riesige, durch einen Triumphbogen verbundene Gebäude – Senat und Synode. ❷

Die Siegessäulen, gekrönt von Bronzeengeln, wurden 1845/46 errichtet.

Mjatlev-Haus

Die ehemalige deutsche Botschaft, 1911/12 von Peter Behrens entworfen.

★ **Isaakskathedrale**
Die goldene Kuppel der Kathedrale, bei der rund 100 Kilogramm Blattgold verarbeitet wurden, ist von jedem Punkt der Stadt aus zu sehen. ❺

0 Meter 100

Hotels und Restaurants am Palastufer *siehe Seiten 174f und 185f*

ISAAKSPLATZ

Eremitage und Winterpalast

Der ehemalige Lobanov-Rostovski-Palast ist nun ein Designinstitut. Die Löwen vor der Arkade stammen vom italienischen Bildhauer Paolo Triscorni.

Nevski prospekt

Das ehemalige Ministerium für Staatsbesitz im Stil der Neorenaissance wurde 1844 von Nikolaj Jefimov entworfen.

Blaue Brücke *(siehe S. 79)*

Der Marienpalast, so benannt zu Ehren Marijas, der Tochter Nikolaus' I., ist nun das Rathaus von St. Petersburg.

LEGENDE

--- Routenempfehlung

ZUR ORIENTIERUNG
Siehe Stadtplan 2, 5, 6

Admiralität
Skulpturen und Reliefs an der Fassade der Admiralität feiern die Macht der russischen Marine. Am Torbogen des Haupteingangs stehen Nymphen, die Globen auf ihren Schultern tragen. ❶

NICHT VERSÄUMEN

★ Isaakskathedrale

Hotel Angleterre
Das in den 1850er Jahren erbaute Hotel Angleterre (siehe S. 174) überzeugt noch heute durch Stil und Eleganz. Bei Renovierungen wurde das ursprüngliche Flair bewahrt.

Isaaksplatz
Mitten auf dem Platz steht eine Statue des Zaren Nikolaus I. von Pjotr Klodt. Die Reliefs am Sockel zeigen Episoden seiner Herrschaft, wie die Niederwerfung von Aufständen. ❻

Stadtplan *siehe Seiten 230–245*

Admiralität ❶
Адмиралтейство
Admiraltejstvo

Admiraltejskaja nabereznaja 2.
Stadtplan 5 C1. 🚌 7, 10, 24, 100, 191, K-169, K-209, K-252. 🚋 1, 5, 7, 10, 11, 17, 22.

Nachdem Peter der Große eine Stadt gegründet und eine Festung errichtet hatte, plante er den Aufbau einer Marine, um die Vorherrschaft über Schweden zu sichern.

Die Admiralität entstand an dieser Stätte von 1704 bis 1711 als befestigte Werft. Zwei Jahre später waren 10 000 Männer damit beschäftigt, das erste Kriegsschiff bauen.

Andrej Sacharov, einer der genialsten Architekten Russlands, begann 1806 mit dem Umbau der Admiralität. Die Fassade ist 407 Meter lang und mit einer Vielzahl von Skulpturen und Reliefs geschmückt, die die Größe der russischen Flotte dokumentieren. Einige der ursprünglichen Charakteristika wie das Haupttor und der Torturm blieben erhalten, wurden jedoch im klassizistischen Stil erneuert. Die Turmspitze wurde vergoldet und von einer Miniaturfregatte gekrönt. So wie die trompetenblasenden Engel an den Portalen der Fassade wurde sie Symbol der Stadt.

In den 1840er Jahren verlegte man den Schiffbau stromabwärts und übergab die Admiralität der russischen Marine. Seit 1925 beherbergt sie die Ingenieursschule der Marine.

Turm und Turmspitze der Admiralität

Senatsplatz ❷
Сенатская Площадь
Senatskaja Ploščad

Stadtplan 5 C1. 🚌 3, 10, 22, 27, 71, 100, K-169, K-187, K-306. 🚋 5, 22.

Der Name dieses Platzes spielt auf das bedeutsame Ereignis in der russischen Geschichte an, das hier am 26. Dezember 1825 stattfand *(siehe S. 23)*. Bei der Inthronisierung von Nikolaus I. wollten liberal gesinnte Wachoffiziere auf diesem Platz einen Staatsstreich inszenieren, um eine konstitutionelle Monarchie durchzusetzen. Der unorganisierte Aufstand wurde jedoch von loyalen Truppen niedergeschlagen. Fünf Anführer wurden später hingerichtet, 121 weitere nach Sibirien ins Exil geschickt. Damit war der erste russische Revolutionsversuch beendet.

Die imposanten klassizistischen Gebäude auf der Westseite des Senatsplatzes sollten mit der Admiralität harmonieren. Sie wurden 1829–34 von Carlo Rossi entworfen und waren die Hauptsitze zweier wichtiger, von Peter dem Großen geschaffener Institutionen: dem Obersten Gerichtshof oder Senat und der Synode, verantwortlich für die Verwaltung der orthodoxen Kirche. Ein Triumphbogen verbindet die Gebäude, in denen heute historische Archive untergebracht sind. Er wird von korinthischen Säulen getragen und ist mit einem klassizistischen Fries und einer Fülle von Statuen geschmückt.

Eherner Reiter (1766–78)

Eherner Reiter ❸
Медный Всадник
Mednyj Vsadnik

Senatskaja Ploščad. **Stadtplan** 5 C1.
🚌 3, 10, 22, 27, 71, 100, K-169, K-187, K-306. 🚋 5, 22.

Das von Katharina der Großen in Auftrag gegebene Standbild Peters des Großen wurde 1782 auf dem Senatsplatz enthüllt. Es ist seit Puškins berühmtem Gedicht als Eherner Reiter bekannt. Über zwölf Jahre überwachte der französische Bildhauer Étienne Falconet das Projekt. Allein der Sockel, der aus einem einzigen, vom Finnischen Meerbusen stammen-

---

»DER EHERNE REITER« VON PUŠKIN

Puškin und das Standbild auf einer Briefmarke von 1956

Das berühmte Standbild von Peter dem Großen erwacht in Alexander Puškins epischem Gedicht *Der Eherne Reiter* (1833) zum Leben. In einer eindringlichen Vision der Überschwemmung von 1824 *(siehe S. 37)* wird der Held von der beängstigenden Statue durch die dunklen Straßen gejagt. Puškins Worte evozieren den unerbittlichen Willen des Zaren: »Wie schrecklich er war in der Dunkelheit! … Welche Kraft war in ihm! Und in diesem Ross, welches Feuer!«

Hotels und Restaurants am Palastufer *siehe Seiten 174f und 185f*

den Granitblock gehauen wurde, wiegt mehr als 1625 Tonnen. Er trägt die einfache Inschrift »Für Peter I. von Katharina II.« auf Lateinisch und Russisch. Eine Schlange, Symbol des Verrats, wird von den Hufen des Pferdes zertreten.

Frischvermählte lassen sich häufig unter der Statue, die Glück bringen soll, fotografieren.

Manege der Gardekavallerie ❹
Конногвардейский манеж
Konnogvardejski manež

Isaakijevskaja plošad 1. **Stadtplan** 5 C2. 312 2243; 571 4157 (Kartenschalter). *unterschiedlich.* 3, 10, 22, 27, 71, 100, K-169, K-187, K-306. 5, 22.

Die Reitschule der Gardekavallerie wurde 1804–07 von Giacomo Quarenghi nach dem Vorbild einer römischen Basilika erbaut. Der Fries eines Pferderennens unterhalb des Giebels und die Statuen zu beiden Seiten des Portikus weisen auf die ursprüngliche Funktion des Gebäudes hin. Die nackten Zwillingssöhne des Zeus als Pferdebändiger sind denen des Quirinalspalasts in Rom nachgebildet. Die Synode, schockiert durch die Nacktheit so nahe an der Isaakskathedrale, ließ sie entfernen. 1954 stellte man sie wieder auf.

Neben der für Ausstellungen moderner sowie älterer Kunst genutzten Manege stehen zwei Marmorsäulen, gekrönt von Bronzeengeln.

Isaakskathedrale ❺

Siehe S. 80 f.

Isaaksplatz ❻
Исаакиевская площадь
Isakijevskaja plošad

Stadtplan 5 C2. 3, 10, 22, 27, 71, 100, K-169, K-187, K-306. 5, 22.

Der beeindruckende Platz mit der majestätischen Isaakskathedrale von Auguste de Montferrand wurde während der Herrschaft Nikolaus' I.

Die Isaakskathedrale mit dem Standbild Nikolaus' I. und dem Hotel Angleterre

erbaut, obwohl einige der früheren Gebäude aus dem 18. Jahrhundert stammen. Auch das Denkmal für Nikolaus I. im Zentrum des Platzes wurde von Montferrand entworfen. Von Pjotr Klodt geschaffen und 1859 enthüllt, zeigt es den Zaren in der Uniform der Gardekavallerie. Der Sockel ist mit allegorischen Skulpturen seiner Töchter und seiner Frau geschmückt, die Glaube, Weisheit, Gerechtigkeit und Macht repräsentieren.

Das Mjatlev-Haus (Nr. 9) auf der Westseite des Platzes ist ein klassizistisches Herrenhaus aus den 1760er Jahren und war im Besitz einer der berühmtesten Familien Russlands. Der französische Enzyklopädist Denis Diderot wohnte 1773/74 auf Einladung von Katharina der Großen hier. In den 1920er Jahren war hier das staatliche Kunstinstitut untergebracht, in dem einige der einflussreichsten avantgardistischen Künstler Russlands, wie Kasimir Malevič *(siehe S. 107)* und Vladimir Tatlin, arbeiteten.

Das düstere Nachbargebäude ist die ehemalige deutsche Botschaft, 1911/12 vom deutschen Architekten Peter Behrens entworfen. Jenseits der 100 Meter breiten Blauen Brücke, die bis 1861 als Leibeigenenmarkt diente, dominiert der Marienpalast *(siehe S. 77)* das Südende des Platzes.

Hotel Angleterre ❼
Отель Англетер
Hotel Angleter

Malaja Morskaja ulica 24. **Stadtplan** 6 D2. 494 5666. 3, 10, 22, 27, K-169, K-306. 5, 22. Siehe **Übernachten** S. 174. www.angleterrehotel.com

Das Angleterre, eines der führenden Hotels St. Petersburgs, entwarf Fjodor Lidval von 1910 bis 1912 im Jugendstil *(siehe S. 71)*.

Der amerikanische Schriftsteller John Reed, Autor von *Zehn Tage, die die Welt erschütterten*, wohnte hier, als die Bolschewiken an die Macht kamen.

1925 erhängte sich der Dichter Sergej Jesenin, Ehemann der Tänzerin Isadora Duncan, im Anbau. Mit Blut schrieb er an die Zimmerwand: »Sterben ist nichts Neues – ebenso wenig aber auch das Lebendigsein«.

Der Bankettsaal des Hotels sollte der Ort von Hitlers Siegesfeier sein – er war sich sicher, die Stadt zu erobern.

Das restaurierte Jugendstil-Foyer im Hotel Angleterre

Isaakskathedrale ❺
Исаакиевский собор
Isaakjievski sobor

Die Isaakskathedrale, eine der größten Kathedralen der Welt, entwarf 1818 der damals unbekannte Architekt Auguste de Montferrand. Die Konstruktion des Gebäudes war eine Meisterleistung. Tausende Baumstämme wurden in den Sumpf getrieben, um zusammen mit den 48 Hauptsäulen 300 000 Tonnen Gewicht zu tragen. Die Kathedrale wurde 1858 eingeweiht, 1931 wurde hier ein antireligiöses Museum eingerichtet. Die Kirche, die offiziell noch immer ein Museum ist, enthält unzählige Kunstwerke aus dem 19. Jahrhundert.

Kuppel
Die Kuppel bietet einen Panoramablick auf die Stadt, einschließlich Admiralität (S. 78) und Eremitage (S. 84–93). Die Goldkuppel zieren Engel des Bildhauers Josef Hermann.

Die Mosaik-Ikonen der Ikonostase stammen von Brjullov, Neff und Živago.

Engel mit Fackel
Ivan Vitali schuf viele der Kathedralenskulpturen, so auch die Engelspaare, die die Gasfackeln an den vier Ecken tragen.

Diese Kapelle ehrt Alexandr Nevski, der 1242 die Ordensritter besiegte *(siehe S. 17).*

Das Giebeldreieck der Nordseite hat ein von François Lemaire geschaffenes Bronzerelief (1842–44) über die Auferstehung.

Ausgang

★ **Ikonostase**
Ungewöhnlich an dieser Ikonostase ist, dass durch die Königstür ein Buntglasfenster (1843) zu sehen ist. Über der Tür befindet sich ein vergoldeter Christus (1859) von Pjotr Klodt.

Säulen aus Malachit und Lapislazuli rahmen die Ikonostase ein. Rund 16 000 Kilogramm Malachit schmücken die Kathedrale.

Die Katharinenkapelle hat eine Marmor-Ikonostase, gekrönt von einer Auferstehungsskulptur (1850–54) von Nikolaj Pimenov.

ISAAKSKATHEDRALE

Die Silbertaube (1850) in der Kuppel ist ein Symbol des Heiligen Geistes.

INFOBOX

Isaakijevskaja ploščad 1.
Stadtplan 5 C2. 315 9732.
Nevski prospekt, Sadovaja.
3, 10, 22, 27, 71, 100, K-169, K-190, K-289. 5, 22.
Mai–Sep: Do–Di 10–22.30 Uhr;
Okt–Apr: Do–Di 11–19 Uhr.
religiöse Feiertage.

★ Deckengemälde
Die himmlische Jungfrau von Karl Brjullov aus dem Jahr 1847 belegt eine Fläche von 816 Quadratmetern. Vergoldeter Deckenstuck und weißer Marmor rahmen sie ein.

Porträts der Apostel und Evangelisten

Statue des heiligen Matthäus

Eingang durch die Seitentüren vom Isaaksplatz.

Südportale
Drei große Türen aus Eiche und Bronze (1841–46), die 20 Tonnen wiegen, sind mit Reliefs von Ivan Vitali geschmückt – Szenen aus dem Leben Christi und der Heiligen, darunter Alexandr Nevski (siehe S. 130f).

Das Relief des heiligen Isaak, der Kaiser Theodosius und dessen Frau segnet, stammt von Ivan Vitali. Ganz links sieht man Montferrand, der ein Modell der Kathedrale umklammert.

Die Wände sind mit verschiedenen Marmorarten sowie 43 unterschiedlichen Edelsteinen und Mineralien geschmückt.

Der Innenraum misst 4000 Quadratmeter.

Rote Granitsäulen, die je 114 Tonnen wiegen, wurden von Finnland auf speziell konstruierten Schiffen hierher gebracht.

NICHT VERSÄUMEN

★ Deckengemälde

★ Ikonostase

Stadtplan siehe Seiten 230–245

Fabergé-Haus ❾
Дом Фаберже
Dom Faberže

Bolšaja Morskaja ulica 24. **Stadtplan** 6 D1. ● *für die Öffentlichkeit.* 🚌 3, 27, 22, T167. 🚎 5, 22.

Das weltbekannte Juweliergeschäft Fabergé wurde 1842 von Gustav Fabergé in der Bolšaja Morskaja ulica gegründet. In den 1880er Jahren gaben seine Söhne Carl und Agathon konventionelle Goldschmiedearbeiten zugunsten komplizierter, äußerst fein gearbeiteter *objets d'art* auf. Ihre berühmtesten Arbeiten sind die Ostereier für den Zaren.

1900 verlegte Carl das Geschäft von Nr. 16–18 in die speziell dafür gebauten Räumlichkeiten von Nr. 24, wo es bis zur Revolution blieb. Das von seinem Verwandten Karl Schmidt entworfene Gebäude hat dreieckige Dachgiebel und ein Mauerwerk aus verschiedenen Materialien. Der ursprüngliche Ausstellungsraum mit roten Granitpfeilern war im Erdgeschoss. In den darüberliegenden Werkstätten wurden Lehrlinge in der Kunst des Emaillierens, Gravierens, Schleifens und Goldschmiedens ausgebildet.

1996 wurde der 150. Geburtstag von Carl Fabergé mit der Enthüllung einer Gedenktafel am Haus Nr. 24 und eines Denkmals an der Ecke Samnevsky prospekt und Prospekt Energetikov begangen, das vom Bildhauer Leonid Aristov und anderen entworfen worden war.

Die Malaja Morskaja ulica mit der Nr. 13 in der Mitte

Malaja Morskaja ulica ❽
Малая Морская у лица
Malaja Morskaja ulica

Stadtplan 6 D1. 🚌 3, 27, 22, K-306. 🚎 5, 22.

Die Malaja Morskaja ulica wird manchmal noch nach dem Schriftsteller Nikolaj Gogol, der 1833–36 im Haus Nr. 13 lebte, Ulica Gogolja genannt. Hier schrieb Gogol die *Aufzeichnungen eines Wahnsinnigen* und *Die Nase*, zwei Satiren über den archetypischen Petersburger Bürokraten, der »in seiner trivialen, bedeutungslosen Arbeit ertrinkt, mit der er sein nutzloses Leben verbringt«. Gogols groteske Geschichten zeugen von einer sehr pessimistischen Sicht des modernen Stadtlebens.

Der Komponist Peter Čajkovski *(siehe S. 42)* starb in einer Wohnung im Obergeschoss von Nr. 13 kurz nach Vollendung der *6. Sinfonie* im November 1893 angeblich an Cholera. Man nimmt aber an, dass er auf Druck von Kollegen am Konservatorium, die einen Skandal wegen Čajkovskis Homosexualität verhindern wollten, Selbstmord beging.

In Haus Nr. 23 wohnte von 1848 bis 1849 der Romancier Fjodor Dostojevski *(siehe S. 44, 123)*. Hier wurde er festgenommen und wegen seiner Zugehörigkeit zum sozialistischen Petraševski-Kreis der politischen Verschwörung angeklagt *(siehe S. 123)*. Noch heute strahlt die Straße trotz der vielen Geschäfte und Büros die Atmosphäre des 19. Jahrhunderts aus.

BERÜHMTE FABERGÉ-EIER

1885 beauftragte Alexander III. die Brüder Fabergé, ein Osterei für die Zarin Marija Fjodorovna zu kreieren. In der Schale aus Gold und weißem Emaille befand sich eine wunderschön geformte goldene Henne. Beim Ausbruch der Revolution gab es bereits 54 Fabergé-Eier, von denen keines dem anderen glich. Das großartigste war das ›Sibirische-Eisenbahn-Ei‹, das Nikolaus II. im Jahr 1900 in Auftrag gab. Bedauerlicherweise sind heute die einzigen öffentlich ausgestellten Eier nur im Kreml in Moskau zu sehen. Das Bonbonnière-Ei ließ Alexander Kelch, ein reicher Industrieller, 1903 für seine Frau Varvara anfertigen.

Das Kelch-Bonbonnière-Ei

Hotels und Restaurants am Palastufer *siehe Seiten 174f und 185f*

Tod eines Dichters

Im November 1836 erhielt Puškin einen anonymen Brief, in dem ihm der Titel »Großmeister des durchlauchtesten Ordens der Hahnreie« verliehen wurde. Den Brief hatte Georges d'Anthès geschrieben, ein Kavallerieoffizier, der schon seit einiger Zeit Puškins schöner Frau Natalija Gončarova den Hof gemacht hatte. Puškin forderte d'Anthès zum Duell und traf ihn am Nachmittag des 8. Februar 1837 in einem Wald im Norden der Stadt. D'Anthès schoss zuerst, Puškin wurde schwer verwundet. Zwei Tage später starb er mit 37 Jahren. D'Anthès wurde später degradiert und aus Russland verbannt.

Naumovs Gemälde von Puškin, tödlich verwundet nach dem Duell

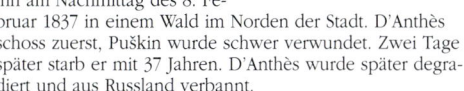

Schild am Literaturcafé

Literaturcafé ❿
Литературное кафе
Literaturnoje kafe

Nevski prospekt 18. **Stadtplan** 6 E1.
📞 *312 6057.* 🕐 *tägl. 11–1 Uhr.*
Ⓜ *Nevski prospekt.* ♿ *Siehe*
Restaurants und Cafés S. 187.

Das Café, nach seinen ursprünglichen Besitzern auch als Café Wolf und Béranger bekannt, ist wegen seiner Verbindung zu Puškin, dem größten russischen Dichter *(siehe S. 43)*, berühmt. Hier traf Puškin seinen Sekundanten Konstantin Dansas vor dem Duell mit Baron d'Anthès. Das Café war von Anfang an bei Schriftstellern wie Fjodor Dostojevski oder Dichtern wie Michail Lermontov (1814–1841) beliebt.

Trotz seiner literarischen Bedeutung und der vornehmen Umgebung in Vasili Stasovs Gebäude von 1815 sind die hohen Preise in diesem Café nicht gerechtfertigt.

Schlossplatz ⓫
Дворцовая площадь
Dvorcofaja ploščad

Stadtplan 6 D1. 🚌 *7, 10, 24, 191, K-209.* 🚎 *1, 7, 10, 11.*

Der Schlossplatz hat in der russischen Geschichte eine wichtige Rolle gespielt. Vor der Revolution war er Schauplatz von Militärparaden, oft vom Zaren zu Pferd angeführt.

Im Januar 1905 fand auf dem Schlossplatz das Massaker des »Blutsonntags« *(siehe S. 26)* statt, als Truppen auf Tausende von unbewaffneten Demonstranten schossen. Am 7. November 1917 erstürmten Lenins Anhänger von diesem Platz aus den Winterpalast *(siehe S. 28)*. Noch heute ist der Platz ein beliebter Ort für politische Versammlungen und für kulturelle Veranstaltungen.

Der Platz ist das Werk des Architekten Carlo Rossi *(siehe S. 110)*. Gegenüber der Südseite des Winterpalasts steht Rossis Generalstabsgebäude, das Hauptquartier der russischen Armee. Hierfür wurde eine ganze Häuserreihe abgerissen. Die beiden eleganten geschwungenen Flügel (der östliche ist nun Teil der Eremitage) sind durch einen Triumphbogen verbunden, der zur Bolšaja Morskaja ulica führt. Der Bogen ist von einer Skulptur der Siegesgöttin in ihrem Streitwagen (1829) von Stepan Pimenov und Vasili Demut-Malinovski gekrönt. Die Ostseite des Ensembles bildet das Hauptquartier der Wache, entworfen von Alexandr Brjullov 1837–43. Im Westen liegt die Admiralität *(siehe S. 78)*.

Die Alexandersäule in der Mitte des Platzes ist dem Zaren Alexander I. für seine Rolle beim Triumph über Napoléon *(siehe S. 22f)* gewidmet. Am Sockel findet sich die Inschrift: »Für Alexander von einem dankbaren Russland«. Die rote Granitsäule mit einem Gewicht von 600 Tonnen ist das größte unverankerte Denkmal der Welt. Sie wurde 1829 von Auguste de Montferrand entworfen. 2400 Soldaten und Arbeiter brauchten zwei Jahre, um sie fertigzustellen und hierherzutransportieren. Von 1830 bis 1834 wurde sie aufgestellt. Die 47 Meter hohe Säule ist gekrönt von einem Bronzeengel, der ein Kreuz hält.

Alexandersäule und Generalstabsgebäude, Schlossplatz

Eremitage ⓬
Эрмитаж
Ermitaž

Die Eremitage, eines der größten und berühmtesten Museen der Welt, umfasst ein riesiges Gebäudeensemble. Am beeindruckendsten ist Rastrellis barocker Winterpalast *(siehe S. 92f)*, dem Katharina die Große die Kleine Eremitage hinzufügte. 1771–87 ließ sie die Große Eremitage bauen. Von 1785 bis 1787 entstand das Eremitage-Theater, in den Jahren 1839–51 schließlich die Neue Eremitage. Die Neue wie auch die Große Eremitage wurden 1852 von Nikolaus I. als Museum eröffnet. Zwischen 1918 und 1939 wurde der Winterpalast, Ende der 1990er Jahre auch das Generalstabsgebäude mit seinen Sammlungen des 19./20. Jahrhunderts integriert.

Die Neue Eremitage (1839–51) wurde von Leo von Klenze als Ergänzung der Großen Eremitage entworfen. Sie ist der einzige als Museum konzipierte Bau des Eremitage-Komplexes.

Die Ministerien des Hofes waren bis etwa 1890 hier untergebracht.

Atlanten
Zehn Granitatlanten von jeweils fünf Meter Höhe tragen das, was von 1852 bis nach der Revolution der öffentliche Eingang zum Eremitage-Museum war.

Winterkanal *(siehe S. 36)*

Eine Galerie über den Kanal verbindet Theater und Große Eremitage und bildet das Theaterfoyer.

Die Große Eremitage wurde von Juri Felten für die Gemäldesammlung Katharinas entworfen.

Theater
Unter Katharina gab es in Quarenghis Theater regelmäßig Aufführungen. Heute finden hier Ausstellungen und Konzerte statt (siehe S. 202).

★ **Raffael-Loggien**
Katharina war so beeindruckt von den Raffael-Fresken im Vatikan, dass sie 1787 Kopien von ihnen auf Leinwand in Auftrag gab. Dabei wurde zum Beispiel das Wappen des Papstes durch den zweiköpfigen Adler der Romanovs ersetzt.

EREMITAGE

Hängender Garten
Der ungewöhnlich angelegte Garten ist voller Statuen und Brunnen. Während der Belagerung von Leningrad (siehe S. 27) wurde hier Gemüse angebaut.

INFOBOX

Dvorcovaja ploščad. 2. **Stadtplan** 2 D5. 710 9079. 7, 10, 24, 191, K-209. 1, 7, 10, 11. Di–Sa 10.30–18 Uhr, So 10.30–17 Uhr (letzter Einlass 17 bzw. 16 Uhr). (Buchungen: 571 8446). in Deutsch.
www.hermitagemuseum.org

Die Kleine Eremitage (1764–75) von Vallin de la Mothe und Juri Felten diente Katharina als Rückzugsort.

Fassaden des Winterpalasts
Rastrelli verzierte die Fassaden mit 400 Säulen und 16 Fensterarten.

NICHT VERSÄUMEN

★ Pavillonsaal

★ Prunksäle des Winterpalasts

★ Raffael-Loggien

Schlossplatz
Haupteingang
Generalstabsgebäude
Neva

Der Winterpalast (1754–62) war bis zur Revolution die offizielle Residenz der Zarenfamilie.

★ Pavillonsaal
Andrej Štakenschneider gestaltete 1850–58 das ursprüngliche Interieur mit Gold und weißem Marmor neu. Hier ist die berühmte Pfauenuhr des Engländers James Cox ausgestellt, die früher Fürst Potjomkin, dem Geliebten Katharinas, gehörte.

★ Prunksäle des Winterpalasts
Der Zar scheute keine Kosten und Mühen für Räume, die Macht und Reichtum des zaristischen Russland symbolisieren sollten, wie zum Beispiel für den Georgssaal.

Stadtplan *siehe Seiten 230–245*

Eremitage: Sammlungen

Katharina die Große erwarb zwischen 1764 und 1774 einige der besten Kunstsammlungen Westeuropas mit insgesamt 2500 Gemälden, 10 000 Edelsteinen, 1000 Zeichnungen, Silber und Porzellan. Keiner ihrer Nachfolger brachte es zu einer solchen Menge an Neuerwerbungen. Nach der Revolution kamen durch die Verstaatlichung von zaristischem und privatem Besitz weitere Gemälde und Werke angewandter Kunst hinzu und machten die Eremitage damit zu einem der führenden Museen der Welt.

Der Rittersaal (1842–51) enthält Rüstungen und Waffen aus dem ehemaligen Reichsarsenal.

Treppe zum Erdgeschoss

Tageslichträume

Raffael-Loggien *(siehe S. 84)*

Erster Stock

★ **Madonna Litta**
Dies ist eines von zwei hier ausgestellten Meisterwerken Leonardo da Vincis. Die Madonna (um 1491) wurde häufig kopiert.

Die Galerie alter Gemälde (1842–51) ist mit Szenen aus der antiken Literatur geschmückt. Sie enthält auch eine exquisite Kollektion europäischer Bildhauerkunst (19. Jh.).

Erdgeschoss

Europäische Goldsammlung

Der Saal der zwanzig Säulen (1842–51) ist im etruskischen Stil bemalt.

Nicht versäumen

★ *Abrahams Opfer* von Rembrandt

★ *Der Tanz* von Matisse

★ *Ea Haere Ia Oe* von Gauguin

★ *Madonna Litta* von Leonardo da Vinci

Kurzführer

Der Haupteingang liegt am Schlossplatz, dahinter überquert man den Haupthof. Beginnen Sie mit den Prunksälen des Winterpalasts, um einen Überblick über das Museum zu erhalten. Zur europäischen Kunst des 19. und 20. Jahrhunderts gelangt man am besten über eine der Treppen auf der dem Schlossplatz zugewandten Seite.

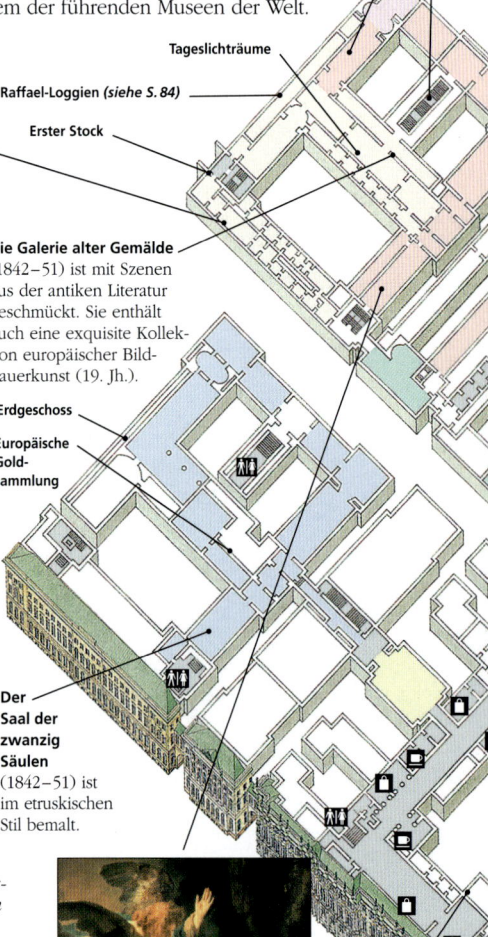

★ **Abrahams Opfer**
1635 malte Rembrandt verschiedene religiöse Szenen. Die Aussagekraft dieser Bilder beruht eher auf dramatischen Gesten als auf Details.

Haupteingang am Neva-Ufer

Eingang für Gruppen und Führungen

EREMITAGE: SAMMLUNGEN

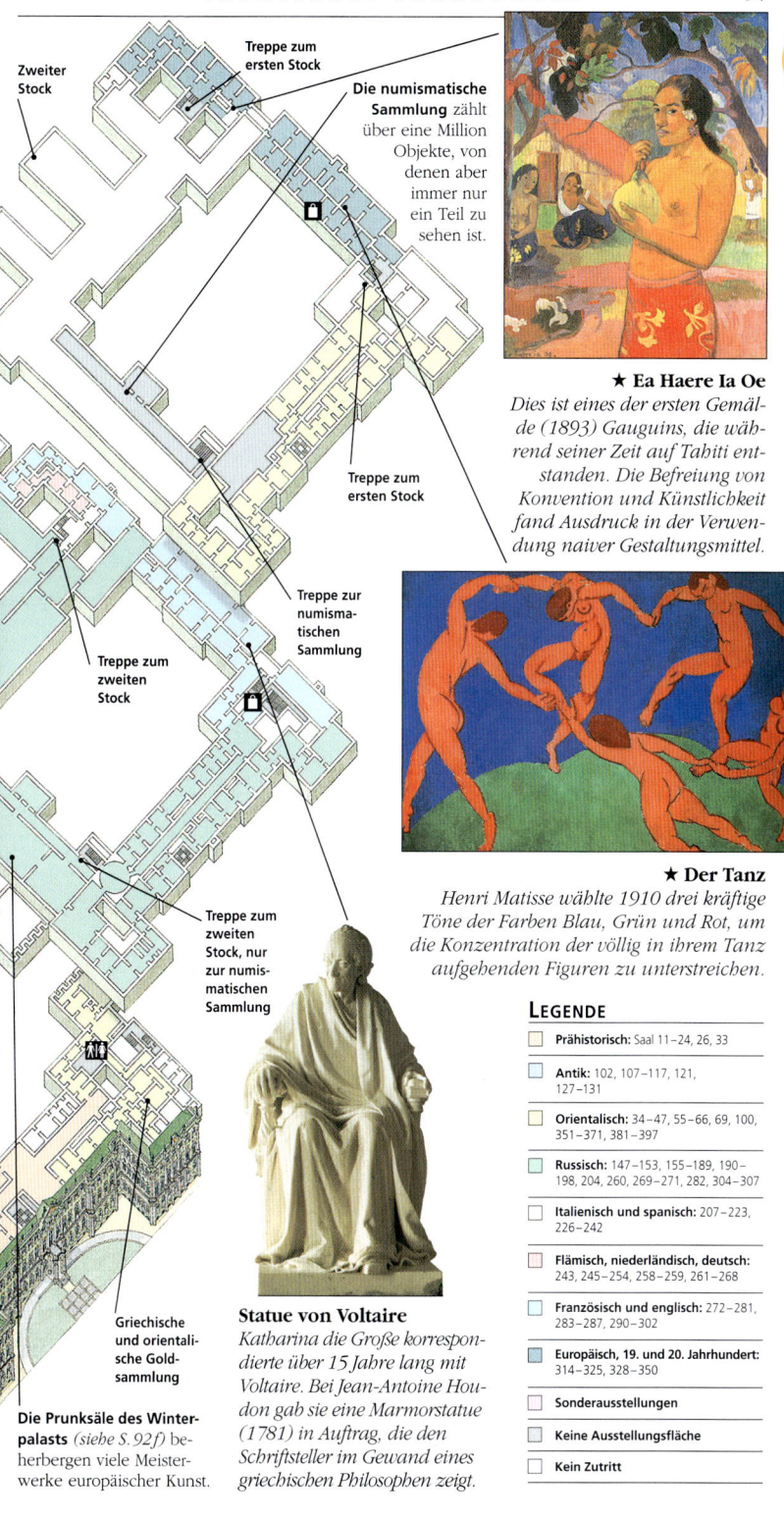

Zweiter Stock

Treppe zum ersten Stock

Die numismatische Sammlung zählt über eine Million Objekte, von denen aber immer nur ein Teil zu sehen ist.

Treppe zum ersten Stock

Treppe zur numismatischen Sammlung

Treppe zum zweiten Stock

Treppe zum zweiten Stock, nur zur numismatischen Sammlung

Griechische und orientalische Goldsammlung

Die Prunksäle des Winterpalasts *(siehe S. 92f)* beherbergen viele Meisterwerke europäischer Kunst.

★ Ea Haere Ia Oe
Dies ist eines der ersten Gemälde (1893) Gauguins, die während seiner Zeit auf Tahiti entstanden. Die Befreiung von Konvention und Künstlichkeit fand Ausdruck in der Verwendung naiver Gestaltungsmittel.

★ Der Tanz
Henri Matisse wählte 1910 drei kräftige Töne der Farben Blau, Grün und Rot, um die Konzentration der völlig in ihrem Tanz aufgehenden Figuren zu unterstreichen.

Statue von Voltaire
Katharina die Große korrespondierte über 15 Jahre lang mit Voltaire. Bei Jean-Antoine Houdon gab sie eine Marmorstatue (1781) in Auftrag, die den Schriftsteller im Gewand eines griechischen Philosophen zeigt.

LEGENDE

■	Prähistorisch: Saal 11–24, 26, 33
■	Antik: 102, 107–117, 121, 127–131
■	Orientalisch: 34–47, 55–66, 99, 100, 351–371, 381–397
■	Russisch: 147–153, 155–189, 190–198, 204, 260, 269–271, 282, 304–307
■	Italienisch und spanisch: 207–223, 226–242
■	Flämisch, niederländisch, deutsch: 243, 245–254, 258–259, 261–268
■	Französisch und englisch: 272–281, 283–287, 290–302
■	Europäisch, 19. und 20. Jahrhundert: 314–325, 328–350
■	Sonderausstellungen
■	Keine Ausstellungsfläche
■	Kein Zutritt

Eremitage: Sammlungen

Es ist kaum möglich, alle Werke der Eremitage bei ein oder zwei Besuchen zu besichtigen und auf sich wirken zu lassen. Jeder Raum birgt fesselnde Dinge: skythisches Gold, antike Vasen oder iranisches Silber. Die russische Abteilung enthält Möbel, angewandte Kunst, Porträts und die prunkvolle Kleidung der Zarenfamilie. Die Sammlung europäischer Gemälde wurde nach dem Geschmack der Zarenfamilie zusammengestellt, während ein Großteil der europäischen Kunst des 19. und 20. Jahrhunderts, mit Arbeiten von Matisse und Picasso, nach der Revolution aus Privatsammlungen hinzukam. Diese Werke gehören heute zu den beliebtesten Exponaten.

Skythischer Goldhirsch, (6./7. Jh. v. Chr.)

PRÄHISTORISCHE KUNST

Zu den prähistorischen Artefakten, die man im ehemaligen russischen Reich fand, zählen 24 000 Jahre alte Töpfe, Pfeilspitzen und Skulpturen von paläolithischen Stätten sowie Exponate aus Gold, die von skythischen Nomaden (7.–3. Jh. v. Chr.) stammen.

Die berühmte sibirische Sammlung feiner Goldarbeiten von Peter dem Großen enthält skythische Broschen, Schwertgriffe und Schnallen. 1897 fand man im sibirischen Kostromskaja einen großen stilisierten Hirsch, der einst einen Eisenschild schmückte. Diese und andere Goldkunstwerke liegen in der europäischen Goldsammlung (für die man gesondert Eintritt zahlen muss). Kopien befinden sich in den den Skythen gewidmeten Räumen.

Auch griechische Meister arbeiteten für die Skythen. Aus der Dnjepr-Region stammen ein Kamm (spätes 5. Jh.), der mit Figuren kämpfender Skythen verziert ist, und eine Čertomlyk-Vase, die zeigt, wie wilde Tiere gezähmt werden. Grabungen im Altai zwischen 1927 und 1949 brachten vor allem bei Pasyryk 2500 Jahre alte Gräber zutage. Vieles wurde durch Frost konserviert, auch Textilien, ein Begräbniswagen und sogar die tätowierte Haut eines Mannes.

Gonzaga-Kamee (285–246 v. Chr.) aus Alexandria

ANTIKE KUNST

Die Vielzahl griechisch-römischer Marmorskulpturen reicht von der berühmten Taurischen Venus aus dem 3. Jahrhundert v. Chr., 1720 von Peter dem Großen erworben, bis zu römischen Porträtbüsten. Es sind jedoch die kleinen Objekte, die den wirklichen Stolz dieser Abteilung ausmachen. Die Kollektion attischer Vasen aus dem 6.–4. Jahrhundert v. Chr. sucht weltweit ihresgleichen. Diese Vasen sind mit Szenen von Trinkgelagen oder Episoden aus dem Trojanischen Krieg geschmückt, eine von ihnen mit einem Bild des Anblicks der ersten Schwalbe (um 510 v. Chr.).

Im 4. und 3. Jahrhundert v. Chr. war Tanagra das Zentrum der Herstellung eleganter Terrakottafigurinen. Sie wurden im 19. Jahrhundert entdeckt und waren so beliebt, dass viele Fälschungen hergestellt wurden. Die in der Eremitage gezeigten Figurinen sind Originale aus der Sammlung des russischen Botschafters in Athen, Pjotr Saburov, der diese bereits vor 1890 zusammengetragen hat.

Die Sammlung geschliffener Edelsteine geht auf eine Leidenschaft Katharinas der Großen für diese Steine zurück. In nur zehn Jahren erwarb sie rund 10 000 davon. Der größte und schönste ist die Gonzaga-Kamee, die Napoléons Frau Josephine 1814 Zar Alexander I. schenkte.

Die griechische und orientalische Goldsammlung zeigt Schmuck aus Athen (5. Jh.). Die Künstler hatten eine so feine Filigrantechnik, dass Details nur durch ein Vergrößerungsglas erkennbar sind.

ORIENTALISCHE KUNST

Diese Sammlung zeigt Gegenstände aus verschiedenen Kulturen: vom alten Ägypten über Assyrien, Byzanz, Indien, den Iran, China, Japan bis hin nach Usbekistan und Tadschikistan. Die vollständigsten Funde stammen von Ausgrabungen, die man vor allem in China und der Mongolei vor der Revolution sowie in Zentralasien während der Sowjetherrschaft durchführen ließ.

Aus dem 19. Jahrhundert v. Chr. stammt eine Monumentalstatue des Pharaos

Fresko eines verwundeten Kriegers aus Tadschikistan (8. Jh.)

Amenemhet III. Das Prunkstück der ägyptischen Sammlung ist eine wertvolle kleine Holzstatue eines stehenden Mannes (15. Jh. v.Chr.).

Aus dem Fernen Osten – Japan, Indien, Indonesien und der Mongolei – kommt eine Vielzahl von Objekten, von buddhistischen Skulpturen und Stoffen bis zu winzigen Netsuken (Elfenbeinknebeln). Ausgrabungen beim Höhlentempel der tausend Buddhas nahe Dun Huan in Westchina brachten Ikonen aus dem 6.–10. Jahrhundert, Wandmalereien und Gipsskulpturen zutage. Während des Mongoleneinfalls im 13. Jahrhundert wurde die Stadt Hara-Hoto zerstört. Durch die Versandung der Stadt wurden viele Objekte, darunter Seidengewänder (12. Jh.) und Holzschnitte, konserviert.

Aus Byzanz stammen profane und religiöse Objekte wie Ikonen, Kirchenutensilien und ein Elfenbeindiptychon mit Szenen aus einem römischen Zirkus.

Im Iran stellte man viele Silber- und Bronzegefäße her, die im Mittelalter von Händlern nach Sibirien und in den Ural gebracht wurden, wo man sie im 19. Jahrhundert wiederentdeckte. Es gibt auch eine große Kollektion persischer Miniaturen und eine Ausstellung von Hofporträts (19. Jh.), die persische Elemente mit denen westlicher Ölmalerei verbinden. Beispielhaft hierfür ist das *Bildnis von Schah Fatkh Ali* (1813/14). Bei Ausgrabungen in und Expeditionen nach Zentralasien stieß man auf Teppiche, Bronzeobjekte und glasierte Kacheln. In Usbekistan und Tadschikistan fand man in Gebäuden aus dem 8. Jahrhundert wunderschöne Fresken. Die derzeit umstrukturierte griechisch-orientalische Goldsammlung zeigt wertvolle Gefäße der Mogulen und iranische Waffen.

RUSSISCHE KUNST

Größere russische Kunstwerke wechselten bereits 1898 ins Russische Museum *(siehe S. 104–107).* Nach der Revolution wurde der Besitz der Zarenfamilie verstaatlicht, darunter Porträts und Thronstühle, Spiegel und Unterröcke. Allein 300 Gewänder Peters des Großen sind noch erhalten. Später erwarb die Abteilung auch mittelalterliche russische Kunst wie Ikonen und Kirchenutensilien.

Seit Peter dem Großen luden die Zaren ausländische Handwerker und Künstler ein, damit sie den russischen

Sonnenuhr (1714–19) aus der Sammlung Peters des Großen

Künstlern ihre Fertigkeiten vermittelten. Auch Peter der Große ließ sich von ihnen unterweisen. Seine Begeisterung für praktische Dinge spiegelt sich in seiner großen Sammlung von Sonnenuhren (darunter eine Arbeit des Meisters John Rowley), Instrumenten und Drehbänken wider. Eine Büste (1723–30) von Bartolomeo Carlo Rastrelli zeigt Peter jedoch als grausamen Herrscher.

Russische Künstler verbanden traditionelle Kunstformen mit europäischen Fertigkeiten und schufen komplexe Werke. Dazu zählen die Walross-Elfenbein-Vase (1798) von Nikolaj Vereščagin sowie der große Silbersarkophag und das Denkmal (1747–52) für Alexandr Nevski.

Die Büchsenmacher aus Tula (südlich von Moskau) perfektionierten ihre Technik derart, dass sie imstande waren, einzigartige Stahlmöbel zu produzieren, die mit vergoldeter Bronze eingelegt waren. Ein Beispiel ist die dekorative Frisierkommode (1801) im Empirestil.

Die Prunksäle *(siehe S. 92f)* sind der Stolz der russischen Abteilung, denn hier befinden sich die Arbeiten einheimischer und ausländischer Künstler von der Mitte des 18. bis zum frühen 20. Jahrhundert. Die Entdeckung großer Vorkommen bunter Steine im Ural führte dazu, dass ganze Räume mit Malachit und jede Ecke des Winterpalasts mit Marmorvasen geschmückt wurden.

Frisierkommode aus Stahl (Tula 1801)

Italienische und spanische Kunst

Die Ausstellung italienischer Kunst ist hervorragend. Einige frühe Werke zeugen vom Aufstieg der Renaissance im 14. und 15. Jahrhundert. Simone Martinis maskenhafte Madonna (1340–44) bildet einen Kontrast zu Fra Angelicos menschlicherem Fresko der *Madonna mit Kind* (1424–30).

Die Sammlung zeigt auch Werke der florentinischen und venezianischen Schule aus der Zeit um 1500. Aus der florentinischen Schule stammen *Madonna Litta* (um 1491) und *Madonna Benois* (1478) von Leonardo da Vinci, der marmorne *Hockende Knabe* (um 1530) von Michelangelo und zwei frühe Porträts der Madonna von Raffael (1502 und 1506). Zur venezianischen Schule gehören Giorgiones (1478–1510) *Judith* und einige Werke Tizians (um 1490–1576). Die Tageslichträume bergen große Barockstücke, darunter Werke von Luca Giordano (1634–1704) und Guido Reni (1575–1642) sowie einige gigantische Meisterwerke Tiepolos. Bemerkenswert sind auch Werke des Bildhauers Antonio Canova (*Cupido und Psyche*, *Die drei Grazien*) in der Abteilung für antike Kunst.

Die spanische Sammlung ist bescheidener, doch sind alle großen Maler vertreten: von El Greco mit dem Bild *Die Apostel Petrus und Paulus* (1587–92) bis zu Ribera, Murillo und Zurbarán mit dem *Heiligen Laurentius* (1636). Das *Bildnis des Grafen Olivares* (um 1640) von Velázquez kontrastiert mit seinem früheren Genrebild *Frühstück* (1617/18).

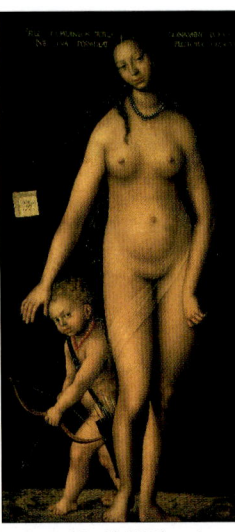

Venus und Cupido (1509) von Lucas Cranach d. Ä.

Flämische, niederländische, deutsche Kunst

Zu dieser kleinen Sammlung früher Werke aus den Niederlanden gehört die wunderschöne *Madonna mit Kind* (um 1430) vom Meister von Flémalle. Er gilt als Lehrer von Rogier van der Weyden, der mit dem Bild *Der heilige Lukas malt die Madonna* (um 1435) vertreten ist.

Zu den über 40 Werken von Rubens gehören religiöse Themen (*Die Kreuzabnahme*, 1617/18) und Szenen aus der klassischen Mythologie (*Perseus und Andromeda*, 1620/21) sowie Landschaften und ein *Bacchus* (1636–40). Seine Porträts wie *Bildnis einer Kammerfrau der Infantin Isabella* (1625) zeigen deutlich die Gemeinsamkeiten mit van Dyck, zu dessen Gemälden eine Reihe offizieller Porträts und ein romantisches Selbstporträt (um 1630) gehören.

In der niederländischen Sammlung ist Rembrandt stark vertreten. Innerhalb kurzer Zeit vollendete er *Abrahams Opfer* (1636), die sanfte *Flora* (1634) sowie die brillante *Kreuzabnahme* (1634). Eines seiner letzten Werke war *Die Heimkehr des verlorenen Sohnes* (1668/69).

Zu den vielen kleineren Bildern gehört Gerard Terborchs *Ein Glas Limonade* (Mitte 17. Jh.). Die Elemente einer Genreszene sind durchdrungen von psychologischer Spannung und schwerem Symbolismus.

In der deutschen Sammlung lenken die Werke von Lucas Cranach d. Ä. die Aufmerksamkeit auf sich. *Venus und Cupido* (1509), das stilvolle *Weibliche Bildnis* und die *Madonna mit Kind unter dem Apfelbaum* zeigen die Facetten seiner Kunst.

Französische und englische Kunst

Französische Kunst war im 18. Jahrhundert für Sammler ein Muss. Ausgestellt sind auch Künstler des 17. Jahrhunderts und die vorzüglichen Maler Claude Lorrain und Nicolas Poussin sowie Antoine Watteaus *Verwirrender Antrag* (um 1716), Jean Honoré Fragonards *Heimlicher Kuss* (um 1785) sowie François Bouchers füllige und nicht sonderlich tugendhafte Heldinnen des 18. Jahrhun-

Der Lautenspieler von Michelangelo Caravaggio (1573–1610)

EREMITAGE: SAMMLUNGEN

Stillleben mit Attributen der Künste (1766) von Jean-Baptiste Chardin

derts. Katharina die Große hatte eher ein Faible für Erzieherisches und Lehrreiches. Sie kaufte unter anderem *Stillleben mit Attributen der Künste* (1766) von Chardin und auf Anraten von Denis Diderot die *Früchte einer guten Erziehung* (1763) von Jean-Baptiste Greuze. Sie förderte auch Bildhauer und erstand Arbeiten von Étienne-Maurice Falconet (*Winter*, 1771) und Jean-Antoine Houdon (*Voltaire*, 1781).

Katharina erwarb zudem englische Arbeiten, einschließlich eines Porträts des Philosophen John Locke (1697) von Godfrey Kneller, der auch ein Porträt von Pjotr Potjomkin (1682) in einem Hofgewand des 17. Jahrhunderts schuf.

Bei Joshua Reynolds gab Katharina *Das Kind Herkules stranguliert die Schlangen* (1788) in Auftrag. Ihre gewagtesten Erwerbungen waren Arbeiten des noch unbekannten Joseph Wright aus Derby. Seine *Eisenschmiede* (1773) ist ein Meisterwerk der Wiedergabe von Licht, sein *Feuerwerk beim Schloss Sant'Angelo* (1774/75) ein feuriges Spektakel. Katharina ließ außerdem viele Möbel in England anfertigen und gehörte zu den Stammkunden von Josiah Wedgwood, bei dem sie das berühmte Frosch-Service für ihren Çesme-Palast bestellte (siehe S. 130).

Das Frosch-Service, Wedgwood (1773/74)

EUROPÄISCHE KUNST DES 19. U. 20. JAHRHUNDERTS

Von der Zarenfamilie erfuhr die Kunst im 19. Jahrhundert keine Förderung, doch gab es Privatpersonen, deren Sammlungen nach der Revolution von 1917 verstaatlicht und den Eremitage-Beständen angegliedert wurden. Dank dieser Erwerbungen ist die Schule von Barbizon durch Werke wie Camille Corots *Bäume im Sumpf*, die französische Romantik durch zwei marokkanische Szenen von Delacroix und die deutsche Romantik durch Caspar David Friedrichs *Auf dem Segler* (1818–20) vertreten.

Den Sammlern Ivan Morosov und Sergej Šcukin verdankt die Eremitage einige Gemälde der Impressionisten und Postimpressionisten. Von Monet sind die *Dame im Garten* und *Waterloo-Brücke, Nebeleffekte* (1903) zu bewundern. Renoir und Degas wählten immer wieder das Sujet der Frau, wie in Renoirs *Bildnis der Schauspielerin Jeanne Samary* (1878) und Degas' Pastellzeichnungen waschender Frauen.

Pissarros *Boulevard Montmartre in Paris* (1897) ist typisch für seine Stadtszenen, während Alfred Sisley ein Meister in der Wiedergabe von Lichteffekten auf dem französischen Land war.

Nach und nach fand eine Änderung in Farbgebung und Technik statt. Van Gogh verwendete sattere Töne in seinen *Frauen von Arles* (1888) und eine stärkere Pinselführung in *Hütten* (1890). Gauguin ließ sich von einer anderen Kultur inspirieren, seine tahitische Periode ist durch rätselhafte Werke wie *Ea Haere Ia Oe* (1893) repräsentiert. Im *Raucher* (1890–92) und in *Montagne Sainte-Victoire* (1896–98) experimentierte Cézanne mit Flächen und nahm damit großen Einfluss auf die nachfolgende Generation.

Matisse spielte mit Farbe und Oberfläche. Beispiele sind etwa *Das rote Zimmer* (1908/09) sowie *Die Musik* und *Der Tanz* (beide 1910). Nach seinem Marokko-Besuch führte er neue Lichteffekte ein wie im *Arabischen Caféhaus* (1913). Schließlich war es Picasso, der Cézannes Experimente noch weiter führte. In frühen Werken wie dem *Besuch* (1902) konzentrierte er sich auf die Stimmung. Seine Werke der kubistischen Periode (1907–12), einschließlich *Mann mit verschränkten Armen*, füllen einen ganzen Raum.

Mann mit verschränkten Armen (1909) von Pablo Picasso

Winterpalast

Der heutige Winterpalast (1754–62), der am gleichen Standort drei Vorgänger hatte, ist ein hervorragendes Beispiel für den russischen Barock. Die prunkvolle, für die Zarin Elisabeth gebaute Winterresidenz war die größte Leistung von Bartolomeo Rastrelli. Das Äußere hat sich wenig geändert, doch das Innere wurde mehrmals neu gestaltet und 1837 nach einem Brand renoviert. Nach der Ermordung Alexanders II. 1881 wohnte die Zarenfamilie selten im Palast. Während des Ersten Weltkriegs wurde hier ein Feldlazarett eingerichtet. Im Juli 1917 machte die provisorische Regierung den Palast zu ihrem Hauptquartier, was zu dessen Erstürmung durch die Bolschewiken führte *(siehe S. 28)*.

Die Galerie des Krieges von 1812 (1826) zeigt Porträts russischer Generäle, die am Krieg gegen Napoléon teilnahmen.

Der Wappensaal (1839) mit den riesigen vergoldeten Säulen misst über 800 Quadratmeter. Im Ersten Weltkrieg standen hier die Betten eines Feldlazaretts.

★ **Kleiner Thronsaal**
In diesem dem Andenken Peters des Großen gewidmeten Saal (1833) steht ein prachtvoller Thron aus dem Jahr 1731.

In der Feldmarschallshalle (1833), der Eingangshalle, brach 1837 ein verheerender Brand aus.

Der Georgssaal (1795) zeigt riesige Säulen und Wandverblendungen aus Carrara-Marmor.

Im Nikolaussaal, dem größten Raum des Palastes, fand stets der erste Ball der Saison statt.

Nordfassade, der Neva zugewandt.

★ **Malachitzimmer**
Für diesen luxuriösen Saal (1839), ausgestattet mit Malachitsäulen und -vasen, vergoldeten Türen, vergoldeter Decke und Parkettboden, verwendete man über zwei Tonnen Schmuckstein.

★ **Haupttreppe**
Die Haupttreppe (1762) ist ein Meisterwerk Rastrellis. Von hier aus beobachtete die Zarenfamilie am Dreikönigsfest die Taufzeremonie in der Neva, mit der Christi Taufe im Jordan gefeiert wurde.

WINTERPALAST

Alexandersaal
Der Architekt Alexandr Brjullow gestaltete 1837 diesen Empfangssaal und gab ihm ein gotisches Gewölbe sowie klassizistische Stuck-Basreliefs mit militärischen Themen.

BARTOLOMEO F. RASTRELLI

Der italienische Architekt Rastrelli (1700–1771) kam 1716 mit seinem Vater nach Russland, um für Peter den Großen zu arbeiten. Sein Barockstil wurde schnell beliebt, 1738 ernannte man Rastrelli zum Haupthofarchitekten. Unter Elisabeths Herrschaft entwarf er den Winterpalast, den Palast von Carskoje Selo *(siehe S. 152–155)* und das Smolnyj-Kloster *(siehe S. 128)*. Rastrelli setzte sich zur Ruhe (1763), als Katharina die Große den Thron bestieg.

Die Französischen Zimmer, 1839 von Brjullow entworfen, beherbergen französische Kunst (18. Jh.).

Das Weiße Esszimmer wurde 1841 für die Hochzeit des zukünftigen Alexander II. hergerichtet.

Südfassade am Schlossplatz

Dunkler Korridor
Zu den französischen Wandteppichen gehört Die Hochzeit Kaiser Konstantins, *hergestellt nach einem Entwurf von Rubens (17. Jh.).*

Die Rotunde (1830) verband die Privaträume im Westflügel mit den Repräsentationsräumen auf der Nordseite.

Westflügel

Die Gotische Bibliothek und andere Räume auf der Nordwestseite des Palastes wurden dem bourgeoisen Lebensstil von Nikolaus II. angepasst. Die holzgetäfelte Bibliothek schuf Melzer 1894.

Goldener Salon
Wände und Decke des Salons aus den 1850er Jahren wurden um 1875 vergoldet. Hier ist eine Sammlung westeuropäischer geschliffener Edelsteine untergebracht.

NICHT VERSÄUMEN

★ Haupttreppe

★ Kleiner Thronsaal

★ Malachitzimmer

Millionärsstraße ⓭
Миллионная улица
Millionnaja ulica

Stadtplan 2 E5.

Die Millionärsstraße trägt diesen Namen, weil die prunkvollen Häuser früher von Aristokraten und Mitgliedern der Zarenfamilie bewohnt wurden. Da die Hauptfassaden und Eingänge zum Fluss hin liegen, korrespondieren einige Hausnummern mit denen des Palastufers.

Bei Ausbruch der Revolution war die Nr. 26 (am Ufer) Wohnsitz des Großherzogs Vladimir Alexandrovič, der dafür verantwortlich war, dass am »Blutssonntag« auf friedliche Demonstranten geschossen wurde *(siehe S. 26)*. Seine Gattin, Marija Pavlovna, gab Bälle, die selbst diejenigen des Zarenhofs übertrafen. Das Gebäude (1867–72), das von Alexandr Resanov im Stil der florentinischen Renaissance entworfen wurde, ist nun das Haus der Gelehrten.

Das Putjatin-Haus in der Millionärsstraße Nr. 12 sah das Ende der Romanov-Dynastie: Hier unterschrieb Großherzog Michail Alexandrovič, Bruder von Nikolaus II., im März 1917 den Verzicht auf den Thron. Nebenan, in Nr. 10, wohnte 1843 Honoré de Balzac, als er der Gräfin Eveline Hanska den Hof machte. Das aus der Mitte des 19. Jahrhunderts stammende Haus entwarf Andrej Štakenschneider für die eigene Familie.

Prächtig gestaltete Fassade der Millionärsstraße Nr. 10

Prunktreppe des Marmorpalasts

Marmorpalast ⓮
Мраморный дворец
Mramornyj dvorec

Millionnaja ulica 5 (Eingang vom Marsfeld). **Stadtplan** 2 E4. 312 9054. 46, 49, K-46, K-76. Mi–So 10–18 Uhr, Mo 10–17 Uhr. *in Englisch*. www.rusmuseum.ru

Den Marmorpalast ließ Katharina die Große als Geschenk für ihren Liebhaber Grigori Orlov erbauen, der ihr 1762 zur Macht verholfen hatte *(siehe S. 22)*. Das Gebäude (1768–85), ein frühes Beispiel klassizistischer Architektur, gilt als Antonio Rinaldis Meisterwerk.

Der Palast trägt seinen Namen wegen der vielen verschiedenen Marmorarten, die bei seinem Bau verwendet wurden. Die Inneneinrichtung wurde von Alexandr Brjullov neu gestaltet, die Prunktreppe und der Marmorsaal stammen noch von Rinaldi. Die Wände des Marmorsaals zieren grauer, grüner, weißer, gelber und rosafarbener Marmor und Lapislazuli, außerdem das Deckengemälde *Triumph der Venus* aus den 1780er Jahren von Stefano Torelli.

Heute gehört der Palast, in dem 55 Jahre lang das Lenin-Museum untergebracht war, zum Russischen Museum *(siehe S. 104–107)*. Ausgestellt sind Arbeiten ausländischer, in Russland tätiger Künstler sowie moderne Kunst aus der Sammlung von Peter und Irene Ludwig wie ein Picasso, *Große Köpfe* (1969), und Werke von Jean-Michel Basquiat, Andy Warhol, Illja Kabakov und Roy Lichtenstein.

Vor dem Palast steht eine Reiterstatue Alexanders III. Die oft verspottete Statue wurde 1911 auf der Ploščad Vosstanija enthüllt, 1937 jedoch von dort entfernt. Ihr Sockel wurde zerschlagen und für Statuen neuer Helden, wie für Lenin, verwendet.

Marsfeld ⓯
Марсово Поле
Marsovo Pole

Stadtplan 2 F5. 46, 49, K-46, K-76.

Das Gebiet, einst ein großer Sumpf, wurde im 19. Jahrhundert trockengelegt und für militärische Manöver, Paraden, Messen und andere Veranstaltungen genutzt. Das nach dem römischen Kriegsgott Mars benannte Marsfeld, damals ein Sandgebiet, hatte zwischen 1917 und 1923 den Spitznamen »Petersburger Sahara«. Diese »Sahara« wurde bald in ein Kriegsdenkmal verwandelt.

Ein Ehrenmal (1917–19) von Lev Rudnev und die Ewige Flamme erinnern an die Opfer der Revolution von 1917 und des Bürgerkriegs *(siehe S. 27)*.

Die Westseite des Platzes dominiert ein prächtiges klassizistisches Gebäude (1817–19) von Vasili Stasov. Es war früher die Kaserne der Pavlovski-Garde, die 1796 von Zar Paul I. gegründet worden war. Der militärisch begeisterte Zar soll nur Wachposten mit Stupsnasen, die seiner eigenen ähnelten, rekrutiert haben. Die Pavlovski-Offiziere gehörten zu den ersten, die sich während der Revolution von 1917 gegen das Zarenregime wandten *(siehe S. 28f)*.

An lauen Frühlingsabenden ist der ganze Platz von Fliederduft erfüllt.

Ewige Flamme, Marsfeld

Hotels und Restaurants am Palastufer *siehe Seiten 174f und 185f*

Sommergarten 🔟

Летний сад
Letni sad

Letni sad. **Stadtplan** 2 F4. 🚌 46, 49, K-46, K-76, K-212. ⭕ Mai–Sep: tägl. 10–22 Uhr; Okt–März: tägl. 10–18 Uhr. ♿ 📷

Peter der Große gab 1704 diesen Garten, einen der ersten der Stadt, in Auftrag. Ein Franzose entwarf ihn im Stil von Versailles, bepflanzte die Alleen mit importierten Ulmen und Eichen und schmückte sie mit Brunnen, Pavillons und rund 250 italienischen Statuen. 1777 zerstörte eine Überschwemmung den größten Teil des Sommergartens. Der heutige englische Garten verdankt sein Aussehen dem eher nüchternen Geschmack Katharinas der Großen. Das schmiedeeiserne Gitter (1771–84) zur Neva hin ist ein Werk von Juri Felten und Pjotr Jegorov.

Ein Jahrhundert lang war der Sommergarten dem Adel vorbehalten. Als Nikolaus I. ihn »anständig gekleideten Mitgliedern der Öffentlichkeit« zugänglich machte, entstanden zwei klassizistische Pavillons, das Teehaus und das Kaffeehaus, mit Blick auf die Fontanka. Hier werden nun in wechselnden Ausstellungen die Werke moderner Künstler aus St. Petersburg vorgestellt.

Nicht weit entfernt steht eine Bronzestatue von Ivan Krylov, Russlands berühmtestem Fabeldichter, der bei russischen Kindern sehr beliebt ist. Sie wurde 1854 von Pjotr Klodt geschaffen. Die Basreliefs auf dem Sockel zeigen Tiere aus Krylovs Fabeln.

Im Sommergarten: Ivan Krylovs Statue, umrahmt von Bäumen

Sommerpalast 🔟

Летний дворец
Letni dvorec

Naberežnaja Kutuzova. **Stadtplan** 2 F4. 📞 314 0374. 🚌 46, 49, K-46, K-76, K-212. ⭕ Mai–Nov: Mi–Mo 11.30–17.30 Uhr. ⭕ letzter Mo im Monat. 📷 📷

Der zweistöckige Sommerpalast wurde für Peter den Großen errichtet und ist das älteste Steingebäude der Stadt. Es wurde im holländischen Stil von Domenico Trezzini entworfen und 1714 fertiggestellt. Der preußische Bildhauer Andreas Schlüter schuf die maritimen Basreliefs (1713), eine Anspielung auf die russischen Seesiege unter Peter dem Großen. Der Sommerpalast war die zweite Residenz des Zaren in St. Petersburg. Er ist größer als das Holzhäuschen *(siehe S. 73)*, aber nicht vergleichbar mit Palästen seiner Nachfolger.

In der Empfangshalle im Erdgeschoss hängen Porträts des Zaren und seiner Minister. Außerdem steht hier der Admiralitätsstuhl Peters des Großen aus Eiche. Im Schlafzimmer ist das ursprüngliche Himmelbett mit einer Tagesdecke aus chinesischer Seide zu sehen sowie ein Deckengemälde, das den Triumph von Morpheus, dem Gott der Träume, zeigt. Nebenan liegt die Drechslerwerkstatt mit originalen russischen Drehbänken und einem kunstvoll geschnitzten meteorologischen Instrument, das 1714 in Dresden entworfen wurde.

Der Palast hatte das erste Wasserrohrsystem der Stadt. In der Küche sind noch das schwarze Marmorbecken, der schön gekachelte Küchenherd und viele Küchenutensilien aus dem frühen 18. Jahrhundert zu sehen. Von der Küche gelangt man in das Esszimmer, das fantasievoll renoviert wurde. Man benutzte es nur für kleinere Familienzusammenkünfte, größere Bankette fanden im Menšikov-Palast *(siehe S. 62)* statt.

Eine Treppe führt in den ersten Stock zur Suite von Peters zweiter Frau Katharina. Der Thron im sogenannten Thronsaal ist mit Nereiden und anderen Meeresgöttern gestaltet. Die Glasvitrinen im Grünen Zimmer zeigten früher die faszinierende Kuriositätensammlung Peters des Großen, die nun in der Kunstkammer untergebracht ist *(siehe S. 60f)*.

Küchenherd in der gefliesten Küche des Sommerpalasts

Stadtplan *siehe Seiten 230–245*

Gostinyj Dvor

Gostinyj Dvor war Anfang des 18. Jahrhunderts das kommerzielle Herz von St. Petersburg. Auch heute befinden sich rund um den Nevski prospekt viele Einzelhandelsgeschäfte. In der Nachbarschaft haben sich zahlreiche ausländische Händler und Geschäftsleute niedergelassen.

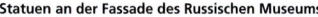
Statuen an der Fassade des Russischen Museums

Bis in die Mitte des 19. Jahrhunderts hinein bedienten die hier ansässigen Geschäfte vor allem die schier grenzenlosen Bedürfnisse der aristokratischen Haushalte, die nach Gold- und Silberwaren, Schmuck und Haute Couture verlangten. Mit den kommerziellen und finanziellen Aktivitäten entstand eine neue Schicht von Unternehmern. Bis zur Revolution wuchs die Zahl der Banken um den Nevski prospekt sehr schnell. Ihre imposanten neuen Bürogebäude fügten dem hauptsächlich klassizistischen Stil der Umgebung neue Formensprachen hinzu. Heute drehen sich hier die Räder des Kapitalismus. Einen Kontrast zu dieser geschäftigen Atmosphäre bildet die Ruhe auf dem Platz der Künste, an dem das Russische Museum und andere Gebäude an das reiche kulturelle Erbe der Stadt erinnern.

SEHENSWÜRDIGKEITEN AUF EINEN BLICK

Kirchen
Armenische Kirche ❼
Erlöserkirche S. 100 ❶
Evangelische Kirche ⓱
Kathedrale Unserer Lieben Frau von Kazan ⓯

Museen
Michajlovski-Schloss ❷
Puškin-Museum ⓳
Russisches Museum S. 104–107 ❸

Straßen und Plätze
Nevski prospekt ❻
Ostrovskiplatz ⓫
Platz der Künste ❹
Ulica Zodčego Rossi ⓬

Läden und Märkte
Apraxin-Markt ⓮
Gostinyj Dvor ❽
Jelisejev ❾

Paläste
Aničkov-Palast ❿
Stroganov-Palast ⓰
Voroncov-Palast ⓭

Hotel
Grandhotel Europa ❺

LEGENDE

Detailkarte S. 98f

M Metro-Station

◁ Seitenansicht des Michajlovski-Schlosses *(siehe S. 101)*, eine Außenstelle des Russischen Museums

Im Detail: Platz der Künste

Peter der Große

Der Platz der Künste, eine der schönsten Schöpfungen Carlo Rossis, trägt seinen Namen zu Recht. Die ihn säumenden Gebäude belegen das einzigartige kulturelle Erbe der Stadt. Der riesige Palast mit dem Russischen Museum wird von Theatern und der Philharmonie flankiert. Dahinter liegt der Michajlov-Garten, ein beliebter Treffpunkt. Der Garten erstreckt sich bis zum Ufer der Mojka, die mit der Fontanka und dem Gribojedov-Kanal einen glitzernden Rahmen für dieses malerische Viertel bildet.

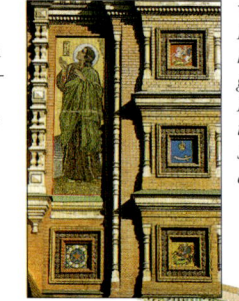

★ **Erlöserkirche**
Bunte Mosaiken und kunstvolle Reliefs prägen das Äußere der Kirche, das dem traditionellen russischen Stil des 17. Jahrhunderts nacheifert. ❶

★ **Russisches Museum**
Die Galerie des Michajlov-Palasts birgt eine sagenhafte Sammlung russischer Gemälde, Skulpturen und angewandter Kunst. Das Große Vestibül und der Weiße Saal sind original erhalten. ❸

Platz der Künste
Sein jetziger Name ist auf die ihn umgebenden kulturellen Institutionen zurückzuführen. Das Michajlovski-Theater für Opernaufführungen liegt auf der Westseite. Es wurde 1833 eröffnet. ❹

Puškin-Denkmal (1957)

Nevski prospekt

Der Große Saal der Philharmonie ist einer der wichtigsten Veranstaltungsorte St. Petersburgs (siehe S. 202).

Grandhotel Europa
Dieses berühmte Hotel wurde von Ludwig Fontana 1873–75 erbaut. Gewaltige Atlanten zieren die eklektische Fassade, die sich bis zum Nevski prospekt erstreckt. ❺

Hotels und Restaurants in Gostinyj Dvor siehe Seiten 175 und 187f

PLATZ DER KÜNSTE

Die Pantelejmon-Brücke wurde 1907/08 für die neue Straßenbahn wiedererrichtet, behielt jedoch die orginalen Empirestil-Verzierungen *(siehe S. 37)*.

Zur Orientierung
Siehe Stadtplan 2, 6, 7

Die Vogelstatue (1995 von Reso Gabriadse) spielt auf ein beliebtes Gedicht über den Wodkagenuss an.

Statue Peters des Großen (1747)

Michajlovski-Schloss
Das ursprünglich für Paul I. 1797–1801 errichtete Schloss beherbergte ab 1823 die Schule für Ingenieurwesen. Heute gehört es zum Russischen Museum und stellt Porträts aus. ❷

Nicht versäumen

★ Erlöserkirche

★ Russisches Museum

Legende

- - - - Routenempfehlung

0 Meter   100

Das Hygienemuseum mit makabren Exponaten von konservierten menschlichen Organen wurde 1919 eingerichtet, um über Gesundheit und Hygiene zu informieren.

Der Zirkus tritt seit dem 19. Jahrhundert (damals als Ciniselli-Zirkus) auf. Er zeigt noch immer traditionelle Aufführungen *(siehe S. 201)* in seinem Quartier an der Fontanka. Die originale Fassade wurde 2003 wiederhergestellt.

Stadtplan *siehe Seiten 230–245*

Erlöserkirche ⓘ

Храм Спаса-на-Крови
Chram Spasa-na-Krovi

> **INFOBOX**
>
> Kanala Gribojedova 2b. **Stadtplan** 2 E5. 315 1636.
> *Nevski prospekt, Gostinyj Dvor.*
> Mai–Sep: Di–Do 10–23 Uhr;
> Okt–Apr: Di–Do 11–19 Uhr.

Die Erlöserkirche, auch bekannt als Auferstehungskirche Unseres Erlösers, entstand an der Stelle, an der Zar Alexander II. am 13. März 1881 ermordet wurde *(siehe S.26)*. 1883 schrieb sein Nachfolger, Alexander III., einen Wettbewerb für eine Gedenkstätte aus. Gewinner waren Alfred Parland und Ignati Malyšev, deren Modell im neo-altrussischen Stil der Zar favorisierte. Der Grundstein wurde im Oktober 1883 gelegt, der Bau dauerte ein Vierteljahrhundert. Der Gesamteindruck der Kirche wird beherrscht von der Farbenpracht, die das Nebeneinander von Materialien erzeugt. Über 20 Gesteinsarten, darunter Jaspis, Rhodonit, Porphyr und Marmor, sind in den Mosaiken der Ikonostase, Ikonentafeln und Fußböden verarbeitet. Die Kirche wurde nach umfassender Restauration 1998 wiedereröffnet.

Mosaiktympanon
Mosaiktafeln mit Szenen aus dem Neuen Testament wurden nach Zeichnungen von Künstlern wie Viktor Vasnecov und Michail Nesterov erstellt.

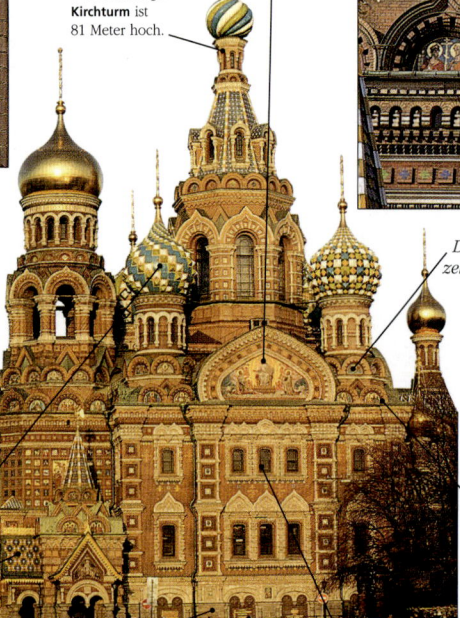

Der zeltförmige Kirchturm ist 81 Meter hoch.

Mosaikwappen
Die 144 Mosaikwappen auf dem Glockenturm repräsentieren die Regionen, Städte und Provinzen des Russischen Reiches. Sie sollen den Kummer widerspiegeln, den die Ermordung Alexanders im Volk auslöste.

Details
Die vielfältigen Einzelheiten der im neo-altrussischen Stil gestalteten Kirche bilden einen auffallenden Kontrast zu den klassizistischen und barocken Gebäuden, die im Stadtzentrum vorherrschen.

Emailleschmuck ziert die 1000 Quadratmeter Oberfläche der fünf Kuppeln.

Glasierte Keramikkacheln beleben die Fassade.

Mosaikporträts
von Heiligen sind in den Reihen von *Kokošniki*-Giebeln untergebracht. Fast 7000 Quadratmeter Mosaikfläche schmücken das extravagante Äußere der Kirche.

Auf 20 dunkelroten Tafeln
aus norwegischem Granit werden mit eingravierten goldenen Buchstaben die wichtigsten Ereignisse aus Alexanders II. Regierungszeit (1855–81) erzählt. Dazu gehören auch die Aufhebung der Leibeigenschaft 1861 und die Eroberung Zentralasiens (1860–81).

Fensterrahmen
Die Fenster werden von behauenen Säulen aus prunkvollem estnischem Marmor eingerahmt. Die Verkleidung besteht aus Doppel- und Dreifach-kokošniki (gestufte dekorative Bogen).

GOSTINYJ DVOR 101

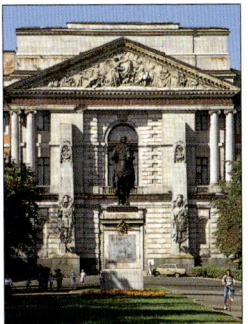

Südfassade des Michajlovski-Schlosses mit der Statue Peters des Großen

Michajlovski-Schloss ❷
Михайловский замок
Michajlovski zamok

Sadovaja ulica 2. **Stadtplan** 2 F5. 570 5112. 46, K-46, K-76, K-212. Mi–So 10–18 Uhr, Mo 10–17 Uhr. tel. Voranmeldung.

Das rote Backsteingebäude, das zwischen Mojka und Fontanka liegt, wurde nach Entwürfen der Baumeister Vasili Bašenov und Vincenzo Brenna von 1779 bis 1801 für Zar Paul I. errichtet. Der Zar fürchtete nichts so sehr wie ein Attentat, deshalb ließ er um sein neues Domizil Gräben und Zugbrücken sowie einen unterirdischen Gang zu den Kasernen auf dem Marsfeld *(siehe S. 94)* bauen. Doch alle Vorsicht war vergeblich – nach nur 40 Tagen im neuen Zuhause wurde er als Opfer eines militärischen Komplotts ermordet *(siehe S. 22)*.

1823 zog die Militäringenieursschule in das Schloss ein, weshalb es heute auch Ingenieursschloss heißt. Der bekannteste Absolvent dieser Schule war Dostojevski *(siehe S. 123)*. Heute ist in dem Komplex eine Abteilung des Russischen Museums untergebracht, die wechselnden Ausstellungen Platz bietet.

Durch die Ausstellung gelangt man zur Kirche des Erzengels Michael, die ein typisches Beispiel für Brennas klassizistischen Stil darstellt.

Vor dem Schloss steht eine Bronzestatue von Peter dem Großen auf dem Rücken eines Pferdes. Die Figur wurde von Bartolomeo Rastrelli entworfen und 1747 gegossen.

Russisches Museum ❸

Siehe S. 104–107.

Platz der Künste ❹
Площадь Искусств
Ploščad Iskusstv

Stadtplan 6 F1. Nevski prospekt, Gostinyj Dvor.

Einige führende kulturelle Einrichtungen der Stadt liegen an diesem imposanten klassizistischen Platz – daher der Name. Anfang des 19. Jahrhunderts schuf Carlo Rossi ihn als Ergänzung zum Michajlov-Palast (heute Russisches Museum), der auf seiner Nordseite steht.

Dem Platz gegenüber befindet sich der Große Saal der St. Petersburger Philharmonie, auch als Šostakovič-Saal bekannt *(siehe S. 43)*. Seit den 1920er Jahren ist er der Sitz der Philharmonischen Gesellschaft *(siehe S. 202)*. Nach dem Bau durch Paul Jacot 1834–39 diente die Philharmonie als Club für Adlige, in dem Konzerte aufgeführt wurden. Dazu gehörten die Uraufführung von Beethovens *Missa Solemnis* (1824) und Čajkovskis *(siehe S. 44)* 6. Sinfonie (1893).

Auf der Westseite des Platzes steht das Michajlovski-Theater für Oper und Ballett *(siehe S. 202)*, das Mitte des 19. Jahrhunderts von Albert Kavos restauriert wurde. Auf dem Platz thront eine Statue von Alexandr Puškin *(siehe S. 44)*. Sie ist das Werk des führenden Nachkriegsbildhauers Michail Anikušin.

Restaurant im Jugendstil, Grandhotel Europa *(siehe S. 188)*

Grandhotel Europa ❺
Гранд Отель Европа
Grand Otel Evropa

Michajlovskaja ulica 1/7. **Stadtplan** 6 F1. 329 6000. Nevski prospekt, Gostinyj Dvor. Siehe **Übernachten** S. 175.

Das prunkvolle Grandhotel Europa, eines der berühmtesten Hotels Russlands, wurde von Ludwig Fontana entworfen. Das 1873–75 gebaute Haus wird vor allem durch die vom Jugendstil-Architekten Fjodor Lidval durchgeführten Änderungen geprägt. Vor der Revolution trafen sich Mitglieder des diplomatischen Korps und der Geheimpolizei im Hotelrestaurant. Seit gut 20 Jahren ist das Hotelcafé ein beliebter Intellektuellen- und Künstlertreff.

Puškin-Denkmal vor dem Russischen Museum, Platz der Künste

Stadtplan *siehe Seiten 230–245* Die Erlöserkirche *(siehe S. 100)* erinnert an das alte Russland ▷

Russisches Museum ❸

Русский Музей
Russki Musej

Das Museum im Michajlov-Palast, eine der großartigsten klassizistischen Schöpfungen von Carlo Rossi, wurde 1819–25 für den Großfürsten Michail Pavlovič erbaut. Mit der Eröffnung als öffentliches Museum im Jahr 1898 verwirklichte Nikolaus II. die Pläne seines Vaters Alexanders III. Heute besitzt das Haus eine der weltweit größten Sammlungen russischer Kunst.

Der Benua-Flügel (Hauptarchitekt war Leonti Benua) wurde 1914–19 angebaut.

Treppen zum Erdgeschoss

★ **Prinzessin Olga Konstantinovna Orlova** *(1911)*
Valentin Serov gilt als bester Porträtmaler Russlands an der Schwelle zum 20. Jahrhundert.

Eingang

Wechselausstellungen mit Kunst des 20. Jahrhunderts sind häufig.

Das Mahl im Kloster
Perovs Gemälde (1865–76) zeigt durch das Nebeneinander von Arm und Reich, Gut und Böse, falscher Pietät und wahrem Glauben die Scheinheiligkeit der Geistlichkeit.

Treppe zum ersten Stock des Benua-Flügels

Nicht versäumen

- ★ *Der letzte Tag von Pompeji* (Brjullov)
- ★ *Die Wolgatreidler* (Repin)
- ★ *Prinzessin Olga Konstantinovna Orlova* (Serov)

Kurzführer

Der Haupteingang führt zum Kartenverkauf im Untergeschoss. Die Ausstellung beginnt im ersten Stock, ist in durchnummerierten Räumen chronologisch geordnet, geht im Erdgeschoss des Hauptgebäudes und des Rossi-Flügels weiter und endet im ersten Stock des Benua-Flügels. Regelmäßiger Ausstellungswechsel.

Folklorespielzeug
Dieses Tonspielzeug von Dykomovo (um 1935) ist Teil einer bunten Sammlung von Lackschachteln, Keramiken und Textilien.

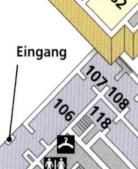

RUSSISCHES MUSEUM

★ Der letzte Tag von Pompeji
Karl Brjullovs Bild (1833) bringt die ästhetischen Prinzipien der Akademie der Künste seiner Zeit zum Ausdruck. Das Gemälde trug ihm den Grand Prix des Pariser Salons ein.

INFOBOX

Inszenernaja ulica 4. **Stadtplan** 6 F1. 595 4248. M Nevski prospekt, Gostinyj Dvor. 3, 7, 22, 24, 27, K-212, K-289. 1, 5, 7, 10, 11, 22. Mo 10–17 Uhr, Mi–So 10–18 Uhr (Kartenverkauf bis 1 Std. vor Schließung). tel. erfragen. in Englisch (Tel. 314 3448). in Deutsch. www.rusmuseum.ru

Treppe zum Erdgeschoss

★ Die Wolgatreidler
Ilja Repin war der bekannteste Vertreter der »Wanderer«, die sich dem Sozrealismus und russischen Themen verschrieben hatten. Seine kraftvolle Anklage (1870–73) verleiht den unterdrückten Menschen eine düstere Würde.

Im Weißen Saal sind Originalmöbel im Empirestil von Carlo Rossi zu sehen.

Rossi-Flügel

Beginn des Ausstellungsrundgangs

Eingänge zum Kartenverkauf im Untergeschoss

Phryne bei den Poseidonfeiern in den Eleusinischen Gefilden *(1889)*
Henryk Siemiradzkis Gemälde sind Musterbeispiele des späten Klassizismus. Bekannt wurde er mit seinen Darstellungen des Lebens in der Antike.

LEGENDE

- Altrussische Kunst
- 18. Jahrhundert
- Frühes 19. Jahrhundert
- Spätes 19. Jahrhundert
- Spätes 19. bis frühes 20. Jh.
- 20. Jahrhundert
- Plastik des 18.–20. Jahrhunderts
- Volkskunst
- Wechselausstellungen
- Keine Ausstellungsfläche

Der Portikus mit acht korinthischen Säulen ist das Prunkstück der Fassade von Rossi. Dahinter liegt ein Fries antiker Figuren, von Rossi entworfen und von Demut-Malinovski ausgeführt.

Treppe zum ersten Stock

Der Haupteingang führt durch eine kleine Tür zum Untergeschoss, in dem sich Kasse, Garderobe, Toiletten und ein Café befinden.

Stadtplan siehe Seiten 230–245

Russisches Museum: Sammlungen

Das Museum verfügte ursprünglich nur über offiziell genehmigte Werke der Akademie der Künste *(siehe S. 63)*. Als es nach der Revolution verstaatlicht wurde, kamen Sammlungen aus Palästen, Kirchen und Privatbesitz hinzu. In den 1930er Jahren war der Sozrealismus Staatskunst – Werke der Avantgarde wurden aus den Ausstellungsräumen entfernt, tauchten aber im Zuge der Perestroika in den 1980er Jahren wieder auf.

Bildnis von E. J. Nelidova **(1773) von Dmitri Levitski**

Der Engel mit dem Goldhaar, Ikone aus dem 12. Jahrhundert

ALTRUSSISCHE KUNST

Die Museumssammlung beginnt mit Ikonen vom 12. bis zum 17. Jahrhundert. Russische Ikonen wurzeln in der orthodoxen Tradition. Sie wirken daher für gewöhnlich düster, ohne ein Zeichen von Bewegung und mit einer unnahbaren, mystischen Darstellung der Heiligen. Bestes Beispiel hierfür ist eine der ersten Ikonen, *Der Engel mit dem Goldhaar*, bei der die großen, ausdrucksvollen Augen und die feinen Gesichtszüge des Erzengels Gabriel eine himmlische Anmut vermitteln.

Die Novgoroder Schule *(siehe S. 165)* förderte einen kühneren, farbigeren und weniger statischen Stil. Vielen gilt bis heute die poetisch ausdrucksvolle und technisch verfeinerte Arbeit von Andrej Rubljov (ca. 1360–1430) als Höhepunkt russischer Ikonenmalerei.

1700–1860

Die ersten weltlichen Porträts (die auf der Statik der Ikonen aufbauen) erschienen in der zweiten Hälfte des 17. Jahrhunderts. Unter Peter dem Großen, der junge Künstler zum Studium ins Ausland schickte, löste sich die russische Malerei von ihren byzantinischen Wurzeln. Richtige Entfaltung erfuhr die weltliche Kunst erst durch die Gründung der Akademie der Künste im Jahr 1757 *(siehe S. 63)*. Hier nahm die Hinwendung zu antiken und mythologischen Sujets ihren Anfang.

Europäischer Einfluss prägte die Arbeit der ersten wichtigen Porträtmaler, Ivan Nikitin (1688–1741) und Andrej Matvejev (1701–1739). Unter Dmitri Levitski (1735–1822), zu dessen besten Werken eine Porträtreihe von adligen Mädchen des Smolnyj-Instituts zählt, reifte die Porträtkunst.

Die russische Landschaftsmalerei erhielt vielfältige Anregungen von der Romantik und von Künstlern, die im Ausland arbeiteten, wie Silvestr Ščedrin (1791–1830) und Fjodor Matvejev (1758–1826).

Ivan Aivasovskis (1817–1900) riesige Seebilder vermitteln mit ihrer Größe und Stimmung etwas sehr RussischMelancholisches. Die Romantik beeinflusste auch Historienmaler wie Karl Brjullov (1799–1852), deutlich zu sehen etwa in seinem Werk *Der letzte Tag von Pompeji*.

Unter Führung von Ivan Kramskoj (1837–1887) rebellierte 1863 eine Gruppe von Studenten gegen die Akademie der Künste. Sieben Jahre später gründeten sie die Gemeinschaft der Wanderaussteller, sie wurden auch als »Wanderer« *(peredvižniky)* bekannt. Ihren Forderungen nach sollte die Malerei größere soziale Relevanz erhalten und russische Themen behandeln.

Der vielseitigste Künstler unter ihnen war Illja Repin *(siehe S. 42)*, dessen Gemälde *Die Wolgatreidler* sowohl die Zwangsarbeit anprangert als

Ritter am Scheideweg **(1882) von Viktor Vasnecov**

Der sechsflügelige Seraph (1904) von Michail Vrubel

auch eine romantische Sicht russischer Menschen vermittelt. *Das Mahl im Kloster* von Vasili Perov (1833–1882) ist dagegen eine satirische Attacke gegen soziale Ungerechtigkeit und kirchliche Heuchelei.

Die russische Geschichte diente Malern wie Nikolaj Ge (1831–1894) und Vasili Surikov (1848–1916) als Inspiration für das nationalistische Element in ihren Bildern. Dabei verliehen sie ihren Figuren eine neue psychologische Schärfe. So zeigte Ge Zar Peter den Großen bei einem Gespräch mit seinem Sohn, der ihm offensichtlich nur ungern Auskunft gibt.

Die Renaissance des Slawischen hauchte auch der Landschaftsmalerei neues Leben ein. Man konzentrierte sich auf die Schönheit der Landschaft. Darin war Isaak Levitan (1860–1900) ein Meister: Sein *Goldener Herbst. Vorstadt* von 1889 scheint im impressionistischen Stil gemalt zu sein.

Viktor Vasnecov (1848–1926) wandte sich der legendären Vergangenheit Russlands zu, wie in seinem Bild *Ritter am Scheideweg*, einer Metapher für die ungewisse Zukunft des Landes. Das Bild zeigt, dass Vasnecov sich schwerlich der Melancholie des Fin de Siècle und dem Mystizismus entziehen konnte, Strömungen, die vor allem die Symbolisten aufgegriffen haben.

KUNST DES 20. JAHRHUNDERTS

Die dunklen, grüblerischen Bilder des Symbolisten Michail Vrubel (1856–1910) verbinden russische und religiöse Themen mit einer internationaleren Art der Darstellung. Vrubel stellte sowohl mit Farbe als auch mit Form Emotionen dar. Sein *Sechsflügeliger Seraph* verdankt die Spannung einer gebrochenen, dynamischen Oberfläche.

Einen weiteren wichtigen Beitrag zur Kunst des 20. Jahrhunderts verdanken wir der von Alexandr Benua und Sergej Djagilev gegen Ende des 19. Jahrhunderts gegründeten Bewegung »Die Welt der Kunst« *(siehe S. 26)*. Sie lehnte »sozial nützliche Kunst« zu-

Bildnis des Direktors Vsevolod Meyerhold (1916), Boris Grigorjev

gunsten einer »reinen und freien Kunst« ab. Damit öffnete sich russische Malerei dem Einfluss Westeuropas. Viele Anhänger der Bewegung, z. B. Benua und Lev Bakst, entwarfen Bühnenbilder und Kostüme für Djagilevs Ballets Russes *(siehe S. 119)*.

Die russische Avantgarde wurde auch von Cézanne, Picasso und Matisse beeinflusst. Michail Larionov (1881–1964) und Natalija Gončarova (1881–1962) nutzten russische Volkskunst für ihre Arbeiten wie *Waschen von Leinwand* (Gončarova, 1908). Später wandten sie sich dem Futurismus zu, so im *Fahrradfahrer* (1913; siehe S. 40). Eine Verbindung zwischen innovativer Malerei und Kunst im Allgemeinen zeigt sich in dem Meyerhold-Porträt von Boris Grigorjev.

Kasimir Malevič (1878–1935) war fasziniert von einfachen geometrischen Formen, daraus entstand der Suprematismus. Vasili Kandinski (1866–1944), Mitglied der Münchner Gruppe »Der Blaue Reiter«, war ein herausragender Vertreter der russischen abstrakten Kunst. Marc Chagall (1887–1985), El Lisicki (1890–1941) und Alexandr Rodčenko (1891–1956) sind ebenfalls vertreten.

Wegen der großen Nachfrage im Ausland nach Leihgaben wechseln die gezeigten Exponate häufig.

VOLKSKUNST

Als der Industrielle und Kunstförderer Savva Mamontov in den 1860er Jahren bei Moskau eine Künstlerkolonie gründete, gewann die Volkskunst immer mehr Einfluss auf die moderne russische Kunst. Vasili Polenov (1844–1927), Illja Repin und Viktor Vasnecov zählten zu den Malern, die mit den Leibeigenen dieses Landguts arbeiteten und von ihnen lernten. Zu der abwechslungsreichen Museumssammlung folkloristischer Kunst zählen feinste gestickte Gobelins, traditionelle Kopfbedeckungen, Fliesen, Porzellanspielzeug, Lacklöffel und Lackgeschirr.

Nevski prospekt ❻
Невский проспект
Nevski prospekt

Stadtplan 6 D1–8 D3. Ⓜ *Nevski prospekt, Gostinyj Dvor. Siehe auch S. 46–49.*

Russlands berühmteste Straße, der Nevski prospekt, ist zugleich St. Petersburgs Hauptdurchgangsstraße. In den 1830er Jahren erklärte der Romancier Nikolaj Gogol *(siehe S. 42)* stolz: »Es gibt nichts Schöneres als den Nevski prospekt ... Für St. Petersburg ist er alles ... Gibt es etwas Lebhafteres, Brillanteres, Glänzenderes als diese schöne Straße unserer Hauptstadt?« Bis heute hat dieser Boulevard seine Ausstrahlung erhalten.

Der Nevski prospekt wurde in der Gründungszeit der Stadt angelegt, hieß zunächst »Große Perspektive« und führte über 4,5 Kilometer von der Admiralität *(siehe S. 78)* bis zum Alexandr-Nevski-Kloster *(siehe S. 130f)*. Die hier lebenden Wölfe wurden vertrieben, der Überschwemmungen *(siehe S. 37)*, die dafür sorgten, dass man 1721 auf dem Boulevard Boot fahren konnte, wurde man Herr. Bald entstand der Stroganov-Palast *(siehe S. 112)*. Geschäfte und Basare für den Adel sowie Gasthäuser folgten. Mitte des 18. Jahrhunderts war der Boulevard zu einem Ort des Sehens und Gesehenwerdens geworden, ein beliebter Treffpunkt für Geschäft und Vergnügen.

Auch heute wimmelt es bis tief in die Nacht von Menschen. Zwischen Admiralität und Aničkov-Brücke *(siehe S. 48f)* liegen viele Sehenswürdigkeiten. Gute Läden *(siehe S. 194f)* findet man zwischen Fontanka und Ulica Vosstanija. Der Nevski prospekt hat auch kulturell sehr Interessantes zu bieten: den Kleinen Saal der Philharmonie *(siehe S. 202)*, den Beloselski-Belozerski-Palast *(siehe S. 49)*, die Russische Nationalbibliothek sowie eine ganze Reihe von Museen, Kirchen (etwa die Katharinenkirche, *siehe S. 48*), Läden, Kinos und Restaurants.

Armenische Kirche (1771–79)

Armenische Kirche ❼
Армянская церковь
Armjanskaja cerkov

Nevski prospekt 40–42. **Stadtplan** 6 F1. ☎ 710 5061. Ⓜ *Gostinyj Dvor.* ⏰ 9–21 Uhr.

Der Architekt Juri Felten entwarf die schöne blauweiße Armenische Kirche St. Katharina mit einem klassizistischen Portikus und einer einzelnen Kuppel. Die 1780 fertiggestellte Kirche wurde von dem armenischen Geschäftsmann Ioakim Lasarev aus dem Erlös eines persischen Diamanten finanziert, den einst Grigori Orlov für Katharina die Große *(siehe S. 22)* erworben hatte. Nach 1930 war die Kirche geschlossen, doch heute heißt die armenische Gemeinde interessierte Besucher willkommen.

Gostinyj Dvor ❽
Гостиный двор
Gostinyj Dvor

Nevski prospekt 35. **Stadtplan** 6 F2. ☎ 710 5408. Ⓜ *Gostinyj dvor.* ⏰ tägl. 10–22 Uhr (Mi, Do bis 22.30 Uhr). www.bgd.ru

Die Bezeichnung *gostinyj dvor* bedeutete ursprünglich »Gästehof«, doch als mit zunehmendem Handel die Kaufleute ihre Läden um die Gasthäuser errichteten, erhielt es die Bedeutung »Geschäftszeile«. Die ursprüngliche Holzstruktur dieses *gostinyj dvor* wurde 1736 durch ein Feuer

Der Nevski prospekt, Prachtstraße von St. Petersburg

Hotels und Restaurants in Gostinyj Dvor *siehe Seiten 175 und 187f*

zerstört. Der neue Entwurf von Bartolomeo Rastrelli – 20 Jahre später – erwies sich als zu teuer. 1761 begann der Wiederaufbau, 1785 war er abgeschlossen. Vallin de la Mothe schuf die Säulenarkaden und Portiken. Das gelbe Gebäude, ein unregelmäßiges Viereck, ist an einer Seite mit dem Nevski prospekt verbunden. Seine Fassaden sind fast einen Kilometer lang.

Im 19. Jahrhundert wurde die Galerie eine Wandelhalle mit mehr als 5000 Angestellten. Während der Belagerung im Zweiten Weltkrieg *(siehe S. 27)* erlitt sie schwere Schaden. Ausbesserungen führten dazu, dass sie nun eher einem Wohnblock ähnelt. Doch noch immer hat sich die Galerie ihre »Ställe« mit einzelnen Geschäftszweigen bewahrt, zu denen heute auch Niederlassungen ausländischer Firmen zählen. Gostinyj Dvor ist das wichtigste Kaufhaus der Stadt *(siehe S. 195)*.

Buntglasfenster des Jugendstil-Gebäudes Jelisejev

Arkaden im Gostinyj Dvor

Jelisejev ❾
Елисеевский гастроном
Jelisejevski gastronom

Nevski prospekt 56. **Stadtplan** 6 F1. Ⓜ *Gostinyj Dvor.*

Vater der erfolgreichen Jelisejev-Dynastie war Pjotr Jelisejev, ein zielstrebiger Bauer, der 1813 einen Weinladen am Nevski prospekt eröffnete. Um 1900 erbten seine Enkel eine Schokoladenfabrik, zahlreiche Häuser, Gaststätten und sein berühmtes Geschäft, das es mittlerweile nicht mehr gibt. Es war in dem prunkvollsten Jugendstil-Gebäude von St. Petersburg untergebracht, das 1901–03 von Gavriil Baranovski entworfen und u. a. mit Bronzen, Heldenfiguren und riesigen Fenstern verziert wurde. Eine Gedenktafel am Haupteingang ehrt die Enkel. Im ersten Stock des Hauses befindet sich nun ein Kleinkunsttheater, im Erdgeschoss ein kleiner Delikatessenladen.

Aničkov-Palast ❿
Аничков дворец
Aničkov dvorec

Nevski prospekt 39. **Stadtplan** 7 A2. Ⓜ *Gostinyj Dvor.* 🚌 3, 7, 22, 24, 27, 191. 🚊 1, 5, 7, 10, 11, 22. ⬤ *für die Öffentlichkeit, außer bei Veranstaltungen.*

In früherer Zeit war die Fontanka gesäumt von Palästen, die man vor allem per Boot erreichte. Zu ihnen gehörte der Aničkov-Palast (1741–50), der 1754 im Barockstil umgestaltet wurde. Er war ein Geschenk der Zarin Elisabeth für ihren Liebhaber Rasumovski und wurde nach Oberstleutnant Michail Aničkov benannt, der in der Gründungszeit der Stadt hier sein Lager aufschlug. Als Rasumovski starb, schenkte es Katharina die Große ihrem Liebhaber, Fürst Potjomkin *(siehe S. 25)*. Im Lauf der Zeit wurde der Palast oft umgebaut und verändert. Anfang des 19. Jahrhunderts fügte Carlo Rossi dem Gebäude klassizistische Details hinzu.

Der Palast wurde die traditionelle Winterresidenz der Thronerben. Doch als 1881 Alexander III. Zar wurde, beschloss er, das ganze Jahr über hier zu leben. Nach seinem Tod behielt auch Witwe Marija Fjodorovna diese Wohnung – bis zur Revolution.

Der Palast hatte einst einen großen Garten, der zum Westen hin lag, doch er wurde 1816 verkleinert, als man den Ostrovskiplatz *(siehe S. 110)* anlegte und zwei klassizistische Pavillons hinzufügte. Das östlich liegende säulengeschmückte Gebäude an der Fontanka wurde von Giacomo Quarenghi 1803–1805 angebaut. Eigentlich sollte es eine Arkade für die Lagerung der Fabrikwaren sein, bevor sie den Palästen zugeteilt wurden. Später wurden Regierungsbüros in den Räumen untergebracht, mittlerweile auch ein Kulturzentrum für die Arbeit mit Kindern.

Quarenghis Anbau an den Aničkov-Palast vom Nevski prospekt

Fassade des Alexandrinski-Theaters (1828–32) am Ostrovskiplatz

Ostrovskiplatz ⓫
Площадь Островского
Ploščad Ostrovskogo

Stadtplan 6 F2. **M** *Gostinyj Dvor.*
🚌 3, 7, 22, 24, 27. 🚋 1, 5, 7, 10, 11, 22. **Russische Nationalbibliothek** ☎ 310 7137. 🕐 tägl. 9–21 Uhr. **Theatermuseum** 🕐 Do–Mo 11–18 Uhr, Mi 13–18 Uhr. letzter Fr im Monat; Feiertage.
www.theatremuseum.ru

Einer der ersten großen Architekten Russlands, Carlo Rossi, schuf diesen Platz, der heute nach dem Dramatiker Alexandr Ostrovski (1823–1886) benannt ist. Wahrzeichen des Platzes ist das Alexandrinski-Theater *(siehe S. 202f)*, im Lieblingsstil Rossis gehalten, dem Klassizismus. Der Portikus mit sechs korinthischen Säulen wird von Apollo mit seinem Streitwagen gekrönt, eine Arbeit von Stepan Pimenov.

In das Gebäude zog das älteste Theater Russlands, das 1756 gegründet wurde. Stücke wie *Der Revisor* (1836) von Nikolaj Gogol und *Die Möwe* (1901) von Anton Čechov erlebten hier ihre Uraufführung. In der Sowjetzeit hieß das Theater Puškin-Theater.

Im Garten vor dem Theater steht ein Denkmal Katharinas der Großen (1873) – das einzige in St. Petersburg. Es wurde von Michail Mikešin gestaltet. Die Statue zeigt Katharina, umringt von berühmten Zeitgenossen, darunter auch die Präsidentin (1783–96) der Akademie der Künste, Fürstin Jekaterina Daškova. Die Bänke hinter dem Denkmal sind im Sommer von Schachspielern und Zuschauern besetzt.

Der elegante Säulengang auf der Westseite des Platzes gegenüber dem Aničkov-Palast *(siehe S. 109)* ist mit klassizistischen Skulpturen verziert. Er gehört zur Russischen Nationalbibliothek und wurde 1828–34 von Rossi errichtet. Die Bibliothek, 1795 gegründet, umfasst mehr als 28 Millionen Bände. Wertvollster Besitz ist die Bibliothek des französischen Philosophen Voltaire, die Katharina die Große erwarb, um damit ihre Wertschätzung gegenüber ihrem Mentor zu zeigen.

Das Theatermuseum im Haus Nr. 6 am südöstlichen Ende des Platzes dokumentiert die russische Theatergeschichte, die ihren Anfang in zaristischen und Leibeigenentheatern des 18. Jahrhunderts nahm. Neben Theaterplakaten, Fotos und Kostümen sind auch Bühnenbilder des großen Erneuerers des modernen russischen Theaters, Vsevolod Meyerhold (1874–1940), ausgestellt.

Ulica Zodčego Rossi ⓬
Улица Зодчего Росси
Ulica Zodčego Rossi

Stadtplan 6 F2. **M** *Gostinyj Dvor.*

Könnte es eine bessere Gedenkstätte für Carlo Rossi geben als das beinahe perfekte architektonische Ensemble identischer Arkaden und Kolonnaden in der »Architekt-Rossi-Straße«? Die 22 Meter hohen Gebäude stehen exakt 22 Meter voneinander entfernt und erstrecken sich über eine Länge von 220 Metern. Von der Ploščad Lomonosova aus wird das Auge geradezu hypnotisch auf das Alexandrinski-Theater gelenkt.

Im Haus Nr. 2 war die frühere zaristische Ballettschule untergebracht, die nach ihrer Lehrerin Agrippina Vaganova (1879–1951) benannt ist. Die Schule entstand, als 1738 Jean-Baptiste Landé Waisen und Kinder von Hofdienern für Vorstellungen am Hof trainierte. 1836 zog sie in ihr heutiges Quartier und hat seither viele berühmte Tänzer hervorgebracht *(siehe S.118)*, unter anderem Anna Pavlova und Rudolf Nurijev.

Foto aus dem 19. Jahrhundert: Ulica Zodčego Rossi (1828–34)

DER ARCHITEKT CARLO ROSSI

Carlo Rossi (1775–1849) war einer der letzten großen Architekten des Klassizismus in St. Petersburg. Sein idealer Auftraggeber war Alexander I., der mit ihm die Ansicht teilte, dass Architektur die Macht der Regierenden ausdrücken solle. Als er starb, hatte Rossi nicht weniger als zwölf der beeindruckenden Straßen der Stadt und 13 ihrer Plätze gestaltet, darunter den Schlossplatz *(siehe S. 83)*. Es ging das Gerücht um, dass er der Spross einer Affäre zwischen dem Zaren Paul I. und einer italienischen Ballerina sei.

Hotels und Restaurants in Gostinyj Dvor *siehe Seiten 175 und 187f*

Ansicht des Voroncov-Palasts

Voroncov-Palast ⓭
Воронцовский дворец
Voroncovski dvorec

Sadovaja ulica 26. **Stadtplan** 6 F2. ● für die Öffentlichkeit. Ⓜ *Gostinyj Dvor, Sennaja ploščad.*

Die exklusivste Militärschule des Russischen Reiches, das Corps des Pages, hatte 1810–1918 ihren Sitz im Voroncov-Palast. Zu den Privilegierten, die hier studieren durften, gehörten einige Dekabristen *(siehe S. 23)* und Fürst Felix Jusupov *(siehe S. 121)*. Heute ist in den Räumen die Suvorov-Militärakademie untergebracht.

Der Palast wurde von Bartolomeo Rastrelli *(siehe S. 93)* entworfen und für Fürst Michail Voroncov, der ein wichtiger Minister unter Zarin Elisabeth war, gebaut. Rastrellis anmutige Geländer zählen zu den frühesten ihrer Art in Russland.

Apraxin-Markt ⓮
Апраксин двор
Apraksin dvor

Sadovaja ulica. **Stadtplan** 6 E2. Ⓜ *Gostinyj Dvor, Sennaja ploščad, Sadovaja, Spasskaja.*

Der Ende des 18. Jahrhunderts gegründete Markt trägt den Namen der Familie Apraxin, der das Baugrundstück gehörte. 1862 zerstörte ein Feuer die ursprünglichen Holzstände. Nach dem Neuaufbau gab es im Jahr 1900 mehr als 600 Verkaufsstände, die Lebensmittel, Wein, Gewürze, Pelze, Möbel, Kurzwaren und vieles mehr anboten. 2009 wurde dieser Markt in die Rustaveli ulica außerhalb vom Zentrum verlegt. Der ursprüngliche Apraxin-Markt soll allerdings wiedererrichtet werden.

Kathedrale Unserer Lieben Frau von Kazan ⓯
Собор Казанской Богоматери
Sobor Kazanskoj Bogomateri

Kazanskaja ploščad 2. **Stadtplan** 6 E1. 314 4663. Ⓜ *Nevski prospekt.* 3, 7, 22, 24, 27, 191. 1, 5, 7, 10, 11, 22. ● tägl. 9–19.30 Uhr.

Eine der erhabensten Kirchen St. Petersburgs ist die von Paul I. in Auftrag gegebene Kazaner Kathedrale (1801–11). Architekt Andrej Voronichin ließ sich dafür von der Peterskirche in Rom inspirieren. Eine 111 Meter lange, gekrümmte Kolonnade verschleiert die Ausrichtung der Kirche, die parallel zum Nevski prospekt verläuft, wobei der Hauptaltar nach Osten gerichtet ist. Ursprünglich sollte auf der Südseite eine zweite Kolonnade entstehen.

Die Kathedrale wurde nach der Ikone der Gottesmutter von Kazan benannt. Das Bild soll die Rettung Moskaus vor den Polen im Jahr 1612 bewirkt haben und befindet sich heute in der Fürst-Vladimir-Kathedrale in Petrogradskaja.

Das Innere der Kirche wirkt recht gedämpft. Am beeindruckendsten sind die 80 Meter hohe Kuppel und die rosafarbenen Granitsäulen mit Bronzekapitellen und -füßen. Das in der kommunistischen Ära als Atheismus-Museum verwendete Gebäude dient seit 1999 wieder ausschließlich religiösen Zwecken.

Das Bauende der Kathedrale fiel mit dem Krieg gegen Napoléon *(siehe S. 22)* zusammen. 1813 wurde Marschall Michail Kutusov (1745–1813), der den Rückzug von Moskau gemeistert hatte, mit allen militärischen Ehren in der Nordkapelle beigesetzt, doch erst durch Tolstojs großen Roman *Krieg und Frieden* (1863–69) wurde er unsterblich.

Die Denkmäler für ihn und Michail Barclay de Tolly (1761–1818), Werke von Boris Orlovski, stehen seit 1837 vor der Kathedrale auf der Kazanskaja ploščad.

Granitsäulen und Mosaikboden im Hauptschiff der Kazaner Kathedrale

Stroganov-Palast ⓰
Строгановский дворец
Stroganovski dvorec

Nevski prospekt 17. **Stadtplan** 6 E1.
Ⓜ *Nevski prospekt.* 571 8238.
3, 7, 22, 24, 27, 191. 1, 5, 7, 10, 11, 17. Mi–So 10–18 Uhr, Mo 10–17 Uhr.

Dieses barocke Meisterwerk (1752–54) von Bartolomeo Rastrelli *(siehe S. 93)* wurde im Auftrag des reichen Grafen Sergej Stroganov gebaut, dessen Nachkommen den Palast bis zur Revolution bewohnten. Ihren Wohlstand verdankte die Familie dem Salzmonopol aus den Minen ihrer Ländereien im Norden.

Der rosafarben-weiße Palast, der sowohl auf den Nevski prospekt als auch auf die Mojka blickt, war eine der beeindruckendsten Privatresidenzen der Stadt. Die herrliche flusswärts gerichtete Fassade ist mit dorischen Säulen, Simsen, Giebeldreiecken und Fensterornamenten verziert.

Die Stroganovs waren berühmt für ihre Sammlungen von ägyptischen Antiquitäten und römischen Münzen bis hin zu Ikonen und Alten Meistern. Nach der Revolution wurde der Palast verstaatlicht und diente zehn Jahre als Museum des Lebens der dekadenten Aristokratie. Bei seiner Schließung wurden einige Objekte in den Westen versteigert, den Rest verlegte man in die Eremitage *(siehe S. 84–93)*. Das Gebäude wird jetzt vom Russischen Museum *(siehe S. 104–107)* für Wechselausstellungen genutzt. Zu den ständig gezeigten Exponaten gehören Wachsfiguren.

Neoromanisches Portal der Evangelischen Kirche (1832–38)

Evangelische Kirche ⓱
Лютеранская церковь
Ljuteranskaja cerkov

Nevski prospekt 22–24. **Stadtplan** 6 E1. Ⓜ *Nevski prospekt.*

Die evangelische Kirche, die dem heiligen Petrus geweiht ist, liegt ein wenig zurückgesetzt vom Nevski prospekt. Sie wurde in den 1830er Jahren im ungewöhnlichen neuromanischen Stil von Alexandr Brjullov für die deutsche Gemeinde *(siehe S. 57)* gebaut.

1936 wurde die Kirche zu einem Gemüseladen, Ende der 1950er Jahre wurde daraus ein Schwimmbad gemacht. Das Bassin wurde in den Boden des Kirchenschiffs gehauen und unter der Apsis ein Brett zum Turmspringen errichtet. Inzwischen wurde das Gotteshaus der evangelischen Kirche Russlands zurückgegeben und vollständig restauriert, Gottesdienste werden regelmäßig gehalten.

Konzertsaal, Akademische Kapelle

Akademische Kapelle ⓲
Академическая капелла
Akademičeskaja kapella

Naberežnaja Reki Mojki 20. **Stadtplan** 2 E5. 314 1058. 12, 53. nur für Konzerte. Siehe **Unterhaltung** S. 202.

Der ockerfarbene Konzertsaal mit einer Fassade im Stil Ludwigs XV. liegt in einem Hof etwas abseits der Mojka. Leonti Benua entwarf sie 1887–89 als Residenz des zaristischen Hofchors. Dieser Chor wurde unter Peter dem Großen gegründet, hat also eine ebenso lange Tradition wie die Stadt. Zu den Chorleitern zählten russische Komponisten wie Michail Glinka (1804–1857) und Nikolaj Rimski-Korsakov (1844–1908).

Ihre exzellente Akustik macht die Akademische Kapelle zu einem der besten Konzertsäle der Welt. Vor ihren Mauern liegt die – passend benannte – Sängerbrücke (Pevčeski most), von Jegor Adam 1837–40 gebaut.

Die kunstvolle Fassade des Stroganov-Palasts an der Mojka

Hotels und Restaurants in Gostinyj Dvor *siehe Seiten 175 und 187f*

Puškins Arbeitszimmer im Puškin-Museum

Puškin-Museum [19]
Музей-квартира
А. С. Пушкина
Musej-kvartira A. S. Puškina

Nabereznaja Reki Mojki 12. **Stadtplan** 2 E5. 571 3531. 12, 53. Mi–Mo 10.30–18 Uhr. letzter Fr im Monat; Feiertage.

Treue Anhänger des größten russischen Dichters, Alexander Puškin, legen jedes Jahr an seinem Todestag (10. Februar 1837) Blumen vor seinem ehemaligen Wohnhaus nieder. Puškin wurde 1799 in Moskau geboren, verbrachte aber lange Zeit in St. Petersburg. Sein Haus ist nur eines der Orte in der Stadt, die an ihn erinnern.

Vom Herbst 1836 bis zu seinem Tod lebte er mit seiner Frau Natalija, seinen vier Kindern und Natalijas beiden Schwestern in dem recht prunkvollen Haus an der Mojka. In seinem Arbeitszimmer verblutete er, nachdem er sich ein verhängnisvolles Duell mit Georges d'Anthès *(siehe S. 83)* geliefert hatte.

Sechs Zimmer wurden im Empirestil jener Jahre renoviert. In einem Raum befindet sich das Arbeitszimmer Puškins, das so belassen wurde, wie es bei seinem Tod ausgesehen hatte. Auf dem Schreibtisch sieht man ein Papiermesser aus Elfenbein, das ihm seine Schwester geschenkt hatte, eine bronzene Handglocke und ein Tintenfass *(siehe S. 39)*, das mit einem äthiopischen Jungen verziert ist – eine Erinnerung an Puškins Urgroßvater, der 1706 als Sklave an den russischen Botschafter in Konstantinopel verkauft wurde und als General unter Peter dem Großen diente. Er inspirierte Puškin zu dem aufgrund seines vorzeitigen Todes unvollendet gebliebenen Roman *Der Neger Peters des Großen*.

An der Wand vor dem Schreibtisch hängt ein türkischer Säbel. Man schenkte ihn Puškin im Kaukasus, wohin er 1820 aufgrund seiner radikalen Ansichten verbannt worden war. Ironischerweise verbrachte er dort einige seiner glücklichsten Jahre. Hier begann er auch *Eugen Onegin*, einen Roman in Versform.

Das beeindruckendste im Puškin-Museum ist die Bibliothek, die mehr als 4500 Bände in 14 europäischen und orientalischen Sprachen enthält. Darunter finden sich auch viele Werke von Puškins Lieblingsautoren: Shakespeare, Byron, Heine, Dante und Voltaire.

Marstall [20]
Конюшенное Ведомство
Konjušennoje Vedomstvo

Konjušennaja ploščad 1. **Stadtplan** 2 E5. **Kirche** tägl. 10–19 Uhr.

In dem langen, lachsfarbenen Gebäude entlang der Mojka befanden sich früher die Kaiserlichen Stallungen. In der ersten Hälfte des 18. Jahrhunderts errichtet, wurden sie 1817–23 von Vasili Stasov wiederaufgebaut.

Nur der Bereich hinter dem mittleren Teil der langen Südfassade, gekrönt von Silberkuppel und Kreuz, ist zugänglich. In dieser Kirche fand am 13. Februar 1837 Alexander Puškins Begräbnisfeier statt. Ihr klassizistisches Inneres in Form einer Basilika ist mit gelben Marmorsäulen und einer vergoldeten Ikonostase aus weißem Holz (frühes 19. Jh.) geschmückt.

Nordfassade des Marstalls (links) und Kleine Marstallbrücke

SENNAJA PLOŠČAD

Der Westen von St. Petersburgs Zentrum ist voller Kontraste, hier existieren einige der prächtigsten Residenzen neben ärmlichsten Unterkünften. Welten liegen zwischen der feudalen Architektur am Englischen Kai und baufälligen Wohnvierteln um die Sennaja ploščad, die sich seit Dostojevski *(siehe S. 123)* kaum verändert haben. Mittendrin findet man das alte Marineviertel, wo einst die Schiffsbauer Peters des Großen lebten. Es zieht sich von den Lagerhäusern Neu-Hollands bis zur Nikolaus-Marine-Kathedrale. Der Theaterplatz ist seit Mitte des 18. Jahrhunderts ein Zentrum der Unterhaltung. Er wird dominiert von dem berühmten Mariinski-Theater und dem Rimski-Korsakov-Konservatorium, wo viele der größten Künstler Russlands ihre Karriere begannen. Vor 1917 wohnten in den von diesem Platz abgehenden Straßen Theaterdirektoren, Schauspieler, Ballerinen, Künstler und Musiker. Heute ziehen sich viele in dieses »Nest« zurück, um in der friedlichen Atmosphäre am Kanal zu leben.

Wappen am Jusupov-Palast

SEHENSWÜRDIGKEITEN AUF EINEN BLICK

Kathedrale
Nikolaus-Marine-Kathedrale ❷

Historische Gebäude und Viertel
Große Synagoge ❺
Hauptpostamt ❽
Neu-Holland ❻
Rimski-Korsakov-Konservatorium ❸

Theater
Mariinski-Theater ❶

Palast
Jusupov-Palast ❹

Straßen und Plätze
Bolšaja Morskaja ulica ❾
Englischer Kai ❼
Sennaja ploščad ❿

Museum
Eisenbahnmuseum ⓫

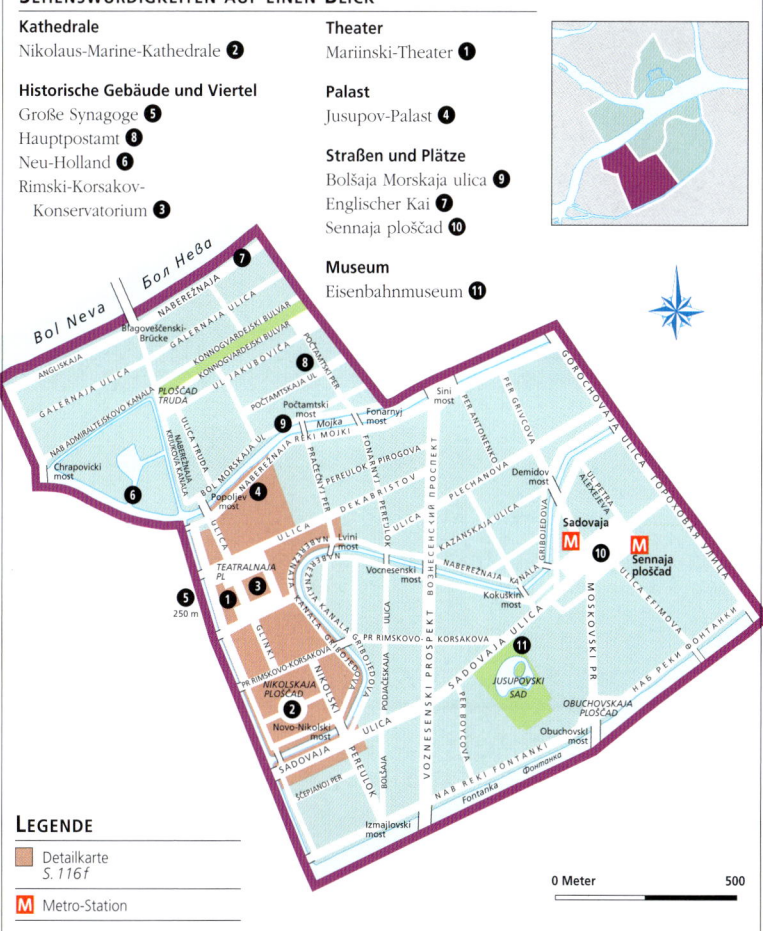

LEGENDE

Detailkarte *S. 116f*

Ⓜ Metro-Station

◁ **Das vergoldete barocke Innere der oberen Kirche der Nikolaus-Marine-Kathedrale** *(siehe S. 120)*

Im Detail: Theaterplatz

Der Theaterplatz hieß einst Karussellplatz und war Festplatz für Feiern und Festivals. Im 19. Jahrhundert, als St. Petersburg das kulturelle Zentrum Russlands wurde, etablierten sich hier das Mariinski-Theater und das Rimski-Korsakov-Konservatorium. In der Nachbarschaft siedelten sich viele Künstler an. Noch heute ist hier die Unterhaltungstradition lebendig; der Theaterplatz ist ein Zentrum des Theater- und Musiklebens geblieben *(siehe S. 202)*. In der Nähe kann man an den von Bäumen gesäumten Kanalufern und in dem Park rund um die Nikolaus-Marine-Kathedrale bummeln.

Atlant auf dem Prospekt Rimskovo-Korsakova

Das Denkmal für Rimski-Korsakov, der 37 Jahre am Konservatorium lehrte, wurde von Bogoljubov und Ingal geschaffen und 1952 aufgestellt.

Jusupov-Palast
Dieser große Palast, historische Stätte des Mordes an Rasputin (siehe S. 121), gehörte den Jusupovs. Zur Innenausstattung zählen eine Marmortreppe und ein winziges Rokokotheater. ❹

Rimski-Korsakov-Konservatorium
Čajkovski, Prokofjev und Šostakovič (siehe S. 43) studierten an Russlands erstem Konservatorium, das Anton Rubinstein 1862 gegründet hatte. ❸

Michail-Glinka-Denkmal

★ **Mariinski-Theater**
In diesem Theater residiert seit 1860 das weltberühmte Mariinski-Ensemble (Opern- und Ballettaufführungen). In dem luxuriösen Auditorium hinter der imposanten Fassade sind viele große Tänzer Russlands (siehe S. 118) aufgetreten. ❶

Hotels und Restaurants um die Sennaja Ploščad *siehe Seiten 175 und 188*

THEATERPLATZ

Die Löwenbrücke zählt zu den originellen und kuriosen Hängebrücken über dem Gribojedov-Kanal *(siehe S. 34)*, die als Treffpunkte vor allem für romantische Stündchen bekannt sind.

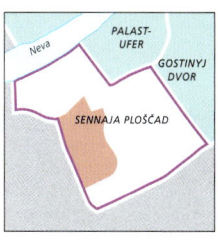

ZUR ORIENTIERUNG
Siehe Stadtplan 5, 6

Michail Fokin, der bekannte Choreograf, lebte vor der Revolution im Haus Nr. 109.

NICHT VERSÄUMEN

★ Mariinski-Theater

Das Benua-Haus gehörte einer Künstlerfamilie, aus der auch einer der Begründer der Bewegung »Die Welt der Kunst«, Alexandr Benua *(siehe S. 107)*, hervorging.

Der Glockenturm – vierstöckig, elegant und mit vergoldeter Turmspitze – markiert den Haupteingang der Nikolaus-Marine-Kathedrale.

Nikolaus-Marine-Kathedrale
Die obere Kirche, ein schönes Beispiel für russischen Barock, ist reich geschmückt mit Ikonen und Goldarbeiten. In der unteren, von Kerzen erhellten Kirche finden ebenfalls Gottesdienste statt. ❷

LEGENDE

– – – Routenempfehlung

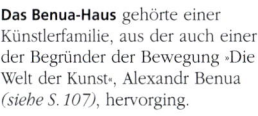

Der ehemalige Nikolausmarkt mit seinen charakteristischen langen Arkaden und steilen Dächern wurde im 19. Jahrhundert zum inoffiziellen Arbeitsamt, weil sich hier viele Arbeitslose trafen.

0 Meter 100

Stadtplan siehe Seiten 230–245

Ballett in St. Petersburg

Das überall in der Welt bewunderte russische Ballett hat seinen Ursprung im Jahr 1738, als ein französischer Tanzmeister, Jean-Baptiste Landé, in St. Petersburg eine Ballettschule für die Kinder der Hofangestellten gründete. Die zaristische Ballettschule, wie sie bald hieß, entwickelte sich unter ausländischen Lehrern und entfaltete sich vollends unter Marius Petipa (1818–1910), der über 50 Ballette choreografierte, unter anderem für berühmte Tänzer wie Matilda Kšesinskaja *(siehe S. 72)*. Nach der Revolution von 1905 wandte man sich vom Klassizismus ab und gründete private Kompanien wie die Ballets Russes, die die weitere Geschichte des Balletts entscheidend prägten (im Westen). Nach der Machtergreifung durch die Bolschewiken 1917 zerstreuten sich die zahllosen Talente in alle Welt. Es war ein Glück für Russland, dass die Primaballerina Agrippina Vaganova blieb und die nächste Tänzergeneration trainierte. Die Ballettakademie trägt heute ihren Namen *(siehe S. 110)*.

Matilda Kšesinskajas Ballettschuhe

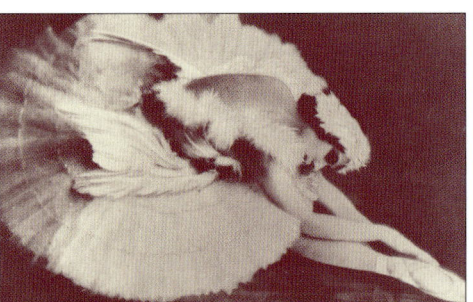

Anna Pavlovas *(1881–1931) Paraderolle, den* Sterbenden Schwan, *kreierte Michail Fokin eigens für sie. 1913 verließ Pavlova Russland und formierte eine eigene Truppe, die in der ganzen Welt auftrat.*

Vaclav Nižinski *(1889–1950) tanzte in* Sheherazade *den Lieblingssklaven und eroberte damit Paris im Sturm. Vor dem Ersten Weltkrieg revolutionierte er als Star der Ballets Russes die Rolle des Mannes im Ballett. Seine unvergleichliche Technik und Ausdrucksfähigkeit beeinflussten Generationen von Tänzern.*

Rudolf Nurijev *(1938–1993), hier in* Dornröschen *im Mariinski-Theater, setzte sich 1961 in den Westen ab. Als Tänzer und Choreograf faszinierte er das Publikum bis zu seinem Tod über 30 Jahre später.*

Das Mariinski-Ballett, *im Ausland meist als Kirov-Ballett bekannt, führt viele Ballettklassiker in der Inszenierung der Ballets Russes auf, darunter* Giselle.

DIE BALLETS RUSSES

Die legendäre Tourneetruppe, die von 1909 bis 1929 das Ballett reformierte, war das »Kind« des Impresarios und Kunstkritikers Sergej Djagilev *(siehe S. 43)*. Dieser fand in Michail Fokin eine verwandte Seele, die seine Vision einer Vereinigung von Musik, Tanz und Dekoration zu einem künstlerischen Ganzen teilte.

Djagilev hatte die besten Tänzer des Mariinski-Theaters versammelt, um mit ihnen erstmals 1909 in Paris aufzutreten und russisches Ballett im Westen bekannt zu machen.

Djagilev gelang es, progressive zeitgenössische Komponisten, Maler und Dichter für die Arbeit mit den Ballets Russes zu gewinnen. Opulente Kostüme und Bühnenbilder von Lev Bakst und Alexandr Benua, Kompositionen von Igor Stravinski und Sergej Prokofjev, Startänzer wie Vaclav Nižinski, Anna Pavlova und Tamara Karsavina – all dies trug dazu bei, die Grenzen in der Kunst weiter zu stecken. Nach Djagilevs Tod 1929 zerfiel die Truppe, aber viele der von ihr herausgebrachten Ballette werden heute noch in ihrer Originalfassung aufgeführt.

Nižinski auf einem Programmheft der Ballets Russes

Eine der wichtigsten kulturellen Einrichtungen: das Mariinski-Theater

Mariinski-Theater ❶
Мариинский театр
Mariinskiy teatr

Teatralnaja ploščad 1 & Dekabristov ulica. **Stadtplan** 5 B3. 326 4141.
2, 3, 6, 22, 27, 71, K-1, K-2, K-62, K-124, K-154, K-169, K-186, K-350.
5, 22. Informationen zu Aufführungen siehe S. 202.
www.mariinsky.ru

Das Theater erhielt seinen Namen zu Ehren der Zarin Marija Alexandrova, Gemahlin Alexanders I. Im Ausland ist es eher unter seiner sowjetischen Bezeichnung, Kirov-Theater, bekannt, doch die Russen nennen es nun wieder beim ursprünglichen Namen. 2007 wurde eine neue Konzerthalle eröffnet.

Kaiseradler an der Königsloge

Das Gebäude wurde nach Plänen des Architekten Albert Kavos, der auch den Wiederaufbau des Bolšoj-Theaters in Moskau leitete, errichtet und 1860 fertiggestellt. Das Mariinski-Theater steht an der Stelle eines früheren Theaters, das durch einen Großbrand zerstört wurde.

1883–96 gestaltete Viktor Schröter die klassizistische Fassade neu. Das luxuriöse Auditorium bietet etwa 2000 Zuschauern Platz, es ist in Gold und Blassblau gehalten. Die Innenarchitektur wird neben weiteren Akzenten von verdrehten Säulen, Atlanten, Putten und Kameemedaillons geprägt. Das Interieur blieb die ganze Zeit über unverändert. Das Deckengemälde, auf dem Enrico Franchioli Mädchen und mehrere Liebesgötter tanzen lässt, stammt von 1856, während der wunderbare Bühnenvorhang 1914 hinzugefügt wurde. Auch das Foyer, verziert u. a. mit kannelierten Pfeilern, wunderschönen Basreliefs russischer Komponisten und Spiegeltüren, ist bewundernswert.

Mit dem Mariinski-Theater verbindet man zwar vor allem Ballett, doch ist es auch eines der führenden Opernhäuser Russlands. Zahlreiche große Opern wurden hier uraufgeführt, unter ihnen auch Musorgskis *Boris Godunov* (1874), Čajkovskis *Pique Dame* (1890) und *Lady Macbeth von Mzensk* (1934) von Šostakovič.

Der Bühnenvorhang des Mariinski-Theaters, 1914 von Alexandr Golovin entworfen

Nikolaus-Marine-Kathedrale ❷
Никольский собор
Nikolski sobor

Nikolskaja ploščad 1/3. **Stadtplan** 5 C4. ☎ 714 0862. 🚌 *2, 3, 22, 27, 49, 71, 181, K-2, K-19, K-154, K-212.* ⭕ *tägl. 7–19 Uhr.*

Diese Barockkathedrale wurde 1753–62 von einem der größten Architekten Russlands erbaut: von Savva Čevakinski. Sie diente den Seeleuten und Angestellten der Admiralität aus der Nachbarschaft als Gotteshaus und ist nach dem Schutzpatron der Seeleute benannt. Bald hieß sie nur noch »die Seefahrerkirche«.

Das Äußere ist mit weißen korinthischen Säulen verziert und von fünf vergoldeten Kuppeln gekrönt. In der Nähe steht an der Kreuzung von Krjukov- und Gribojedov-Kanal ein Glockenturm.

Gemäß der russischen Tradition besitzt die Kathedrale zwei Kirchen. Die untere Kirche ist für den Alltag bestimmt und wird von Kerzen und Kronleuchtern erhellt. Die Ikonen (1755–57) sind die Arbeit der Brüder Fedot und Menas Kolokolnikov. Einen Kontrast dazu bildet die obere Kirche, die nur sonntags und für Trauungen genutzt wird. Sie wirkt freundlich und hell und zeigt mit italienischen Gemälden, vergoldeten und Stuckornamenten typisch barocke Fülle. Am beeindruckendsten ist die vergoldete Ikonostase (1755–60).

Islamische Bogen und Kassettendecke im Maurensaal des Jusupov-Palasts

Rimski-Korsakov-Konservatorium ❸
Консерватория имени Римского-Корсакова
Konservatorija imeni Rimskovo-Korsakova

Teatralnaja ploščad 3. **Stadtplan** 5 B3. ☎ 571 8574. 🚌 *2, 3, 6, 22, 27, 71, K-1, K-2, K-62, K-124, K-154, K-169, K-186, K-350.* 🚋 *5, 22.* ⭕ *nur zu Aufführungen.* 📷 📹 *nach Vereinbarung (Tel. 312 2507).*

Russlands älteste Musikschule, das Konservatorium, wurde 1862 von dem Pianisten Anton Rubinstein (1829–94) gegründet. Das heutige Gebäude geht auf einen Entwurf (1896) von Vladimir Nikolas zurück.

Čajkovski *(siehe S. 42)* und Sergej Prokofjev machten an dieser Schule ihren Abschluss. Auch während der Sowjetzeit gedieh die Schule weiter: Aus dieser Ära stammen Persönlichkeiten wie Dmitri Šostakovič (1906–1975; *siehe S. 43*).

Im Vorhof der Schule stehen zwei Denkmäler: zur Linken (von 1952) die Statue von Nikolaj Rimski-Korsakov, zur Rechten ein Werk (1906) von Robert Bach, das Michail Glinka darstellt. Es erinnert daran, dass das Konservatorium an der Stelle steht, wo 1836 im alten Bolšoj-Theater die erste bedeutende russische Oper, *Ein Leben für den Zaren* von Glinka, uraufgeführt wurde.

Jusupov-Palast ❹
Юсуповский дворец
Jusupovski dvorec

Nabereżnaja Reki Mojki 94. **Stadtplan** 5 B3. ☎ 314 9883. 🚌 *3, 22, 27.* ⭕ *tägl. 11–17 Uhr.* 📷 🎧 *in Englisch.*

Vallin de la Mothe baute diesen gelben, säulenverzierten Palast an der Mojka in den 1760er Jahren. Er diente der Adelsfamilie Jusupov als Galerie für ihre herrliche Gemäldesammlung. Die Innenarbeiten wurden von Andrej Michajlov und Ippolito Monighetti ausgeführt.

Die Räumlichkeiten sind nur im Rahmen einer Führung zu besichtigen. Glanzstück ist der Maurensaal mit seinen Brunnen, bunten Mosaiken und Bogen. Im Keller (gesonderte Eintrittskarte) gibt es eine Ausstellung über Grigori Rasputin, den berüchtigten »Heiligen«, der hier von Fürst Felix Jusupov ermordet wurde. Im Rokoko-Familientheater finden 180 Zuschauer Platz – hier ein Konzert mitzuerleben ist ein besonderes Ereignis.

Die Barockfassade der Nikolaus-Marine-Kathedrale

Hotels und Restaurants um die Sennaja Ploščad *siehe Seiten 175 und 188*

Der schreckliche Tod Rasputins

Der Bauer und Mystiker Grigori Rasputin (1869–1916) besaß großen Einfluss auf den Hof und die Regierung Russlands *(siehe S. 26)*. Die mysteriösen Umstände seines dramatischen Todes am 30. Dezember 1916 sind zur Legende geworden. Unter dem Vorwand, man lade ihn zu einem Fest, wurde er in den Jusupov-Palast gelockt. Man versuchte ihn zu vergiften, doch ohne Erfolg. Da erschoss ihn Fürst Jusupov – so dachte er. Doch Rasputin überlebte und floh nach einem Handgemenge. Die Verfolger schossen noch dreimal auf ihn, schlugen ihn brutal zusammen und versenkten ihn im Fluss. Als man drei Tage später seinen Leichnam an einen Brückenpfeiler geklammert fand, zeigte Wasser in seiner Lunge, dass er letztlich ertrunken war.

Große Synagoge ❺
Хоральная Синагога
Choralnaja Sinagoga

Lermontovski prospekt 2. **Stadtplan** 5 B3. 713 8186. *3, 6, 22, 27, K-1, K-169.*

Zar Nikolaus I. verfügte im Jahr 1826, dass alle Juden die Stadt zu verlassen hätten. Nach Nikolaus' Tod (1855) wuchs die jüdische Gemeinde wieder rasch an. 1879 durfte sie eine Synagoge errichten. Ivan Šapošnikov und Viktor Schröter entwarfen ein Gotteshaus im maurischen Stil, das 1893 eingeweiht wurde. Zu dieser Zeit zählte die jüdische Gemeinde 16 500 Mitglieder, fast zwei Prozent der Gesamtbevölkerung der Stadt.

Die Synagoge, die Platz für 1200 Besucher bietet, überdauerte als einziges jüdisches Gebetshaus in St. Petersburg die Repressionen der 1930er Jahre. Selbst während der Belagerung im Jahr 1941 fanden hier Gottesdienste statt. Anders als in anderen osteuropäischen Ländern ist das Gemeindeleben bis heute intakt, daran konnte auch die lange Zeit religionsfeindliche Politik des sozialistischen Regimes nichts ändern.

Vallin de la Mothes eindrucksvoller Bogen über die Mojka am Eingang zu Neu-Holland

Neu-Holland ❻
Новая Голландия
Novaja Gollandija

Nabereňaja Reki Mojki. **Stadtplan** 5 B3. *3, 6, 22, 27, 70, 100, K-169, K-350.* ⬤ *wegen Umgestaltung bis 2015.*

Die dreieckige Insel, einst ein Lagerplatz für Schiffbauholz, entstand, als man 1719 die Mojka durch den Krjukov-Kanal mit der Neva verband. Mit dem Namen der Insel werden die holländischen Schiffsbauer geehrt, deren Künste Peter der Große bewunderte.

1765 wurden die einst hölzernen Lagerhäuser von Savva Čevakinski aus rotem Ziegelstein wiederaufgebaut. Zur gleichen Zeit errichtete Vallin de la Mothe den strengen, gleichwohl romantisch wirkenden Bogen über die Mojka, der einen stimmungsvollen Eingang zum Holzhof bildet. Die Lastkähne glitten durch den Bogen in ein Wendebecken und kehrten anschließend mit Holz beladen zurück. Derzeit wird hier ein Kulturzentrum errichtet.

Englischer Kai ❼
Английская набережная
Angliskaja naberežnaja

Stadtplan 5 A2. *6, 11, K-124, K-154, K-350.*

In den 1730er Jahren siedelten hier erste englische Kaufleute, denen Handwerker und Fabrikanten folgten. Um 1800 war der Kai eine der ersten Adressen der Stadt.

Das Haus Nr. 10 war der fiktive Ort des Debütantenballs von Nataša Rostova, der Heldin aus Tolstojs *Krieg und Frieden*. Im Haus Nr. 28 wohnte Fürst Vladimirovič, der Liebhaber der Balletttänzerin Matilda Kšesinskaja *(siehe S. 72)*. 1917 diente es als Hauptquartier der sozialistisch-revolutionären Partei. An der Ploščad Truda liegt der Palast von Nikolaj Nikolajevič (Sohn Nikolaus' I.), der 1917 in den Besitz der Gewerkschaft überging. Das Rumjancev-Haus (Nr. 44) gehört heute zum Staatlichen Museum für die Geschichte St. Petersburgs.

Nr. 32 am Englischen Kai, erbaut von Quarenghi

Hauptpostamt ❽
Главпочтамт
Glavpočtamt

Počtamtskaja ulica 9. **Stadtplan** 5 C2. 315 8022. 3, 22, 27, 70, 100, K-169, K-187, K-306. 5, 22. tägl. 9–21 Uhr.

Das Gebäude ist vor allem wegen seiner Fassade interessant. Beeindruckend ist die Bogengalerie, die sich über die Počtamtskaja ulica spannt. Albert Kavos fügte sie 1859 an das Hauptgebäude von Nikolaj Lvov an. Die Uhr unter dem *Počtamt*-Schild auf dem Bogen zeigt die aktuelle Zeit einiger der größten Städte der Welt an.

Hinter dem klassizistischen Portikus (1782–89) verbirgt sich eine Jugendstilhalle mit Eisenverzierungen und einer Glasdecke über dem riesigen gefliesten Boden. Die Halle des Gebäudes stammt aus dem frühen 20. Jahrhundert, als man über die ehemaligen Hofställe ein Dach spannte.

Steinerner Atlant (1840) an der Bolšaja Morskaja ulica 43

Portikus des Hauptpostamts

Bolšaja Morskaja ulica ❾
Большая Морская улица
Bolšaja Morskaja ulica

Stadtplan 5 C2. 3, 22, 27, K-187, K-209. 5, 22.

Die Bolšaja Morskaja ulica war eine der vornehmsten Straßen der Stadt und ist bis heute bevorzugte Adresse von Künstlern. Zwischen dem Isaaksplatz *(siehe S. 79)* und der Postamtsbrücke liegen einige wunderbare Villen (19. Jh.), zum Beispiel jene von Nr. 61, die Albert Kavos in den 1840er Jahren für die St. Petersburger Postkutschengesellschaft baute. Die Architektengewerkschaft kaufte 1932 das Haus Nr. 52 (1835/36). Es stammt von Alexandr Pel und war einst Wohnhaus Alexandr Polovcovs, des berühmten Förderers der Künste, der die beeindruckende Sammlung des Štiglic-Museums *(siehe S. 127)* aufbaute. Maximilian Messmacher und Nikolaj Brullov dekorierten die Räume des Restaurants Osobnjak Polovceva mit Mahagonitäfelung, Gobelins und Deckenschnitzereien.

Gegenüber steht ein besonders schönes Beispiel für die St. Petersburger Jugendstil-Architektur: Das Haus Nr. 47 ist verziert mit Steinrosetten, eisernen Filigranmustern und einem hübschen Mosaikfries mit rosafarbenen Blüten (1901/02) – ein Werk von Michail Geisler und Boris Guslisti. Hier wuchs Vladimir Nabokov (1899–1977) auf. Seit 1997 ist zu Ehren dieses großen Romanciers im ersten Stock des Hauses ein Museum eingerichtet. Nabokov, den man wegen seiner Sprachgewalt sowohl in englischer als auch in russischer Sprache bewundert, machte mit seiner *Lolita* von 1959 international Schlagzeilen.

Nr. 45 nebenan, einst das Haus der zur feinen Gesellschaft gehörenden Fürstin Gagarina, ist heute Sitz des Komponistenverbands. Es wurde in den 1840er Jahren von Auguste de Montferrand erneuert, doch sind Teile des Originalgebäudes erhalten geblieben.

Auch das Haus Nr. 43, die Residenz des Industriellen und Millionärs Pjotr Demidov, baute Montferrand. Es ist reich mit Renaissance- und Barock-Elementen verziert und zeigt Demidovs Wappen.

Sennaja ploščad ❿
Сенная площадь
Sennaja ploščad

Stadtplan 6 D3. Sennaja ploščad, Sadovaja, Spasskaja.

Der große Platz gehört zu den ältesten in St. Petersburg. Sein Name bedeutet »Heumarkt« und stammt aus den 1830er Jahren, als hier Vieh, Futter und Feuerholz verkauft wurden. Obwohl er nahe am Stadtzentrum lag, lebten um den Platz herum die armen Leute St. Petersburgs – und machten die Gegend zu einer der lebhaftesten der Stadt.

Jugendstil-Mosaikfries (1901/02) an der Bolšaja Morskaja ulica Nr. 47

Hotels und Restaurants um die Sennaja Ploščad *siehe Seiten 175 und 188*

FJODOR DOSTOJEVSKI

Der Schriftsteller Fjodor Dostojevski *(siehe S. 43 f)* wurde 1821 in Moskau geboren, lebte aber meist in St. Petersburg, wo auch viele seiner großen Romane spielen. 1849 wurde er der revolutionären Verschwörung beschuldigt. Nach acht Monaten Einzelhaft in der Peter-Paul-Festung *(siehe S. 66 f)* wurde er mit 21 weiteren »Verschwörern« des sozialistischen Petraševski-Kreises zu einer makabren Scheinexekution geführt, bevor man ihn ins Arbeitslager nach Sibirien schickte, aus dem er 1859 zurückkehrte. Er verarbeitete diese Erfahrung in den *Aufzeichnungen aus einem Totenhaus* (1861). Dostojevski starb 1881.

Die Hauptwache an der belebten Sennaja ploščad

Das älteste Bauwerk in der Mitte des Platzes ist die ehemalige Hauptwache, ein einstöckiges Gebäude mit Säulenportikus, das 1818–20 errichtet wurde. Die Wachleute beaufsichtigten die Händler und peitschten auch Leibeigene aus. Seit dieser Zeit gilt diese Gegend als Synonym für Elend, Verbrechen und Laster. Im Haus Nr. 3 befindet sich »Vjasemskis Kloster«, ein berüchtigtes Wohnhaus, in dem es in den 1850er und 1860er Jahren von Glücksspielern und Prostituierten wimmelte.

Dies war die elende Welt, die Fjodor Dostojevski in seinem Meisterwerk *Schuld und Sühne* so lebendig nachzeichnete. Wenn der Held des Romans, Raskolnikov, über den Markt schlendert, kommen ihm »die Hitze in den Straßen … der Luftmangel, das rege Treiben und das Pflaster, die Gerüste, Backsteine und der Schmutz … dieser spezielle Gestank von St. Petersburg … und die zahllosen Betrunkenen« entgegen, die »das Bild des abstoßenden Elends abrunden«. Fjodor Dostojevski wohnte westlich des Platzes in der Prževalskovo ulica Nr. 7, als er den Roman 1866 beendete.

In der Sowjetzeit wurde dem Platz ein neues Bild verliehen: Budenbesitzer wurden vertrieben, Bäume gepflanzt und der Name optimistisch in »Platz des Friedens« (Ploščad Mira) geändert. Man baute die heute dort stehenden fünfstöckigen, gelb und weiß verputzten Wohnblocks in einem Stil, den Stalin als Klassizismus verstand. Leider wurde das schönste Denkmal des Platzes, die Barockkirche Mariä Himmelfahrt von 1765, abgerissen, um einer Metro-Station Platz zu machen.

Eisenbahnmuseum ⓫
Музей железнодорожного транспорта
Musej železnodorožnovo transporta

Sadovaja ulica 50. **Stadtplan** 6 D4. 315 1476. Ⓜ *Sennaja ploščad, Sadovaja, Spasskaja.* So–Do 11–17 Uhr. letzter Do im Monat. in Englisch.

Über 6000 Exponate zeichnen die Geschichte der russischen Eisenbahn seit 1813 nach. Am schönsten sind die Abteilungen, die sich mit den frühen Bahnverbindungen beschäftigen, darunter die erste, die ab 1837 zwischen Carskoje Selo und St. Petersburg eingerichtet wurde, sowie die 650 Kilometer lange Strecke zwischen Moskau und St. Petersburg (1851).

Zu besichtigen sind Modelle der ersten Dampflokomotive Russlands, die 1834 von Čerepanov gebaut wurde, und des gepanzerten Zuges, den Trotzki im Bürgerkrieg *(siehe S. 27)* benutzte. Wie luxuriös die Zaren zu reisen pflegten, macht das prächtig ausgestattete Erste-Klasse-Schlafabteil deutlich.

Lokomotivmodell der Carskoje-Selo-Bahn im Eisenbahnmuseum

Stadtplan siehe Seiten 230–245

Abstecher

Die meisten Sehenswürdigkeiten St. Petersburgs findet man im Stadtzentrum, doch auch in den Außenbezirken gibt es Stätten von architektonischer, kultureller und historischer Bedeutung.

Im Osten liegt der Smolnyj-Komplex, der seinen Namen dem Teerhof verdankt, der im 18. Jahrhundert die kleine Schiffbauindustrie versorgte. Höhepunkt ist Rastrellis barockes Smolnyj-Kloster. Das Smolnyj-Institut ist für seine historische Rolle als Hauptquartier der Bolschewiken während der Oktoberrevolution *(siehe S. 28f)* berühmt. Südöstlich liegt das Alexandr-Nevski-Kloster, auf dessen Friedhof viele russische Künstler, Architekten und Komponisten begraben sind. In den südlichen Vororten erinnern bombastische Häuser aus den 1930er bis 1950er Jahren daran, dass Stalin das historische Herz der Stadt zerstören und das Zentrum in das Gebiet um die Moskovskaja ploščad verlegen wollte. Im Süden stehen die Česme-Kirche und das Denkmal aus den 1970er Jahren. Es erinnert an das Leiden der St. Petersburger bei der Belagerung im Zweiten Weltkrieg.

Herdfliese (Ende 18. Jh.), Štiglic-Museum

Sehenswürdigkeiten auf einen Blick

Paläste
Jelagin-Palast ❶
Šeremetjev-Palast ❾
Taurischer Palast ❻

Museen
Dostojevski-Museum ❿
Štiglic-Museum ❹

Kirchen
Alexandr-Nevski-Kloster ⓫
Česme-Kirche ⓬
Christi-Verklärungs-Kathedrale ❺
Smolnyj-Kloster ❼

Historische Gebäude und Denkmäler
Finnischer Bahnhof ❸
Piskarjevskoje-Friedhof ❷
Siegesdenkmal ⓭
Smolnyj-Institut ❽

Legende

	Zentrum St. Petersburg
	Großraum St. Petersburg
✈	Internationaler Flughafen
🚉	Bahnhof
⛴	Fährhafen
—	Hauptstraße
=	Nebenstraße

0 Kilometer 5

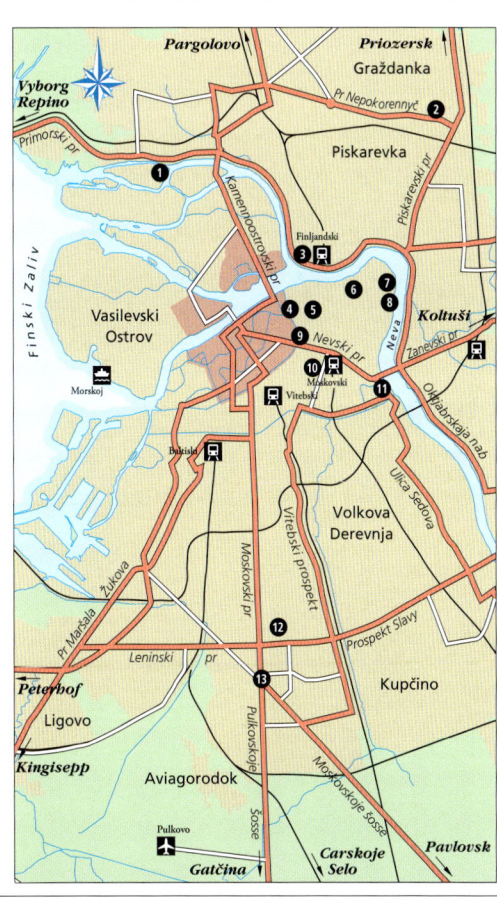

◁ Der barocke Šeremetjev-Palast *(siehe S. 129)* am Ostufer der Fontanka

Ostfassade des im Stil des Klassizismus erbauten Jelagin-Palasts

Jelagin-Palast ❶
Елагин дворец
Jelagin dvorec

Jelagin ostrov 1. 239 0080. M Čornaja Rečka. 71, 134. 34. 17, 26. Di–So 10–18 Uhr. nur Erdgeschoss.

Eine der nördlichsten Inseln von St. Petersburg, die Jelagin-Insel, ist nach einem Hofmarschall benannt, der Ende des 18. Jahrhunderts hier einen Palast baute. Alexander I. kaufte dann 1817 die Insel für seine Mutter, Marija Fjodorovna, und beauftragte Carlo Rossi, den Palast umzugestalten. Der großartige klassizistische Bau (1818–22), mit einer Halbrotunde an der Ostfassade und von zwei korinthischen Portiken flankiert, ist Teil eines Gebäudekomplexes, zu dem auch eine Orangerie, eine Stallanlage und ein Küchenhaus gehören.

Das Palastinnere wurde während des Zweiten Weltkriegs bei einem Brand zerstört, wird nun aber restauriert. Der Ovale Saal ist mit Statuen gefüllt, während die von ihm abgehenden Räume mit Stuck, *faux marbre* und künstlerisch wertvollen gemalten Friesen geschmückt sind.

Während der Sowjetzeit wurde die gesamte bewaldete Insel zum Zentralpark für Kultur und Erholung (*siehe S. 136f*). Hier finden Festivals statt, in den Wirtschaftsräumen des Palasts gibt es eine Kunstausstellung.

Piskarjevskoje-Friedhof ❷
Пискаревское мемориальное кладбище
Piskarjevskoje memorialnoje kladbišče

Prospekt Nepokorennyč 72–74. 247 5716. M Akademičeskaja. 80, 123, 138, 178. tägl. 24 Std., Gedenkhallen tägl. 10–17 Uhr.

Der riesige Friedhof ist eine beeindruckende Gedenkstätte für die zwei Millionen, die während der Belagerung ihrer Stadt 1941–44 starben (*siehe S. 27*). Die Lebensmittelknappheit und das Fehlen von Elektrizität, Wasser und Heizung ließen viele Leningrader an Hunger, Kälte oder Krankheiten sterben. Die Toten wurden auf Schlitten zu Sammelstellen gebracht und dann zu Massengräbern in den Außenbezirken der Stadt geschafft. Mit 490 000 hier Beerdigten war Piskarjevskoje der größte Friedhof.

Heute pilgern die Menschen hierher, die in jener Zeit ihre Verwandten oder Freunde verloren. Die Gedenkstätte, von Jevgeni Levinson und Alexandr Vasiljev entworfen, wurde 1960 eröffnet. Zwei Gedenkhallen – eine mit einer Ausstellung zur Belagerung – flankieren die Treppe, die 300 Meter zu einer langen Allee hinabführt, an deren Ende eine heroische Bronzestatue von Mütterchen Russland von Vera Isajeva und Robert Taurit steht. An der dahinterliegenden Wand sind Verse von Olga Bergholz, einer Überlebenden der Belagerung, zu lesen. Die allgegenwärtige Trauermusik trägt zur gedämpften Atmosphäre bei.

186 Grashügel, versehen mit einer Granittafel, die das Todesjahr anzeigt, säumen die Allee. Ein roter Stern oder Hammer und Sichel geben zu erkennen, ob der Tote Soldat oder Zivilist war.

Lokomotive 293, Finnischer Bahnhof

Finnischer Bahnhof ❸
Финляндский вокзал
Finljandski vokzal

Ploščad Lenina 6. **Stadtplan** 3 B3. M *Ploščad Lenina. Siehe auch S. 229.*

Am Abend des 16. April 1917 kamen der in der Schweiz im Exil lebende Vladimir Lenin und seine bolschewistischen Kameraden auf dem Finnischen Bahnhof an. Sie wurden begeistert empfangen. Lenin sprach zu einer applaudierenden Menge von Soldaten und Arbeitern. Eine Statue Lenins wurde 1926 vor dem Gebäude aufgestellt.

Der heutige Bahnhof wurde in den 1960er Jahren eröffnet. Auf Bahnsteig 5 steht eine riesige Glasvitrine mit der Lokomotive 293, in der Lenin im Juli 1917 zum zweiten Mal aus der Stadt floh. Nachdem er den Sommer als Flüchtling in Finnland verbracht hatte, kehrte er mit dem gleichen Zug zurück, um die Oktoberrevolution anzuführen (*siehe S. 28f*).

Statue von Mütterchen Russland auf dem Piskarjevskoje-Friedhof

Štiglic-Museum ❹
Музей Штиглица
Musej Štiglica

Soljanoj pereulok 13–15. **Stadtplan** 3 A5. 273 3258. 46, K-76, K-100, K-217. Sep–Juli: Di–Sa 11–16.30 Uhr. letzter Fr im Monat.

Der Millionär und Industrielle Baron Alexandr Štiglic gründete 1876 die Zentralschule für Industriedesign. Um sein Ziel zu verwirklichen, russische Studenten in den angewandten Künsten und Design auszubilden, ließ er sie an Originalwerken studieren.

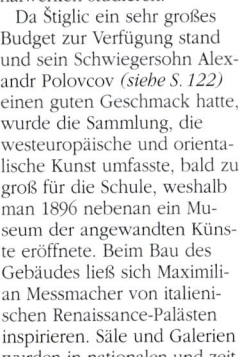

Kristallvase (19. Jh.), Štiglic-Museum

Da Štiglic ein sehr großes Budget zur Verfügung stand und sein Schwiegersohn Alexandr Polovcov *(siehe S. 122)* einen guten Geschmack hatte, wurde die Sammlung, die westeuropäische und orientalische Kunst umfasste, bald zu groß für die Schule, weshalb man 1896 nebenan ein Museum der angewandten Künste eröffnete. Beim Bau des Gebäudes ließ sich Maximilian Messmacher von italienischen Renaissance-Palästen inspirieren. Säle und Galerien wurden in nationalen und zeitüblichen Stilen geschmückt. Sie erinnern an den französischen und deutschen Barock und an italienische Renaissance-Bauten.

Nach der Revolution wurde die Schule geschlossen und das Museum Teil der Eremitage *(siehe S. 84–93)*. Während der Belagerung von Leningrad *(siehe S. 27)* wurde das Gebäude schwer beschädigt, seine Restaurierung ist noch nicht abgeschlossen. Nach dem Krieg bildete man hier Vergolder und Bildhauer aus, die man für das gewaltige Programm zur Restaurierung der Stadt benötigte. Die Ausstellung im Erdgeschoss zeigt Glaswaren, Keramik und Majolika sowie Porzellan aller großen europäischen Hersteller. Ein Raum im Stil des mittelalterlichen Terem-Palasts im Kreml bildet den Hintergrund für die Sammlung bunt bestickter Kleider und Hüte, in Handarbeit hergestellt von russischen Bäuerinnen.

Einige dekorative Metallarbeiten, wie Schlösser, Schlüssel und Werkzeuge, stammen aus dem Mittelalter. Die Qualität der Holzmöbel ist atemberaubend. Das neugotische Schränkchen ist ein ausgezeichnetes Beispiel hierfür. Die Einlegearbeiten der Türen zeigen Kirchenschiffe und biblische Szenen.

Beenden Sie die Führung mit einem Besuch des fantastischen Großen Ausstellungssaals mit einer Treppe aus italienischem Marmor und einem herrlichen Glasdach.

Christi-Verklärungs-Kathedrale ❺
Спасо-Преображенский собор
Spaso-Preobraženski sobor

Preobraženskaja ploščad 1. **Stadtplan** 3 B5. 579 6010. Černyševskaja. 46, K-46, K-76, K-90, K-177, K-258. 3, 8, 15. tägl. 8–20 Uhr.

Trotz des monumentalen Klassizismus und des sie umgebenden Zauns aus Waffen aus den Türkenkriegen *(siehe S. 22)* strahlt Vasili Stasovs Kirche Intimität aus. Die ursprüngliche Kathedrale wurde von der Zarin Elisabeth zu Ehren der Preobraženski-Garde gebaut. Nach einem Brand 1825 wurde sie restauriert. Heute ist sie für ihren exzellenten Chor berühmt, der nur von dem des Alexandr-Nevski-Klosters *(siehe S. 130f)* übertroffen wird.

Puppen in Trachten des 17. bis 19. Jahrhunderts vor dem Terem-Zimmer, Štiglic-Museum

Taurischer Palast ❻
Таврический дворец
Tavričeski dvorec

Špalernaja ulica 47. **Stadtplan** 4 D4.
Ⓜ Černyševskaja. 🚌 46, 136.
⬤ für die Öffentlichkeit.

Dieser wohlproportionierte Palast von Ivan Starov wurde 1783–89 als Geschenk Katharinas der Großen für ihren Liebhaber Grigori Potjomkin *(siehe S. 25)* gebaut. Dieser hatte 1783 für Russland erfolgreich die Krim (Tauris) annektiert und erhielt den Titel Fürst von Tauris – daher der Name des Palastes.

Das gelbe Gebäude mit seinem sechssäuligen Portikus und dem schmucklosen Äußeren war einer der ersten klassizistischen Bauten Russlands. Leider nahm das herrliche Innere durch Katharinas Sohn Paul I., der den Palast zu einer Kaserne umfunktionierte, sowie durch zahlreiche Umbauten großen Schaden.

Der Palast spielt eine wichtige Rolle im kulturellen und politischen Leben des 20. Jahrhunderts. 1905 organisierte der Impresario Sergej Djagilev *(siehe S. 43)* hier die erste Ausstellung russischer Porträtmalerei. 1906 war der Palast Tagungsort des ersten russischen Parlaments. Nach der Februarrevolution von 1917 wurde er Sitz der provisorischen Regierung, des Sowjets der Arbeiter- und Soldaten-Deputierten. Auch heute ist er noch ein Regierungsgebäude.

Der hübsche Garten mit seinen Flüsschen, Brücken und einem künstlich angelegten See gehört zu den beliebtesten Grünflächen der Stadt.

Fassade der Smolnyj-Kathedrale mit angrenzendem Kloster

Smolnyj-Kloster ❼
Смольный монастырь
Smolnyj monastyr

Ploščad Rastrelli 3/1. **Stadtplan** 4 F4. ☎ 710 3159. 🚌 46, 136.
⬤ tägl. Di–Do 10–19 Uhr (Okt–Apr: ab 11 Uhr). 🎟 ♿ 🗣 in Englisch.

Das Glanzstück des architektonischen Ensembles ist die Kathedrale, ein 85 Meter hoher Kreuzkuppelbau. Das Kloster, in dem viele junge Adelsdamen ausgebildet wurden, gründete Zarin Elisabeth. Bartolomeo Rastrelli *(siehe S. 93)* entwarf es 1748 und schuf eine brillante Mischung aus russischem Stil und westlichem Barock. Die Arbeiten gingen allerdings nur schleppend voran. Um das Fundament auf dem sumpfigen Boden zu sichern, brauchte man etwa 50 000 Holzpfähle. Allein für sein Modell, das nun in der Akademie der Künste *(siehe S. 63)* zu sehen ist, benötigte der Architekt sieben Jahre.

Katharina der Großen missfiel Rastrellis Arbeit, zudem hegte sie wenig Sympathie für Elisabeth. Als sie 1762 an die Macht kam, wurde das Projekt vorläufig eingestellt. Erst im Jahr 1835 beauftragte Nikolaus I. den klassizistisch geprägten Architekten Vasili Stasov, die Kathedrale zu vollenden.

In der Kathedrale finden nun neben Ausstellungen auch Konzerte statt *(siehe S. 202)*. Vom Turm hat man eine atemberaubende Sicht auf die Stadt.

Smolnyj-Institut ❽
Смольный Институт
Smolnyj Institut

Smolnyj projezd. **Stadtplan** 4 F4.
☎ 710 3159, 710 3143. 🚌 46, 54, 74, 136, K-15, K-76, K-136. 🚋 5, 7, 11, 15, 16. **Smolnyj-Museum**
⬤ Mo–Fr nach Vereinb. 11–18 Uhr.
🎟 ♿ 🗣 in Englisch.

Giacomo Quarenghi betrachtete dieses klassizistische Gebäude als sein Meisterwerk. Es wurde von 1806 bis 1808 für die jungen Adelsdamen des zu klein gewordenen Smolnyj-Klosters gebaut.

Das Institut spielte eine wichtige Rolle während der Oktoberrevolution *(siehe S. 28f)*. Von hier aus führte Lenin am 7. November 1917 den Staatsstreich durch. Das Zentralexekutivkomitee bestätigte Lenins Machtübernahme, das Smolnyj-Institut wurde sein Regierungssitz bis März 1918. Mit dem Vormarsch der Deutschen und dem Ausbruch des Bürgerkriegs *(siehe S. 27)* zog die Regierung nach Moskau um. Das Institut wurde von der Leningrader kommunistischen Partei übernommen.

Blick auf den Taurischen Garten und den Taurischen Palast

Hotels und Restaurants bei den Abstechern siehe Seiten 175–177 und 189–191

Isaak Brodskis Gemälde von Lenin (Aula, Smolnyj-Institut)

Am 1. Dezember 1934 wurde Parteisekretär Sergej Kirov *(siehe S. 72)* hier ermordet, was Stalin als Vorwand für seine «Säuberungsaktionen» in den 1930er Jahren diente *(siehe S. 27)*. Räume, in denen Lenin wohnte und arbeitete, können besichtigt werden.

Šeremetjev-Palast ❾

Шереметевский дворец
Šeremetjevski dvorec

NabereŽnaja Reki Fontanki 34.
Stadtplan 7 A1. **Anna-Achmatova-Museum** 272 2221. M *Majakovskaja, Gostinyj Dvor.* 15, 22, 27, K-15, K-90, K-187, K-258. 3, 8, 15. Di–So 10–18.30 Uhr. *in Englisch.* **Museum des musikalischen Lebens** 272 4441. Mi–So 11–19 Uhr. letzter Mi im Monat.

Die Familie Šeremetjev lebte hier von 1712 bis zur Revolution. Wegen der zahlreichen Brunnen, die einst das Gelände schmückten, ist der Palast auch als Brunnenhaus bekannt. Das Barockgebäude, entworfen von den Architekten Savva Čevakinski und Fjodor Argunov, stammt im Wesentlichen aus den 1750er Jahren.

Šeremetjevs Nachkommen waren unglaublich reich und hatten bis zu 200 000 Leibeigene. Sie gehörten auch zu den führenden Kunstmäzenen Russlands. Der Palast beherbergt heute das Museum des musikalischen Lebens (Musej Musykalnoj šisni), das den bedeutenden Beitrag der Familie zur Musik in dieser Stadt dokumentiert. Im Lauf des 18. und 19. Jahrhunderts traten die auf den Landsitzen lebenden Komponisten, Musiker und Schauspieler in vielen Konzerten und Stücken im Palast auf. Zu den Bewunderern des großartigen Šeremetjev-Chors gehörte auch Franz Liszt. Unter den Exponaten des Museums findet man eine Vielzahl zeitgenössischer Instrumente und Partituren, von denen einige Kompositionen der Šeremetjevs sind.

Eine von Russlands größten Dichterinnen des 20. Jahrhunderts, Anna Achmatova, wohnte in den Jahren 1933–41 und 1944–54 im Palast. Ihre Wohnung, das heutige Anna-Achmatova-Museum (Musej Anny Achmatovoj), ist über den Hof des Litejnyj prospekt Nr. 53 erreichbar. Als Anna Achmatova in den Palast zog, war er in schmuddelige Gemeindewohnungen unterteilt worden. In den Zimmern zeugt ihre persönliche Habe von ihrem faszinierenden Leben. Hier sind auch Aufnahmen zu hören, in denen sie ihre eigenen Gedichte vorträgt.

ANNA ACHMATOVA

1914 gehörte Anna Achmatova (1889–1966) zu den ganz Großen des »Silbernen Zeitalters« der Poesie *(siehe S. 44)*. Ihr Mann wurde von den Bolschewiken erschossen. Ihr Sohn und ihr Geliebter waren während Stalins »Säuberungsaktionen« inhaftiert. Sie wurde von der Polizei observiert und zum Schweigen gezwungen. Ihr berühmtestes Gedicht *Requiem* (1935–61), zu dem sie die Festnahme ihres Sohnes inspirierte, schrieb sie in Fragmenten, die ihre Freunde auswendig lernten. Gegen Ende ihres Lebens wurde Achmatova teilweise rehabilitiert und 1965 im Ausland mit Preisen ausgezeichnet.

Fassade des Šeremetjev-Palasts am Fontanka-Ufer

Dostojevski-Museum ❿

Музей достоевского
Musej Dostojevskovo

Kuznečnyj pereulok 5/2. **Stadtplan** 7 B3. 571 4031. M *Vladimirskaja*. 3, 8, 15. 49. Di–So 11–18 Uhr. in Englisch.

Der berühmte russische Schriftsteller Fjodor Dostojevski *(siehe S. 44)* lebte von 1878 bis zu seinem Tod 1881 in diesem Haus. Auf dem Höhepunkt seines Ruhmes vollendete er hier 1880 seinen letzten großen Roman *Die Brüder Karamasov*. Spielleidenschaft und Schulden zwangen ihn jedoch zu einem bescheidenen Lebensstil in seiner Fünfzimmerwohnung.

Obwohl Dostojevski in der Öffentlichkeit eher mürrisch wirkte, war er ein fürsorglicher, liebevoller Ehemann und Vater. Im Kinderzimmer findet man neben einem Schaukelpferd die Schattenrisse seiner Kinder und das Märchenbuch, aus dem er ihnen vorlas. In seinem Arbeitszimmer hängt auch eine Reproduktion seines Lieblingsgemäldes, Raffaels *Sixtinische Madonna*.

Die Česme-Kirche (1777–80), ein frühes Beispiel des neugotischen Stils

Česme-Kirche ⓬

Чесменская церковь
Česmenskaja cerkov

Ulica Lensoveta 12. M *Moskovskaja*. 16. 29, 45. tägl. 10–19 Uhr.

Wenig Russisches scheint die ungewöhnliche, 1777–80 von Juri Felten entworfene Česme-Kirche zu haben. Ihre terrakottafarbene Fassade ist mit dünnen vertikalen Formstücken geschmückt, die das Auge hoch zu dem zickzackförmigen First und den neugotischen Kuppeln lenken.

Der Name erinnert an den russischen Sieg auf See über die Türken 1770 bei Çeşme in der Ägäis. Während der kommunistischen Ära wurde die Kirche zum Museum umfunktioniert. Heute ist sie wieder ein Gotteshaus. Auf der anderen Seite der Ulica Lensoveta steht der neugotische Česme-Palast (1774–77), früher als »Froschsumpf-Palast« bekannt. Auch er wurde von Felten entworfen und diente als Zwischenstation für Katharina die Große auf dem Weg nach Carskoje Selo *(siehe S. 152–155)*. Wedgwoods berühmtes Essservice mit dem Froschemblem, das nun in der Eremitage *(siehe S. 91)* zu sehen ist, wurde speziell für den Česme-Palast entworfen.

Rasputin war nach seiner Ermordung 1916 *(siehe S. 121)* hier aufgebahrt. Der Palast wird heute als Altenheim genutzt.

Alexandr-Nevski-Kloster ⓫

Александро-Невская лавра
Alexandro-Nevskaja lavra

Ploščad Alexandra Nevskovo. **Stadtplan** 8 E4. 274 2635. M *Ploščad Alexandra Nevskovo*. 8, 24, 27, 46, 55, 58, 191, K-156, K-187, K-209. 1, 14, 16, 22. 7, 65. **Dreifaltigkeitskathedrale** tägl. 6–20 Uhr. **Verkündigungskirche** 274 2635. tägl. 9.30–17 Uhr, im Sommer bis 16 Uhr. Mo, Do. für Friedhöfe und Verkündigungskirche.

Das 1710 von Peter dem Großen gegründete Kloster trägt seinen Namen zu Ehren des Fürsten und Heerführers Alexandr Nevski (1220–1263), der 1240 in der Schlacht an der Neva – ganz in der Nähe des Klostergeländes – die Schweden besiegte und seit jener Zeit als russischer Nationalheld gilt. Peter der Große seinerseits bezwang die Schweden in der Schlacht von Poltava während des Großen Nordischen Kriegs im Jahr 1709.

Vom Eingang des Klosters führt ein Pfad zwischen zwei ausgedehnten Friedhöfen hindurch, dann über im Flüsschen und schließlich in das Zentrum der Klosteranlage. Das älteste Gebäude links vom Eingangstor ist die Mariä-Verkündigungs-Kirche (1717–22), die nach Plänen von Domenico Trezzini errichtet wurde. Die nur im Erdgeschoss für die Öffentlichkeit zugängliche Kirche war früher Grabstätte der nicht regierenden Mitglieder der Zarenfamilie. Eine Reihe von roten und weißen Klostergebäuden (Mitte 18. Jh.), zu denen auch das Haus des Metropoliten gehört, umgeben den Hof. Unter den Bäumen liegen die Gräber von atheistischen Gelehrten und führenden Kommunisten.

Zu den meistbesuchten Grabstätten der Anlage gehört der Reliquienschrein mit dem Leichnam Alexandr Nevskis.

Dostojevskis Grabstein

Reliquienschrein Alexandr Nevskis im gleichnamigen Kloster

Hotels und Restaurants bei den Abstechern siehe Seiten 175–177 und 189–191

Siegesdenkmal ⓑ
Монумент Защитникам Ленинграда
Monument Zaščitnikam Leningrada

Ploščad Pobedy. ☎ 371 2951, 373 2951. Ⓜ *Moskovskaja.* 🚌 *3, 11, 13, 39, 59, 90, 150, 187, K-13, K-100, K-350.* 🚋 *27, 29, 45.* **Gedenkhalle** ⏰ *Do und Sa–Mo 11–18 Uhr, Di und Fr 11–17 Uhr.* ⏳ *letzter Di im Monat.* 📞 *telefonische Voranmeldung.*

Das 1975, 30 Jahre nach Ende des Zweiten Weltkriegs, errichtete Denkmal steht an der Stätte eines Triumphbogens, der zur Begrüßung der heimkehrenden Truppen erbaut wurde. Das Denkmal für die heroischen Verteidiger Leningrads ehrt nicht nur die rund zwei Millionen Opfer der Belagerung *(siehe S. 27)*, sondern auch die Überlebenden. Michail Anikušin schuf es nach einem Entwurf von Sergej Speranski und Valentin Kamenski. Ein 48 Meter hoher Obelisk aus rotem Granit steht nahe einer kreisförmigen Einfriedung, die den schraubstockartigen Griff der Belagerung symbolisiert. Rund um den Obelisken stehen Skulpturen von Soldaten und trauernden Müttern.

Vom Moskovski prospekt führt eine Unterführung zur unterirdischen Gedenkhalle. Hier hört man das ständige Schlagen eines Metronoms, das den Herzschlag der Stadt symbolisieren soll. Die Beleuchtung besteht aus 900 orangefarbenen Lampen, eine für jeden Tag der Belagerung. An den Wänden hängen Tafeln mit den Namen von 650 Helden der Sowjetunion, denen dieser Titel nach dem Krieg verliehen wurde. Ein Mosaik zeigt Frauen, die ihre Männer bei der Heimkehr begrüßen.

In der Ausstellung um die Halle findet man Artefakte, die den Beitrag der Öffentlichkeit zu den Kriegsanstrengungen dokumentieren, wie Šostakovičs Geige. Eine Karte zeigt den Verlauf der ehemaligen Frontlinien.

Heroische Partisanen blicken während der Belagerung Leningrads dem Feind entgegen (Detail, Siegesdenkmal)

Er wurde zunächst in Vladimir begraben. Peter der Große veranlasste 1724, dass die sterblichen Überreste des im 16. Jahrhundert von der russisch-orthodoxen Kirche heiliggesprochenen Nevski in die damals hier stehende Kirche überführt wurde. Hinter dem Reliquienschrein hängt ein Porträt von Alexandr Nevski.

Auf dem ältesten Friedhof der Stadt, dem Lazarusfriedhof im Osten, liegen die Universalgelehrte Michail Lomonosov *(siehe S. 45)* und berühmte Architekten wie Andrej Sacharov, Thomas de Thomon, Giacomo Quarenghi, Carlo Rossi *(siehe S. 110)* und Andrej Voronichin. An der Nordwand des Tichviner Friedhofs (im Westen) befinden sich die Gräber einiger berühmter russischer Komponisten. Rechts vom Eingang liegt Fjodor Dostojevski begraben.

Interessante Gräber, Tichviner Friedhof

1 Michail Glinka (Komponist, 1804–1857)
2 Ivan Krylov (Dichter, 1769–1844)
3 Marius Petipa (Choreograf, 1818–1910)
4 Pjotr Klodt (Bildhauer, 1805–1867)
5 Ivan Kramskoj (Maler, 1837–1887)
6 Peter Čajkowski (Komponist, 1840–1893)
7 Modest Musorgski (Komponist, 1839–1881)
8 Nikolaj Rimski-Korsakov (Komponist, 1844–1908)
9 Fjodor Dostojevski (Schriftsteller, 1821–1881)

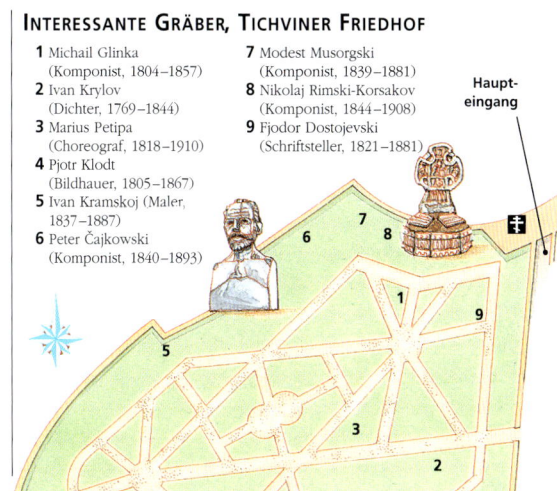

Legende
✝ Kirche

Stadtplan *siehe Seiten 230–245*

Drei Spaziergänge

St. Petersburg kann man sehr gut zu Fuß erkunden. Bei den drei Spaziergängen lernt man teils überraschende Aspekte der Stadt kennen, immer aber spielt Wasser eine zentrale Rolle.

Der erste Spaziergang folgt der Mojka und dem Gribojedov-Kanal, die den Stadtkern durchkreuzen, und stellt großartige Bauten aus dem 18. und 19. Jahrhundert vor. Er zeigt den Kontrast zwischen Palästen und überfüllten Wohnblocks, vergoldeten Brücken und dem Verfall des Viertels um die Sennaja ploščad. Man kann auch eine Bootsfahrt auf den Kanälen machen *(siehe S. 226f)* und die historischen Gebäude aus einer ganz anderen Perspektive betrachten.

Urne auf den Stufen des Jelagin-Palasts

Der zweite Spaziergang erforscht die Jelagin- und die Steininsel, auf denen die St. Petersburger traditionell einen Großteil ihrer Freizeit verbringen. Auf Datschas verlebten einst die Reichen die heißen Sommer, heute stehen die Inseln jedermann offen. Hier geht man im Sommer spazieren oder rudert, im Winter vergnügt man sich mit Ski- und Schlittschuhlaufen.

Der dritte Spaziergang folgt dem Verlauf der Neva auf der Petrograder Seite. Wunderbar ist hier die Aussicht auf das südliche Ufer der Stadt. Den Besucher erwartet viel Historisches, darunter der Dreifaltigkeitsplatz, die Hütte Peters des Großen und der Kreuzer *Aurora*.

SPAZIERGÄNGE AUF EINEN BLICK

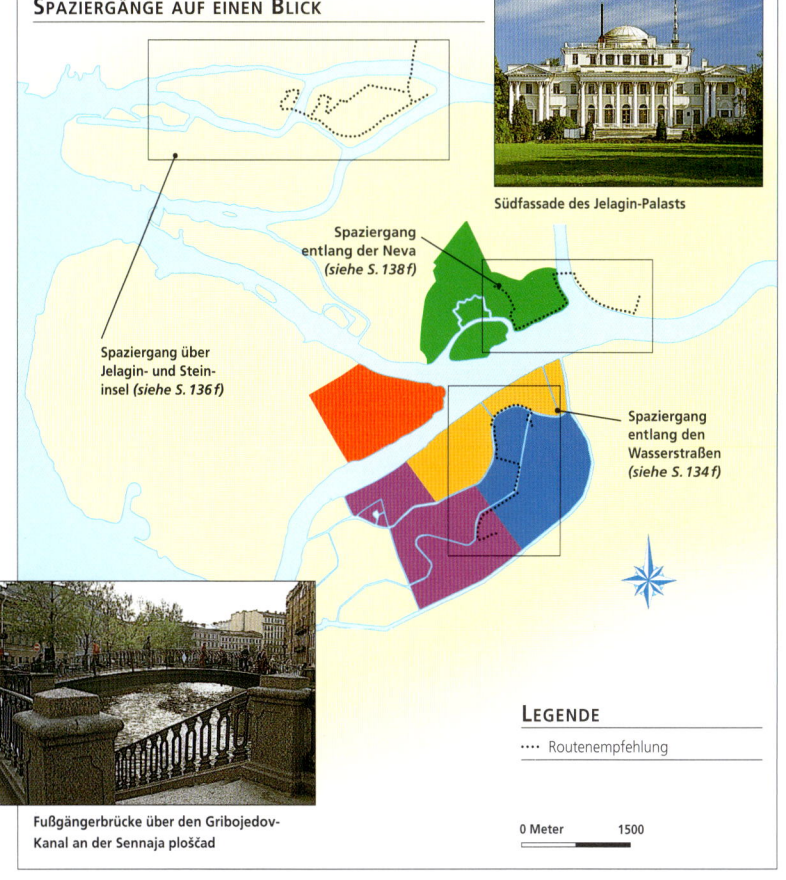

Südfassade des Jelagin-Palasts

Spaziergang entlang der Neva *(siehe S. 138f)*

Spaziergang über Jelagin- und Steininsel *(siehe S. 136f)*

Spaziergang entlang den Wasserstraßen *(siehe S. 134f)*

Fußgängerbrücke über den Gribojedov-Kanal an der Sennaja ploščad

LEGENDE

···· Routenempfehlung

0 Meter 1500

◁ *Stille an einem der Seen der Jelagin-Insel (siehe S. 136f)*

Entlang den Wasserstraßen (2 Std.)

Ein Bummel entlang dem Neva-Ufer und dem Gribojedov-Kanal bietet die Möglichkeit, geschichtliche und architektonische Höhepunkte der Stadt zu erleben. Die Mojka schlängelt sich entlang dem Winter- und dem Sommerpalast der Zaren und den feudalen Herrenhäusern, während den Gribojedov-Kanal Wohnungen aus dem 19. Jahrhundert säumen, in denen einst Kaufleute und Staatsbeamte sowie, in Richtung Sennaja ploščad *(siehe S. 122f)*, die Arbeiterklasse wohnten. Der Weg führt auch über den Nevski prospekt.

ROUTENINFOS

Start: Erlöserkirche.
Länge: 5,8 Kilometer.
Anfahrt: Metro-Station Nevski prospekt.
Rasten: Bistro Layma, Nab Kanala Gribojedova 16.

Blick auf die Erlöserkirche ① und den Gribojedov-Kanal

Mojka

Beginnen Sie den Spaziergang bei der restaurierten Erlöserkirche ① *(siehe S. 100)*, an der Stelle erbaut, an der Alexander II. 1881 ermordet wurde *(siehe S. 26)*. Gehen Sie am Park um die Kirche herum, und überqueren Sie die Kanalbrücke zur Konjušennaja ploščad, auf der Sie den ehemaligen Marstall ② finden *(siehe S. 113)*. Dort, wo Mojka und Gribojedov-Kanal zusammenfließen, gibt es zwei miteinander verbundene Brücken, die Kleine Marstallbrücke und die Theaterbrücke *(siehe S. 37)*.

Spazieren Sie über diese Brücken zum Nordufer der Mojka und dem Adamini-Haus ③, das zwischen 1823 und 1827 von Domenico Adamini entworfen wurde. Von 1916 bis 1919 war im Untergeschoss ein Künstler- und Schriftsteller-Club untergebracht, das »Biwak der Komödianten«. Zu den Besuchern zählten der Theaterdirektor Vsevolod Meyerhold, der Dichter Alexander Blok und die Lyrikerin Anna Achmatova *(siehe S. 44)*.

Biegen Sie links auf die Naberežnaja Reki Mojki, und gehen Sie an dem 1790 von Giacomo Quarenghi erbauten Rundmarkt ④ mit seinen schönen Einkaufspassagen vorbei. Am Flussufer entlang gelangt man zur Großen Marstallbrücke und dem ehemaligen Herrenhaus (1913–15) von Fürst Abamelek-Lasarev ⑤. Die schöne Fassade stammt von Ivan Fomin. Am gegenüberliegenden Ufer findet sich der Wohnblock aus dem 17. Jahrhundert, in dem Puškin die letzten Monate seines Lebens verbrachte. Seine Wohnung ist nun ein Museum ⑥ *(siehe S. 113)*.

Dort, wo die Millionnaja ulica und der Winterkanal sich treffen, steht die Kaserne des Eliteregiments der Preobražhenski-Garde. Dieses berühmte Korps wurde in den 1690er Jahren von Peter dem Großen gebildet.

Quarenghis Rundmarkt (1790) ④ am Neva-Ufer

WASSERSTRASSEN

LEGENDE

• • • Routenempfehlung

Ⓜ Metro-Station

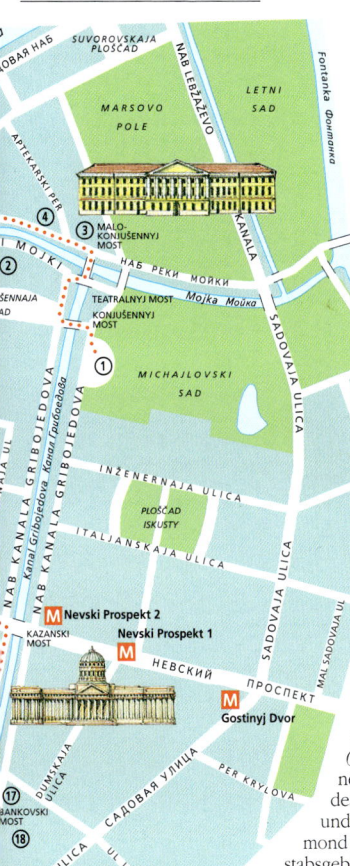

Der von Bäumen gesäumte Gribojedov-Kanal

Auf der anderen Seite des Winterkanals befindet sich die Neue Eremitage ⑦ *(siehe S. 84)*. Wieder zurück an der Mojka, führt der Weg vorbei an einem grünen, dreistöckigen Haus ⑧, das Fjodor Demercov für Fürst Alexej Arakčejev, den Militärberater Alexanders I., baute. Die Mojka schlängelt sich nun um die majestätischen Gebäude am Schlossplatz *(siehe S. 83)*, zu denen das Stabsgebäude des Gardekorps ⑨ und der riesige Halbmond des Generalstabsgebäudes ⑩ von Carlo Rossi gehören. Überqueren Sie die Sängerbrücke ⑪ *(siehe S. 37)*, und folgen Sie der Mojka bis zur Zelenyj most (Grüne Brücke). Das gelbe Gebäude auf der anderen Seite der Mojka ist das Literaturcafé ⑫, ein Treffpunkt für Schriftsteller zur Zeit Puškins *(siehe S. 83)*.

Nevski prospekt

Biegen Sie links auf St. Petersburgs Hauptstraße mit ihren verschiedenen Architekturstilen ein. Links verdeckt die elegante Fassade von Paul Jacots Holländischer Kirche ⑬ *(siehe S. 47)* eine Reihe von Läden. Gegenüber bildet die Barockfassade des Stroganov-Palasts ⑭ *(siehe S. 112)* einen Kontrast zur Glasfassade des Hauses der Mode im Jugendstil ⑮ *(siehe S. 47)*. Ein wenig weiter sieht man den Säulengang der Kathedrale Unserer Lieben Frau von Kazan ⑯ *(siehe S. 111)*.

Gribojedov-Kanal

Überqueren Sie den Nevski prospekt beim prächtigen Singer-Gebäude *(siehe S. 47)*, und folgen Sie dem Kanal gen Süden. Wenn Sie Georg von Traitteurs mit goldenen Greifenfiguren geschmückte Bankbrücke ⑰ *(siehe S. 35)* erreichen, überqueren Sie den Kanal und gehen am schmiedeeisernen Gitter auf der Rückseite der ehemaligen Assignatenbank ⑱ (nun eine Wirtschaftsuniversität) vorbei.

Weiter südlich auf der Steinbrücke überlebte im Jahr 1876 Alexander II. einen Anschlag der revolutionären Gruppe »Volkswille«. Auf der anderen Seite der Demidov-Brücke liegt an der Ecke der Kazanskaja ulica ⑲ (Nr. 1) die Wohnung, in der Fjodor Dostojevski die *Aufzeichnungen aus einem Totenhaus* (1861) schrieb. Im ehemaligen Sverkov-Haus ⑳ lebte und arbeitete der Dramatiker Nikolaj Gogol *(siehe S. 44)* in den 1830er Jahren.

Der Spaziergang endet auf der Sennaja ploščad *(siehe S. 122f)*, hier gibt es drei Metro-Stationen.

Greifenfiguren (1826), Bankbrücke

In diesem Wohnblock ⑲ am Gribojedov-Kanal wohnte Dostojevski

Über Jelagin- und Steininsel (2 Std.)

Die nördlichen Inseln des Neva-Deltas mit ihrem welligen Grünland, ihren Birken- und Lindenwäldern und der schönen Sicht auf die Flüsschen bieten Erholung vom Stadtleben. Gegen Ende des 18. Jahrhunderts errichtete die Zarenfamilie hier Paläste, schon bald taten die Aristokratenfamilien es ihr nach. Vor der Revolution bauten hier viele Minister, Industriemagnaten und Berühmtheiten ihre Datscha. Heute verhilft die neue Wirtschaftselite den verwahrlosten Gebäuden, die stilistisch von der Neugotik über den Klassizismus bis zum Jugendstil reichen, zu neuem Glanz.

Holzfassade der Villa Dolgorukov ③

Südliche Steininsel (Kamennyj Ostrov)

Starten Sie bei der Metro-Station Černaja Rečka, gehen Sie dann südlich zur Großen Nevka und von dort über die Ušakovski-Brücke zur Steininsel. Dort stoßen Sie zuerst auf die kleine Kirche Johannes' des Täufers ①, die Juri Felten 1776–78 im neugotischen Stil entwarf. In der Nähe führt ein gelber Torbogen zum Kamennoostrovski-Palast ② (nun ein Altenheim), von wo aus Alexander I. 1812 seinen Feldzug gegen Napoléon begann *(siehe S. 22).*

Folgen Sie dem Kamennoostrovski prospekt zur Kleinen Nevka. Biegen Sie rechts in die Naberežnaja Maloj Nevki ein. Nr. 11 ist ein imposantes Herrenhaus aus Holz ③ mit einem Portikus mit weißen Säulen. Die Villa Dolgorukov wurde 1831/32 von Smaragd Šustov für die Dolgorukovs, eine der ältesten Aristokratenfamilien Russlands, gebaut. Von dort blickt man zur Apothekerinsel hinüber, benannt nach den 1917 von Peter dem Großen angelegten Heilkräutergärten. Hier befindet sich auch St. Petersburgs Botanischer Garten. Folgen Sie dem Pfad, der in die Naberežnaja Reki Krestovki einmündet. Das Haus auf der Linken bei der Kleinen Krestovka-Brücke gehörte Sergej Čajev ④, dem Chefingenieur der Transsibirischen Eisenbahn. Čajev beauftragte den berühmten Architekten Vladimir Apyškov, dieses herrliche Jugendstilhaus (1913/14) zu bauen.

Gehen Sie anschließend weiter Richtung Westen und über die Kanalbrücke zum Kamennoostrovski-Theater ⑤. Es wurde 1827 in einer Bauzeit von lediglich 40 Tagen errichtet. Der klassizistische Portikus, den Albert Kavos 1844 schuf, ist sehr beeindruckend, obwohl der derzeitige bauliche Zustand sehr zu wünschen übrig lässt. Vom Krestovka-Ufer bietet sich eine eindrucksvolle Aussicht auf die Bootswerften der Krestovski-Insel. Außerdem findet man hier einen idealen Platz für ein Picknick (am Wochenende ist Eintritt zu entrichten). Gehen Sie zum Pfad zurück und über die Erste Jelagin-Brücke zur Jelagin-Insel.

Jelagin-Insel (Jelagin Ostrov)

Die Insel ist eine beliebte Oase der Ruhe. Ein Schlagbaum zeigt den Eingang zum Gelände von Carlo Rossis Jelagin-Palast ⑥ *(siehe S. 126).*

Turm der Kirche Johannes' des Täufers (1776–78) ①

Klassizistische Fassade des Kamenoostrovski-Theaters (1827) ⑤

Von der Westspitze der Insel aus kann man den Sonnenuntergang über dem Finnischen Meerbusen, besonders während der Weißen Nächte *(siehe S. 51)*, genießen. Jenseits der Zweiten Jelagin-Brücke, die südlich zur Krestovski-Insel führt, liegen das Kirov-Stadion, der Siegespark und Primorski Park Pobedy. Die Dritte Jelagin-Brücke im Norden bringt Sie dagegen zum Primorski prospekt und dem von Gavriil Baranovski 1909–15 errichteten buddhistischen Tempel.

Nördliche Steininsel

Kehren Sie über die Erste Jelagin-Brücke zur Steininsel zurück, und biegen Sie links auf die Teatralnaja alleja ein. Von dort sehen Sie das ehemalige Herrenhaus von Alexander Polovcov ⑦, Außenminister unter Nikolaus II. Die herrliche klassizistische Villa mit Jugendstil-Elementen wurde 1911–13 von Ivan Fomin errichtet. Verlassen Sie die Teatralnaja alleja, und durchqueren Sie den friedvollen Park mit seinen Teichen und Kanälen. Nahe der Kreuzung mit der Bolšaja alleja stehen zwei weitere Herrenhäuser (frühes 20. Jh.). Follenweiders

Polovcov-Haus (frühes 20. Jh.) ⑦

Villa ⑧ zur Linken mit dem zeltförmigen Turm wurde 1904 von Roman Melzer entworfen und gehört nun dem dänischen Konsulat. Jevgenija Gausvalds Datscha ⑨ (1898) ist einer der ersten Jugendstil-Bauten St. Petersburgs. Schließlich führt der Spaziergang entlang der Beresovaja alleja zurück zum Kamennoostrovski prospekt und über die Ušakovski-Brücke zur Metro-Station Černaja Rečka.

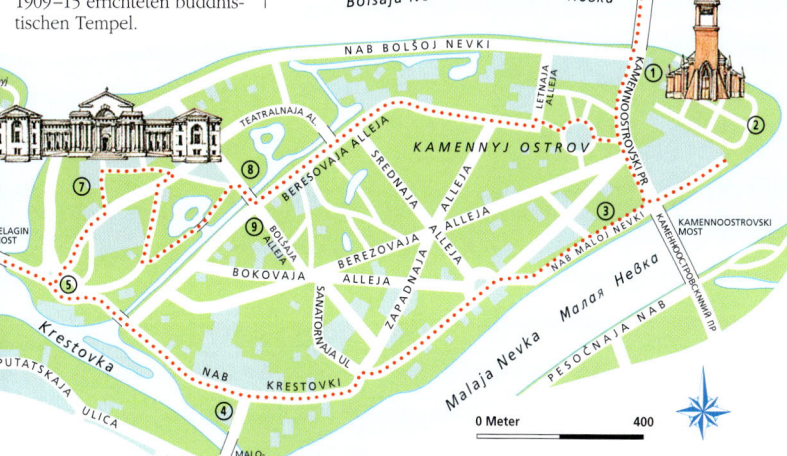

LEGENDE

 Routenempfehlung

Ⓜ Metro-Station

ROUTENINFOS

Start: Metro-Station Černaja Rečka (siehe S. 223).
Länge: 6 Kilometer.
Rasten: Café in den ehemaligen Ställen des Jelagin-Palasts (nur im Sommer) und viele Picknickplätze.

Das von Bäumen gesäumte Ufer der Krestovka

Spaziergang entlang der Neva (1:30 Std.)

Weithin sichtbar und wunderschön ist das Panorama von St. Petersburg. Auf diesem Spaziergang entlang dem nördlichen Ufer der Neva eröffnet sich immer wieder eine fantastische Aussicht nicht nur auf das herrliche Südufer des Flusses, sondern auch nach Petrogradskaja, etwa von der Dreifaltigkeitsbrücke aus, wo die Neva am breitesten ist. Wenn der Strom im Winter zufriert, scheint sich die weiße Fläche ins Unendliche auszudehnen. Der Spaziergang führt Sie, vorbei an Jugendstil-Architektur, unter anderem zur Hütte Peters des Großen und zum Kreuzer *Aurora*.

Mandschurischer Löwe ⑦

sowie den schlanken Turm der Peter-Paul-Kathedrale ⑤. Die Brücke wurde 1903 rechtzeitig zur Zweihundertjahrfeier der Stadt von der französischen Firma Batignol, die auch den Eiffelturm erbaute, fertiggestellt.

Kehren Sie zum Ufer zurück, und spazieren Sie an der Uferstraße Petrovskaja entlang, vorbei am Haus Peters des Großen ⑥ *(siehe S. 73)*. Die kleine Hütte wurde im

Kamennoostrovski prospekt

Beginnen Sie diesen Spaziergang bei der Metro-Station Gorkovskaja, gehen Sie an den Schaltern vorbei, und nehmen Sie die Unterführung, die Sie zum Konverski prospekt bringt, dem Sie dann in südlicher Richtung folgen. Hier finden Sie schöne Bei-

Dreifaltigkeitsplatz

Bis zum Ende der UdSSR hieß der Platz in Erinnerung an die 48 Arbeiter, die hier 1905 von Regierungstruppen getötet wurden, Revolutionsplatz. Die Dreifaltigkeitsbrücke ④ *(siehe S. 35)* ist herrlichster Jugendstil. Sie überspannt die Neva an ihrer breitesten Stelle und bietet beste Aussicht auf den Fluss und die Peter-Paul-Festung *(siehe S. 66f)*

Der Innenraum des Hauses Peters des Großen ⑥

Die Peter-Paul-Festung mit der Peter-Paul-Kathedrale ⑤

spiele der Jugendstil-Architektur. Bald tauchen vor Ihnen die Minarette der Sobornaja-Moschee ① *(siehe S. 70)* auf.

Die asymmetrische Jugendstil-Villa Kšesinskaja ② *(siehe S. 72)* an der Kreuzung zur Ulica Kujbyševa wurde 1906 für die Ballerina Matilda Kšesinskaja, eine Geliebte von Nikolaus II., erbaut. 1917 hatten hier die Bolschewiken ihr Hauptquartier, später sprach Lenin vom Balkon des Hauses zum Volk. Heute dient es als Museum der politischen Geschichte Russlands.

Biegen Sie nun rechts in die Ulica Kujbyševa ein, über die Sie den Kamennoostrovski prospekt *(siehe S. 70)* erreichen. Zu Ihrer Linken liegt der Dreifaltigkeitsplatz ③ *(siehe S. 73)*, einst ein wirtschaftliches Zentrum der Stadt.

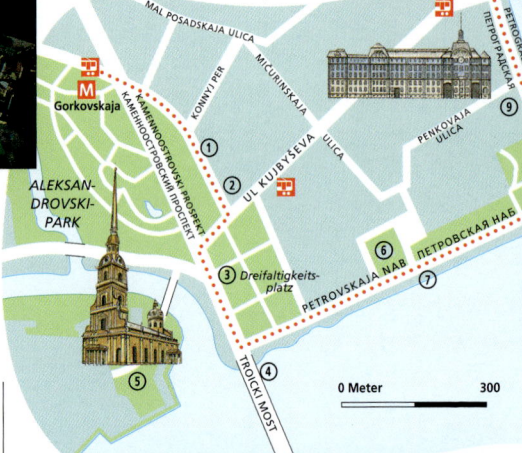

Der Kreuzer *Aurora* (1900) vor der Marineakademie Nachimov ⑨

ENTLANG DER NEVA

Blick über die zugefrorene Neva mit der goldenen Kuppel der Isaakskathedrale am Südufer

Mai 1703 in nur drei Tagen aus Kiefernholz errichtet. Peter wohnte hier sechs Jahre, um den Bau der Stadt zu überwachen. Der steinerne Schutzbau wurde später angefügt. Die mandschurischen Skulpturen ⑦ an den Stufen zum Haus sind Beutegut aus dem Russisch-Japanischen Krieg von 1904/05.

Die Schüsse aus seinen Mündungsrohren waren das Signal für die Erstürmung des Winterpalasts im Jahr 1917. Der Kreuzer dient heute als Museum.

Ein Stück weiter die Uferstraße entlang fällt zur Linken das neubarocke Gebäude der Marineakademie Nachimov ⑨ von 1910/1911 auf.

Überqueren Sie die Brücke Sampsonievski most, und biegen Sie in die Pirogovskaja nab ein. Von hier bringt Sie die Tram-Linie Nr. 6 wieder zurück ins Zentrum.

Wenn Sie zu Fuß weiter wollen: Die Uferstraße führt zur medizinischen Fakultät des Militärs ⑩, die unter Zar Paul I. erbaut wurde. Links auf der Ploščad Lenina ⑪ steht eine der wenigen noch erhaltenen Lenin-Statuen der Stadt.

ROUTENINFOS

Start: Sobornaja-Moschee.
Länge: 3,5 Kilometer.
Anfahrt: Metro-Station Gorkovskaja (siehe S. 223).
Rasten: An der nördlichen Uferstraße, vor allem in der Nähe des Kreuzers Aurora und des Hauses Peters des Großen, verkaufen zahlreiche Stände Getränke und Snacks.

Ploščad Lenina

Die meisten der vielen Lenin-Statuen überall im Land wurden nach dem Zusammenbruch der UdSSR entfernt. Das Standbild am Ploščad Lenina wurde 1926 aufgestellt. Lenin posiert hier in der typischen väterlichen Haltung, die augenscheinlich viele Bildhauer sehr schätzen. Direkt gegenüber dem Platz thront auf der anderen Flussseite düster der »Bolšoj-Dom«, das ehemalige Hauptquartier des KGB. Hier wurde über schätzungsweise 47000 Bürger der Stadt das Todesurteil gefällt und auch vollstreckt. Heute dient das Areal als Zentrale des Geheimdienstes FSB und als Gefängnis.

Gehen Sie nun über die Ploščad Lenina zum Finnischen Bahnhof ⑫ (siehe S. 126), wo einst Lenin mit dem Zug ankam, um die schicksalhafte Oktoberrevolution im Jahr 1917 anzuführen. Im Finnischen Bahnhof befindet sich auch die Metro-Station Ploščad Lenina.

Lenin-Statue auf der Ploščad Lenina ⑪

LEGENDE

- ••• Routenempfehlung
- M Metro-Station
- 🚋 Tramhaltestelle
- 🚉 Bahnhof

Kreuzer *Aurora*

Folgen Sie der Uferstraße bis zur Petrogradskaja nab, wo das historische Kriegsschiff *Aurora* ⑧ (siehe S. 73) steht.

Springbrunnen mit Bronzeskulpturen in Peterhof (siehe S. 148–151) ▷

Ausflüge

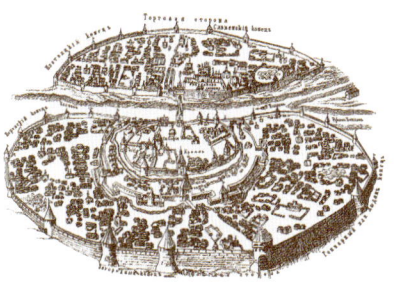

Repino 146

Oranienbaum 146

Gatčina 147

Peterhof 148–151

Carskoje Selo 152–157

Pavlovsk 158–161

Novgorod 162–165

AUSFLÜGE

Die Umgebung von St. Petersburg ist typisch für den Nordwesten Russlands. Neben weiten Ebenen, Kiefernwäldern und Seen gibt es hier kulturell interessante Sehenswürdigkeiten wie die Zarenpaläste und die mittelalterliche Stadt Novgorod. Ein Ausflug in die Umgebung gewährt einen Einblick in dieses herrliche Land.

Vor der Gründung St. Petersburgs 1703 war das Umland eine von Wölfen bewohnte marschige, unwirtliche Wildnis. Dennoch war das Gebiet vom Finnischen Meerbusen bis zum Ladogasee von strategischer Bedeutung für den Handel und gab Anlass zu ständigen Kriegen zwischen Schweden und Russland. Damals war Novgorod, ein unabhängiges, reiches Fürstentum *(siehe S. 17)*, die einzige bedeutende Siedlung. Seine mittelalterliche Atmosphäre unterscheidet sich sehr von der mit Zarenpalästen durchsetzten Landschaft südlich von St. Petersburg. Die Paläste spiegeln den Geschmack ihrer Besitzer wider: Bei der Residenz Peters des Großen, dem Peterhof, spielt Wasser eine Hauptrolle – Zeichen seines Interesses an der Seefahrt. Elisabeth wünschte satte Farben und Prunk für ihre extravaganten Bälle – deshalb der große Barockpalast von Carskoje Selo. Katharina die Große liebte die Intimität und errichtete in Carskoje Selo Wohnungen sowie den Chinesischen Palast von Oranienbaum. Die Militärmanie Pauls I. ließ ihn Gatčina in eine »Burg« verwandeln, während sich seine Frau Marija Fjodorovna in Pavlovsk eine elegante Residenz schuf. Alle Paläste außer Oranienbaum wurden während des Zweiten Weltkriegs *(siehe S. 27)* schwer beschädigt, in den vergangenen 60 Jahren aber restauriert.

Muse der Liebe und Poesie, Pavlovsk

Die Landhäuser der Mittelklasse sind weniger extravagant. Die Datscha des Künstlers Repin nordwestlich der Stadt gibt einen Einblick in seinen unkonventionellen Lebensstil.

Novgorod: Kreml mit Sophienkathedrale

◁ Die vergoldeten Verzierungen der Haupttreppe des Palasts von Peterhof (siehe *S. 148–151*)

Überblick: Ausflüge

Viele St. Petersburger verbringen die Wochenenden und Feiertage in ihrem Landhaus, der Datscha. Dem Besucher der Stadt bieten sich zahlreiche Ausflugsmöglichkeiten in die Umgebung der Stadt. Im Süden sind viele herrliche Zarenpaläste wie an einer Perlenkette aufgereiht. Jeder von ihnen hat eine prächtige Inneneinrichtung und großartig angelegte Parks und Seen. Die Landschaft, die das Künstlerstudio von Repino umgibt, ist typischer für das Baltikum. Kiefern- und Tannenwälder erstrecken sich bis zu den Kieselstränden des Finnischen Meerbusens.

Das weiter südlich gelegene mittelalterliche Novgorod mit seinem Kreml und den Zwiebelturmkirchen ist ein großartiges Beispiel einer typisch russischen Stadt.

Fassade des Chinesischen Palasts von Oranienbaum

In der Umgebung von St. Petersburg unterwegs

Man kommt einfach zu den Zarenpalästen und nach Repino: Entweder nimmt man einen Vorortzug oder einen Bus *(siehe S. 229)*. Mit dem Zug ist man meist schneller. Im Sommer kann man mit dem Tragflächenboot nach Peterhof fahren *(siehe S. 228f)*. Dessen Sehenswürdigkeiten können an einem Tag besichtigt werden. Novgorod liegt weiter entfernt, man sollte dort mehr Zeit verbringen; vom Moskauer Bahnhof *(siehe S. 229)* fahren Züge dorthin.

Küstenlandschaft am Finnischen Meerbusen

Weitere Zeichenerklärungen *siehe hintere Umschlagklappe*

AUSFLÜGE

SEHENSWÜRDIGKEITEN AUF EINEN BLICK

Carskoje Selo ❺
Gatčina ❹
Novgorod ❼
Oranienbaum ❷
Pavlovsk ❻
Peterhof ❸
Repino ❶

LEGENDE

▨ Kartenausschnitt

LEGENDE

— Hauptstraße
⋯ Nebenstraße
— Panoramastraße
⊟ Eisenbahn
— Regionalbahn

Vergoldete Kuppel der Kapelle des Katharinenpalasts in Carskoje Selo

Repino ❶
Репино
Repino

47 km NW von St. Petersburg. 🚆 *vom Finnischen Bahnhof.* 🚌 *211 von der Metro-Station Černaja Rečka.* **Penaty**, Primorskoje šosse 411. 📞 *432 0834.* ⏲ *Mi–So 10.30– 16 Uhr.* 📷 🗺 *in Englisch.* ♿ *nur Erdgeschoss.*

Studio des Künstlers Illja Repin in seinem Haus in Repino

Nur etwa eine Autostunde – auf der Primorskoje šosse, der nördlichen Küstenstraße von St. Petersburg entfernt, findet man eine zauberhafte Landschaft von Seen, Kiefernwäldern und Sandstränden. Zwischen den grün gestrichenen Datschas und Sanatorien liegt Repino, der nach Illja Repin *(siehe S. 42)*, einem der größten russischen Künstler, benannte Urlaubsort. Repin lebte hier über 30 Jahre lang, bis er 1930 im Alter von 86 Jahren starb. Die verwinkelte Datscha mit dem Giebeldach aus Glas wurde nach dem Zweiten Weltkrieg restauriert und ist nun ein Museum.

Das Haus, das Repin zu Ehren der römischen Schutzgötter Penaty benannte, wurde von ihm selbst umgestaltet. Die glasverkleidete Veranda im Erdgeschoss diente als Winteratelier. Im Studio im ersten Stock sind die Pinsel des Künstlers und einige seiner Werke, darunter ein unvollendetes Porträt von Puškin *(siehe S. 44)* sowie Repins letztes Selbstbildnis, zu sehen.

Werke des Künstlers schmücken das Esszimmer. Hierzu zählen Bildnisse des Sängers Fjodor Šaljapin und des Schriftstellers Maxim Gorki, zwei von Repins vielen Besuchern. An einem Tisch mit Drehplatte mussten sich die Gäste selbst bedienen und nach dem Essen ihr Geschirr wegräumen. Wer sich nicht an diese Regel hielt, hatte eine improvisierte Rede zu halten.

Repins Grab im Garten ist nur an einem Kreuz auf einer Hügelspitze zu erkennen.

Oranienbaum ❷
Ораниенбаум
Oranienbaum

40 km W von St. Petersburg. 📞 *422 3753 oder 423 1627.* 🚆 *vom Baltischen Bahnhof.* **Anlage** ⏲ *9– 20 Uhr (ab 17 Uhr frei).* **Chinesischer Palast** ⏲ *derzeit geschlossen.* **Palast Peters III.** ⏲ *Juni–Sep: Mi–Mo 10.30–18 Uhr.* **Rutschberg-Pavillon** ⏲ *derzeit geschlossen.* 📷 🗺

Das extravagante Projekt von Alexandr Menšikov *(siehe S. 62)*, engster Freund und Berater von Peter dem Großen, war ehrgeiziger als Peters Palast in Peterhof *(siehe S. 148–151)* zwölf Kilometer westlich von hier. Der grandiose Plan führte letztendlich zu Menšikovs finanziellem Ruin. Als er 1727 gestürzt wurde, fiel sein Anwesen an die Krone.

Der Große Palast von Oranienbaum, 1710–25 von Gottfried Schädel und Giovanni-Maria Fontana erbaut, hat wenig von seiner barocken Pracht verloren. Seine weitläufigen Flügel gipfeln in zwei bemerkenswerten Pavillons. Teile des Palastes und des östlichen Pavillons sind öffentlich zugänglich.

1743–61 wurde der Palast Residenz des zukünftigen Peter III. Er baute eine Miniaturfestung mit einem See für seine »Marine« und einen Paradeplatz, auf dem er Kriegsspiele mit Soldaten spielte. Peter ließ auch von Antonio Rinaldi einen Palast bauen.

Peters Frau Katharina (später Katharina die Große) verabscheute zwar die Abgeschiedenheit, doch nach Peters Ermordung *(siehe S. 22)* baute sie sich in Oranienbaum ihre private Datscha. Der in den 1760er Jahren von Rinaldi gebaute Chinesische Palast ist berühmt für sein Rokoko-Interieur und die Chinoiserien.

Das ungewöhnlichste Gebäude in Oranienbaum ist Rinaldis Rutschberg, der 1762 auf Wunsch Katharinas gebaut wurde. Schlittenfahren war eine der Lieblingsbeschäftigungen des russischen Adels. Katharinas Besucher kletterten zum blau-weißen Pavillon, um dann mit einem Schlitten über eine 500 Meter lange Rutschbahn nach unten zu gleiten. Leider stürzte die Abfahrtsbahn 1813 ein, doch ein Modell ist im Pavillon zu besichtigen. Man kann einige

Fassade von Menšikovs Palast (1710–25) in Oranienbaum

Hotels und Restaurants bei den Ausflügen *siehe Seiten 177 und 191*

Zeit damit verbringen, über das Gelände mit seinen zahlreichen Pfaden, Kiefernwäldern, Teichen und Brücken zu schlendern.

Oranienbaum war die einzige Palastanlage, die während des Zweiten Weltkriegs *(siehe S. 27)* nicht von den Deutschen besetzt wurde. 1948 wurde der Ort zu Ehren des berühmten Gelehrten des 18. Jahrhunderts, der in der Nähe eine Glas- und Mosaikfabrik gegründet hatte, Lomonosov genannt. Heute heißt die Anlage wieder Oranienbaum, eine Anspielung auf die Orangenbäume, die Menšikov angepflanzt hatte.

Die strenge Fassade des Palastes von Gatčina

machte Katharina das Anwesen ihrem Sohn und Erben Paul (später Paul I.). Paul bat Vincenzo Brenna, den Palast entsprechend seinem soldatischen Geschmack umzugestalten. Der Palast wurde unter anderem um ein Stockwerk erweitert und erhielt einen Burggraben mit Zugbrücke.

Der nächste Romanov auf Gatčina war Alexander III., der den Palast im späten 19. Jahrhundert zu seiner Familienresidenz machte. Das Anwesen war ein Rückzugsort vor den sozialen Unruhen, die in der Hauptstadt ausbrachen *(siehe S. 26)*. Die Zarenfamilie führte hier ein einfaches Leben. In Übereinstimmung mit dem zunehmend bürgerlichen Geschmack des Adels in ganz Europa verachtete sie die Prunksäle und wohnte in den gemütlicheren Bedienstetenunterkünften.

1917 floh der Führer der provisorischen Regierung, Alexandr Kerenski, nach der Machtergreifung der Bolschewiken nach Gatčina, um sich in letzter Minute die Unterstützung seiner Anhänger zu sichern. Kurz darauf ließ er seine Truppen im Stich und ging ins Exil.

Nach dem Zweiten Weltkrieg diente der beschädigte Palast lange als Militärakademie. Die Restaurierung ist noch nicht abgeschlossen. Die drei beeindruckendsten Räume sind das Marmorne Esszimmer, das Schlafzimmer von Paul I. in einem von Brennas Türmen und der prächtige Weiße Ballsaal. Im Erdgeschoss sind Waffen ausgestellt.

Zu den Attraktionen des Geländes gehören der Tempel der Venus (1792/93) auf der Insel der Liebe und das Birkenhaus (Ende 18. Jh.), das auf den ersten Blick nichts weiter als ein Stoß Holzstämme zu sein scheint. Tatsächlich verbergen sich dahinter jedoch wunderschöne Räume.

Am See kann man Boote mieten und im Sommer in seinem klaren Wasser schwimmen. Bringen Sie sich ein Picknick mit, denn in der Stadt gibt es kaum Restaurants, und genießen Sie die idyllische Ruhe.

Chinoiserien in Katharinas Chinesischem Palast in Oranienbaum

Peterhof ❸

Siehe S. 148–151

Gatčina ❹
Гатчина
Gatčina

45 km SW von St. Petersburg. 🚆 *Baltischer Bahnhof.* 🚌 *431, K-18, K-18a ab Metro-Station Moskovskaja.* 📞 *8 81371-93492.* 🕐 *Di–So 10–18 Uhr.* 🚫 *erster Di im Monat.* 📷 🎧 *in Englisch.* 💻 *www.gatchinapalce.ru*

Katharina die Große schenkte das Dorf Gatčina 1765 ihrem Liebhaber Fürst Grigori Orlov. Er beauftragte Antonio Rinaldi, einen klassizistischen Palast zu bauen, der 1781 fertiggestellt wurde. Als Orlov starb, ver-

Carskoje Selo ❺

Siehe S. 152–157.

Gatčinas luxuriöser Weißer Ballsaal mit pseudo-ägyptischen Statuen

Peterhof

Петерhof
Petergof

Mit seiner spektakulären Sicht auf die Ostsee ist Peterhof ein vollkommener Ausdruck des Triumphes. Der Große Palast (1714–21), von Jean Baptiste Le Blond entworfen, wurde unter Zarin Elisabeth von Bartolomeo Rastrelli umgestaltet, der ein drittes Stockwerk und Seitenflügel mit je einem Pavillon hinzufügte. Außerdem arbeitete er das Innere des Palastes entsprechend seiner Liebe für barocke Vergoldungen um. Peterhof steht im Zentrum eines herrlich gestalteten Parks mit einem französischen und einem englischen Garten.

Blick auf die Große Kaskade, die zum Finnischen Meerbusen hin abfällt

Neptunbrunnen

Eichenbrunnen

Mežeumnyj-Brunnen

Die oberen Gärten mit ihren schönen Zierteichen sind von Hecken eingerahmt.

Zarensuite
Die Zarensuite liegt im Ostflügel des Palastes. Peters Eichenkabinett gehört zu den wenigen Räumen, die Rastrelli nicht umgestaltete. Die geschnitzte Holztäfelung im Régence-Stil (1718–21) stammt von Nicolas Pineau.

Orangerie

Römische Brunnen

Pyramidenbrunnen

Monplaisir

Adambrunnen

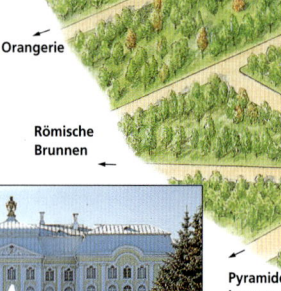

★ **Große Kaskade**
Die Kaskade (1715–24) mit den 37 vergoldeten Bronzeskulpturen ist die größte Brunnenanlage der Welt. Das Wasser fließt von den Terrassen des Großen Palastes zum Meereskanal und schließlich ins Meer.

0 Meter 25

Palast Peters des Grossen

Nach dem Sieg über die Schweden bei Poltava 1709 beschloss Peter der Große, einen Palast zu bauen, »der dem höchsten der Monarchen angemessen ist«. Er beschäftigte über 5000 Arbeiter, Leibeigene und Soldaten, unterstützt von Architekten, Wasseringenieuren, Landschaftsgärtnern und Bildhauern. Peterhof wurde 1714 begonnen und 1723 offiziell eröffnet. Le Blonds Großer Palast (1721) hat sich im Verlauf der Zeit stark verändert. Katharina die Große beauftragte nach 1770 Juri Felten, einige der von Rastrelli gestalteten Räume, einschließlich des Thronsaals und des Česme-Saals, neu herzurichten.

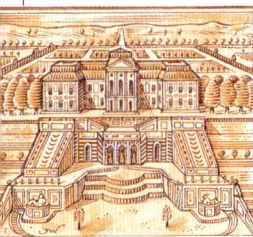

Jean Baptiste Le Blonds originaler zweistöckiger Großer Palast

INFOBOX

Petrodvorec, 30 km W von St. Petersburg. 420 0073. vom Baltischen Bahnhof (siehe S. 228) nach Novy Petergof. Eremitage (Mai–Okt). **Großer Palast** Di–So 10.30–18 Uhr. letzter Di im Monat. **Andere Pavillons** Mai–Sep: Di–So 11–17 Uhr; Okt–Apr: Sa, So 11–17 Uhr. **Brunnen** Mai–Sep: 10.30–18 Uhr. nur Russ. www.peterhof.ru

★ Haupttreppe

Karyatiden und vergoldete Schnitzereien schmücken Rastrellis glanzvolle Treppe. Das Deckenfresko zeigt, wie Aurora und Genius die Nacht vertreiben.

Kaskade Goldener Berg

Marly-Palast und Eremitage

Eva-brunnen

Samson-brunnen

Tragflächen-boot, Finnischer Meerbusen

NICHT VERSÄUMEN

★ Große Kaskade

★ Haupttreppe

★ Prunksäle

Der Meereskanal ermöglicht es dem Zaren, vom Finnischen Meerbusen zum Großen Palast zu segeln.

★ Prunksäle

Das Zentrum der Prunksäle ist der feudale Thronsaal, 1770 von Juri Felten neu gestaltet. Die maßvolle Stuckdekoration, die roten Samtvorhänge und die Parkettböden bilden einen festlichen Rahmen für die Porträts der Zarenfamilie.

Überblick: Peterhof-Park

Zum Gelände in Peterhof gehören die Oberen Gärten, der Untere Park und der Alexandra-Park mit einer Gesamtfläche von rund 607 Hektar. Die vielen Paläste und Brunnen erreicht man über Alleen und Waldpfade. Ein Teil der Anlage grenzt an die Ostsee. Le Blond entwarf das Gelände neben dem Großen Palast in formalem französischem Stil mit geometrischen Blumenbeeten, Skulpturen und Pergolen. Die Bäume und Sträucher, zu denen Linden, Ulmen und Rosen zählen, wurden aus ganz Russland und aus dem Ausland angeliefert.

Cottage-Palast im Alexandra-Park

Monplaisir (1714–22) am Ufer des Finnischen Meerbusens

Monplaisir

Dieser schlichte Palast wurde 1714 von Johann Braunstein entworfen. Selbst nach dem Bau des Großen Palastes lebte Peter weiterhin auf Monplaisir und unterhielt hier seine Gäste, die er gewöhnlich unter den Tisch trank. Zum Frühstück wurden die Kaffeetassen mit Schnaps gefüllt, bei Einbruch der Dunkelheit torkelten die Gäste häufig betrunken im Park umher.

Das Innere, nicht so feudal wie das des Großen Palastes, ist dennoch beeindruckend, vor allem der holzgetäfelte Zeremoniensaal. Das Deckengemälde zeigt Apollo, umgeben von Charakteren aus einem Maskenspiel. Russische Ikonenmaler schufen die Dekoration des Lackkabinetts im chinesischen Stil. Peters Gemäldesammlung besteht aus Werken holländischer und flämischer Künstler. Vom Meereskabinett des Zaren hat man einen herrlichen Blick auf den Meerbusen.

Angrenzend an Monplaisir liegt der Katharinenflügel, 1747–54 von Rastrelli für Zarin Elisabeth gebaut. Katharina die Große erhielt hier 1762 von ihrem Liebhaber, Fürst Orlov, die Nachricht von der Ermordung ihres Gatten Peter III. *(siehe S. 22).*

Marly-Palast

Der herrliche Landsitz, benannt nach der Jagdhütte Marly-le-Rois des französischen Königs, die Peter der Große bei einer Westeuropareise 1717 besuchte, wurde für die Gäste des Zaren gebaut. Zu besichtigen sind das Eichen- und das Platanenkabinett, Peters Schlafzimmer und der Speisesaal. Marly liegt in einem Garten mit Skulpturen, Brunnen, einem ausgedehnten Teich und der Kaskade Goldener Berg, die 1731–37 von Niccolò Michetti hinzugefügt wurde.

Kunstvoll gefliste Küche im Marly-Palast (1720–23)

Eremitage

In diesem eleganten Pavillon (1721–25), den Braunstein an den Ufern des Finnischen Meerbusens baute, dinierte Peter der Große mit Gästen. Das Gebäude war von einem Wassergraben mit einer Zugbrücke umgeben. Die Stuckfassade zieren korinthische Säulen, schmiedeeiserne Balkone und große Fenster. Die Dienerschaft durfte sich nur im Erdgeschoss aufhalten, die Speisen wurden mittels einer mechanischen Vorrichtung aus der Küche nach oben geholt.

Cottage-Palast

Der Cottage-Palast liegt im romantischen Alexandra-Park, benannt nach Alexandra, der Frau von Nikolaus I. Der neugotische Bau ist imposanter, als der Name Cottage vermuten lässt. Adam Menelavs, ein schottischer Architekt, entwarf ihn 1826–29 für Nikolaus I. und dessen Frau. Sie wünschten sich, ihrem bürgerlichen Geschmack entsprechend, eine häusliche Umgebung.

Der pseudogotische Stil zeigt sich am wirkungsvollsten im Salon, ausgestattet mit einem Teppich mit Fensterrosetten-Motiv und einer Stuckdecke mit spitzenartigem Filigranmuster. Das 5200-teilige Essservice aus Kristall und Porzellan wurde von der zaristischen Porzellanfabrik hergestellt.

Springbrunnen in Peterhof

Jean Baptiste Le Blond unterbreitete 1717 Peter dem Großen seinen »Wasserplan«. Den Mittelpunkt der herrlichen Anlage bildet die Große Kaskade, die von unterirdischen Quellen des 22 Kilometer entfernten Ropša-Gebirges gespeist wird. Die Kaskade feiert den Triumph der Russen über die Schweden *(siehe S. 19)*, der durch Michail Koslovskis Skulptur von Samson, der den Löwen zerreißt, symbolisiert wird. Zu den schönsten Brunnen, die sich großteils im Unteren Park befinden, gehören der Triton- und der Löwenbrunnen, die Schachbrettkaskade mit dem wasserspeienden Drachen und weitere kleinere Brunnen. Hinzu kommen Scherzbrunnen wie der Regenschirm, der auf alle »herabregnet«, die ihm zu nahe kommen.

Detail des Mežeumnyj-Brunnens

Den Adambrunnen *gab Peter der Große 1718 zusammen mit einer ähnlichen Statue von Eva bei Giovanni Bonazza in Auftrag. Die beiden Brunnen symbolisieren das irdische Paradies, das der Zar sich in Peterhof geschaffen hatte.*

Der Neptunbrunnen *ist 50 Jahre älter als Peterhof. Die Barockskulptur wurde 1658 in Nürnberg zum Gedenken an das Ende des Dreißigjährigen Krieges aufgestellt und 1782 an Zar Paul I. verkauft, weil man sie aufgrund Wassermangels nicht betrieb.*

Die Römischen Brunnen *wurden 1738/39 von Ivan Blank und Ivan Davydov nach dem Vorbild eines Brunnens auf dem Petersplatz in Rom entworfen.*

Die Große Kaskade *war ursprünglich mit Statuen aus Blei geschmückt. 1799 goss man sie in Bronze neu und vergoldete sie. Zu den Bildhauern, die dieses grandiose Werk schufen, gehörten Šubin und Martos.*

Der Pyramidenbrunnen *(um 1725) zählt zu den Brunnen, deren Strahlen eine besondere Form bilden. Hier entsteht aus über 500 Strahlen ein »Obelisk«, der an den Sieg über die Schweden erinnert.*

Carskoje Selo ❺
Царское Село
Carskoje Selo

Der feudale Zarenpalast in Carskoje Selo wurde 1752 von Rastrelli *(siehe S. 93)* für die Zarin Elisabeth gebaut. Zu Ehren ihrer Mutter, Katharina I., der das Anwesen gehörte, nannte sie ihn Katharinenpalast. Die nächste Herrscherin, die dem Palast ihre persönliche Note gab, war Katharina die Große. Sie beauftragte Charles Cameron, das barocke Innere gemäß ihrem klassizistischen Geschmack umzugestalten. Cameron baute auch den Achatpavillon, wo man die traditionellen Bäder nahm, und die Cameron-Galerie. Die nach dem Krieg begonnene Restaurierung des Palastes dauert noch an. 35 Prunkräume und der Park können besichtigt werden.

★ Großer Saal
Viel Licht strömt in Rastrellis Saal und erhellt Spiegel, vergoldete Schnitzereien und das Deckengemälde Der Triumph Russlands *(um 1755) von Giuseppe Valeriani.*

Das Weiße Vestibül (1860) von Ippolito Monighetti führt zu den Prunksälen im ersten Stock.

Eingang

Atlanten
Die herrliche 300 Meter lange Barockfassade ist mit einer Vielzahl von Atlanten, Säulen, Pfeilern und dekorativen Fensterrahmen geschmückt.

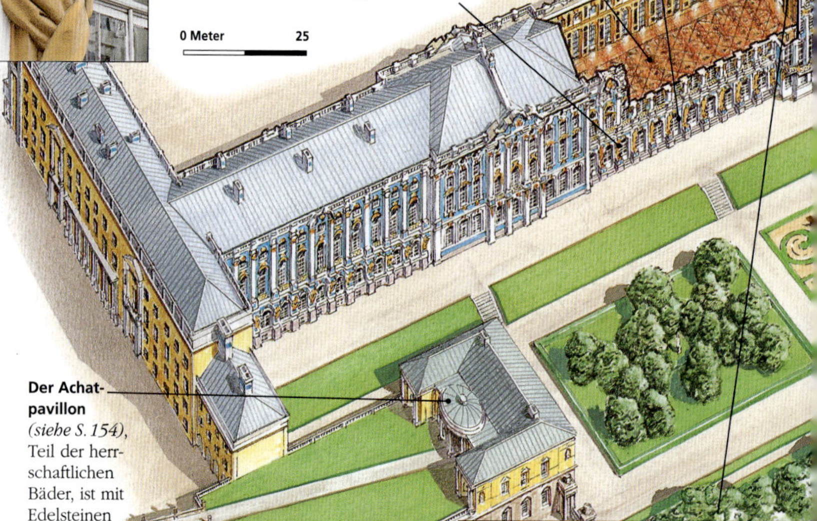

0 Meter 25

Der Achatpavillon *(siehe S. 154)*, Teil der herrschaftlichen Bäder, ist mit Edelsteinen aus dem Ural geschmückt.

Die Cameron-Galerie *(siehe S. 154)*

Parade-Speisezimmer
Der Tisch in dem von Rastrelli gestalteten gold-weißen Zimmer ist für die Kammerherren von Zarin Elisabeth gedeckt.

CARSKOJE SELO

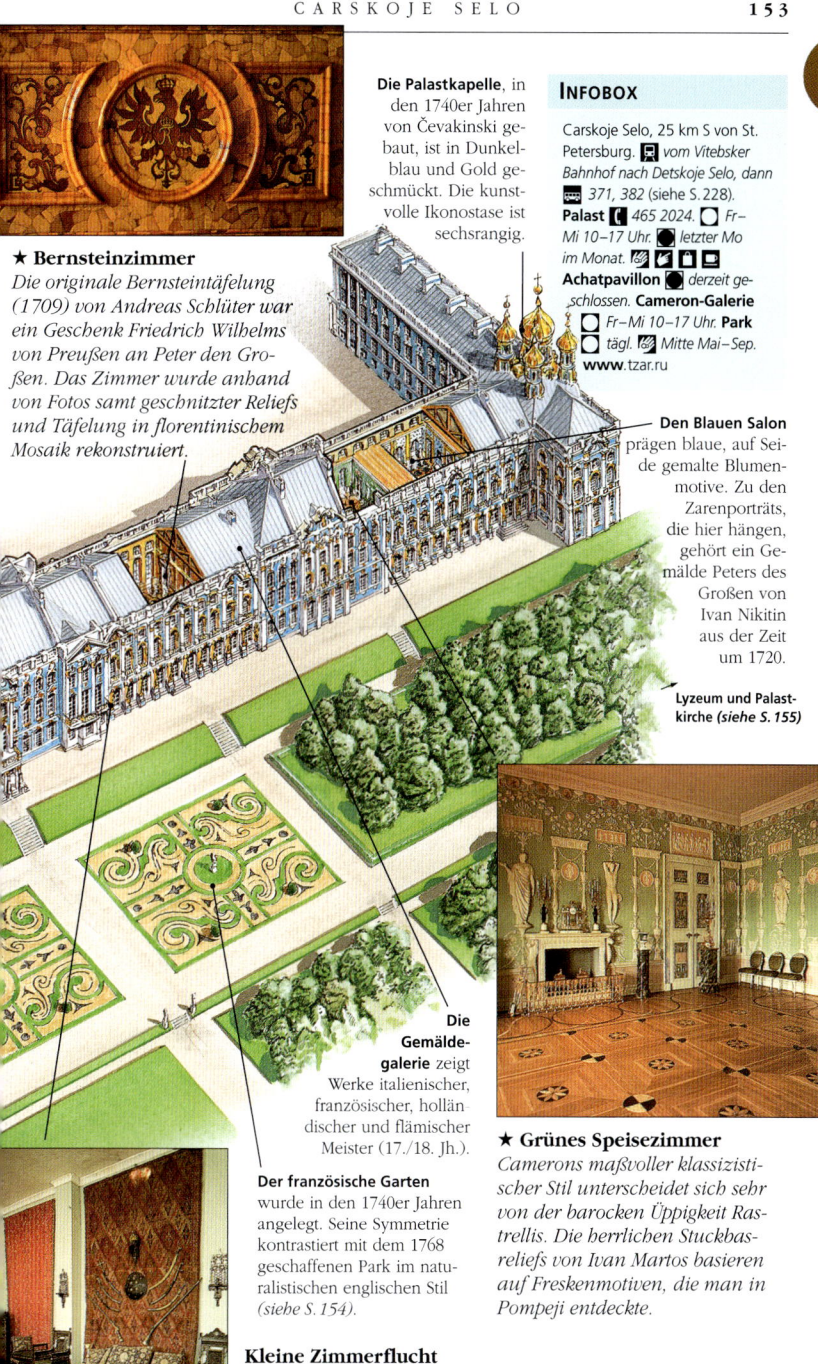

Die Palastkapelle, in den 1740er Jahren von Čevakinski gebaut, ist in Dunkelblau und Gold geschmückt. Die kunstvolle Ikonostase ist sechsrangig.

★ **Bernsteinzimmer**
Die originale Bernsteintäfelung (1709) von Andreas Schlüter war ein Geschenk Friedrich Wilhelms von Preußen an Peter den Großen. Das Zimmer wurde anhand von Fotos samt geschnitzter Reliefs und Täfelung in florentinischem Mosaik rekonstruiert.

Den Blauen Salon prägen blaue, auf Seide gemalte Blumenmotive. Zu den Zarenporträts, die hier hängen, gehört ein Gemälde Peters des Großen von Ivan Nikitin aus der Zeit um 1720.

Lyzeum und Palastkirche *(siehe S. 155)*

Die Gemäldegalerie zeigt Werke italienischer, französischer, holländischer und flämischer Meister (17./18. Jh.).

Der französische Garten wurde in den 1740er Jahren angelegt. Seine Symmetrie kontrastiert mit dem 1768 geschaffenen Park im naturalistischen englischen Stil *(siehe S. 154)*.

Kleine Zimmerflucht
Möbel und Kunstobjekte sind in diesen Räumen zu sehen. Chinesische Lackmöbel und orientalische Teppiche gehören zu den Schätzen, mit denen der Palast im 19. Jahrhundert ausgestattet war.

★ **Grünes Speisezimmer**
Camerons maßvoller klassizistischer Stil unterscheidet sich sehr von der barocken Üppigkeit Rastrellis. Die herrlichen Stuckbasreliefs von Ivan Martos basieren auf Freskenmotiven, die man in Pompeji entdeckte.

> **INFOBOX**
>
> Carskoje Selo, 25 km S von St. Petersburg. 🚆 *vom Vitebsker Bahnhof nach Detskoje Selo*, dann 🚌 *371, 382 (siehe S. 228)*. **Palast** 📞 465 2024. ⏰ *Fr–Mi 10–17 Uhr*. ⛔ *letzter Mo im Monat*. 🎟️ 📷 🚻 ♿
> **Achatpavillon** ⛔ *derzeit geschlossen*. **Cameron-Galerie** ⏰ *Fr–Mi 10–17 Uhr*. **Park** ⏰ *tägl.* 🎟️ *Mitte Mai–Sep.*
> www.tzar.ru

> **NICHT VERSÄUMEN**
>
> ★ Bernsteinzimmer
> ★ Großer Saal
> ★ Grünes Speisezimmer

Überblick: Carskoje Selo

Die großartige Parklandschaft von Carskoje Selo wurde von Tausenden Soldaten und Arbeitern dort geschaffen, wo einst dichter Wald stand. 1744 begann die Arbeit am französischen Garten, doch 1768 gab Katharina die Große einen der ersten Landschaftsparks Russlands in Auftrag. Auf den 567 Hektar sind bezaubernde Pavillons um einen See angeordnet. Das Gelände wie auch die Stadt Carskoje Selo im Nordosten von St. Petersburg lohnen einen Besuch.

Französischer Garten vor dem Katharinenpalast

Katharinenpark

Der geometrische französische Garten südöstlich des Palastes zeichnet sich durch strahlenförmig angelegte Alleen, Terrassen, Teiche, beschnittene Hecken, Pavillons und klassizistische Statuen aus. Direkt beim Palast liegt Camerons luxuriöser **Achatpavillon** (1780–87), der derzeit allerdings nicht zugänglich ist. Das rustikale untere Stockwerk bildet einen Kontrast zur oberen Etage, die einer Renaissance-Villa nachgebildet wurde. Die Räume sind mit Achat, Jaspis und Malachit ausgestattet.

Die **Cameron-Galerie** (1783–87) hat ein rustikales Erdgeschoss aus Stein, gekrönt von einem klassizistischen Peristyl mit 44 ionischen Säulen. Entlang der Kolonnade finden sich Bronzebüsten alter Philosophen, Dichter und Herrscher. 1792–94 fügte Cameron eine lange Steinrampe hinzu, um der alternden Katharina der Großen den Zugang zu den Gärten zu erleichtern.

Das **Untere** und das **Obere Bad** wurden 1777–80 von Illja Nejelov im klassizistischen Stil errichtet. Das kuppelförmige Untere Bad war für die Höflinge bestimmt, das Obere Bad für die Mitglieder der Zarenfamilie. Der Bau von Rastrellis **Grotte** begann 1749, die Ausschmückung des Inneren mit mehr als 250 000 Muscheln dauerte bis nach 1770. Die Hauptallee des Gartens führt zur **Eremitage** (1756), einem von Rastrelli erbauten Barockpavillon, wo Elisabeth ihre Gäste empfing.

Mädchen mit dem zerbrochenen Krug (1816)

Der untere Parkteil wurde 1768 von Meistergärtnern wie John Bush begonnen, die unter Leitung des Architekten Vasili Nejelov arbeiteten. Man baute eine 16 Kilometer lange Wasserstraße, um die Kanäle, Kaskaden und künstlichen Seen, darunter den **Großen See**, zu speisen. Von Giacomo Quarenghis Pavillon (1786) auf der Insel brachten Musiker Katharina und ihren Höflingen, die in ihren vergoldeten Gondeln an ihnen vorbeitrieben, ein Ständchen.

Vasili Nejelovs holländische neugotische **Admiralität** (1773–77) und die 25 Meter hohe, mit Schiffsrümpfen geschmückte **Česme-Säule** verbindet das Thema Seefahrt. Die von Antonio Rinaldi 1771 entworfene Säule feiert den Sieg der Russen über die Türken in der Ägäis. Die rosafarbene Kuppel und das Minarett des **Türkischen Bads** spiegeln sich im stillen Wasser des Sees wider. In der Nähe befindet sich Nejelovs **Marmorbrücke** (1770–76). Auf einem Hügel mit Blick auf den See sitzt einsam das **Mädchen mit dem zerbrochenen Krug**, eine von Pavel Sokolov gestaltete Statue. Die Figur inspirierte Puškin zu dem Gedicht *Brunnen in Carskoje Selo*, in dem er über das Mädchen sinniert, das »traurig oberhalb des zeitlosen Stromes sitzt«.

Beweise der Vorliebe des 18. Jahrhunderts für das Chinesische finden sich an der Grenze zum Alexanderpark, Cameron baute dort 1782–96 das **Chinesische Dorf**. Andere Beispiele hierfür sind Juri Feltens **Knarrende Laube**, deren Fußboden beim Betreten durch Besucher knarrt, und Nejelovs **Große Kaprice** (um 1775), eine gewölbte Brücke, gekrönt von einer pagodenartigen Säulenstruktur.

Türkisches Bad im maurischen Stil (1852) von Ippolito Monighetti

Hotels und Restaurants bei den Ausflügen siehe Seiten 177 und 191

CARSKOJE SELO

Knarrende Laube (1778–86)

Stadt Carskoje Selo

Die Stadt mit rund 100 000 Einwohnern entstand im 19. Jahrhundert als Urlaubsort für die Aristokratie. 1937 wurde sie nach dem Dichter Alexandr Puškin *(siehe S. 43)* umbenannt, der von 1811–17 am örtlichen **Lyzeum** unterrichtet wurde. Es war eine der angesehensten Schulen Russlands, die Alexander I. 1811 für Mitglieder des Adels gegründet hatte. 1998 erhielt die Stadt ihren ursprünglichen Namen zurück. Die **Palastkirche** (1734) gehört zu den ältesten Gebäuden der Stadt. In einem Garten nebenan zeigt eine Statue von Roman Bach Puškin in der Uniform des Lyzeums. Puškin und seine Braut Natalija verbrachten den Sommer 1831 in dem Holzhaus, das heute **Puškins Datscha** genannt wird.

Am Westrand der Stadt liegt der **Alexanderpalast**, den Katharina die Große für ihren Enkelsohn, den zukünftigen Alexander I., in Auftrag gab. Giacomo Quarenghi entwarf das klassizistische Gebäude mit der säulenverzierten Fassade. Es war die Residenz des letzten russischen Zaren Nikolaus II. und seiner Familie, die hier von 1904 bis zu ihrem Hausarrest 1917 *(siehe S. 28)* lebte. Im Palast ist eine Ausstellung zu sehen.

🚇 **Lyzeum** Sadovaja 2. ☎ 476 6411. ⏱ Mi–Mo 10.30–17 Uhr. ⊘ letzter Fr im Monat. 📷

🚇 **Puškins Datscha** Puškinskaja 2/19. ☎ 476 6990. ⏱ Mi–Mo 10.30–17.30 Uhr. ⊘ letzter Fr im Monat.

🚇 **Alexanderpalast** Dvorcovaja 2. ☎ 466 6669. ⏱ Mi–Mo 10–18 Uhr. ⊘ letzter Mi im Monat. 📷 www.tzar.ru

Alexandr-Puškin-Statue (1900) von Roman Bach

PARK VON CARSKOJE SELO

Achatpavillon ②
Admiralität ⑦
Alexanderpalast ⑰
Cameron-Galerie ③
Česme-Säule ⑧
Eremitage ⑤
Große Kaprice ⑬
Grotte ⑥
Katharinenpalast S. 152f ①
Knarrende Laube ⑫
Lyzeum ⑭
Mädchen mit dem zerbrochenen Krug ⑪
Marmorbrücke ⑩
Palastkirche ⑮
Puškins Datscha ⑯
Türkisches Bad ⑨
Unteres und Oberes Bad ④

Auf dem Katharinenpalast *(siehe S. 152f)* weht die Flagge der Romanovs ▷

Pavlovsk

Павловск
Pavlovsk

Zur Geburt ihres Sohnes und Erben Paul schenkte Katharina die Große ihm 1777 dieses riesige Areal und ließ ihren Lieblingsarchitekten Charles Cameron Palast und Park entwerfen. Die Arbeiten in Pavlovsk (abgeleitet von Pavel bzw. Paul) begannen 1780 und wurden von Pauls trauernder Witwe Marija Fjodorovna noch lange nach seinem Tod fortgesetzt. »Englische Gärten« waren damals in Mode und inspirierten Camerons Entwurf einer scheinbar natürlichen Landschaft mit Pavillons (für zwanglose Feste), romantischen Ruinen und einer herrlichen Sicht auf die Slavjanka.

Kaltes Bad
Der schmucklose Pavillon wurde 1799 von Cameron als Sommerbad gebaut und mit einer eleganten Vorhalle, Gemälden und Möbeln ausgestattet.

Kolonnade des Apoll
Camerons Kolonnade (1782/83) umgibt eine Kopie des Apoll von Belvedere über einer romantisch verfallenen Kaskade.

Pavillon der drei Grazien

Die Kentaurenbrücke von Voronichin führt über eine Biegung der Slavjanka.

Voliere

Camerons Milchhof (1782) umfasste einen Melkstall und einen eleganten Salon.

★ Palast von Pavlovsk
Camerons palladianisches Herrenhaus (1782–86) bildet den Hauptbau des heutigen Palastes (siehe S. 160f). Die Flügelpavillons (1789) stammen von Vincenzo Brenna.

★ Tempel der Freundschaft
Ein Ring dorischer Säulen umgibt diesen Tempel (1780).

PAVLOVSK

Allee der grünen Frauen

Bahnhof von Pavlovsk

INFOBOX

Pavlovsk. 452 1536. vom Vitebsker Bahnhof, dann Bus 370, 383, 493, K-286, K-299, K-513 (siehe S. 228). **Anlage** tägl. Mai–Nov: 10–17 Uhr. **Palast** Sa–Do 10–17 Uhr. Winter: 1. Mo im Monat. in Englisch (Reservierungen: 470 6536).
www.pavlovskmuseum.ru

Visconti-Brücke
Eine der berühmtesten Brücken über die Slavjanka wurde 1807 von Andrej Voronichin entworfen.

Der Große Stern
Der Große Stern, der erste landschaftlich gestaltete Bereich des Parks (1780), ist ein Werk Camerons. Der Statuenkreis repräsentiert die neun Musen, die Schutzgöttinnen der Künste und Wissenschaften.

Das Schöne Tal
war der Lieblingsort von Elisabeth, Frau von Alexander I.

0 Meter 200

Pauls Mausoleum
(1808/09) trägt die Inschrift »Für meinen wohltätigen Gatten«.

Der Rosenpavillon war ab 1812 der Lieblingsort von Marija Fjodorovna. Hier veranstaltete sie Konzerte und literarische Abende.

NICHT VERSÄUMEN

★ Palast von Pavlovsk

★ Tempel der Freundschaft

Turm und Brücke
Brennas Turm (1795–97) war mit Wendeltreppe, Wohnzimmer und Bibliothek ausgestattet. Die Brücke wurde 1808 hinzugefügt.

Palast von Pavlovsk: Säle

Westfassade des Palastes

Katharina beauftragte Charles Cameron, den Palast (1782–86) zu bauen, während Paul und seine Frau Marija Fjodorowna inkognito als Graf und Gräfin du Nord Westeuropa bereisten. Dort kauften sie alles nur Erdenkliche für ihr neues Heim: französische Uhren, Sèvres-Porzellan, Wandteppiche und Möbel. Zurück in Russland, engagierten sie Brenna, Camerons palladianischem Palast größere Flügelpavillons hinzuzufügen und ihn in ein wahres Schloss zu verwandeln.

Uhr (spätes 18. Jh.), Griechischer Saal

PALAST VON PAVLOVSK, ERSTER STOCK

LEGENDE

- Prunksäle
- Südflügel

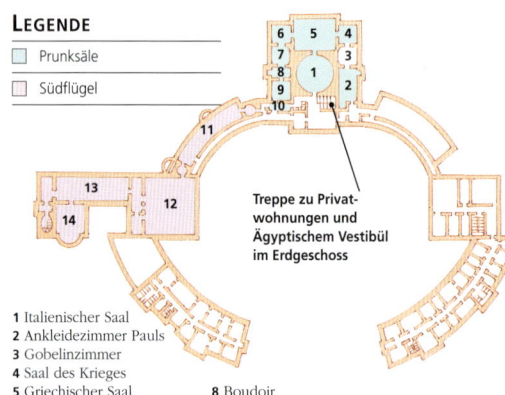

Treppe zu Privatwohnungen und Ägyptischem Vestibül im Erdgeschoss

1 Italienischer Saal
2 Ankleidezimmer Pauls
3 Gobelinzimmer
4 Saal des Krieges
5 Griechischer Saal
6 Saal des Friedens
7 Bibliothek von Marija Fjodorovna
8 Boudoir
9 Prunkschlafgemach
10 Ankleidezimmer
11 Gemäldegalerie
12 Thronsaal
13 Rittersaal
14 Kapelle

PRUNKSÄLE

Der Italienische Saal (1789) von Cameron und Brenna

Fast alle Zimmer des Palastes von Pavlovsk sind von bescheidener Größe. Sie spiegeln den sehr weiblichen Geschmack Marija Fjodorovnas wider, der Pavlovsk eher Charme denn Größe verliehen hat.

Nach einem Brand 1803 gestaltete Andrej Voronichin das Palastinnere um. Der Eingangshalle, dem Ägyptischen Vestibül, fügte er Bronzefiguren und Tierkreismedaillons hinzu. Eine Treppe führt zu Brennas Staatsvestibül, dessen Basreliefs Pauls Leidenschaft für das Militärische zeigen. Von dort gelangt man zum Italienischen Saal, der unter der Hauptkuppel liegt und mit Fenstern in Form von Laternen und Türen aus Rosenholz und Mahagoni ausgestattet ist.

Die Zimmer auf der Nordseite waren für Paul, die auf der Südseite für Marija bestimmt. Pauls Ankleidezimmer wird von Johann Lampis Bildnis Marijas (1794) dominiert, auf dem sie mit einer Zeichnung von sechs ihrer Kinder zu sehen ist. Darunter steht ein von ihr geschaffener Modelltempel aus Bernstein, Elfenbein und vergoldeter Bronze. Nebenan ist das Gobelinzimmer, benannt nach den Don-Quichotte-Wandteppichen von Gobelin, die Ludwig XVI. von Frankreich Paul schenkte. Der Mahagonischreibtisch war für das Michajlovski-Schloss (siehe S. 101) gedacht, doch nach Pauls Ermordung 1801 (siehe S. 22) ließ Marija die meisten Möbel nach Pavlovsk bringen.

Die Eckräume bilden der Saal des Krieges für Paul und der Saal des Friedens für Marija, beide reich an Basreliefs. Dazwischen liegt der herrliche Griechische Saal, Camerons klassizistisches Meisterwerk.

Marija Fjodorovnas Zimmerbereich beginnt mit einer Bibliothek. Ihr Schreibtischstuhl wurde von Voronichin entworfen. Im Boudoir finden sich mit Motiven der Raffael-Loggien des Vatikans bemalte Pfeiler und ein Porphyrkamin. Im Prunkschlafgemach soll Marija nie geschlafen haben. Gegenüber dem Bett steht

Marija Fjodorovnas Boudoir, 1789 von Brenna entworfen

Brennas Gemäldegalerie (1789) mit Kronleuchtern von Johann Zeck

eine 64-teilige Toilettengarnitur mit einer Augenbadewanne, die ihr Marie Antoinette schenkte. Ein weiteres Geschenk ist die Möbelgarnitur (1789) aus Stahl im Ankleidezimmer, die aus Frisierkommode, Stuhl, Vasen und Tintenfass besteht und von den Büchsenmachern aus Tula stammt. Sie war ein Geschenk Katharinas der Großen.

SÜDFLÜGEL

Von der geschwungenen Gemäldegalerie (1798) hat man eine bezaubernde Sicht. Nur wenige Gemälde, meist während der Frankreich-Reise des Paares erstanden, sind sehenswert, denn beide liebten eher die angewandte Kunst.

Der größte Raum im Palast ist der Thronsaal, der 1797 von Brenna entworfen wurde. Er wurde für Bälle und Staatsbankette genutzt. Die Tische sind mit Stücken aus einem 606-teiligen vergoldeten Service gedeckt. Blaue Sèvres-Vasen auf Sockeln stammen direkt aus der Fabrik (Paul und Marija gaben allein für Porzellan riesige Summen aus). Die Decke wurde nach dem Zweiten Weltkrieg restauriert und nach einem ursprünglichen Entwurf bemalt, vorher nie umgesetzten Entwurf bemalt.

Die Ritter des Johanniterordens erwählten Paul zu ihrem Großmeister, als sie 1798 vor Napoléon von Malta flohen. Das kam Pauls Liebe zum Militärischen entgegen. Er gab Lampen und Throne (nun in der Eremitage) sowie die Ritterhalle für Ordenszeremonien in Auftrag. Der blassgrüne Raum ist mit Statuen geschmückt, die im Zweiten Weltkrieg vor den deutschen Soldaten vergraben wurden. Die Zimmerflucht endet mit der Kapelle, einem außergewöhnlichen Gotteshaus (1797/98) von Brenna, in dem Kopien europäischer Gemälde hängen.

PRIVATGEMÄCHER

Im Erdgeschoss liegen die Privatgemächer. Das Pilasterkabinett (1800) mit seinen goldenen Pfeilern ist mit dunklem Mahagoni ausgestattet. Das Laternenkabinett, wenige Jahre später von Voronichin entworfen, verdankt seinen Namen dem Erkerfenster in Form einer Laterne.

Marija Fjodorovnas Ankleidezimmer führt in das Schlafzimmer (1805), das sie im Gegensatz zum Prunkschlafgemach auch benutzte. Ein Teil der Seide überlebte den Krieg und wurde zum Einsäumen der neuen Vorhänge verwendet.

Im rosafarbenen und blauen Ballsaal gab es Privatfeste. Dort hingen Gemälde des damals modernsten Künstlers, Hubert Robert. In Pauls Arbeitszimmer sind Bilder vom Palast von Gatčina zu sehen, die für das Michajlovski-Schloss bestimmt waren.

Das Laternenkabinett (1804) mit einer von Voronichins schönsten Innenausstattungen

MARIJA FJODOROVNA (1759–1828)

Pauls Frau, Marija Fjodorovna, gebar zehn Kinder – Pavlovsk galt als ihr elftes. Paul zog Gatčina (siehe S. 147) vor, 1788 erhielt Marija den gesamten Palast von Pavlovsk. Sie setzte all ihre Energie darauf, Palast und Park auszustatten.

Designer und Architekten erhielten genaue Anweisungen und beklagten ihre Abhängigkeit. Marija, als Sophie von Württemberg geboren, hatte eine umfassende Erziehung genossen, die sie sinnvoll nutzte. Überall im Palast findet man ihre Arbeiten, von Möbeln bis zu Familienporträts.

Tintenfass (1795) nach einem Entwurf von Marija Fjodorovna

Novgorod ❼

Bronzetür der Sophienkathedrale (Detail)

Die Stadt Novgorod (»Neustadt«) wurde 862 vom Waräger Rurik *(siehe S. 17)* gegründet. Die stolze Tradition der Selbstverwaltung dieser Stadt nahm im 11. Jahrhundert ihren Ausgang und dauerte bis 1478, als Ivan III. die Stadt unterwarf. Auch wegen ihrer günstigen Lage am Fluss Volchov und mit guten Verbindungen nach Skandinavien und zur Ägäis wuchs sie in dieser Zeit zu einer mächtigen Handelsstadt heran. 1570 überfiel Ivan der Schreckliche Novgorod und massakrierte Tausende Einwohner. Dies löste letztlich den Aufstieg St. Petersburgs aus und besiegelte Novgorods Untergang. Ein großer Teil des einmaligen Kulturerbes wurde im Zweiten Weltkrieg zerstört, vieles wurde aber inzwischen restauriert und kann in den zahlreichen mittelalterlichen Kirchen und malerischen Straßen bewundert werden.

Wertvolle Metallverkleidung einer Ikone im Facettenpalast

Kreml

Die fantastischen roten Klinkermauern und kegelförmigen Türme des ovalen Kremls am westlichen Flussufer, der Sofiskaja Storona (Sophienseite), sind zwischen dem 11. und 17. Jahrhundert entstanden. Gemäß damaliger Praxis wurde der Grundstein der Originalmauer auf den Körper eines lebenden Kindes gelegt.

Der Kukui-Turm (17. Jh.) ist mit 32 Metern der höchste und sehenswerteste. Die unteren Stockwerke beherbergten einen Weinkeller und eine Schatzkammer, den achteckigen Raum unter dem Kuppeldach nutzte man, »um die ganze Stadt zu überblicken«. Im Herzen der Festung liegt Novgorods älteste und größte Kirche, die byzantinische **Sophienkathedrale** (1045–62). Eine gleichnamige Kathedrale in Kiev stand Modell, aber der Stil der Novgoroder Schule zeigte sich bereits in der Schmucklosigkeit und der wegen der Kälte geringen Zahl von Fenstern. Ein Teil der weißen Tünche an der Nordwand wurde entfernt, um den ursprünglichen Mosaikeffekt der graugelben Steine und der Klinkerfassade zur Geltung zu bringen.

Die Kremlmauer mit der Silberkuppel des Glockenturms (18. Jh.)

Die kunstvoll modellierten, einzigartigen Bronzetüren auf der Westseite wurden 1187 in der schwedischen Stadt Sigtuna erbeutet. Die untere linke Ecke zeigt Porträts der beiden Schöpfer, lateinisch Riquin und Waismuth genannt. Fragmente früherer Fresken sind erhalten. Die Ikonostase gehört zu den ältesten in Russland und ist mit Ikonen aus dem 11. bis 17. Jahrhundert ausgestattet. Der **Glockenturm** östlich der Kathedrale wurde 1439 errichtet und in der Folgezeit häufig umgebaut. Die Glocken, die heute unten zu sehen sind, wurden im späten 16. und frühen 17. Jahrhundert gegossen.

Im Nordwesten des Kremls thront die **Residenz des Erzbischofs**, früher selbst eine machtvolle Institution mit Fiskus, Polizei und Militärwache. Unterhalb des Uhrturms aus dem 15. Jahrhundert führt eine schöne Treppe zur **Bibliothek**, die mittelalterliche religiöse Manuskripte beherbergt.

Mit seiner Rückseite zur Kathedrale liegt der **Facettenpalast**, das berühmteste Gebäude dieser Anlage. Der Empfangssaal mit dem Sterngewölbe stammt von 1433. Er zeigt Schätze aus der Kathedrale, wie Kelche, schmuckverzierte Mitren und Ikonenabdeckungen aus Edelmetallen.

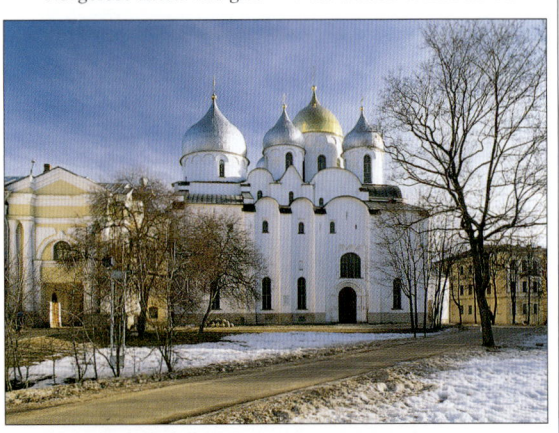

Die Sophienkathedrale (11. Jh.) ist Novgorods Wahrzeichen

Hotels und Restaurants bei den Ausflügen *siehe Seiten 177 und 191*

Der Kreml beherbergt das **Museum für Geschichte, Architektur und Kunst** mit einer ausgezeichneten Ikonensammlung der Novgoroder Schule des 12. bis 17. Jahrhunderts. Bemerkenswert ist die tragbare Ikone (12. Jh.) der wundertätigen Jungfrau, deren Bild Novgorod 1169 vor der Armee des Fürsten Andrej Bogoljubski von Suzdal gerettet haben soll. Schlachtenszenen sind auf einer Ikone (siehe S. 165) aus dem 15. Jahrhundert dargestellt. Zu sehen sind auch Arbeiten führender Künstler des 18. und des 19. Jahrhunderts, darunter Dmitri Levitski, Karl Brjullov (siehe S. 106) und Vasili Serov. Wertvolle Dokumente und Privatbriefe auf Birkenrinde, zum Teil aus dem 11. Jahrhundert, zeugen vom alltäglichen Leben und belegen die hohe Zahl von Einwohnern, die lesen und schreiben konnten.

Das monumentale, glockenförmige Denkmal **»Tausend Jahre Russland«** wurde von Michail Mikešin modelliert und 1862 enthüllt, tausend Jahre nach Ruriks Ankunft in Novgorod. Die Gestalt, die vor dem orthodoxen Kreuz kniet, stellt Mütterchen Russland dar, der Fries darunter Rurik, Ivan III., Michail (den ersten Romanov-Zaren), Peter den Großen und andere. Der Fries um den Grundstein zeigt über 100 Figuren: Helden, Politiker, Künstler, Komponisten, Fürsten und Chronisten.

Geschnitzte Königstür einer Ikonostase, Museum für Geschichte, Architektur und Kunst

Jaroslav-Hof

Der Jaroslav-Hof auf der anderen Flussseite war der offizielle Fürstensitz. Der Palast Jaroslavs des Weisen (1019–54) ist verschwunden, doch mehrere Kirchen haben überdauert. Neben dem Hof liegt das Handelszentrum Novgorods, einst ein mittelalterlicher Markt, dessen Mauer noch vorhanden ist.

Die älteste Kirche auf dieser Flussseite ist die von Fürst Mstislav 1113–36 errichtete **Nikolauskathedrale**. Sie beherrscht das Areal und symbolisierte die Macht des Fürsten.

Als Dank für Gottes Hilfe und ihren Reichtum finanzierten die Kaufleute Novgorods den Bau vieler Kirchen. Die **Paraskeva-Pjatnica-Kirche**, 1207 errichtet und 1345 wiederaufgebaut, war der Schutzpatronin des Handels geweiht. Die schmuckvollere **Kirche der heiligen Frauen** und die **Prokopiuskirche** (beide 16. Jh.) wurden von reichen Moskauer Kaufleuten finanziert. Ihre Vorliebe für schmückende Verzierungen deutet das Ende des strengen Novgoroder Stils an.

INFOBOX

190 km S von St. Petersburg. 240 000. vom Moskauer Bahnhof. vom Busbahnhof (siehe S. 229). Intourist Hotel, Ulica Velikaja 16, 8162-775 089.

Sophienkathedrale
8162-773556. tägl. 10–18 Uhr.

Facettenpalast
8162-773608. Do–Di 10–18 Uhr. in Englisch nach Vereinbarung.

Museum für Geschichte, Architektur und Kunst
8162-773770. Mi–Mo 10–18 Uhr. in Englisch nach Vereinbarung.

Das Denkmal »Tausend Jahre Russland« feiert Novgorods lange Geschichte

Das Jurjev-Kloster, im Hintergrund die Georgskathedrale mit Glockenturm und Silberkuppeln

Umgebung des Jaroslav-Hofs

Im 12. Jahrhundert war Novgorod berühmt wegen seiner mehr als 400 Kirchen, heute sind es nur noch 30. Viele verstecken sich in den ruhigen Gassen im Stil des 19. Jahrhunderts östlich des Jaroslav-Hofs. Die Anordnung von Fenstern, Nischen und eingefügten Kreuzen an der Fassade der **Christi-Verklärungs-Kirche** (1374) wirkt fast manieriert. Einige der Fresken im Innenraum schuf Feofan Grek (um 1340–1405) aus Konstantinopel, einer der größten mittelalterlichen Künstler Russlands, der 40 russische Kirchen verzierte. Er war der Lehrmeister Andrej Rubljovs (um 1360–um 1430), des berühmtesten Ikonenmalers Russlands.

Die **Mariä-Erscheinungs-Kirche** (1682–88) mit den fünf Kuppeln hat ein schönes Portal und Fresken an den Außenwänden. Das Innere schuf der Baumeister Ivan Bachmatov 1702.

Die **Theodor-Stratilates-Kirche** auf der Mstinskaja ulica wurde 1360/61 von der Witwe eines Novgoroder Kaufmanns errichtet. Die zarten rosafarbenen Fresken weichen von den grelleren Farben der meisten Novgoroder Fresken des 14. Jahrhunderts ab. Die *Verkündigung* vereint Einfühlsamkeit und Zauber mit religiöser Kraft.

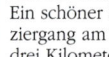

Fresko in der Mariä-Erscheinungs-Kirche

Außenbezirke

Ein schöner Spaziergang am Fluss drei Kilometer in Richtung Süden führt zum **Jurjev-Kloster**. Es ist das größte und bedeutendste der Region, 1030 gegründet und auf Anweisung des Fürsten Vsevolod gebaut. Die beeindruckende Georgskathedrale wurde 1119–30 von Meister Pjotr, dem ersten in russischen Chroniken erwähnten Architekten, errichtet. Die Kirche mit den wunderschönen Proportionen und drei asymmetrischen Kuppeln wurde im 19. Jahrhundert restauriert. Leider sind viele der Malereien an den Innenwänden verloren gegangen. Einst gab es innerhalb des Komplexes 20 Klostergebäude, meist aus dem 19. Jahrhundert.

Das **Freilichtmuseum für Holzbaukunst** im Wald gegenüber zeigt Kirchen und Bauernhütten aus den umliegenden Dörfern. Von besonderem Interesse sind die zweistöckige Kuricko-Kirche und die kleine Nikolauskirche aus dem Dorf Tuchel.

✝ **Jurjev-Kloster**
Jurjevskaja nab. 📞 8162-773020.
☐ tägl. 10–18 Uhr.

🏛 **Freilichtmuseum für Holzbaukunst** (*Vitoslavlici*)
Jurjevo. 📞 8162-773770. ☐
Mai–Sep: tägl. 10–20 Uhr; Okt–Apr: tägl. 10–18 Uhr.

Freilichtmuseum für Holzbaukunst: Bauernhaus aus dem 19. Jahrhundert

Hotels und Restaurants bei den Ausflügen *siehe Seiten 177 und 191*

Russische Ikonenmalerei

Die nach strengen Regeln angefertigten Ikonen der russisch-orthodoxen Kirche stellen nicht nur Glaubensinhalte dar, sondern werden auch angebetet, da die Kraft der dargestellten Heiligen, so glaubt man, auf die Ikone übergehe. Da der Inhalt die größte Rolle spielt, wurden alte Ikonen oft kopiert. Die ersten Ikonen brachte man aus Byzanz nach Russland, zahlreiche griechische Meister kamen als Lehrer ins Land. Die sich vom 13. bis zum 15. Jahrhundert entwickelnden nördlichen Schulen hielten sich weniger streng an die herkömmlichen byzantinischen Regeln, sondern schufen einen mit dem bäuerlichen Leben Russlands verbundenen Stil. In Novgorod, nie unter mongolischem Joch und blühende Handelsstadt, entstanden die schönsten Ikonen der nördlichen Klöster.

Frühe Steinikone aus Novgorod

Gottesmutter von Vladimir
Die meistverehrte Ikone Russlands wurde in Konstantinopel gemalt (12. Jh.). Sie hatte enormen Einfluss auf die russische Ikonenmalerei.

Schlacht von Novgorod und Suzdal
Diese Arbeit (Mitte 15. Jh.) der Novgoroder Schule hält man für Russlands ältestes historisches Gemälde. Ikonen dienten auch politischen Zwecken, hier der Darstellung der großen Vergangenheit Novgorods als Legitimation für die Unabhängigkeit von Moskau. Zu beachten sind die vielen Rottöne – Rot war typisch für die Ikonen aus Novgorod.

IKONOSTASE

Die Ikonostase trennt den Gemeinde- vom Altarraum der Kirche und symbolisiert auch die Grenze zwischen geistiger und materieller Welt. Die Ikonen sind in Reihen angeordnet (meist vier, fünf oder sechs), die alle eine bestimmte Bedeutung haben.

Der Festfries zeigt die zwölf Hauptfeste der Kirche, wie den Einzug in Jerusalem und die Kreuzigung. Solche Darstellungen förderten den Glauben der Analphabeten.

Christus auf dem Thron

Der Deesisfries über der Königstür zeigt Christus auf dem Thron. Maria und Johannes der Täufer leisten Fürbitte für die Sünden der Sterblichen.

Die Königstür symbolisiert die Grenze zwischen Weltlichem und Spirituellem; durch diese Tür bewegen sich die Priester.

Der Kirchenpatron, dem die Kirche geweiht ist, oder der örtliche Heilige hat hier seinen Platz.

Dreifaltigkeit von **Rubljov**
Andrej Rubljov war der größte Künstler der Moskauer Schule. Er wurde sehr von der byzantinischen Malerei beeinflusst, die die griechischen Meister nach Russland gebracht hatten. Diese Ikone stammt aus dem beginnenden 15. Jahrhundert.

ZU GAST IN ST. PETERSBURG

HOTELS 168-177

RESTAURANTS 178-193

SHOPPING 194-199

UNTERHALTUNG 200-205

Hotels

Entsprechend der Attraktivität der Stadt eröffnen in St. Petersburg immer wieder neue Hotels. Zahlreiche kleine Hotels mit vier bis 15 Zimmern entstanden im Zentrum. Investoren ließen darüber hinaus große Luxushotels in allerbester Lage errichten, die westliche Standards bieten. Insgesamt hat sich die Servicequalität stark verbessert. Viele Besucher, die eine Pauschalreise buchen, werden allerdings noch immer in ziemlich großen, ausdruckslosen Häusern außerhalb des Stadtzentrums einquartiert. Hier kann man jedoch guten Service und Einrichtungen wie Restaurants, Bars und Fitness-Center erwarten. Ein St.-Petersburg-Besuch außerhalb der Weißen Nächte spart Geld und eröffnet zudem die Möglichkeit, zentral in einem schönen Hotel vergleichsweise preiswert zu übernachten. Reservieren kann man selbst oder aber über eine Agentur. Für Reisen im Sommer, insbesondere während der Weißen Nächte, sollte man frühzeitig buchen. Auf den Seiten 174–177 finden Sie eine Auswahl von Hotels aus verschiedensten Kategorien.

Portier des Hotels Europa

Das Park Inn Pribaltiskaja, beliebtes Hotel für Pauschalreisende *(siehe S. 177)*

Lage

Im Zentrum von St. Petersburg gibt es ein paar große, preiswerte Hotels. Die meisten jedoch liegen am Stadtrand. Pauschalreisende werden meist in einem ehemaligen Intourist-Hotel wie dem Park Inn Pribaltiskaja oder dem Park Inn Pulkovskaja untergebracht, die in modernen Hochhausvierteln in den Vororten stehen. Sogenannte Mini-Hotels und Bed & Breakfast-Häuser liegen dagegen meist in ruhigen Straßen nahe dem Stadtzentrum. Der Individualreisende sollte sich frühzeitig hinsichtlich Lage, Preis und Service entscheiden und entsprechend reservieren.

Reservierung

Hotels für die Zeit der Weißen Nächte *(siehe S. 51)* sollten Sie einige Monate im Voraus buchen. Das gilt vor allem für die beliebtesten Häuser der Stadt. Fast alle Hotels ermöglichen eine Buchung per Internet oder Fax. Große Hotels verlangen meist die Angabe einer Kreditkartennummer. Stornieren Sie weniger als 72 Stunden vor Ihrem Ankunftstermin, wird eine Stornierungsgebühr fällig. Einige der kleineren Hotels können über Agenturen gebucht werden *(siehe S. 171)*. Fast alle Hotels und Agenturen helfen Ihnen beim Visumsantrag *(siehe S. 208)*.

Ausstattung

Die Zimmer aller in diesem Buch aufgeführten Hotels haben zumindest Dusche, Fernseher und Telefon, oft auch Klimaanlage. In großen Hotels können Sie das Gepäck nach dem Auschecken um 12 Uhr in einem Gepäckraum hinterlassen. Hotelbars sind meist lange offen, Fitness-Center und Sauna zählen zur Standardausstattung.

Preise

Während der etwa sechs Wochen dauernden Weißen Nächte und des Internationalen Wirtschaftsforums im Juni verdoppeln sich die Zimmerpreise der großen Hotels. In der Hotelauswahl *(siehe S. 174–177)* liegen den Angaben diese Preise zugrunde. Normale Preise gelten in der »Nebensaison« von April bis Mai und Ende Juli bis Ende September. Außerhalb dieser Zeiten, vor allem während der »Weißen Tage« im Winter, gibt es oft ausgezeichnete Arrangements.

Die großen Häuser im Stadtzentrum gehören meist zur Luxusklasse. Vom exklusiven Einzelzimmer bis zur Präsidentensuite zum Preis von mehreren Tausend Euro die Nacht ist hier alles zu haben. Wer sich für ein klei-

Das Fitness-Center, eine Annehmlichkeit im Grandhotel Europa

◁ Schwimmende Lokale auf der Mojka *(siehe S. 36f)*

neres Hotel mit bescheidenerer Ausstattung entscheidet, kann für wesentlich weniger Geld im Zentrum residieren. Dabei sollte man sich allerdings mit Dusche statt Badewanne bescheiden können.

Die Zimmerpreise sind selten ausgehängt. In kleineren Hotels sind Kreditkarten noch nicht gängig – hier sollten Sie über genug Bargeld verfügen, um Ärger zu vermeiden.

Eingang des luxuriösen Corinthia Nevskij Palace *(siehe S. 176)*

ZUSÄTZLICHE KOSTEN

Die großen Hotels, die beim Visumsantrag und bei der Registrierung *(siehe S. 208)* meist kostenlos behilflich sind, geben ihre Preise meist ohne Mehrwertsteuer an, zudem kostet das Frühstück in der Regel extra. In der Summe kann das einen erheblichen Posten auf der Endabrechnung ausmachen. (Die Preisangaben in unserer Hotelauswahl auf den Seiten 174–177 beinhalten Frühstück und Steuer.) Sehr hoch kann auch die Telefonrechnung für lokale oder gar internationale Gespräche ausfallen, die man vom Zimmer aus führt. Billiger kommt man bei der Nutzung von Telefonkarten auch für internationale Gespräche, die Sie an Straßenkiosken erhalten *(siehe S. 216)*, weg.

In kleineren Hotels ist das Frühstück meist im Preis inbegriffen, dafür zahlt man für die Hilfe beim Visumsantrag. Telefongespräche im Ortsnetz kann man hier mitunter auch kostenlos führen, zudem kann man Telefonkarten benutzen.

SICHERHEIT

Einige der Spitzenhotels verwenden Metalldetektoren und durchsuchen die Taschen an den Eingängen. In den kleineren Hotels lässt sich ein Portier die Besucherkarte oder den Ausweis zeigen. Dies dient nur Ihrer Sicherheit.

Die meisten Hotels haben auf den Zimmern einen Safe und Schließfächer an der Rezeption. Größere Geldsummen und Wertsachen sollten Sie immer im Safe aufbewahren.

BEHINDERTE REISENDE

Wegen der dicken Schneedecke im Winter haben fast alle St. Petersburger Gebäude Stufen vor den Eingängen, eine Hürde für behinderte Besucher. Nur wenige Spitzenhotels sind gänzlich mit Rollstuhl zugänglich. Allerdings lassen immer mehr Häuser Rampen und breitere Türen nachrüsten und bemühen sich, den speziellen Bedürfnissen von Behinderten zu entsprechen.

Luxuriös eingerichtetes Zimmer im Grandhotel Europa *(siehe S. 175)*

Wer spezielle Einrichtungen benötigt, sollte vor der Anreise im Hotel nachfragen.

MIT KINDERN REISEN

St. Petersburg ist sicherlich kein ideales Reiseziel für Kinder. Wenige Hotels sind auf Familien eingestellt. In den großen Hotels wird Kinderbetreuung angeboten, auch die kleineren Häuser haben sich hier verbessert. Man sollte allerdings vor der Buchung danach fragen.

Das elegante Wintergartenrestaurant im Hotel Astoria *(siehe S. 174)*

Mini-Hotels

Es gibt viele gute Mini-Hotels in der Stadt – zu viele, um hier alle auflisten zu können. Die besten Häuser finden Sie in der Hotelauswahl *(siehe S. 174–177).*

Mini-Hotels sind nicht notwendigerweise einfache Unterkünfte – einige sind sogar höchst luxuriös. Die Bandbreite reicht von Hotels mit vier bis zu solchen mit 15 oder 20 Zimmern, die nicht selten sehr komfortabel und hübsch eingerichtet sind. Erfreulich ist auch der meist sehr persönliche Service.

Mini-Hotels bucht man meist über Agenturen wie **Ostwest**, **City Realty** oder **Eridan Travel Company**, die auf ihrer Website die Häuser vorstellen.

Die Reiseagentur Sindbad Travel Centre in der Internationalen Jugendherberge St. Petersburg

Innenansicht des Hotels Petro Palace *(siehe S. 174)*

Preiswerte Hotels

Unterkunft ist in St. Petersburg keineswegs billig. Wenn Ihr Budget begrenzt ist, Sie aber dennoch nicht in einer Jugendherberge übernachten wollen, sollten Sie eines der preiswerten Mini-Hotels in Erwägung ziehen. Sie bezeichnen sich meist als »Bed & Breakfast«, das heißt, sie bieten eine geringe Zahl an Zimmern in einer umgebauten Mietwohnung, wo man in einer kleinen Küche ein Frühstück für Sie zubereitet. Die Toilette wird meist von allen genutzt.

Unterkunftsvermittlungen wie Ostwest, **STN** und **City Realty** haben auch Ferienwohnungen im Angebot, die vor allem für Gruppen günstig sind. Die möblierten und zentral gelegenen Apartments haben zwischen einem und fünf Zimmern, meist mit Satelliten-Fernsehen.

Häufig wirken der Hauseingang oder das Treppenhaus zur (in der Regel tadellosen) Wohnung nicht gerade einladend. Allerdings erhält man auf diese Weise einen sehr guten Einblick in das Alltagsleben in St. Petersburg. Wer wirklich Geld sparen will, sollte auf die Weißen Nächte verzichten und in der Nebensaison anreisen, dann sind die Mini-Hotels und Ferienwohnungen zum Teil extrem preiswert. Selbst größere Hotels bieten für diese Zeit günstige Arrangements an. Im April kann es durchaus trocken und sonnig sein, während der kurze Herbst seinen ganz eigenen Reiz hat. Im Februar kann man mit einem weißen, schneebedeckten Land rechnen.

Herbergen

Reisenden, die über wenig Geld verfügen und trotzdem in einigermaßen zentraler Lage eine akzeptable Unterkunft suchen, stehen mittlerweile mehrere Jugendherbergen im Stadtzentrum zur Verfügung. Sie bieten gerne ihre Hilfe bei Visumsantrag und Registrierung an.

Die **Internationale Jugendherberge St. Petersburg** mit der angeschlossenen Reiseagentur **Sindbad Travel Centre** ist sehr bekannt und deshalb oft frühzeitig ausgebucht. Das billige, saubere und komfortable **Nord Hostel** liegt unschlagbar günstig. Sehr beliebt ist auch **CubaHostel Backpackers**, das ebenfalls günstige Übernachtungsmöglichkeiten bietet.

Die beiden letztgenannten Häuser sind eigentlich keine »Jugend«-Herbergen, obwohl vor allem im Sommer die jugendlichen Gäste dominieren. In der Nebensaison sind 50 Prozent der Gäste älter als 40 Jahre.

Privatunterkünfte

Ein Aufenthalt bei einer Familie ist eine preiswerte und auch interessante Lösung, gewährt er ihr doch Einblick in den russischen Alltag. Diese Art der Unterbringung ähnelt dem Bed & Breakfast. Das Frühstück ist in der Regel im Preis inbegriffen, andere Mahlzeiten können Sie gegen einen Aufpreis bekommen.

HOFA (Host Families Association) und Ostwest haben zahlreiche Familien in ihrer Datenbank und genießen einen guten Ruf in der Branche. Ihre Gastgeber werden Sie äußerst freundlich empfangen und Sie mit Essen überhäufen. Die Familien bei HOFA sind meist akademisch gebildet, höflich und mehrerer Sprachen mächtig. Sie unter-

Beeindruckende Fassade des 1847 erbauten Hotels Oktjabrskaja *(siehe S. 176)*

halten sich gerne mit Ihnen über ihr Leben in Russland und die politische Situation in ihrem Land.

Viele russische Wohnungen sind leider nur über ziemlich heruntergekommene Eingänge und Treppenhäuser erreichbar, was aber keinesfalls Rückschlüsse auf den Zustand der Wohnung erlaubt.

Camping und Datschas

Russen unternehmen gern Ausflüge aufs Land, wo sie spazieren gehen, schwimmen und Pilze sammeln. All das lässt sich in einen Tagesausflug packen, eine Übernachtung vor Ort ist allerdings bequemer.

Das Wetter in St. Petersburg ist nicht ideal für Camper, in der milderen Jahreszeit ist Zelten jedoch möglich.

Die Anmietung einer Datscha auf dem Land ist nicht einfach. Die Besitzer solcher Häuschen überlassen sie meist guten Bekannten. Keine der Agenturen für Ferienwohnungen hat Datschas im Angebot, zudem übersteigt die Nachfrage nach Häusern im Umkreis von 100 Kilometern von St. Petersburg bei Weitem das Angebot. Entsprechend hoch sind meist die Mietkosten: 5000 Dollar pro Woche sind keine Seltenheit. Um überhaupt eine Chance zu haben, muss man allerspätestens im Februar reservieren. Datschas ab 500 Dollar die Woche hat die Agentur **Alexander** im Angebot, allerdings müssen

Datscha nahe Repino und dem Finnischen Meerbusen

Sie entweder Russisch sprechen oder über einen Reiseveranstalter buchen. **Retur Camping** bietet preiswerte, gut ausgestattete Hütten mit Swimmingpool, Sauna, Tennisplatz und Reitmöglichkeiten an.

Längere Aufenthalte

Wer einen Monat oder länger in St. Petersburg bleiben will, sollte die preiswertere Anmietung eines Apartments erwägen. Die Agenturen Bednbreakfast und City Realty haben zahlreiche Wohnungen im Angebot, die bei längerer Anmietung deutlich billiger werden. Man sollte dabei allerdings nicht vergessen, dass ein Touristenvisum in der Regel nicht länger als drei Monate gilt *(siehe S. 208)*. Für einen längeren Aufenthalt muss man über eine Firma ein Visum beantragen, mit dem man sich für den gewünschten Zeitraum anmelden kann.

Auf einen Blick

Buchung

Alexander
Potemkinskaja ulica 13.
Stadtplan 3 C4.
327 1616.
www.anspb.ru

City Realty
Mučnoj pereulok.
Stadtplan 5 B2.
570 6342.
FAX 315 9151.
www.cityrealtyrussia.com

Eridan Travel Company
Ulica Artilleriskaja 1, Europahaus, Büro 619.
Stadtplan 3 B5.
324 23 05.
FAX 322 57 38.
www.rus-tours.com

HOFA Host Families Association
Tavričeskaja ul 5, Apartment 25.
Stadtplan 4 D5.
7911 766 5464
FAX 275 1992.
www.hofa.ru

MIR Travel Company
Nevski prospekt 11/2.
Stadtplan 6 D1. 325 2595. FAX 315 3001.
www.mir-travel.com

Ostwest
Ligovski prospekt 10.
Stadtplan 7 C2. 327 3416. FAX 327 3417.
www.ostwest.com

Sindbad Travel Centre
2-ja Sovetskaja ulica 12.
Stadtplan 7 C2.
332 2020.

STN
Nevski prospekt 66.
Stadtplan 7 A2.
337 1223.
FAX 310 6717.
www.2piter.com

Mini-Hotels

Anabel
717 0800.
FAX 717 0255.
www.mini-hotel.com

Filippov Hotels
274 5363.
FAX 274 9084.
www.filippovhotel.ru

Hotels on Nevsky
703 3860.
FAX 703 3861.
www.hon.ru

Rinaldi Bed & Breakfast
325 4118.
FAX 325 4189.
www.rinaldi.ru

Herbergen

CubaHostel Backpackers
Kazanskaja ulica 5.
Stadtplan 6 E2.
921 7115.
www.cubahostel.ru

Hostel All Seasons
Jakovlevski per 11.
327 1070. FAX 327 1033. www.hostel.ru

Internationale Jugendherberge St. Petersburg
3-ja Sovetskaja ulica 28.
Stadtplan 7 C2.
717 0569.
FAX 329 8019.
www.ryh.ru

Na Muchnom
Sadovaja ulica 25.
Stadtplan 6 E2.
& FAX 310 0412.
www.namuchnom.ru

Nord Hostel
Bolšaja Morskaja ulica 10.
Stadtplan 6 D1.
& FAX 571 0342.
www.nordhostel.com

Prima Sport Hotel
Nevski prospekt 5.
Stadtplan 6 D1.
& FAX 326 5049.
www.comfitelhotel.com

Nützliche Website
www.olympia-reisen.de
www.russia-hostelling.ru

Camping

Retur Camping
Bolšaja Kupalnaja 28, Sestroreck.
26 km NW von St. Petersburg.
434 5022.
FAX 437 7533
www.retur-motel.ru

Highlights: Hotels

Die Auswahl an Übernachtungsmöglichkeiten in St. Petersburg ist vielfältig und erstreckt sich über alle Preiskategorien. Leider befinden sich nur wenige der günstigeren Hotels im Stadtzentrum. Sie müssen sich also oft zwischen Lage, Preis, Service und Ausstattung entscheiden. Unsere Auswahl zeigt die beliebtesten Hotels der Stadt.

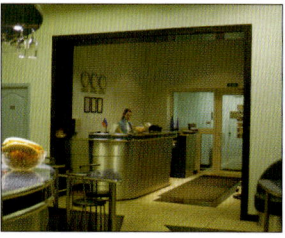

Prestiž Hotel
Das Hotel (siehe S. 174) *liegt versteckt in einer kleinen Straße. Hier fühlt man sich wie zu Hause, und das bei bestem Service.*

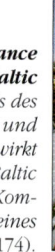

Renaissance St Petersburg Baltic
Abseits des Trubels des Nevski prospekt und dennoch zentral, wirkt das namhafte Baltic trotz des hohen Komforts wie ein kleines Hotel (siehe S. 174).

Azimut St Petersburg
Die Bar dieses Hotels (siehe S. 176) *aus den 1970er Jahren bietet eine schöne Aussicht mit besonderem Reiz bei Sonnenuntergang oder in den Weißen Nächten.*

Astoria
Eines der luxuriösesten und zentralsten Hotels (siehe S. 174) *– ideal, um die Stadt zu Fuß zu erkunden. Das attraktive Gebäude blickt auf den Isaaksplatz und die Kathedrale.*

HOTELS

Sankt Peterburg
Pauschalreisende, die gewöhnlich im St. Peterburg Unterkunft finden, genießen vom Café eine der schönsten Aussichten über die Neva und das Palastufer (siehe S. 177).

Grandhotel Europa
Das historische Hotel (siehe S. 175) im Zentrum ist die nobelste Adresse der Stadt. Elegantes Dekor und zuvorkommender Service werden von anderen Angeboten abgerundet.

Hotel Dostojevski
Unweit des touristischen Zentrums der Stadt verbindet das Dostojevski (siehe S. 176) Altes mit Neuem, Historisches mit Modernem sowohl hinsichtlich Design als auch beim Service.

Park Inn Pulkovskaja
Das komfortable, saubere und große Hotel (siehe S. 176) hat viele Einrichtungen für Geschäftsleute, darunter ein Auditorium. Sein wichtigster Pluspunkt ist die Flughafennähe.

0 Kilometer 2

Hotelauswahl

Die in diesem Führer genannten Hotels wurden in verschiedenen Preisklassen aufgrund ihrer guten Einrichtungen (u. a. TV, WLAN) und ihrer günstigen Lage ausgewählt. Die Hotels sind nach Stadtteilen geordnet und innerhalb der Preisklassen alphabetisch gelistet. Den Stadtplan finden Sie auf den Seiten 230–245.

PREISKATEGORIEN
Die Preise gelten für ein Doppelzimmer in der Hochsaison inkl. Steuern und Frühstück. In der Nebensaison können sich die Preise halbieren.
Ⓡ unter 3000 Rubel
ⓇⓇ 3000–5000 Rubel
ⓇⓇⓇ 5000–7500 Rubel
ⓇⓇⓇⓇ 7500–10000 Rubel
ⓇⓇⓇⓇⓇ über 10000 Rubel

STADTZENTRUM

VASILEOSTROVSKI-INSEL Prestiž Hotel Престиж отель ⓇⓇ
Malyj prospekt, Vasilevski ostrov 📞 328 5011 📠 328 5011 **Zimmer** 10 — **Stadtplan** 1 A4

Das moderne Hotel in einem restaurierten Gebäude des 19. Jahrhunderts liegt in einem Wohngebiet auf der Vasileostrovski-Insel, nur wenige Gehminuten von der Strelka, den Sehenswürdigkeiten und der Metro-Station Vasileostrovskaja entfernt. Die Visumsbefürwortung ist im Preis inbegriffen. www.prestige-hotels.com

VASILEOSTROVSKI-INSEL Shelfort Шелфорт ⓇⓇⓇ
3-ja linija 26, Vasilevski ostrov 📞 328 0555 📠 323 5154 **Zimmer** 15 — **Stadtplan** 1 A5

Das unweit der Strelka in einer ruhigen Nebenstraße gelegene Shelfort hat eine geschmackvolle Inneneinrichtung mit erstklassig restaurierten Kachelöfen. Die beiden Luxus-Suiten haben einen Kamin. Die Gästezimmer liegen im Erdgeschoss und im ersten Stock (Rollstuhlfahrer können ein Zimmer im Erdgeschoss nutzen). www.shelfort.ru

PALASTUFER Prestige Hotel Center Престиж отель центр ⓇⓇ
Gorochovaja ulica 5 📞 312 0405 📠 315 9357 **Zimmer** 45 — **Stadtplan** 6 D1

Das einfache Hotel liegt ein wenig versteckt beim Admiralitätsgarten. Die Gästezimmer sind schlicht möbliert, die meisten verfügen über eine Dusche, wenige über eine Badewanne. Eine Auswahl russischer Spezialitäten bietet das Bistro. Der freundliche Portier organisiert Ihnen gerne ein Auto. www.prestige-hotels.com

PALASTUFER Comfort Комфорт ⓇⓇⓇ
Bolšaja Morskaja ulica 25 📞 570 6700 📠 570 6700 **Zimmer** 18 — **Stadtplan** 6 D2

Trotz begrenzten Komforts bietet das Hotel ein exzellentes Preis-Leistungs-Verhältnis und guten Service. Ein weiterer Pluspunkt ist die Lage in der Altstadt mit ihren vielen Restaurants. Die schnörkellosen Zimmer sind geräumig, ein Kinderbett steht bereit. Für Geschäftsleute gibt es ein speziell ausgestattetes Zimmer. www.comfort-hotel.org

PALASTUFER Casa Leto ⓇⓇⓇ
Bolšaja Morskaja ulica 34 📞 600 1096 📠 314 6639 **Zimmer** 5 — **Stadtplan** 6 D2

Ein italienisch-russisches Pärchen leitet das wohl beste der kleineren Mini-Hotels der Stadt. Die hellen Zimmer haben viele Extras, das Haus liegt zentral. Stadtführungen und ein Kartenservice gehören zum Angebot. Die Suite »Trezzini« hat nur eine Dusche, andere Zimmer verfügen über ein eigenes Bad. www.casaleto.com

PALASTUFER Petro Palace Отель Петро палас ⓇⓇⓇⓇ
Malaja Morskaja ulica 14 📞 571 2880 📠 571 2704 **Zimmer** 193 — **Stadtplan** 6 D1

Seit der Eröffnung 2005 lockt das elegante Hotel viele reiche Russen und Urlauber an. Nirgendwo sonst im Stadtzentrum findet man solch ein umfassendes Angebot, dazu gehören Fitness-Center, Swimmingpool und Massage. Vom siebten Stock des renovierten Hauses (19. Jh.) hat man eine fantastische Aussicht. www.petropalacehotel.com

PALASTUFER Angleterre Отель Англетер ⓇⓇⓇⓇ
Malaja Morskaja ulica 24 📞 494 5666 📠 494 5125 **Zimmer** 193 — **Stadtplan** 6 D2

Das stilvoll renovierte Angleterre gehört zu dem noch ein wenig besseren Astoria nebenan, mit dem es die Einrichtungen teilt, dazu gehört eine hervorragende Brasserie. Das Haus liegt am Isaaksplatz, zur Eremitage und zum Nevski prospekt sind es nur wenige Gehminuten. www.angleterrehotel.com

PALASTUFER Astoria Отель Астория ⓇⓇⓇⓇⓇ
Isaakievskaja ploščad, Bolšaja Morskaja ulica 39 📞 494 5750 📠 494 5059 **Zimmer** 188 — **Stadtplan** 6 D2

Die historischen Räume des Astoria wurden umfassend renoviert, besitzen aber noch immer die alte Grandeur. Nach vorne hin blickt man auf die Isaakskathedrale und den Platz sowie über die Mojka. Auf eine Tasse Tee im prächtigen Salon kann man auch vorbeischauen, wenn man nicht Gast des Hotels ist. www.thehotelastoria.com

PALASTUFER Renaissance St Petersburg Baltic ⓇⓇⓇⓇ
Počtamtskaja ulica 4 📞 380 4000 📠 380 4001 **Zimmer** 102 — **Stadtplan** 5 C2

Das kleine Hotel in ruhiger Lage präsentiert sich im Stil des historischen St. Petersburg, mit altmodischen Materialien und modernem Design. Einige Zimmer blicken auf den Isaaksplatz. Trotz seines Luxus-Status mit einem der besten Fitness-Center der Stadt wirkt das Hotel sehr gemütlich. www.marriott.com/ledbr

Zeichenerklärung siehe hintere Umschlagklappe

STADTZENTRUM UND ABSTECHER

PALASTUFER Taleon Imperial Hotel Тапион империал отель ®®®®®
Nabereẑnaja Reki Mojki 59 ✆ *324 9911* ℻ *324 9957* **Zimmer** *89* **Stadtplan** *6 D1*

Dieser Komplex aus Luxushotel, Restaurant und Fitness-Center gehört dem Taleon Club, dessen Mitglieder hier einige Vorteile genießen. Der Service ist umfassend. Gästen steht ein Diener zur Verfügung. Kinder werden betreut. Von den Gästezimmern blickt man auf die Mojka. www.taleonimperialhotel.com

GOSTINYJ DVOR Polikoff ®®®
Karavannaja 11/64, apt 24–26 ✆ *995 3488* ℻ *314 7925* **Zimmer** *15* **Stadtplan** *7 A2*

Helles Holz und Metall dominieren in diesem sauberen Hotel. Die Zimmer sind hell, obwohl sie fast alle auf einen Innenhof blicken, einige haben eine Klimaanlage. Einziger Mangel: das fehlen eines Aufzugs, zumal die Zimmer im zweiten und dritten Stock liegen. Der Personal ist effizient und freundlich. www.polikoff.ru

GOSTINYJ DVOR Pushka Inn ®®®®
Nabereẑnaja Reki Mojki 14 ✆ *314 1055* ℻ *312 0913* **Zimmer** *33* **Stadtplan** *2 E5*

Das historische Gebäude an der Mojka und unweit des Puškin-Museums wurde in ein komfortables, modernes Hotel umgebaut. Die Einrichtung ist zurückhaltend, eine falsche Grandeur kümmert man sich hier nicht. Näher zur Eremitage kann man schwerlich wohnen! Auch vier Familiensuiten sind vorhanden. www.pushkainn.ru

GOSTINYJ DVOR Grandhotel Europa Гранд отель Европа ®®®®®
Michajlovskaja ulica 1/7 ✆ *329 6000* ℻ *329 6001* **Zimmer** *301* **Stadtplan** *6 F1*

Die Ausstattung des Grandhotels mag in St. Petersburg nicht mehr einzigartig sein, seine Lage jedoch bleibt exklusiv: unweit der wichtigsten Sehenswürdigkeiten und mitten im Alltagstrubel. Die Räume sind historisch, vor allem der wunderbare Cafésalon, wo man sich nach einem anstrengenden Tag erholen kann. www.grandhoteleurope.com

GOSTINYJ DVOR Kempinski Hotel Mojka 22 ®®®®®
Nabereẑnaja Reki Mojki 22 ✆ *335 9111* ℻ *335 9190* **Zimmer** *197* **Stadtplan** *2 E5*

Gönnen Sie sich etwas, und nehmen Sie ein Zimmer mit Blick auf die Eremitage. Essen Sie zu Mittag im Hotelrestaurant mit herrlicher Aussicht auf die Stadt. Entspannen Sie anschließend im türkischen Bad, bevor Sie abends ein Konzert besuchen. Das Personal hilft bei der Gestaltung Ihres Aufenthalts in St. Petersburg. www.kempinski.com

SENNAJA PLOŠČAD Alexander House Club ®®®®®
Nabereẑnaja Krjukova kanala 27 ✆ *575 3877* ℻ *575 3879* **Zimmer** *19* **Stadtplan** *5 C4*

Das kleine Gästehaus wird wie ein Boutique-Hotel geführt. Jedes Zimmer ist nach einer Hauptstadt benannt und entsprechend eingerichtet. In den öffentlichen Bereichen gibt es Kamine. Das Frühstück wird auf Wunsch im Zimmer serviert. Die Zimmer im Erdgeschoss sind für Rollstuhlfahrer geeignet. www.a-house.ru

SENNAJA PLOŠČAD Ambassador Hotel ®®®®®
Rimskovo-Korsakova prospekt 5–7 ✆ *331 8844* ℻ *331 9300* **Zimmer** *251* **Stadtplan** *6 D3*

Die luxuriös ausgestatteten Zimmer im Ambassador sind in angenehmen Pastelltönen gehalten. Auch die Lage des Hotels ist ein Pluspunkt, viele Sehenswürdigkeiten befinden sich in unmittelbarer Nähe (u. a. Mariinski-Theater und Jusupov-Palast). Das Fitness-Center verfügt über einen Pool. www.ambassador-hotel.ru

ABSTECHER

ÖSTLICH DER FONTANKA Arbat Nord Арбат Норд ®®®
Artilleriskaja ulica 4 ✆ *703 1899* ℻ *703 1898* **Zimmer** *33* **Stadtplan** *3 B5*

Das Haus liegt unweit des Sommergartens und des Marsfelds in einem Wohn- und Geschäftsviertel. Das Hotel bewirtete anfänglich meist Geschäftsleute. Heute steigen hier auch Individualreisende und Reisegruppen ab. Einige der mit dunklem Holz ausgestatteten Zimmer sind Nichtrauchern vorbehalten. www.arbat-nord.ru

ÖSTLICH DER FONTANKA Brothers Karamazov Батья Карамазовы ®®®
Socialističeskaja ulica 11a ✆ *335 1185* ℻ *335 1186* **Zimmer** *28* **Stadtplan** *7 A4*

Das Hotel liegt in unmittelbarer Nähe des Hauses *(siehe S. 130)*, in dem Dostojevski *Die Brüder Karamasov* schrieb. Nach seinen Romanhelden sind auch die Zimmer benannt. Das Hotel in dem 2004 errichteten Gebäude ist weitläufig, weiße und cremefarbene Elemente herrschen vor. www.karamazovhotel.ru

ÖSTLICH DER FONTANKA Fifth Corner Business Hotel Пятый угол ®®®
Zagorodnyj prospekt 13 ✆ *380 8181* ℻ *380 8181* **Zimmer** *34* **Stadtplan** *7 A3*

Als Geschäftshotel mit vielen russischen Kunden bietet das Fifth Corner die entsprechende Ausstattung. Dazu gehören auch die Visumsbefürwortung und die Organisation von Ausflügen. Die Zimmer sind ordentlich-nüchtern, einige haben nur eine Dusche statt eines kompletten Badezimmers. www.5ugol.ru

ÖSTLICH DER FONTANKA Moskva Москва ®®®
Alexandra Nevskogo ploščad 2 ✆ *274 0022* ℻ *274 2130* **Zimmer** *825* **Stadtplan** *8 E3*

Das Moskva liegt zentral mit gutem Metro- und Busanschluss und gegenüber vom Alexandr-Nevski-Kloster. Gäste des Hauses können zwischen mehreren Bars und Restaurants wählen. Eine Bar bietet Service rund um die Uhr, vom Restaurant im 8. Stock hat man einen wunderbaren Blick über die Stadt. www.hotel-moscow.ru

Stadtplan *siehe Seiten 230–245*

ÖSTLICH DER FONTANKA Oktjabrskaja Октябрьская

Ligovskij prospekt 10 ☎ *578 1144* FAX *315 7501* **Zimmer** *484* **Stadtplan** 7 C2

Gemessen am Angebot ist das Hotel teuer, aber dafür entschädigt seine Lage. Die Zimmer des Hauses gegenüber dem Moskauer Bahnhof wurden renoviert und auf einen gemeinsamen Standard gebracht. Im Haupthaus vermittelt das Gewirr aus Korridoren einen Eindruck von längst verblichenem Glanz. **www.oktober-hotel.spb.ru**

ÖSTLICH DER FONTANKA Corinthia Nevskij Palace

Nevski prospekt 57 ☎ *380 2001* FAX *380 1937* **Zimmer** *380* **Stadtplan** 7 B2

Das moderne Hotel zählt zu den bevorzugten Adressen der russischen Prominenz. Es verfügt über drei Bars, an Wochenenden legt ein DJ in der Lobby auf. Auch wer nicht im Corinthia residiert sollte einmal vorbeischauen. Geschäftsreisende schätzen die gute Ausstattung mit Konferenzräumen. **www.corinthia.com**

ÖSTLICH DER FONTANKA Grandhotel Emerald

Suvorovski prospekt 18 ☎ *740 5000* FAX *740 5001* **Zimmer** *90* **Stadtplan** 8 D2

Hinter der postmodernen Fassade verbergen sich Räume im pseudo-historischen Stil. Zum Wellness-Center gehören Sauna und türkisches Bad. Der Nachmittagstee wird im glasüberdachten Innenhof serviert. Das Hotel liegt außerhalb des Zentrums, zahlreiche öffentliche Transportmittel machen das aber wett. **www.grandhotelemerald.com**

ÖSTLICH DER FONTANKA Hotel Dostojevski Отель Достоевский

Vladimirski prospekt 19 ☎ & FAX *331 3203* **Zimmer** *218* **Stadtplan** 7 A3

Das exklusive Hotel liegt in der 24 Stunden geöffneten Einkaufspassage Vladimirski, hat aber einen eigenen Eingang. Die meisten Zimmer blicken auf einen Innenhof, einige weisen auf die Vladimir-Kathedrale. Der Nevski prospekt ist nicht weit, die Gegend um den Kuznečnyj-Markt ist ideal zum Shoppen. **www.dostoevsky-hotel.ru**

ÖSTLICH DER FONTANKA Novotel Новотель

Majakovskovo ulica 3a ☎ *335 1188* FAX *335 1180* **Zimmer** *233* **Stadtplan** 7 B2

Das ultramoderne Haus liegt nur einen Steinwurf entfernt vom Nevski prospekt. Die Suiten im neunten Stock gewähren einen fantastischen Ausblick. Im Restaurant Côte Jardin verbinden sich russische und mediterrane Küche. Neben einem Konferenzraum gibt es auch drei Zimmer speziell für Behinderte. **www.novotel.spb.ru**

ÖSTLICH DER FONTANKA Radisson Royal Hotel

Nevski prospekt 49/2 ☎ *322 5000* FAX *322 5001* **Zimmer** *164* **Stadtplan** 7 A2

Das moderne Hotel liegt in einem historischen Gebäude direkt am Nevski prospekt und nahe der Fontanka. Die Zimmer und die Café-Bar Cannelle im Erdgeschoss blicken auf die Hauptstraße, die zu jeder Jahreszeit voller Spaziergänger ist, allerdings ist dieser Abschnitt der Straße deutlich weniger laut. **www.radissonblu.com**

SÜDLICH DES STADTZENTRUMS Azimut St Petersburg

Lermontovski prospekt 43/1 ☎ *740 2640* FAX *740 2688* **Zimmer** *1026* **Stadtplan** 7 A5

Das ehemalige Hotel Sovetskaja überzeugt durch vielfältige Annehmlichkeiten wie gutes Preis-Leistungs-Verhältnis und schöne Aussicht. Genau die richtige Wahl für Gäste, die eine Standard-Ausstattung suchen. Trotz der Umstrukturierung ist der Service »sowjetisch« geblieben – er könnte etwas besser sein. **www.azimuthotels.com**

SÜDLICH DES STADTZENTRUMS German Club Немецкий клуб

Gastello ulica 20 ☎ *371 5104* FAX *371 5690* **Zimmer** *16*

Bescheiden, aber gemütlich präsentiert sich eines der ältesten Mini-Hotels der Stadt. Der German Club liegt in einer ruhigen Nebenstraße in der Nähe der Metro-Station Moskovskaja. Das Personal ist freundlich und hält viele Service-Extras bereit, darunter Führungen und einen Ticketdienst sowie nützliche Tipps. **www.hotelgermanclub.com**

SÜDLICH DES STADTZENTRUMS Rossija Россия

Černyševskovo ploščad 11 ☎ *329 3932* FAX *329 3902* **Zimmer** *413*

Etwas abseits inmitten der stalinistischen Gebäude des Moskovski prospekt gelegen, hat man das zehnstöckige Haus vor Kurzem europäischen Standards angepasst. Von den Zimmern blickt man auf den südlichen Teil der Stadt. Russische und internationale Gäste halten sich die Waage. Im Restaurant ist immer einiges los. **www.rossija-hotel.ru**

SÜDLICH DES STADTZENTRUMS Neptun Нептун

Naberežnaja Obvodnovo kanala 93a ☎ *324 4610* FAX *324 4611* **Zimmer** *150* **Stadtplan** 7 A5

Das schnörkellose Best-Western-Hotel im Geschäftsviertel der Stadt wurde 1993 eröffnet. Die Zimmer sind einfach, aber ansprechend, der Service ist tadellos. Zur nächsten Metro-Station braucht man zu Fuß 15 Minuten. Ein großes Plus sind die erstklassigen Sport- und Erholungseinrichtungen. **www.neptun.spb.ru**

SÜDLICH DES STADTZENTRUMS Holiday Inn Холидей Инн

Moskovski prospekt 97a ☎ *448 7171* FAX *448 7172* **Zimmer** *557*

Die Lage des Hotels zwischen dem internationalen Flughafen und dem Stadtzentrum ist ideal für Geschäftsreisende. Die Verkehrsanbindung in die Innenstadt ist gut. Die Zimmer sind minimalistisch eingerichtet und perfekt ausgestattet. Frühstück ist inbegriffen, das Restaurant bietet herzhafte Grillgerichte. **www.holidayinn.com**

SÜDLICH DES STADTZENTRUMS Park Inn Pulkovskaja Пулковская

Pobedy ploščad 1 ☎ *740 3900* FAX *740 3948* **Zimmer** *840*

Das Hotel befindet sich in der Nähe des Flughafens, von hier erreicht man sehr gut die Paläste von Carskoje Selo, Pavlovsk und Gatčina. Bei Rucksacktouristen ist es genauso beliebt wie bei Geschäftsleuten. Gäste haben die Auswahl zwischen mehreren Restaurants und Bars. **www.rezidorparkinn.com**

Preiskategorien *siehe Seite 174* **Zeichenerklärung** *siehe hintere Umschlagklappe*

WESTLICH DES STADTZENTRUMS Park Inn Pribaltiskaja Прибалтийская ⓇⓇⓇ

Korablestroitelej ulica 14 ☎ *329 2626* FAX *356 6094* **Zimmer** *1200*

Das renovierte Pribaltiskaja von 1980 ist ein riesiges Hotel für Pauschalurlauber direkt am Finnischen Meerbusen. Der Blick aufs Meer ist großartig, der Wasserpark mit Pool und Sportanlagen überzeugt. Zur Metro-Station ist es von hier weit, im Winter bläst zudem ein strammer Wind, aber es gibt Bus- und Taxiverbindungen. **www.rezidorparkinn.ru**

NÖRDLICH DER NEVA Kronverk Кронверк ⓇⓇ

Blochina ulica 9 ☎ *703 3663* FAX *449 6701* **Zimmer** *26*   **Stadtplan** *1 C3*

Das Hotel liegt höchst attraktiv in Petrogradskaja direkt bei der Peter-Paul-Festung, von der Eremitage erreicht man es über zwei Brücken – ein wunderbarer Spaziergang. Wegen eines nahen Hightech-Zentrums ist es bei Geschäftsleuten, aber auch bei Urlaubern beliebt. Apartments bieten sich für einen längeren Aufenthalt an. **www.kronverk.com**

NÖRDLICH DER NEVA Andersen Hotel ⓇⓇⓇ

Čapjgina ulica 4a ☎ *740 5140* FAX *740 5142* **Zimmer** *140*

Das Andersen bietet angenehm ausgestattete Zimmer und ein akzeptables Preis-Leistungs-Verhältnis. Ein weiterer Pluspunkt ist seine Lage, zu vielen Sehenswürdigkeiten ist es nicht sehr weit. Das Personal ist bei der Organisation von Führungen behilflich. Restaurant und Bar sind bis spät am Abend geöffnet. **www.andersenhotel.ru**

NÖRDLICH DER NEVA Sankt Peterburg Санкт-Петербург ⓇⓇⓇ

Pirogovskaja naberežnaja 5/2 ☎ *380 1919* FAX *380 1920* **Zimmer** *401*   **Stadtplan** *3 A2*

Das moderne Hotel für Pauschalurlauber liegt zentral, hat aber eine schlechte Verkehrsanbindung. Die Zimmer nach Süden hin und der Frühstücksraum bieten eine wunderbare Aussicht. Im Sommer, wenn die Sonne kaum untergeht, erweist sich allerdings genau dies als großer Nachteil. **www.hotel-spb.ru**

NÖRDLICH DER NEVA Stony Island Hotel ⓇⓇⓇ

Kamennoostrovski prospekt 45 ☎ *337 2434* FAX *346 1920* **Zimmer** *50*   **Stadtplan** *2 D1*

Das historische Gebäude, in dem das Hotel residiert, wurde komplett umgestaltet. Jetzt dominiert ein minimalistisches Design mit klaren Linien und Farben. Seiner Lage in der eleganten Hauptstraße von Petrograd und nahe der Metro-Station Petrogradskaja verdankt das Haus einen treuen Kundenstamm. **www.stonyisland.ru**

ÖSTLICH DER NEVA Ochtinskaja Охтинская ⓇⓇ

Bolšejochtinski prospekt 4 ☎ *318 0038* FAX *227 2514* **Zimmer** *294*   **Stadtplan** *4 F3*

Die geräumigen Zimmer des Hotels mit Aussicht auf den Fluss und die Smolnyj-Kathedrale entschädigen für die Lage außerhalb des Zentrums. Öffentliche Verkehrsmittel gibt es nur wenige. Im Sommer werden die Brücken um zwei Uhr nachts hochgezogen, weshalb man sich rechtzeitig auf den Heimweg machen sollte. **www.okhtinskaya.com**

AUSFLÜGE

NOVGOROD Volchov Волхов Ⓡ

Predtečenskaja ulica 24 ☎ *(8162) 225 548* FAX *(8162) 229 067* **Zimmer** *127*

Das Volchov liegt besser als jedes andere Hotel in Novgorod. Das fünfstöckige Haus in der Altstadt bietet einfache Zimmer mit Dusche (wenige mit Badewanne), ansonsten beschränkt sich das Angebot auf eine Sauna. Auffallend ist der hohe Anteil an Kunststoff bei der Zimmerausstattung. **www.hotel-volkhov.html**

NOVGOROD Park Inn by Radisson Veliky Novgorod Hotel ⓇⓇ

Studenčeskaja ulica 2a ☎ *(8162) 940 910* FAX *(8162) 940 925* **Zimmer** *226*

Der große, moderne Komplex ist das am besten ausgestattete Hotel in Novgorod, er bietet u. a. Konferenzräume, Tennisplätze und einen kleinen Pool. Viele der Zimmer öffnen sich auf den Fluss, selbst die luxuriöseren Suiten sind nicht übermäßig teuer. **www.parkinn.com**

PUŠKIN Natali Натали Ⓡ

Malaja ulica 56a ☎ *466 2768* FAX *466 0277* **Zimmer** *47*

Das kleine Hotel liegt in einer ruhigen Nebenstraße der hübschen Stadt Puškin, nicht weit entfernt vom Palast Carskoje Selo. Die Zimmer verteilen sich auf drei Stockwerke (ohne Aufzug). »Romantische« Zimmer findet man unter dem Dach. Visumsbefürwortung wird nicht erteilt. **www.hotelnatali.ru**

STRELNA Baltic Star Hotel Отель Балтийская звезда ⓇⓇⓇⓇ

Berezovaja alleja 3 ☎ *438 5700* FAX *438 5888* **Zimmer** *106 und 20 Hütten*

Das Haus liegt zwischen St. Petersburg und Peterhof, in der Nähe des Konstantinischen Palasts, der für Staatsempfänge genutzt wird. Diplomaten steigen zu solchen Anlässen gerne im Baltic Star ab. Die Räume des Neubaus wurden im alten Stil eingerichtet, in separaten Hütten genießen die Gäste mehr Privatsphäre. **www.balticstar-hotel.ru**

ZELENOGORSK Gelios Гелиос отель ⓇⓇ

Primorskoje šosse 593 ☎ *702 2626* FAX *702 2622* **Zimmer** *195 und 3 Hütten*

Umgeben von Bäumen liegt das moderne Hotel rund 50 Kilometer nördlich von St. Petersburg am Ufer des Finnischen Meerbusens. Hier kann man spazieren gehen, im Winter Ski fahren sowie im nahen Kurzentrum zahlreiche wohltuende Behandlungen genießen. Die Hütten auf der Anlage sind schnell ausgebucht. **www.gelios-otel.ru**

Stadtplan *siehe Seiten 230–245*

Restaurants

Seit einigen Jahren findet man in fast jedem Häuserblock ein Restaurant, das internationale Küche serviert. Viele dieser Speiselokale bieten ein »Business lunch«, ein Mittagsmenü zu festen Preisen, an – zum großen Vorteil für Urlauber mit beschränktem Budget, die trotzdem einigermaßen gut essen wollen. Auch unter den teureren Restaurants sind einige zu empfehlen.

Schild von Dvorjanskoje gnezdo

Die regionalen Küchen der ehemaligen Sowjetrepubliken und aus anderen Ländern bieten auch Vegetariern abwechslungsreiche Speisen. Kleine Cafés in viel besuchten Gegenden sind eine Alternative zu den Touristenfallen. Die meisten Restaurants und Cafés bereiten auch einen schlichten grünen Salat zu. Empfehlenswerte Restaurants und Cafés finden Sie auf den Seiten 184–191.

Das Restaurant Podvorie in einem restaurierten Holzhaus *(siehe S. 191)*

Probieren Sie georgische Speisen im Salchino *(siehe S. 185)* oder im Lagidze *(siehe S. 189)*. Armenisch isst man im Erivan *(siehe S. 187)*. Es gibt viele mittelmäßige asiatische Restaurants. Die Küche des Sushi-Restaurants Jakitorija *(siehe S. 185)* ist eine willkommene Ausnahme.

Lage

Restaurants direkt am Nevski prospekt sind teurer als in anderen Straßen. In der nahen Umgebung jedoch – Bolšaja Konjušennaja, Karawannaja, Rubinštejna, Vladimirski prospekt und Ulica Vosstanija – findet man Alternativen für jeden Geldbeutel und Geschmack. Wer sich noch weiter hinauswagt, z. B. in die Ulica Belinskovo, findet hier einige sehr empfehlenswerte Restaurants versammelt.

Restaurants

Alle großen Hotels verfügen über ein gutes Speiseangebot. Hotelrestaurants wurden in diesem Buch nur berücksichtigt, wenn sie herausragend oder die einzigen in abgelegenen Gegenden sind.

Stil und Moden dominieren heute in einigen Häusern, worunter oft die Speisen leiden, die meist auch völlig überteuert sind. Andere Lokale beweisen, dass man Küche, Einrichtung und Service in bestem russischem Stil vereinen kann. Zu den aktuellen Trends gehören etwa »Zaristisches Russland« in historischem Ambiente (z. B. das Staraja tamožnja, *siehe S. 184*) und kaukasische Restaurants (u. a. Baku, *siehe S. 188*). Einige Spitzenrestaurants verbinden europäische und russische Küche mit asiatischen Einflüssen.

Terrassencafé in den Arkaden des Gostinyj Dvor *(siehe S. 108f)*

Speisekarte

Viele Restaurants und einige Cafés haben Karten in Englisch. In Restaurants, die Kreditkarten akzeptieren, gibt es meist einen Englisch oder Deutsch sprechenden Kellner, ansonsten gibt man sich alle Mühe, den Gast zu verstehen.

Bezahlung

Mittlerweile sind in allen St. Petersburger Restaurants die Preise in Rubel angegeben. In der Restaurantliste dieses Reiseführers *(siehe S. 184–191)* finden Sie eine Auswahl empfehlenswerter Restaurants, dort erhalten Sie auch Informationen zu einzelnen Preiskategorien.

Die großen Restaurants in St. Petersburg akzeptieren die meisten gängigen Kreditkarten, doch erkundigen Sie sich besser vorher. Die Kellner dürfen keine Fremdwährungen annehmen. Bezahlt werden muss in Rubel *(siehe S. 215)* oder per Kreditkarte. Nehmen Sie besser immer genügend Bargeld mit.

Das Trinkgeld beträgt üblicherweise 10–15 Prozent, es sei denn, es ist im Preis enthalten. Damit der Kellner sein Trinkgeld auch erhält, gibt man es ihm besser bar.

ÖFFNUNGSZEITEN

In St. Petersburg haben die meisten Lokale von 12 bis etwa 23 Uhr geöffnet. Immer mehr der teureren Restaurants und vor allem solche in einem Casino oder mit Nachtclub *(siehe S. 204f)* bleiben bis in die frühen Morgenstunden geöffnet. Cafés schließen früher, meist gegen 22 Uhr.

Wer nach einer Abendveranstaltung noch etwas essen möchte, kann im Prinzip bleiben, solange er möchte. Einige Bars, z. B. das Jili-bili *(siehe S. 193)*, bereiten auch zu später Stunde kleine Gerichte zu. Schließlich gibt es noch Fast-Food-Lokale wie das Lajma *(siehe S. 193)*, in denen man lange nach Mitternacht seinen Hunger stillen kann.

Der schön dekorierte Russische Saal im Demidov *(siehe S. 190)*

Hinweisschild auf das Pirosmani

RESERVIERUNG

Tischreservierung ist immer ratsam, vor allem während der Weißen Nächte *(siehe S. 51)*, wenn die beliebtesten Lokale Wochen im Voraus ausgebucht sind. Der Hotelportier kann hier sehr hilfreich sein. In kleineren Restaurants und Cafés kommt es höchstens anlässlich von Hochzeiten oder Feiertagen zu Engpässen.

MIT KINDERN ESSEN

Die Russen beginnen gerade erst damit, ihre Kinder mit ins Restaurant zu nehmen. Nur wenige exklusive Lokale verweigern Kindern den Zutritt, vielmehr wird man versuchen, die Gerichte dem kindlichen Geschmack anzupassen. In Lokalen wie Tres Amigos *(siehe S. 189)*, Botanica und Il Patio *(siehe S. 193)* stehen am Wochenende Kindermädchen zur Verfügung. Im Botanica wurde ein Spielezimmer eingerichtet, in einem Fernseher dort laufen Zeichentrickfilme. Lokale, deren »Programm« nicht für Kinder geeignet ist, wurden in diesem Buch nicht berücksichtigt.

LIVE-MUSIK

In einigen Restaurants und Cafés wird freitags oder samstags Musik gespielt – live oder von CD. Die Restaurantliste *(siehe S. 184–191)* führt allerdings nur solche Lokale auf, in denen auch wochentags Live-Musik gespielt wird.

VEGETARISCHE GERICHTE

Die russische Küche ist traditionell fleischorientiert, aber immer mehr Lokale, wie das Krokodil *(siehe S. 186)*, nehmen vegetarische Speisen in ihre Karte auf. Die georgische und die armenische Küche bieten viele Gemüsegerichte ohne Fleisch. Derzeit gibt es nur sehr wenige rein vegetarische Restaurants in St. Petersburg sowie einige Cafés, die vegetarische Speisen anbieten.

Wer auch Fisch isst, hat in der Stadt eine deutlich größere Auswahl.

RAUCHEN

Noch ist Rauchen in den meisten Restaurants erlaubt, allerdings haben viele bereits Nichtraucher-Bereiche eingeführt, wenige unterbinden das Rauchen völlig. Manche Lokale bieten ihren Gästen einen separaten Nichtraucherraum an, der vorab reserviert werden muss, ein Schild weist diesen Raum dann als Nichtraucherzone aus.

ETIKETTE

Nur in einigen großen und in den wirklich schicken Restaurants legt man Wert auf Abendgarderobe, allerdings sollte man immer angemessen gekleidet sein. Turnschuhe und Rucksack sind in den kleinen Cafés kein Problem.

BEHINDERTE REISENDE

Kellner und Portiers der meisten Restaurants helfen gerne, wenn es darum geht, Rollstuhlfahrern aus dem Ausland (russische Rollstuhlfahrer essen überwiegend zu Hause) Zugang zum Lokal zu ermöglichen. Allerdings gibt es fast überall Stufen, die Türen sind oft unüberwindbar schmal. Das gilt vor allem für Cafés und Bars. Behinderte Reisende sind deshalb meist auf die Hotelrestaurants oder aber auf teurere Lokale angewiesen.

WEBSITES

Viele Restaurant-Websites sind ausschließlich in russischer Sprache verfügbar und zudem schlecht gepflegt.
Restaurants ohne eine eigene Website findet man dennoch auf der Restaurant-Website von St. Petersburg, die auch auf Deutsch verfügbar ist:
www.restoran.ru
Wer Russisch versteht, findet im Internet eine ganze Reihe von Listen mit Restaurants in St. Petersburg, von denen viele auch bewertet werden.
www.allcafe.info
www.menu.ru
Hervorragend sind die Restaurant-Kritiken der Website Time Out:
www.spb.timeout.ru

Russische Küche

Die russische Küche ist vor allem für wärmende Eintöpfe mit Wintergemüse wie Kohl, Rote Bete und Kartoffeln bekannt. Dass St. Petersburg einst Hauptstadt eines riesigen Reichs von Polen bis zum Pazifik war, daran erinnert nicht zuletzt die abwechslungsreiche Küche. Auberginen und Tomaten aus dem südlichen Kaukasus verleihen den Gerichten eine mediterrane Note, Gewürze aus Zentralasien verströmen exotische Düfte. Auf dem Kuznečnyj-Markt findet man Kavier und Langusten, Honig aus Sibirien sowie Pfirsiche und Melonen aus Georgien.

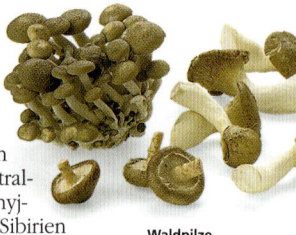

Waldpilze

Kaviar aus den Rogen des Störs ist eine Köstlichkeit

solianka verleihen eingelegte Gurken ihren salzigen Geschmack. Eingelegte Pilze mit Sauerrahm sind in den Restaurants allgegenwärtig, genauso wie frische Fruchtsäfte aus Beeren.

In einem Land, in dem man sich noch an Nahrungsmittelmangel erinnert, wird kaum etwas weggeworfen. *Kvas*, ein beliebtes, leicht alkoholhaltiges Getränk, vergärt man oft zu Hause aus altem Brot, Zucker und Obst. Im Sommer sollten Sie unbedingt die köstliche kalte Suppe *okroška* versuchen, die aus *kvas* zubereitet wird.

In Russland, einem Land mit Hunderten Seen und Flüssen, gibt es eine lange Tradition der Fischzubereitung: von einfachen Suppen wie der *ucha* über Kaviar vom Stör bis zu Lachs in unzähligen Varianten, gekocht und gegrillt.

HAUSMANNSKOST

Viele St. Petersburger besitzen ein schnell erreichbares Häuschen auf dem Land, wo sie vom Frühling bis zum Spätherbst das Wochenende verbringen. Da gibt es auch einen kleinen Gemüsegarten, zudem sammelt man Beeren und Pilze. Vieles davon wird eingelegt. Der erfrischenden Suppe

Typische Zusammenstellung von *zakuski* (kalten Vorspeisen)

REGIONALE SPEZIALITÄTEN

Boršč (Borschtsch, Rote-Bete-Suppe) und *bliny* (Blinis, Butterpfannkuchen) mit Kaviar sind die wohl bekanntesten russischen Gerichte – Erstere in einer Vielzahl an Varianten je nach Jahreszeit, Letztere besonders beliebt vor der Fastenzeit, um sich ein Polster anzuessen. In der russischen Küche richtet man sich vor allem danach, was der Markt hergibt, was wärmt und satt macht. Eine beliebte Hauptspeise ist *kulebjaka*, ein recht herzhaftes Blätterteiggebäck, das mit Lachs, Reis, Eiern und Zwiebeln gefüllt ist. Das legendäre *Bœuf Stroganov* mit Pilz-Sahnesauce wurde im 18. Jahrhundert in St. Petersburg vom Chefkoch der wohlhabenden Familie Stroganov kreiert.

Rote Bete

Boršč *Die süßsaure Suppe erhält ihre Farbe durch Rote Bete. Meist wird sie mit Dill und Sauerrahm serviert.*

Gemüsestand auf dem Markt von St. Petersburg

KAUKASUS

Die früheren Sowjetrepubliken des Kaukasus – Georgien, Aserbaidschan und Armenien – sind für ihre Festessen bekannt, bei denen Unmengen von Speisen und Getränken auf die Tische geladen werden. Heute versorgen diese Länder die russischen Städte mit jahreszeitabhängigen subtropischen Erzeugnissen. Limonen, Zitronen, Orangen, Walnüsse, Feigen, Granatäpfel, Pfirsiche, Bohnen, Käse, Kräuter und vieles mehr kommen auf die Märkte von St. Petersburg und in die georgischen Restaurants der Stadt. Die georgische Küche gilt als überaus nährstoffreich und gesund. Bevorzugt isst man frisch gegrilltes Fleisch, Hülsenfrüchte jeder Art, Obst, Gemüse, Joghurt, Kräuter und diverse Nusssaucen – darunter auch das berühmte *satsivi*.

ZENTRALASIEN

Auch aus den ehemaligen zentralasiatischen Republiken der alten Sowjetunion kommen zahlreiche kulinarische Spezialitäten, die sich unter den besonderen Bedingungen des Nomadenlebens, das einst die kriegerischen Mongolen und Tataren lebten, entwickelten. Aus lufgetrocknetem Schafsfleisch bereitet man *plov* zu, das traditionell mit den Händen gegessen wird.

In den usbekischen Restaurants von St. Petersburg wird *plov* zusammen mit Fladenbrot, Nudelsuppen, *manti* (Teigtaschen) und einer Vielzahl von Melonen und Trauben serviert, die in den Wüstenoasen reifen, sowie mit Aprikosen und Nüssen aus den Bergen.

Frisch gepflückte Preiselbeeren aus herbstlicher Ernte

ZAKUSKI

Eine traditionelle russische Mahlzeit beginnt mit *zakuski*, einer Auswahl kalter Vorspeisen. Dazu zählen eingelegte Pilze *(gribi)*, Salzgurken *(ogurci)*, Salzhering *(silodka)*, geräucherter Fisch, *bliny* mit Kaviar, verschiedene Gemüsepasteten, gefüllte Eier *(yaica farširowannie)*, gewürzter Feta *(brinza)*, Rote-Bete-Salat *(salat iz svyokly)* und Fleischtörtchen *(piroški)*. Dazu wird Roggenbrot gereicht. Das Ganze wird nicht selten mit reichlich Wodka runtergespült. Danach kommt eine dampfend heiße Suppe auf den Tisch, bevor der Hauptgang serviert wird.

Kulebjaka *Das Blätterteiggebäck wird mit Fisch, hart gekochten Eiern, Reis, Zwiebeln und Dill gefüllt.*

Pelmeni *Diese Fleischklöße werden in klarer Brühe, mit Tomatensauce oder mit Sauerrahm gegessen.*

Kissel *Aus roten Beeren bereitet man ein weiches, fruchtiges Gelee zu, darauf kommt ein Schuss Rahm.*

Russische Getränke

Aromatisierter Wodka

Russland ist berühmt für seinen Wodka, der im 14. oder 15. Jahrhundert erstmals erwähnt wird. Die Firma Livis in St. Petersburg ist der zweitgrößte Hersteller Russlands. Peter der Große *(siehe S. 18)* liebte besonders Pfeffer- und Aniswodka und verbesserte durch einige Veränderungen im Destillierprozess dessen Qualität.

Das andere russische Nationalgetränk ist Tee, traditionell im Samowar zubereitet und schwarz serviert. Seitdem Ende des 18. Jahrhunderts Tee (anfänglich aus China) erstmals importiert wurde, ist er in Russland unglaublich beliebt.

Eine russische Bauernfamilie (19. Jh.) trinkt Wodka und Tee vor ihrer Datscha

KLARER WODKA

Wodka wird aus Getreide, meist Weizen, in Russland manchmal auch Roggen, gebrannt. Wodka der Marke Livis wird in St. Petersburg am meisten getrunken, dazu zählen die Sorten Diplomat, Five Star und Russki Standart. Kristall aus Moskau erobert mit den Marken Kristall und Gželka zunehmend Marktanteile. Der Hersteller Flagman ist offizieller Wodka-Lieferant des Kreml. Die Auswahl an Wodka-Marken ist heutzutage kaum noch überschaubar. Es gibt allerdings eine goldene Regel: Trinken Sie tunlichst keinen Wodka, der weniger als fünf Euro pro halbem Liter kostet.

Kubanskaja

Diplomat   Russki Standart   Five Star

Wodka wird meist zum Essen getrunken, vor allem zum nahrhaften Vorspeisenteller *zakuski* (siehe S. 181). Wodka wird nicht immer eiskalt serviert, sollte aber gekühlt sein.

AROMATISIERTER WODKA

Früher aromatisierte man Wodka aus praktischen Gründen. Als Wodka im Mittelalter erstmals gewerblich gebrannt wurde, waren Technik und Ausrüstung so primitiv, dass man nicht alle Unreinheiten entfernen konnte. Diese verursachten einen unangenehmen Beigeschmack, den man durch die Zugabe von Honig, Ölen und Gewürzen verdeckte. Allmählich entwickelte sich aromatisierter Wodka zu einer regelrechten Spezialität. Traditionelle Sorten sind Limonnaja mit Zitronenschalen und Percovka mit roten Chilischoten. Kljukvennaja (Preiselbeere) und Oblepicha (orangefarbener Sanddorn aus Sibirien) sind ebenfalls beliebt. Aromatisierter Wodka wird auch zu Hause hergestellt, indem man Pfirsichkerne und ganze Beeren monatelang in Alkohol einlegt.

Percovka

Limonnaja

Kljukvennaja

Oblepicha

WEINANBAUGEBIETE

- Weinbauregion
- Moldau
- Ukraine
- Russland
- Georgien
- Armenien
- Aserbaidschan
- — Staatsgrenze

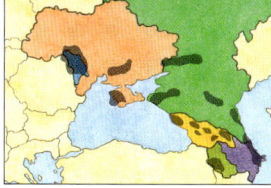

Georgische Weine   **Šampanskoje**

WEIN

Die ehemalige Sowjetunion war weltweit der größte Weinproduzent. Auch wenn heute viele der wichtigen Weinbaugebiete zu unabhängigen Republiken gehören, sind ihre Weine immer noch in Russland beliebt. Die verschiedenen Regionen produzieren nicht nur eine große Bandbreite einheimischer, sondern auch weltweit verbreiteter Sorten. Die besten Weine stammen traditionell aus Georgien und von der Krim. Zu den georgischen Weinen zählen auch die aus der *rkaziteli*-Traube, die sich durch blumiges Aroma und leicht fruchtigen Geschmack auszeichnet. Aus Süd- und Zentralmoldau kommen weiße Schaumweine, bekannt sind auch die Rotweine des Südens. Seit 1799 keltert man in Moldau zudem den süßen Schaumwein *šampanskoje*.

ANDERE ALKOHOLISCHE GETRÄNKE

Weinbrand *(konjak)*, einst ein Nebenprodukt der Weinherstellung, wird in Russland erst seit dem 19. Jahrhundert kommerziell gebrannt. Zu den Produzenten zählten die ehemaligen Sowjetrepubliken Georgien und Armenien, wobei der armenische als der bessere gilt. Sein Vanilleduft stammt von den Fässern aus 70 bis 100 Jahre alten Eichen, in denen er reift. St. Petersburger Bier *(pivo)* zählt zu den besten Russlands. Baltika, Vena und Stepan Razin stellen Flaschen- und Fassbier her. Einen Versuch wert sind auch Tver-Biere wie Afanasy.

Baltika-Bier   **Armenischer Weinbrand**

ANDERE GETRÄNKE

Mineralwasser   ***Kvas***   **Preiselbeersaft**

Das süße, leicht vergorene Getränk *kvas* aus Gerste und Roggen trinken Erwachsene und Kinder. In Russland gibt es unzählige Mineralwassersorten *(mineralnaja voda)*, von denen viele einen hohen Anteil an Mineralien haben. Besonders geschätzt und teuer sind die Sorten aus dem Kaukasus. Ferner gibt es Fruchtsäfte *(mors, sok, kompot)* und das traditionelle russische *sbiten* aus Honig und Kräutern.

TEE

Russischer Tee, schwarz mit einer Zitronenscheibe serviert, wird aus einem hohen Glas oder einer Tasse getrunken. Häufig wird *čai* anstatt mit Zucker mit Marmelade *(varenie)* gesüßt. Traditionell kommt das kochende Wasser aus einem Samowar. Man brüht eine Kanne sehr starken Tees auf, gibt etwas davon in die Gläser und verdünnt den Tee mit kochendem Wasser.

Tee mit Marmelade *(varenie)* zum Süßen

SAMOWAR

Die traditionell aus Messing oder Kupfer hergestellten Samoware dienten früher als Heißwasserspender für häusliche Zwecke. Heute werden sie oft elektrisch betrieben, aus rostfreiem Stahl gefertigt und nur für die Zubereitung von kochendem Teewasser verwendet. Gelegentlich kocht man darin auch Eier. Das Wort Samowar kommt von *samo*, »selbst«, und *varit*, »kochen«.

Restaurantauswahl

Die Restaurants in diesem Führer wurden aufgrund ihrer bemerkenswerten Küche und ihres guten Preis-Leistungs-Verhältnisses ausgewählt. Sie sind nach Stadtteilen geordnet und innerhalb ihrer Preiskategorie alphabetisch gelistet. In den meisten Lokalen sind Kinder willkommen. Stadtplan siehe Seiten 230–245.

PREISKATEGORIEN
Preis für ein Drei-Gänge-Menü für eine Person inklusive einer halben Flasche Hauswein, Service und Steuern.

- ⓡ unter 750 Rubel
- ⓡⓡ 750–1200 Rubel
- ⓡⓡⓡ 1200–1800 Rubel
- ⓡⓡⓡⓡ 1800–2400 Rubel
- ⓡⓡⓡⓡⓡ über 2400 Rubel

VASILEOSTROVSKI-INSEL

Troicki most Троицкий мост ⓡ
6-ja, Vasilevski ostrov 27 ☎ *327 4622* **Stadtplan** 1 A5

Ein vegetarisches Nichtrauchercafé, in dem gar kein Kaffee serviert wird. Hier legt man Wert auf frisches Gemüse. Eines der wenigen Non-Fusion-Restaurants der Stadt, das Spargel und Spinat auf den Teller bringt und sich auch auf die Zubereitung versteht. Probieren Sie den Käse-Spinat-Salat oder die Tagliatelle mit Pilzsauce.

Imperator Император ⓡⓡ
Tamožennyj pereulok 2 ☎ *323 3031* **Stadtplan** 1 C5

Keines der vielen Restaurants in der Strelka ist preiswerter als das Imperator. Etwas versteckt im Untergeschoss der Akademie der Wissenschaften neben der Kunstkammer gelegen, bietet es europäisch-kaukasische Küche, wobei die mexikanischen Gerichte etwas aus dem Rahmen fallen. Im kleinen Nichtraucherraum sollte man reservieren.

Ketino Кэтино ⓡⓡ
8-ja linija 23, Vasilevski ostrov ☎ *326 0196* **Stadtplan** 1 A5

Das größere, nicht ganz so gemütliche, aber ebenso freundlich ausgestattete georgische Restaurant Ketino gehört zum Salchino in der Petrogradskaja. Bestellen Sie nur kleine Portionen: Wer erst einmal probiert hat, wird auf die ganze Speisekarte Appetit bekommen (z. B. auf *lobio* mit grünen Bohnen und Gewürzen). Der Wein ist teuer.

Casa del Mjaco ⓡⓡⓡ
Birževoj proezd 6 ☎ *320 9764* **Stadtplan** 1 C5

Die Lage des Restaurants ist perfekt, zahlreiche Sehenswürdigkeiten St. Petersburgs wie etwa die Rostrasäulen, das Zoologische Museum und die Kunstkammer sind nur einen kurzen Spaziergang entfernt. Die Auswahl an Speisen ist sehr groß, beliebt sind vor allem die Fleischgerichte.

Russki kitč Русский китч ⓡⓡⓡ
Universitetskaja naberežnaja 25 ☎ *325 1122* **Stadtplan** 5 B1

Ein großartiger Treffpunkt im protzigen Ambiente aus der Zeit der Perestroika – Deckengemälde, Marmor und viel Gold. Die Karte ist reinste Fusionküche, dazwischen auch *pelmeni* (Teigtaschen, Maultaschen) und Kohl. Typisch russisch: der Tanzsaal. Durch verglaste Galerien hat man einen schönen Blick auf die Neva. **www.concord-catering.ru**

New Island ⓡⓡⓡⓡ
Rumjantsevski Spusk, Universitetskaja naberežnaja ☎ *320 2100* **Stadtplan** 5 B1

Dieses sehr beliebte schwimmende Restaurant hatte schon Bush, Putin und Chirac zu Gast. Im Winter ist das Schiff Banketten vorbehalten, aber vom späten Frühjahr bis in den Herbst legt es viermal täglich ab (um 14, 16, 20 und 22.30 Uhr). Genießen Sie bei Kaviar und *bliny* die Schifffahrt bis nach Smolnyj und zurück zur Anlegestelle.

Staraja tamožnja Старая таможня ⓡⓡⓡⓡⓡ
Tamožennyj pereulok 1 ☎ *327 8980* **Stadtplan** 1 C5

Das solide Restaurant mit gemütlicher Atmosphäre liegt gut erreichbar hinter der Kunstkammer am oberen Ende der Strelka. Speise- und Weinkarte sind französisch geprägt mit vielen Fleischgerichten. Die Backsteingewölbe sind unverputzt, es gibt eine offene Küche, eine Galerie sowie einen Extraraum für private Feiern.

PETROGRADSKAJA

Demjanova Ucha Демьянова Уха ⓡⓡ
Kronverkski prospekt 53 ☎ *232 8090* **Stadtplan** 1 C3

Das beste Fischrestaurant der Stadt hält seinen Spitzenplatz durch harte Arbeit und herzhafte, traditionelle Küche ohne Schnickschnack. Nicht zufällig spielt der Name *Demjanova Ucha* (»Demjanovs Fischsuppe«) auf ein russisches Märchen an, in dem ein übereifriger Gastgeber seinen Gästen immer noch mehr Essen aufdrängt.

Zeichenerklärung siehe hintere Umschlagklappe

Jakitorija Якиторня

Petrovskaja nabereznaja 4, Petrogradskaja ☎ *970 4858*

Stadtplan 2 F3

Dies ist eines der besten japanischen Restaurants in ganz St. Petersburg. Neben den günstigen Preisen überzeugt vor allem auch die Lage des Jakitorija – zur Peter-Paul-Festung ist es nur ein fünfminütiger Spaziergang. Sie werden in der ganzen Stadt kaum ein besseres *sushi* finden.

Na zdorovje! На здоровье!

Bolšoj prospekt 13, Petrogradskaja ☎ *232 4039*

Stadtplan 1 B3

Wenn Ihnen schon der Anblick der russischen Schönheiten auf den Bildern von Boris Kustodiev im Russischen Museum gefallen hat, dann sind Sie im Na zdorovje! richtig. Übersetzt heißt das »Zum Wohl«. Wer hier diesen Trinkspruch ausbringt, wird sofort von der russischen Gastfreundschaft überwältigt und stößt bei Zigeunermusik mit allen an.

Tbiliso Тбилисо

Sytninskaja ulica 10 ☎ *232 9391*

Stadtplan 2 D2

Ein georgisches Esslokal, in dem Kellner in georgischer Tracht die passenden imposanten Schnurrbärte tragen. Auf der Speisekarte finden sich Originalgerichte wie *mamalyga* (gemahlenes Getreide mit gesalzenem Käse). Die Tische bilden kleine Nischen, denn ein »echter« georgischer Mann speist nur mit seiner Liebsten oder engen Freunden.

Okean Океан

Prospekt Dobroljubova 14a ☎ *986 8600*

Stadtplan 1 C4

Mit seinen bodentiefen Fenstern bietet das am Ufer der Neva gelegene Okean nicht nur ein helles, freundliches Interieur, sondern auch die perfekte Aussicht auf den Fluss. Entspannen Sie sich bei einem Cocktail auf der Terrasse, und genießen Sie die reichhaltige Auswahl an Seafood.

Salchino Салхино

Kronverkski prospekt 25 ☎ *232 7891*

Stadtplan 2 D2

Üppige Hausmannskost bereiten in diesem Ableger des Ketino zwei georgische Köchinnen, die wissen, wie man den Gaumen verwöhnt. Ihr *chačapuri* (Brot mit Käsefüllung) dürfte das beste der Stadt sein. Probieren Sie auch die Auberginen mit Walnussfüllung. Überlassen Sie keinesfalls dem Kellner die Auswahl – so viel können Sie nicht essen.

Volna Волна

Petrovskaja nabereznaja 4 ☎ *322 5383*

Stadtplan 2 F3

Eines der preiswerteren Fusion-Restaurants mit vorwiegend asiatischen Gerichten auf der Speisekarte. Dazu passt die minimalistische Inneneinrichtung im japanischen Stil. Probieren Sie den italienischen Salat mit Lachs-*tempura* oder den gegrillten Weißlachs mit Minze und Fischsauce. Das Volna liegt gleich hinter dem Haus Peters des Großen.

Austerija Аустерия

Peter-Paul-Festung ☎ *230 0369*

Stadtplan 2 E3

Das Beste an der Austerija ist ihre Lage – gleich neben der Peter-Paul-Festung. Wer dort alles sehen möchte, wird bestimmt eine Erholungspause nötig haben. Während die Inneneinrichtung, wie die Festungskathedrale, den geliebten holländischen Stil Peters des Großen zitiert, stehen auf der Speisekarte traditionelle russische Gerichte.

Magnolia Магнолия

Petrovskaja nabereznaja 4 ☎ *232 4529*

Stadtplan 2 F3

Das georgische Restaurant gegenüber der Eremitage bietet Tische auf zwei Ebenen. Zu den Spezialitäten gehören Klassiker wie Truthahn mit Bratäpfeln und Hüttenkäse. Wählen Sie zum Dessert georgischen Käse oder *matsoni* (Joghurt mit Kräutern). Von den meisten Tischen hat man einen guten Blick auf die Neva.

Zver Зверь

Alexandrovski-Park 5b ☎ *232 2062*

Stadtplan 2 E3

Zver bedeutet »Wild«, und alles, was erlegt werden kann, findet sich hier – ob Wildschwein oder Hase. Mit langen Holztischen und herzhaften Portionen erinnert es an ein riesiges Steaklokal. Es gibt auch ein gutes Kindermenü. Das Lokal liegt hübsch umgeben von Bäumen, die grellen Kioske gegenüber der Festung können Sie getrost vergessen.

Terrasa Терраса

Mytninskaja nabereznaja, Birževoj most ☎ *336 3737*

Stadtplan 1 C4

Das moderne Restaurant auf der Fregatte *Fliegender Holländer* hat einen offenen Kamin sowie eine weite Aussicht über die Neva bis hin zum Winterpalast. Auf der Speisekarte stehen europäische und südamerikanische Gerichte, ergänzt von einer Sushi- und einer Salatbar sowie erlesenen Mehlspeisen. Es gibt Kinderbetreuung.

PALASTUFER

1913

Voznesenski prospekt 13 ☎ *315 5148*

Stadtplan 5 C2

Im 1913 ist man stolz auf großzügige Portionen und Regionalgerichte wie *draniki* (Kartoffelpuffer) mit Schinken, die Sauerampfersuppe oder den Hummer. Eine freundliche Atmosphäre sowie ausgezeichneter Service entschädigen für die fade Inneneinrichtung. Ab 20 Uhr gibt es russische Lieder mit Gitarrenbegleitung.

Stadtplan *siehe Seiten 230–245*

Baltika Brew
Bolšaja Morskaja ulica 3/5 921 0912 ⓇⓇ
Stadtplan 6 D1

Das Restaurant mit eigener Brauerei gegenüber der Eremitage befindet sich unter einem eindrucksvollen Bogengang. Die Küche überzeugt mit einer Auswahl internationaler Gerichte, einen Schwerpunkt bilden Speisen aus Indien (u. a. aus Kaschmir, Goa und Delhi). Probieren Sie dazu eines der hier gebrauten Biere.

Krokodil Крокодил
Galernaja ulica 18 314 9437 ⓇⓇ
Stadtplan 5 B2

In der Gegend um die Isaakskathedrale gibt es kein preiswerteres Lokal. Klein, dunkel und heimelig, bot es als eines der ersten Restaurants frische Salate, Vegetarisches und einen Nichtraucherraum. Um die Wartezeit auf das Essen zu verkürzen, kann man sich eines der Brettspiele ausleihen.

Da Albertone
Millionnaja ulica 23 315 8673 ⓇⓇⓇ
Stadtplan 2 E5

Gleich hinter der Eremitage liegt dieses besonders für Familien empfehlenswerte Lokal. Die Pizza des Kindermenüs kommt in Tierform, es gibt ein Spielzimmer sowie Kinderbetreuung. Für den Appetit der Großen gibt es 40 verschiedene Pizzasorten und eine große Auswahl an Nudelgerichten. Vor 23 Uhr ist Rauchen nicht gestattet.

Gastronom Гастроном
Marsovo Pole 7 314 3849 ⓇⓇⓇ
Stadtplan 2 F5

Die trendige Speisekarte, eine Mischung aus italienischer und japanischer Küche – mit einer Prise Russisch bei Fleischsülze mit Meerrettich und Senf –, zielt auf ein breites Publikum. Dank seiner günstigen Lage und Außentischen im Sommer kommen Urlauber jeden Alters ins Gastronom, und sei es nur auf ein Bier.

Gosti Гости
Malala Morskala ulica 13 312 5820 ⓇⓇⓇ
Stadtplan 6 D1

Neben einigen Spezialitäten der serbischen Küche stehen hier italienische Klassiker im Vordergrund. Lassen Sie noch Platz für eines der verführerischen Desserts. Das Gosti erstreckt sich über mehrere Stockwerke und bietet einen Spielbereich für Kinder, weshalb es auch von Familien geschätzt wird.

Park Giuseppe Парк Джузеппе
Naberežnaja kanala Gribojedova 2 571 7309 ⓇⓇⓇ
Stadtplan 2 F5

Seine Lage am Michajlovski-Park mit Blick über die Mojka bis zum Marsfeld macht es zum idealen Lokal für die Weißen Nächte. Hier kann man bei einem Glas italienischem Wein der sinkenden Sonne zusehen, die nie endgültig hinter dem Horizont verschwindet. Auf der italienischen Speisekarte steht auch Holzofenpizza. Terrasse im Sommer.

Russkaya Ryumochnaya No.1 Русска Рюмочная №1
Konnogvardejski Bulvar 4 570 6420 ⓇⓇⓇ
Stadtplan 5 B2

In einem charmanten Speisesaal mit nostalgischem Flair genießt man hier Klassiker der russischen Küche. Bemerkenswert: Auf der Getränkekarte findet man mehr als hundert verschiedene Wodkas, viele davon sind aromatisiert. Dem Restaurant ist eine Galerie angegliedert, in der Wechselausstellungen stattfinden.

T-Lounge
Renaissance St Petersburg Baltic Hotel, Počtamtskaja ulica 4 380 4000 ⓇⓇⓇ
Stadtplan 5 C2

Leckere Sandwiches, Salate und Backwaren gibt es hier den ganzen Tag über, Live-Musik ist abends angesagt. Wie das Canvas befindet sich auch dieses Restaurant im Renaissance St Petersburg Baltic Hotel *(siehe S. 174)*. Neben vielen Hotelgästen zählt die T-Lounge auch zahlreiche Bewohner der Stadt zu seinen Gästen.

Borsalino Борсалино
Hotel Angleterre, Malaja Morskaja ulica 24 494 5115 ⓇⓇⓇⓇ
Stadtplan 6 D2

Das im Hotel Angleterre *(siehe S. 174)* untergebrachte Restaurant serviert authentisch italienische Gerichte von allerbester Qualität. Nicht nur Gäste des Hauses genießen hier das gute Essen und die schöne Ausstattung. Ein Besuch im Borsalino ist ideal, um es sich nach einem Tag Sightseeing gut gehen zu lassen. Live-Jazz an den meisten Abenden.

Canvas
Renaissance St Petersburg Baltic Hotel, Počtamtskaja ulica 4 380 4000 ⓇⓇⓇⓇ
Stadtplan 5 C2

Der Frühstücksraum des modernen Hotels in dem ruhigen Bezirk hinter der Isaakskathedrale verwandelt sich im Lauf des Tages in ein Restaurant. In einer Gegend, in der gute Restaurants dünn gesät sind – Styling ist meist wichtiger als die Küche –, setzt das Canvas auf Qualität und bietet schmackhafte, traditionelle europäische Küche.

Bellevue
Kempinski Hotel Mojka, Naberežnaja Reki Mojki 22 335 9111 ⓇⓇⓇⓇ
Stadtplan 2 E5

Vom 9. Stockwerk aus bietet das andere Restaurant im Kempinski eine so tolle Aussicht über das Stadtzentrum, den Schlossplatz und den Winterpalast, dass man darüber leicht das Essen vergisst. Doch die meist westeuropäischen Speisen sind zu gut, wenn auch nicht gerade billig. Hier zahlt man für das Essen, nicht für das stilvolle Ambiente.

Tsar
Sadovaja ulica 12 930 0444 ⓇⓇⓇⓇ
Stadtplan 2 F1

Das in einem früheren Palast untergebrachte Tsar bewahrt auch nach einer längeren Renovierung seinen ursprünglichen Charme. Kronleuchter, erlesenes Porzellan und Gemälde mit Porträts russischer Adeliger schaffen ein geradezu herrschaftliches Ambiente. Die Qualität der russischen Küche enttäuscht keinen Gast.

Preiskategorien *siehe Seite 184* **Zeichenerklärung** *siehe hintere Umschlagklappe*

Gostinyj Dvor

Aragvi Арагви
Naberežnaja Reki Fontanki 9 ☎ *570 5643*
Stadtplan *2 F5*

Das Interieur ist hell und elegant, durch die großen Fenster blickt man auf die Fontanka. Noch besser ist allerdings die georgische Küche, alle Gerichte werden nach originalen Rezepten aus der Republik im Kaukasus kreiert. Genießen Sie *satsivi* (Hühnchen mit Walnusssauce), *chačapuri* (mit Käse gefüllte Backwaren) oder *šašlik* (Kebab).

Fartuk Фартук
Ulica Rubinštejna 15–17 ☎ *764 5256*
Stadtplan *1 A2*

Bei warmem Wetter gehört das Fartuk zu den angenehmsten Terrassenrestaurants im Stadtzentrum. Die Speisekarte listet viele westliche Gerichte, einen Schwerpunkt bildet mediterrane Küche. Probieren Sie eine der hausgemachten Limonaden. Frühzeitige Reservierung ist zu empfehlen.

Fasol Фасоль
Gorochovaja ulica 17 ☎ *571 0907*
Stadtplan *6 D2*

Trotz seines Namens (»weiße Bohne«) ist das Fasol kein vegetarisches Restaurant, auch wenn viele gesunde Gerichte auf der Speisekarte stehen. In dem wie eine Café-Bar eingerichteten Lokal wird man zügig bedient. Dank der guten Lage an der Mojka eignet es sich bestens, um sich bei einem Spaziergang entlang den Kanälen zu stärken.

Kvartirka Квартирка
Nevski prospekt 51 ☎ *315 5561*
Stadtplan *7 A2*

Das mit Themen aus der sowjetischen Zeit gestaltete Restaurant überzeugt mit rustikaler Küche, die von Einheimischen wie Urlaubern geschätzt wird. Wer herzhafte Kost mag, ist hier richtig. Für die Zubereitung werden nur frischeste Zutaten verwendet. Das Preis-Leistungs-Verhältnis stimmt.

Literaturcafé Литературное кафе
Nevski prospekt 18 ☎ *312 6057*
Stadtplan *6 E1*

Dies ist das einstige Café Wolf et Béranger, von dem aus Alexandr Puškin zu seinem verhängnisvollen Duell aufbrach. Das Lokal erfreut sich bei Urlaubern und Liebhabern russischer Literatur großer Beliebtheit, auch wenn es eher historisch als kulinarisch interessant ist. Man reicht traditionelle, schwere Gerichte mit viel Fleisch in üppigen Saucen.

Mama Roma Мама Рома
Karavannaja ulica 3 ☎ *314 0347*
Stadtplan *7 A1*

Das Mama Roma war eines der ersten italienischen Restaurants und ist bei der russischen Mittelschicht angesagt. Wie es sich für einen guten »Italiener« gehört, ist das Innere hell und luftig, und Kinder sind natürlich gern gesehen. Die ausgezeichnete Vinothek im Keller ist eine gute Adresse, um Wein für eine Bootsfahrt zu kaufen.

Suliko Сулико
Kazanskaja ulica 6 ☎ *314 7373*
Stadtplan *6 E2*

Das von allen georgischen Restaurants der Stadt am zentralsten gelegene versteckt sich hinter der Kazaner Kathedrale und ist bei Georgiern sehr beliebt. Viel Fleisch, kaum Gemüse – hier biedert man sich nicht an den europäischen Geschmack an. Probieren Sie hier einen typischen Wein aus Georgien.

Erivan Ереванъ
Naberežnaja Reki Fontanki 51 ☎ *703 3820*
Stadtplan *6 F2*

Alle drei Gasträume sind im armenischen Stil mit Teppichen und bunten Tischdecken und Geschirr eingerichtet. Lassen Sie den VIP-Raum zugunsten der Bauernstube links liegen. Alle Gerichte werden traditionell mit viel Hammel- und Kalbfleisch zubereitet. Es gibt auch Ausgefallenes wie Hirn in Olivenöl.

Kalinka-Malinka Калинка-Малинка
Italjanskaja ulica 5 ☎ *314 2681*
Stadtplan *6 F1*

»Kalinka-Malinka« ist das russische Volkslied schlechthin und erklingt immer dann, wenn ein Russe in Film oder Fernsehen auftritt. Das Kalinka-Malinka ist wie eine rustikale Blockhütte eingerichtet. Es gibt traditionelles russisches Essen, dazu fast allabendlich Volksmusik. Trotz der vielen Urlauber und Reisegruppen durchaus lohnenswert.

Kavkaz-Bar Кавказ-бар
Karavannaja ulica 18 ☎ *312 1665*
Stadtplan *7 A1*

Kaukasische (georgische und armenische) Küche sowie ausgezeichnete georgische Weine und Brandys zu gehobenen Preisen. Das Lokal in bester Lage am Nevski prospekt hat eine persönliche Atmosphäre. Hier gibt es auch das beste Kebab der Stadt. Das legerere Außencafé an einem ruhigen Platz hat ein vergleichbar gutes Speiseangebot.

Ket Кэт
Karavannaja ulica 24 ☎ *315 3800*
Stadtplan *7 A1*

Ein angenehmes Kellerlokal mit georgischer Küche. Der Besitzer ist stolz darauf, von georgischen Prinzen abzustammen. Zweierlei fällt auf: Es will nicht mehr sein als scheinen, und es zieht vor allem einheimische Gäste an – ungewöhnlich für ein Lokal im Stadtzentrum. Ein guter Ort, will man Russen »vom alten Schlag« treffen.

Stadtplan *siehe Seiten 230–245*

Russkaja Čarka Русская Чарка ®®®
Naberežnaja Reki Fontanki 92 ℂ 495 5558 — **Stadtplan 6 E3**

Das Ambiente besticht durch hohe Kunstfertigkeit: Die Wände sind sehr schön bemalt, auch die gewebten Decken tragen zum besonderen Flair des russischen Restaurants bei. Ein Essen im Russkaja Čarka wird man in guter Erinnerung behalten. Zu den Spezialitäten des Hauses gehört Sibirischer Hirschbraten.

Sankt Peterburg Санкт-Петербург ®®®
Naberežnaja kanala Gribojedova 5 ℂ 314 4947 — **Stadtplan 6 E2**

Das Essen ist nicht gerade günstig (auch wenn man üppige Portionen bekommt), im Preis ist allerdings eine Folkloredarbietung enthalten (täglich um 21 Uhr außer Sonntag). Ab 20 Uhr beginnt die Live-Musik, anschließend treten russische Tänzer und Balalaikaspieler auf – vielleicht nicht sehr originalgetreu, dafür umso lebhafter und laut.

Baku Баку ®®®
Sadovaja ulica 12/23 ℂ 941 3756 — **Stadtplan 6 F1**

Das Baku entführt seine Gäste nach Zentralasien und verwöhnt mit kaukasischer Küche sowie europäischen Gerichten. Wenn Sie eine kleine Gruppe sind (ab vier Personen), können Sie sich ganze Platten zusammenstellen lassen. Am Abend steigert ein Unterhaltungsprogramm die Stimmung.

Barbaresco ®®®
Konjušennaja ploščad 2 ℂ 647 8282 — **Stadtplan 2 E5**

In diesem populären und doch heimelig wirkenden italienischen Restaurant werden Gäste auf zwei Stockwerken bedient. Einen kulinarischen Schwerpunkt bildet frisches Seafood. Zu jedem Gericht wird der passende Wein aus Norditalien empfohlen. Sie können von der Karte bestellen oder eines der Menüs auswählen.

Caviar Bar und Restaurant ®®®®
Grandhotel Europa, Michajlovskaja ulica 1/7 ℂ 329 6000 — **Stadtplan 6 F1**

Die nur abends geöffnete Restaurant-Bar serviert Kaviar und Fisch in einfallsreicher Form. Probieren Sie Kaviar im Wachtelei, in Wodka marinierten Lachs oder eine der Regionalspezialitäten. Das winzige Lokal mit einem kleinen Springbrunnen erinnert mehr an eine Grotte in einem Landschaftsgarten aus dem 18. Jahrhundert.

L'Europe Европа ®®®®®
Grandhotel Europa, Michajlovskaja ulica 1/7 ℂ 329 6000 — **Stadtplan 6 F1**

Die höhlenähnliche Jugendstil-Halle mit ihrer Buntglasdecke ist ein wundervoll restauriertes Original. Es gibt erstklassiges europäisches Essen – Hummersuppe, Steak tartare – und Spezialitätenwochen, in denen auch der russischen Küche gehuldigt wird. Zum Sonntagsbrunch kommen viele Russen und hier lebende Ausländer.

SENNAJA PLOŠČAD

Apšeron Апшерон ®®
Kazanskaja ulica 39 ℂ 312 7253 — **Stadtplan 6 D2**

Die fleischlastigen Gerichte nach Rezepten aus Aserbaidschan werden von einem aus Baku stammenden Küchenchef zubereitet. Man findet auch vegetarische Gerichte auf der Karte sowie Wein der Region. Damit sich die vielen Aserbaidschaner hier auch wie zu Hause fühlen, sind die drei Gasträume gemütlich warm und farbenfroh.

Wasabi Васаби ®®
Ulica Jefimova 3 ℂ 244 7303 — **Stadtplan 6 E3**

Das in einer Shopping Mall gelegene Restaurant gehört zu einer Kette und bietet eine große Auswahl an *sushi*. Viele Gäste kommen hierher, um sich während einer Shopping- oder Sightseeing-Tour ein wenig zu stärken. Beliebt sind die Teezeremonien, die gelegentlich arrangiert werden.

Entrée Антрэ ®®®
Nikolskaja ploščad 6 ℂ 572 5201 — **Stadtplan 5 C4**

Das französische Bistro zwischen Mariinski-Theater und Sennaja ploščad lohnt einen Besuch. Zu den Spezialitäten des Hauses gehören Rindfleisch- und Geflügelgerichte sowie Lachs-*carpaccio*, die man hier zu vernünftigen Preisen genießen kann. Die Desserts im angegliederten Café zählen zu den besten der Stadt.

Mozzarella Bar Моццарелла Бар ®®®
Naberežnaja kanala Gribojedova 64 ℂ 310 6454 — **Stadtplan 6 D3**

Der so ungewöhnliche wie gelungene Mix aus japanischer und italienischer Küche zieht vor allem ein junges Publikum an. Das Personal ist überaus zuvorkommend. Auf der Speisekarte findet jeder etwas für seinen Geschmack. Damit ist die Mozzarella Bar ideal für Gruppen.

Bella Vista Белла Виста ®®®
Anglijskaja naberežnaja 26 ℂ 312 3238 — **Stadtplan 5 B1**

Für ein romantisches Abendessen vor oder nach dem Besuch eines der in der Nähe gelegenen Theater ist das Bella Vista geradezu der perfekte Ort. In elegantem Ambiente serviert man erlesene italienische Küche. Im Sommer speist man auf der gemütlichen Terrasse. Von dort hat man einen tollen Blick auf die Neva.

Preiskategorien siehe Seite 184 **Zeichenerklärung** siehe hintere Umschlagklappe

ABSTECHER

ÖSTLICH DER FONTANKA Lagidze Лагидзе
Ulica Belinskovo 3 579 1104
Stadtplan 7 A1

Nur einen Katzensprung vom Zentrum entfernt, findet man das Lagidze in einer der kürzesten Straßen der Stadt, wo ein Restaurant neben dem anderen liegt. Es bietet georgische Gerichte und Weine zu moderaten Preisen. Probieren Sie *lodka* (warmes Brot mit Käse-Ei-Füllung) und *satsivi* (Hühnchen mit Walnusssauce).

ÖSTLICH DER FONTANKA Staryj Dom Старый дом
Ulica Nekrasova 25 579 8343
Stadtplan 7 B1

Das mit schlichten Tischen und Bänken aus Kiefernholz eingerichtete russisch-aserbaidschanische Restaurant-Café im Souterrain bietet echte Hausmannskost, darunter würzige *charčo*-Fleischbrühe und vegetarische *čebureki* mit Kräuter- statt Fleischfüllung. Ausgezeichnete Weine. Sehr beliebt bei Georgiern.

ÖSTLICH DER FONTANKA Bufet Буфет
Puškinskaja ulica 7 764 7888
Stadtplan 7 B2

Das Bufet in der Nähe des Nevski prospekt wirkt dank seiner charmanten Inneneinrichtung mit nur 20 Plätzen und gerahmten Fotografien und Andenken an den Wänden wie eine hübsche, altmodische St. Petersburger Wohnung. Es bietet einfache russische Küche, eine freundliche Atmosphäre und moderate Preise. Empfehlenswert.

ÖSTLICH DER FONTANKA Imbir Имбир
Zagorodnyj prospekt 15 713 3215
Stadtplan 7 A3

Das ursprünglich orientalische Esslokal (Imbir bedeutet »Ingwer«) bietet heute eine wilde Mischung aus Nudelgerichten, *sushi* und leichteren russischen Fleisch- und Fischgerichten (probieren Sie den pochierten Lachs) sowie einfache, gute Weine. Ein guter Platz, um Leute zu beobachten. Die Speisekarte wechselt monatlich.

ÖSTLICH DER FONTANKA Jean-Jacques Rousseau Жан-Жак Руссо
Ulica Marata 10 315 4903
Stadtplan 7 B2

Das französische Bistro bietet Frühstück, Mittag- und Abendessen zu akzeptablen Preisen. Das freundliche Personal begrüßt überwiegend junge Berufstätige. Die Weinkarte listet viele edle Tropfen, an der Bar bekommt man alle bekannten Spirituosen. Ein (kinderfreundlicher) Ableger des Lokals befindet sich am Nevski prospekt.

ÖSTLICH DER FONTANKA Kompot Компот
Ulica Žukovskovo 10 719 6542
Stadtplan 7 B1

Von den Haute-Cuisine-Restaurants der Stadt hat sich das Kompot besonders gut entwickelt. Es erhielt 2005 den Best Chef Award, ist modern gestylt und bietet eine bunte Mischung aus italienischer, europäischer und asiatischer Küche, außerdem Meeresspezialitäten, eine umfangreiche Weinkarte und eine besonders schöne Käseauswahl.

ÖSTLICH DER FONTANKA Palermo Палермо
Naberežnaja Reki Fontanki 50 764 3764
Stadtplan 7 A2

Im Fenster hängen Bilder sizilianischer Landschaften, sogar der Chef stammt aus Sizilien. Aber keine Angst vor der Mafia: Es handelt sich einfach um einen guten italienischen Familienbetrieb mit klassischen sizilianischen Gerichten auf der Karte, ergänzt durch einige europäische Lieblingsspeisen – vor allem schwere Fleischgerichte.

ÖSTLICH DER FONTANKA Sunduk Сундук
Furštatskaja ulica 42 272 3100
Stadtplan 3 C4

Das Sunduk ist Künstlercafé und Restaurant in einem. Die Weinkarte ist sehr lang, die europaisch-russische Speisekarte macht schon beim Lesen satt, und es gibt Live-Jazz (für den ein Aufschlag berechnet wird). Sonntags zwischen 12 und 17 Uhr unterhält ein Clown die Kinder.

ÖSTLICH DER FONTANKA Tres Amigos
Ulica Rubinštejna 25 572 2685
Stadtplan 7 A3

Hier bekommt man eine Auswahl lateinamerikanischer Gerichte, wobei die Inneneinrichtung eine skurrile Mischung aus aztekischem Stil und Bierschwemme ist. Großer Pluspunkt: das Kinderspielzimmer, das Kindermenü und die Kindergärtnerin, die an Wochenenden die Kleinen bei Laune hält, während die Großen ihren Tequila kippen.

ÖSTLICH DER FONTANKA Xren
Zagorodnyj prospekt 13 347 8850
Stadtplan 7 A3

Gäste können zwischen vier Gaststuben wählen. Es gibt trendig zubereitete Gerichte. Durch die Fenster kann man in aller Ruhe dem geschäftigen Treiben draußen am »Fünfeck« (einer Kreuzung in der Nähe des Nevski prospekt) zusehen. Spezialität des Hauses ist Steak. An den Wochenenden legen DJs auf.

ÖSTLICH DER FONTANKA Baklazhan Баклажан
Ligovski prospekt 30 677 7372
Stadtplan 7 C3

Entspannter als in diesem georgischen Restaurant am Hauptbahnhof kann man kaum essen. Neben Gerichten aus dem Kaukasus werden auch Speisen anderer asiatischer Regionen zubereitet. Der Service stimmt ebenso wie das Preis-Leistungs-Verhältnis. Probieren Sie die hausgemachten Nudeln und Backwaren.

Stadtplan *siehe Seiten 230–245*

ÖSTLICH DER FONTANKA Demidov Демидов   ⓇⓇⓇ
Naberežnaja Reki Fontanki 14 ☏ *272 9181*   **Stadtplan 3 A5**

In diesem stark von Urlaubern frequentierten Restaurant gibt es eine elegante Gaststube im Stil des 19. Jahrhunderts und eine mit pseudo-altrussischer Einrichtung (mit grellbunt bemalten Gewölben). Dem entsprechen die typischen russischen Gerichte von Wachteleiern über Pfannkuchen hin zum Kaviar. Jeden Abend ab 20 Uhr Zigeunermusik.

ÖSTLICH DER FONTANKA Marcelli's Марчелли's   ⓇⓇⓇ
Ulica Vosstanija 15 ☏ *702 8010*   **Stadtplan 7 C1**

Die Kombination aus Restaurant und Café zieht viele Liebhaber italienischer Küche an. Neben seiner hohen Qualität wartet das Marcelli's auch mit einem guten Preis-Leistungs-Verhältnis auf. Vor allem mittags isst man hier überaus günstig. Der Speiseraum ist geräumig, das Ambiente leger.

ÖSTLICH DER FONTANKA Novaja Istorija Новая история   ⓇⓇⓇ
Ulica Belinskovo 8 ☏ *579 8550*   **Stadtplan 7 A1**

Wer herzhafte Fleischgerichte schätzt, kommt im Novaja Istorija voll auf seine Kosten. Das Flair des Restaurants ist rustikal, aber durchaus gemütlich. Wegen der Nähe zum Zirkus kommen viele Familien hierher, doch das Lokal eignet sich auch für ein Dinner zu zweit.

ÖSTLICH DER FONTANKA Povari Повари   ⓇⓇⓇ
Bolšoj prospekt 38/40, Petrogradskaja ☏ *233 7042*   **Stadtplan 1 C2**

Das italienische Restaurant verzichtet auf Pizza und serviert dafür alle möglichen Nudelgerichte wie *fettuccine* mit Pilzen und Trüffelsauce. Sobald es warm ist, sitzt man auf der überdachten Terrasse am Prospekt in Korbsesseln. Von hier aus lassen sich die Einkaufswütigen der Petrogradskaja wunderbar beobachten.

ÖSTLICH DER FONTANKA Probka   ⓇⓇⓇ
Ulica Belinskovo 5 ☏ *273 4904*   **Stadtplan 7 A1**

Das elegante italienische Weinlokal wird vom gleichen Management geleitet wie das teurere Il Grappolo nebenan. Die Einrichtung passt genau zur minimalistischen italienischen Küche – feine Saucen anstelle sahniger Pasta, wie man sie andernorts auf den Teller bekommt, und keine Pizza. An heißen Tagen lassen sich die Fenster weit öffnen.

ÖSTLICH DER FONTANKA Šerbet Шербет   ⓇⓇⓇ
Ulica Vosstanija 26 ☏ *716 0874*   **Stadtplan 7 C1**

Im Šerbet trifft Usbekistan auf das coole 21. Jahrhundert. Elegante Tische mit Kerzenlicht und Sofas mit Seidenkissen sorgen für eine sehr entspannte Atmosphäre. Die Speisekarte ist nicht rein usbekisch, sondern verbindet das Beste aus der orientalischen Küche mit türkischen Gerichten.

ÖSTLICH DER FONTANKA Šinok Шинок   ⓇⓇⓇ
Zagorodnyj prospekt 13 ☏ *571 8262*   **Stadtplan 7 A3**

Das Lokal bietet Essen und Volksmusik aus der Ukraine. Der elegante Minimalismus der St. Petersburger Trendlokale wird hier zugunsten guter, herzhafter Gerichte vernachlässigt, darunter drei Sorten *salo* (gepökelter Schweinebauch), das man mit ukrainischem Wodka hinunterspült. Jeden Abend um 20.30 Uhr gibt es eine Folkloreshow.

ÖSTLICH DER FONTANKA Troika Тройка   ⓇⓇⓇ
Zagorodnyj prospekt 27 ☏ *713 6615*   **Stadtplan 6 F3**

Das Troika ist nicht einfach nur ein Restaurant, sondern ein Relikt aus der guten alten Zeit des sowjetischen Varietés mit Zirkusakrobatik, russischen Volksliedern und Tänzen, Glanz und Glamour. Anders als in einigen neueren Etablissements geht es hier um Unterhaltung ohne Erotik. Die Speisekarte ist nicht weiter erwähnenswert, aber die Show ist erstklassig.

ÖSTLICH DER FONTANKA Dickens Restaurant   ⓇⓇⓇⓇ
Naberežnaja Reki Fontanki 108, 2. Stock ☏ *702 6263*   **Stadtplan 6 E3**

Das gemütliche Restaurant über dem populären Dickens Pub ist auf Steaks und Wildgerichte spezialisiert. Die Weinkarte ist überschaubar, bietet aber Überraschungen. Ein etwas in die Jahre gekommenes Dekor und aus England importierte Sofas prägen das Ambiente. In der Lounge gibt es eine große Auswahl an Zigarren.

ÖSTLICH DER FONTANKA Matrosskaja Tišina Матросская тишина   ⓇⓇⓇⓇ
Ulica Marata 54/34 ☏ *764 4413*   **Stadtplan 7 B4**

Im Innenraum des Restaurants steht ein zerlegter Originalkutter, in den Aquarien wimmelt es vor Hummern, Austern, Flusskrebsen, Tigerkrabben und Jakobsmuscheln. Das Weinangebot ist umfangreich und immer passend zu den Gerichten. Fisch und Meeresfrüchte sind frisch und eisgekühlt und keinesfalls aus der Kühltruhe.

WESTLICH DES STADTZENTRUMS Karl & Friedrich Карл и Фридрих   ⓇⓇⓇ
Južnaja Doroga 15, Krestovski ostrov ☏ *320 7978*

Man braucht schon ein Taxi, um dieses Brauhaus-Restaurant am Finnischen Meerbusen zu erreichen. Damit Familien kommen, gibt es wochentags von 7 bis 22 Uhr ein Kindermädchen, an den Wochenenden von 14 bis 22 Uhr zwei Kindermädchen und einen Clown. Auf der Speisekarte überwiegen Fleischgerichte, und das Bier ist ausgezeichnet.

WESTLICH DES STADTZENTRUMS Krestovski sad Крестовский сад   ⓇⓇⓇ
Južnaja Doroga 15, Krestovski ostrov ☏ *320 7978*

Als weiteres Esslokal im Brauereikomplex Karl & Friedrich *(siehe S. 190)* serviert man hier im Sommer Lammspieße, die im Freien über offenem Feuer gegrillt werden. Sitzen Sie draußen, und schauen Sie zu, wie die Sonne über dem Finnischen Meerbusen langsam immer tiefer sinkt, oder essen Sie in dem kleineren Saisoncafé am nahen Strand.

Preiskategorien *siehe Seite 184* **Zeichenerklärung** *siehe hintere Umschlagklappe*

WESTLICH DES STADTZENTRUMS Russkaja rybalka Русская рыбалка ®®®

Južnaja Doroga 11, Krestovski ostrov 323 9813

Die stilisierte Fischerhütte hat einen Teich, in dem Gäste ihren Fisch – Forelle, Stör – selbst angeln können. Ein Lokal, das mit seinem Spielplatz im Freien und einem Kinderspielzimmer tagsüber aber auch für Familien geeignet ist. Je später es wird, desto weniger jugendfrei geht es zu, nach Mitternacht wird es eher ungemütlich.

NÖRDLICH DER NEVA Staraja Derevnja Старая деревня ®®®

Ulica Savuškina 72 431 0000

Als eines der ersten unabhängigen Restaurants von St. Petersburg gehört es immer noch zu den freundlichsten Adressen. Obwohl weitab vom Zentrum, ist es ideal für Besucher der Küste des Finnischen Meerbusens. Das Personal ist freundlich, die Inneneinrichtung gemütlich. Abends werden russische und Zigeunerlieder gesungen.

NÖRDLICH DER NEVA 7:40 ®®®

Bolšoj Sampsonievski prospekt 108 492 3444

Der Name (russisch: *sem-sorok*) des bekanntesten jüdischen Restaurants der Stadt bezieht sich auf das berühmte jüdische Musikstück, das immer schneller und schneller wird, bis die Tänzer nur so herumwirbeln – genau diese ausgelassene Stimmung will das Lokal vermitteln. Man serviert eine große Auswahl traditioneller jüdischer Gerichte.

NÖRDLICH DER NEVA Pirosmani Пиросмани ®®®

Bolšoj prospekt 14, Petrogradskaja 235 4666
Stadtplan *1 B3*

Mit dem farbenfrohen georgischen Restaurant wurde ein georgisches Bergdorf nachgebildet, mit Häusern aus Flechtwerk und Lehm, einem Buntglasfenster und sogar echten Teichen. An den Wänden hängen Bilder des georgischen Malers Pirosmani. Probieren Sie *lobio* (Bohnen in würziger Sauce), die man mit Wein aus Tiflis hinunterspült.

NÖRDLICH DER NEVA Ryba Рыба ®®®

Ulica Akademika Pavlova 5 234 5060

Hier haben Gäste die Auswahl zwischen traditionellen italienischen Speisen (darunter viele Pastagerichte und Pizzen) und asiatischen Wokgerichten. Das Ryba befindet sich im obersten Stockwerk eines Bürogebäudes und zählt zu den besten Restaurants in St. Petersburg. Der Blick über die Dächer der Stadt ist schier atemberaubend.

AUSFLÜGE

NOVGOROD Jurjevskoje Podvore Юрьевское Подворье ®®

Jurjevskoje šosse 6a (8162) 946 066

Wenn Sie Menschenmassen und den Lärm im Stadtzentrum vermeiden wollen, sind Sie hier genau richtig. Vor allem im Sommer ist dieses Restaurant eine wahre Idylle. Neben zwei Speisesälen gibt es auch einen kleineren, gemütlicheren Raum. Serviert wird russische Küche, darunter Pilzgerichte, Pfannkuchen mit Kaviar, Fischsuppe und *boršč*.

NOVGOROD Volkhov Волхов ®®

Predtečenskaja ulica 24 (8162) 225 509

Das Restaurant in einem der beliebtesten Hotels von Novgorod serviert typische russische Küche und ist vor allem am Abend gut besucht. Da hier an Wochenenden oft größere Gruppen das gesamte Lokal reservieren, sollten Sie frühzeitig buchen. Im angegliederten Café gibt es Snacks zu günstigen Preisen.

PAVLOVSK Podvorie Подворье ®®®

Filtrovskoje šosse 16, Pavlovsk 466 8544

Der Ausflug zu dem rekonstruierten Holzhaus des 17. Jahrhunderts lohnt sich. Es liegt neben dem Gelände des Palasts von Pavlovsk, nur einen Katzensprung vom Bahnhof entfernt. In dem kitschigen Lokal werden mittags Volkslieder gesungen, auf der Speisekarte stehen traditionelle Gerichte, wie *pelmeni* und Fleischbrühe, und Wodka.

PUŠKIN Staraja bašnja Старая башня ®®®

Akademicheski prospekt 14 466 6698

Mit seiner umfangreichen Wein- und Speisekarte ist es eine Art Geheimtipp im provinziellen Puškin: Alles ist nur halb so teuer wie in St. Petersburg. Das Restaurant liegt gleich beim berühmten Viertel Fjodorovski gorodok, das 1913 zu Ehren des Thronjubiläums der Romanovs errichtet wurde.

REPINO Čaliapin Шаляпин ®®®

Ulica Nagornaja 1 432 0775

Im Sommer gibt es am Golf jede Menge Cafés, die *schaschlik* anbieten, aber das Čaliapin ist ganzjährig eine gute Adresse. Lassen Sie sich nicht vom hässlichen Äußeren abschrecken oder von der Lage über einem Supermarkt, denn innen ist es sehr hübsch, mit einem großen Kamin für den Winter. Im Sommer gehört eine Dachterrasse dazu.

ŠUVALOVKA Sobranie Собрание ®®

Sankt-Peterburgskoje šosse 111, zwischen Strelna und Petrodvorec 450 5393

Das Sobranie in einem stilisierten russischen Turm mitten im Russischen Dorf Šuvalovka (einer Art russischem Disneyland an der Straße nach Peterhof) ist bestens geeignet, um traditionelle russische Küche zu probieren und dabei Volkslieder zu hören – auch wenn Sie nicht vom Schlittenfahren kommen oder mit der Troika vorgefahren sind.

Stadtplan *siehe Seiten 230–245*

Kleine Mahlzeiten und Imbisse

Plastikstühlen und Metalltischen zum Trotz: Die Cafés von St. Petersburg haben ein durchaus gutes Speiseangebot – ob einfache Sandwiches oder deftige Fleischgerichte. Achten Sie auf das Wort кафе (Café). Vorsichtige Reisende können es mit einem der gelisteten Restaurants versuchen, die zwischen 12 und 16 Uhr oft verbilligte Gerichte anbieten. Eine Reihe von Bars und »Künstlercafés« mit Live-Musik *(siehe S. 205)* haben ebenfalls ausgezeichnete Küche. Abends können sie überfüllt sein, aber mittags ist meistens weniger los. Im Sommer stellen viele Cafés Tische im Freien auf – der beste Platz, um Leute zu beobachten. Bei kühlem Wetter bieten sich die Cafés der Hotels Mojka oder Radisson SAS sowie das Jili-bili oder das Il Patio an.

RUSSISCHE GERICHTE

Traditionelle russische Gerichte wie *boršč* und *braniki* gibt es an jeder Ecke. *Pelmeni* (Knödel mit Fleisch-, Kartoffel- oder Pilzfüllung) und *vareniki* (Knödel mit Früchtefüllung) sind köstlich. Pelmeni-Lokale sind authentisch ohne aufdringlichen Schnickschnack, wie die **Pelmeni Bar** hinter der Peter-Paul-Festung. Besonders günstig sind russische *bliny* und *blinčiki* (dünne Pfannkuchen), ob süß oder pikant, im **Čerdak**.

Manche Lokale sind vor allem wegen ihrer Lage beliebt. Das **Priboy** liegt hinter der Eremitage *(siehe S. 84–93)*, das **Sadko** in der Nähe des Mariinski-Theaters, das **Café de Clie** neben der Peter-Paul-Festung. Das **Gloss Café** im Hof des Stroganov-Palasts *(siehe S. 112)* serviert asiatische Küche. Das **Idiot Café** am Isaaksplatz *(siehe S. 79)* ist ein beliebtes vegetarisches Restaurant. Das **Luna** ist billig, aber meist voll. **Botanica** ist bekannt für vegetarische Kost und große Portionen.

REGIONALE KÜCHE

Georgische und armenische Speisen sind sehr beliebt in St. Petersburg. Die Restaurant-Bar **Kavkaz** *(siehe S. 188)* hat einen Cafébereich. **Mops** ist das einzige Thai-Restaurant in St. Petersburg. Usbekisches Essen gibt es im winzigen **Asia**, einem lebhaften Café mitten im Villen- und Konsulatsviertel.

FAST FOOD UND PIZZA

Das erste russische Fast Food war ein Käse- oder Salamibrot oder *pirožki*, gefüllt mit Reis, Kohl oder Äpfeln. Die besten *pirožki* finden Sie bei **Stolle**, eine etwas günstigere Variante gibt es im **Buločnaja** in der Bolšaja Konjušennaja ulica. Vorsicht ist bei gebratenen *pirožki* mit Fleisch geboten, die es auf der Straße zu kaufen gibt. Neben den bekannten Fast-Food-Ketten gibt es als einheimische Variante die **Lajma**, das rund um die Uhr geöffnet hat, und **NyamBurg**, wo man einfach mit dem Finger auf die Speisen zeigt. Das **Teremok** ist auf Pfannkuchen spezialisiert. Vegetarisches finden Sie in den beliebten und recht günstigen Lokalen der Kette **Troicki most**. Pizza- und Pastalokale erfreuen sich großer Beliebtheit.

SÜSSIGKEITEN UND GEBÄCK

Russen sind Naschkatzen, im privaten Kreis wird Tee niemals ohne Kekse oder Kuchen gereicht. Eis – am besten von einem Straßenverkäufer – wird das ganze Jahr über gegessen. **Sladkojeżka** führt eine riesige Auswahl an frischen Desserts und Mehlspeisen und ist die beliebteste Adresse der Stadt für Süßes. Cafés wie das **Buše Byuie** und die Ladenkette **Idealnaja Čaška** verkaufen verschiedene Kuchen. In **Stirka 40°** trinken die Kunden Tee und waschen gleichzeitig ihre Wäsche.

PUBS UND BARS

In den meisten Bars findet man eine gutes Speiseangebot. Neben den vielen britischen Pubs, in denen das Essen nicht sehr aufregend ist und das Publikum hauptsächlich aus Ausländern besteht, gibt es auch eine ganze Reihe russischer »Pubs«, wie das **Pivnaja 0.5** und **Vdali ot zhen**, die ausgezeichnete heimische Biersorten anbieten. **Tinkoff** braut vor Ort eigenes Bier.

Zu den Sommerfreuden gehört es, ein Bier auf einem der Pontons zu trinken, die bei warmem Wetter auf den Flüssen und Kanälen auftauchen, vor allem rund um den Nevski prospekt. Wenn sie auch kein Essen anbieten, so kann man hier dem Sonnenuntergang zusehen.

SUSHI

Die Sushi-Begeisterung ist ungebrochen. Die meist sehr guten Sushi-Bars sind eine gute Alternative für ein schnelles, gesundes Mittagessen in St. Petersburg. Die Speisekarte ist bebildert und leicht verständlich. Gehen Sie ins **Dve Paločki** oder ins **Planet Suši**.

TAGESAUSFLÜGE

Deutlich schwieriger gestaltet sich die Suche nach einem passablen Mittags- oder auch Abendtisch außerhalb der Stadt. Pavlovsk *(siehe S. 158–161)* und Peterhof *(siehe S. 148–151)* haben preiswerte Cafés in den Palästen, auch wenn der Platz im Sommer knapp wird. Peterhofs winziges **Trapeza** gehört zu den beliebtesten. In und um Carskoje Selo *(siehe S. 152–155)* gibt es mehrere Cafés. Sowohl in Gatčina *(siehe S. 147)* als auch in Oranienbaum *(siehe S. 146f)* ist die Auswahl an Cafés nicht sehr groß. Am besten nimmt man deshalb ein Picknick mit dorthin. (Sehr leckere Pasteten zum Mitnehmen bekommt man bei **Stolle**.) In Novgorod *(siehe S. 162–165)* serviert **Zolotoj Kovš** eine große Auswahl an Biersorten und Brotzeiten.

# KLEINE MAHLZEITEN UND IMBISSE 193

AUF EINEN BLICK

RUSSISCHE GERICHTE

Barberry
Kamennoostrovski prospekt 10. **Stadtplan** 2 E2.
📞 954 0022.

Botanica
Ботаника
Ulica Pestelja 7.
Stadtplan 3 A5.
📞 272 7091.

Café de Clie
Kronverkski prospekt 27.
Stadtplan 2 D2.
📞 232 3606.

Čajnaja Chižina
Чайная хижина
Bolšaja Konjušennaja ulica 19 (Eingang: Volynski pereulok). **Stadtplan** 6 E1.
📞 314 9786.

Carusel
Карусель
Kiročnaja ulica 8. **Stadtplan** 3 B5. 📞 272 1778.

Čerdak
Чердак
Ligovski prospekt 17.
Stadtplan 7 C1.
📞 272 5564.

Gloss Café
Nevski prospekt 17.
Stadtplan 6 E1.
📞 315 2315.

Idiot
Идиот
Naberežnaja Reki Mojki 82.
Stadtplan 5 C2.
📞 315 1675.

Jili-bili
Жили-были
Nevski prospekt 52. **Stadtplan** 6 F1. 📞 314 6230.

Luna
Луна
Bolšaja Konjušennaja ulica 5. **Stadtplan** 2 E5.
📞 312 4260.

More
Kamennoostrovski prospekt.
Stadtplan 2 E4.
📞 232 6693.

Pelmeni Bar
Пельмени-бар
Kronverkski prospekt 53a (Eingang über Ulica Markina). **Stadtplan** 1 C3.
📞 498 0977.

Priboy
Прибой
Naberežnaja Reki Mojki 19.
Stadtplan 2 E5.
📞 571 8285.

Sadko
Садко
Ulica Glinki 2.
Stadtplan 5 B3.
📞 920 8228.

Soiree
Суаре
Ulica Žukovskovo 28.
Stadtplan 7 B1.
📞 272 3512.

REGIONALE KÜCHE

Asia
Азия
Ulica Rylejeva 23.
Stadtplan 3 B5.
📞 272 0168.

Mops
Мопс
Ulica Rubinštejna 12.
Stadtplan 7 A2.
📞 572 3834.

FAST FOOD UND PIZZA

Buločnaja
Булочная
Bolšaja Konjušennaja ulica 15. **Stadtplan** 2 E5.
Nevski prospekt 66.
Stadtplan 7 A2.
📞 314 8559.

Il Patio
Nevski prospekt 30.
Stadtplan 6 E1.
📞 380 9183.
Nevski prospekt 182.
Stadtplan 8 E3.
📞 271 3177.

Lajma
Лайма
Naberežnaja kanala Gribojedova 16.
Stadtplan 6 E1.
📞 315 5545.

NyamBurg
Нямбург
Nevski prospekt 78.
Stadtplan 6 E1.
📞 272 7573.

Pelmenia
Пельмения
Naberežnaja Reki Fontanka 25.
Stadtplan 7 A1.
📞 571 8082.

Stolle
Штолле
Ulica Dekabristov 33.
Stadtplan 5 C3.
📞 714 2571.

Teremok
Теремок
Nevski prospekt 60.
Stadtplan 7 A2.
📞 314 2701.

Troicki most
Троицкий мост
Kronverkski prospekt 35.
Stadtplan 2 D2.
📞 326 8221.
6-ja linija 27, Vasilevski ostrov.
Stadtplan 1 A5.
📞 327 4622

SÜSSIGKEITEN UND GEBÄCK

Buše Byuie
Буше
Ulica Vosstanija 10.
Stadtplan 7 B1.
📞 273 7459.

Café Singer
Кафе Зингер
Nevski prospekt 28.
Stadtplan 6 E1.
📞 571 8223.

Denisov-Nikolajev Confectionery
Лениеов и Николаев
Naberežnaja kanala Gribojedova 77.
Stadtplan 6 D3.
📞 571 9495.

Idealnaja Čaška
Идеальная чашка
Nevski prospekt 112.
Stadtplan 7 B2.
📞 275 7140.
Kamennoostrovski prospekt 2. **Stadtplan** 2 E2.
📞 233 4953.

Sladkoježka
Сладкоежка
Sadovaja ulica 60.
Stadtplan 5 C4.
📞 310 8144.
Gorochovaja 26.
Stadtplan 6 E3.
📞 310 8005.

Stirka 40°
Стирка 40°
Kazanskaja ulica 26.
Stadtplan 6 D2.
📞 314 5371.

PUBS UND BARS

Pivnaja 0.5
Пивная 0.5
44/2 Zagorodnyj prospekt.
Stadtplan 6 E4.
📞 315 1038.

Tinkoff
Тинькофф
Kazanskaja ulica 7.
Stadtplan 6 E2.
📞 718 5566.

Vdali ot zhen
Аргус
Bolšaja Konjušennaja ulica 15.
Stadtplan 6 E1.
📞 571 0154.

SUSHI

Dve Paločki
две палочки
Ulica Vosstania 15.
Stadtplan 7 C1.
📞 335 0222.

Eurasia
Евразия
Nevski prospekt 13.
Stadtplan 6 D1.
📞 315 1858.

Planet Suši
Планета Суши
Nevski prospekt 94.
Stadtplan 7 B2.
📞 275 7533.

TAGESAUSFLÜGE

Linea
Башня
Sankt-Peterburgski prospekt 46, Petrodvorec (Peterhof).
📞 427 7878.

Podvorie
Подворье
Filtrovskoje 16.
📞 466 8544.

Trapeza
Трапеза
Kalininskaja ulica 9, Petrodvorec (Peterhof).
📞 427 9393.

Zolotoj Kovš
Золотой Ковш
Novo-Lučanskaja ulica 14, Novgorod.
📞 (8162) 73 05 99.

Stadtplan *siehe Seiten 230–245*

Shopping

Ein Rundgang durch Läden und Märkte in St. Petersburg vermittelt einen guten Einblick in das Leben der Stadt. Ein Einkauf erfordert einige Flexibilität und Spontaneität, da man nie weiß, wann und wo man etwas findet. Nicht selten kauft man etwas, das man zuvor gar nicht im Sinn hatte. Importprodukte überfluten den russischen Markt immer stärker, doch russische Produkte wie etwa Leinen, Schokolade, Wodka, Kaviar und Kunsthandwerk sind nach wie vor überaus beliebte Souvenirs. Die größeren Geschäfte konzentrieren sich um die großen Hauptstraßen wie Nevski und Bolšoj prospekt sowie um die Metro-Stationen Sennaja ploščad und Vasileostrovskaja. Gleichwohl finden Sie überall im Erdgeschoss der Straßenzeilen Läden in großer Zahl.

Matrjoschka-Puppe

Damenmode in einem der vielen schicken Läden am Nevski prospekt

ÖFFNUNGSZEITEN

Die Öffnungszeiten variieren, viele Geschäfte sind von 10 bis 19 Uhr geöffnet. Die Edelboutiquen öffnen etwas später. Nur wenige Lebensmittelgeschäfte schließen mittags. Kaufhäuser und größere Geschäfte haben auch sonntags offen. Im Sommer gönnt sich so mancher Ladenbesitzer kurze Öffnungszeiten. Überall in der Stadt haben einige Läden 24 Stunden offen.

BEZAHLUNG

In Geschäften werden die Preise nicht mehr in »y.e.« (siehe S. 178) angegeben, nur einige Restaurants verfahren noch danach. Der Kunde muss allerdings immer in Rubel zahlen. Einzige Ausnahme: die sogenannten Touristenmärkte.

Es gibt viele vertrauenswürdige Wechselstuben sowie Geldautomaten in Metro-Stationen und vor Banken (siehe S. 214). Darüber hinaus kann man in immer mehr Läden und Kaufhäusern mit Kreditkarte bezahlen. Meist sind die Waren hinter dem Tresen ausgestellt. Will man sie von Nahem betrachten, zeigt man darauf und sagt: *Možno?* (»Darf ich?«). Beim Kauf zahlt man die Ware erst an der Kasse und kehrt dann zum Tresen zurück, um die Ware abzuholen. Die Verkäufer merken in der Regel, dass Sie nicht Russisch sprechen, und vermerken den Preis auf dem Zettel für den Kassierer.

Theoretisch kann man defekte Waren umtauschen, sofern man den Kassenbeleg vorlegen kann.

HANDELN

Ist eine Ware mit einem Preis ausgezeichnet, kann man nicht handeln. Ansonsten ist es möglich, den Preis herunterzuhandeln, zumal Urlauber (und vermögend aussehende Russen) oft höhere Preise zahlen als Einheimische. Feilschen allerdings wird in Russland nicht als Zeitvertreib betrachtet, sondern als ernste Angelegenheit. Handeln Sie also nicht, wenn Sie ohnehin nicht zu kaufen beabsichtigen.

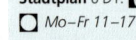

Russische Boxkamera

KUNST UND ANTIQUITÄTEN

Nach russischem Gesetz sind alle Gegenstände aus der Zeit vor 1945 sowie Gold, Silber, Edelsteine und Pelze strikten Ausfuhrkontrollen unterstellt. Kunstobjekte inklusive zeitgenössischer Aquarelle sind ebenso betroffen wie ältere Bücher. Trotz grüner und roter Zollbereiche an den Flughäfen werden stichprobenartig Kontrollen durchgeführt. Ungerahmte Drucke und Aquarelle werden in der Praxis meist ignoriert. Sofern es sich nicht um ein augenscheinlich seltenes Exemplar handelt, können Sie auch ein älteres Buch exportieren. Ansonsten jedoch werden die Zollvorschriften rigide durchgesetzt.

Schild eines Antiquariats

Eine Exportgenehmigung für Bücher und Kunstgegenstände erhält man beim **Kulturministerium**. Die Genehmigung wird mittlerweile relativ schnell erteilt. Gleichwohl sollte die Galerie bzw. der Künstler Ihnen bei den Formalitäten behilflich sein.

EXPORTGENEHMIGUNG

Kulturministerium
Министерство культуры
Ministerstvo kultury
Malaja Morskaja ulica 17.
Stadtplan 6 D1. 571 0302.
Mo–Fr 11–17 Uhr.

Tercia *(siehe S. 198)* führt Antiquitäten in allen Preisklassen

Sofern Sie nicht ganz offensichtlich versucht haben, den Zoll zu umgehen, können Sie alle nicht exportfähigen Objekte jemandem übergeben, der in Russland wohnt. Liegt ein Hinweis auf versuchten Betrug vor, wird der Gegenstand im Flughafen gelagert, bis Sie ihn, gegen eine entsprechend hohe Gebühr, auslösen dürfen. Objekte allerdings, die dort länger als ein Jahr lagern, werden ebenso konfisziert wie solche, die zweifellos geschmuggelt werden sollten. Wertvolle Stücke werden in der Regel einem Museum überlassen.

KAUFHÄUSER

Russische Kaufhäuser, die gemeinhin als *univermag*, als »Universalladen« bezeichnet werden, haben sich aus den alten Ladenzeilen, die tatsächlich Reihen von Buden verschiedener Besitzer waren, entwickelt. Diese Form hat sich in den heutigen Kaufhäusern erhalten, die noch immer ein Komplex von Abteilungen und Boutiquen sind.

Obwohl sich das Warenangebot nicht wesentlich von dem europäischer Häuser unterscheidet, sollte jeder Besucher St. Petersburgs einmal **Gostinyj Dvor** *(siehe S. 108 f)*, das älteste Einkaufszentrum in St. Petersburg, besuchen. **Passaž** *(siehe S. 48)* ist etwas kleiner. Trotz der zahlreichen importierten Produkte und der hohen Preise fühlt man sich hier teilweise an längst vergangene Zeiten zurückerinnert.

Neuere Kaufhäuser wie **Nevski Centre** und **Galeria** wirken eher wie westeuropäische oder amerikanische Einkaufspassagen, in denen sich internationale, teure Läden aneinanderreihen.

MÄRKTE UND BASARE

Lebensmittel kann man in einem der elf über die Stadt verstreuten Bauernmärkte *(rynoks)* einkaufen. Zentral, nahe dem Nevski prospekt, liegt der **Kuznečnyj-Markt** *(siehe S. 199)*, auf dem es Blumen, Obst, Gemüse, Frischkäse und Honig gibt, den man auch kosten darf. Die Preise auf den Märkten sind zwar etwas höher als in den Supermärkten, dafür können Sie handeln.

Der Apraxin-Markt *(siehe S. 111)* ist für viele Bewohner der wichtigste Markt für alles von Zigarren bis CDs. Wegen Renovierungsarbeiten sind derzeit nur überdachte Stände offen. Sehr beliebt ist auch der **Unona-Markt** an der Metro-Station Avtovo. Nehmen Sie sich dort aber vor Taschendieben in Acht.

Flohmärkte sind ständig zum Umzug gezwungen, einige Händler tauchen immer wieder auf den wichtigsten Märkten auf. Wahre Schatzsucher sollten freitags oder sonntags zu früher Stunde zur **Metro-Station Udelnaja** kommen, wo sich ein riesiger Markt an den Gleisen entlangzieht.

Souvenir-Aquarelle unterschiedlichster Qualität kauft

Souvenirs gibt es auf dem Touristenmarkt vor der Erlöserkirche

man das ganze Jahr über auf dem **Vernisaž-Markt** *(siehe S. 199)*, der im Freien vor der Katharinenkirche *(siehe S. 48)* stattfindet. Der offizielle **Souvenirmarkt** *(siehe S. 199)* bei der Erlöserkirche bietet die besten *Matrjoschka*-Puppen *(siehe S. 196)*. Hier finden Sie auch handgefertigte Schachspiele, Uhren, Pelzhüte, alte Kameras, T-Shirts, Militaria und vieles mehr.

Besucher durchstöbern die Regale des Ladens der Eremitage

MUSEUMSLÄDEN

Den besten Museumsladen findet man in der **Eremitage** *(siehe S. 84–93)*, wo man Kopien von Drucken und Objekten sowie Bücher zur Stadt und ihrer Kunst, Schmuck und Seidenschals findet. Das Angebot finden Sie auch im Internet (www.hermitagemuseum.org).

Das **Russische Museum** *(siehe S. 104–107)* hat – auf Kommissionsbasis – mehrere Verkaufsstellen in der Stadt. Am besten ist die im Stroganov-Palast *(siehe S. 112)*.

Weitere empfehlenswerte Museumsläden findet man in der **Peter-Paul-Festung** *(siehe S. 66 f)* und in den Palästen von **Pavlovsk**, **Peterhof** und **Carskoje Selo** *(siehe S. 148–161)*. Sie verkaufen eher Souvenirs denn Kunstreproduktionen: Bernstein und Edelsteine, Puppen, lackierte Schachteln sowie interessante Bücher über die Stadt.

Souvenirs

Verzierte Holzschachtel

In St. Petersburg findet man leicht interessante und schöne Souvenirs. In der Sowjetunion förderte der Staat das traditionelle Kunsthandwerk, sodass viele alte Handwerke noch heute ausgeübt und vielfältige Produkte gefertigt werden – angefangen von kleinen, preiswerten Spangen bis hin zu kostspieligeren Palecher Dosen, Samowaren und bearbeiteten Edelsteinen. Beliebte Mitbringsel sind auch Lacktabletts und -gefäße, Schachspiele, Holzspielzeug und *Matrjoschka*-Puppen sowie alte Sowjetembleme und natürlich die nationalen Spezialitäten Wodka und Kaviar.

Wodka und Kaviar
Wodka ist in unzähligen Sorten, klar und aromatisiert (etwa Zitrone oder Chili) erhältlich (siehe S. 182). Er passt besonders gut zu schwarzem und rotem Kaviar (ikra), wozu häufig Blinis (siehe S. 180) serviert werden.

Samowar
Samoware zum Kochen von Teewasser gibt es in vielen Größen (siehe S. 183).

Roter Kaviar

Schwarzer Kaviar

Aromatisierter Wodka

Klarer Wodka

Malachitei   **Bernsteinring**

Edelsteine
Aus Malachit, Bernstein, Jaspis und Marmorarten aus dem Ural stellt man verschiedene Produkte her – von Schmuck über Schachspiele bis hin zu Intarsienarbeiten.

Holzspielzeug
Die einfach geschnitzten Holzspielsachen (bogorodskije), oft beweglich, sind eine reizende Geschenkidee.

Matrjoschka-Puppen
Die Puppen in unterschiedlichen Varianten können ineinandergesteckt werden. Am hübschesten sind die traditionellen, äußerst beliebt sind auch die, die politische Persönlichkeiten darstellen.

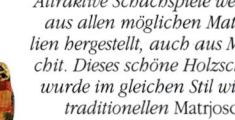

Schachspiel
Attraktive Schachspiele werden aus allen möglichen Materialien hergestellt, auch aus Malachit. Dieses schöne Holzschach wurde im gleichen Stil wie die traditionellen Matrjoschka-Puppen bemalt.

LACKARBEITEN

Bemalte Gegenstände aus Holz oder Pappmaché werden überall verkauft. Die exquisiten, handbemalten Palecher Schachteln können teuer sein, erschwinglicher sind die mit Ikonen bemalten Eier und die typisch roten, schwarzen und goldenen Gefäße.

Palecher Schachtel

Schon im 18. Jahrhundert malte man Miniaturen auf Gegenstände aus Pappmaché. Künstler in Palech, Fedoskino, Mstjora und Cholui stellen die handbemalten Kostbarkeiten heute noch her. Die Motive basieren auf Märchen und Legenden.

Bemaltes Holzei

Schale mit Löffel

Die bunt bemalten Pappmachégefäße und -löffel aus Chochloma sind mit einer harten Lackschicht überzogen, vertragen jedoch kein kochendes Wasser.

Handbemaltes russisches Tablett

Wirbel — Saiten

Traditionelle Musikinstrumente

Die russische Volksmusik verwendet viele verschiedene Instrumente. Diese einem Psalterium ähnliche gusli spielt man, indem man mit beiden Händen die Saiten zupft. Weitere Instrumente sind Balalaika und garmon, eine Art Ziehharmonika.

Russisches Tuch

Dieses farbenfrohe traditionelle Wolltuch hält wunderbar die Kälte des russischen Winters ab. Die als Massenware produzierten, meist in großen Kaufhäusern verkauften Tücher aus Polyester sind weniger wärmend.

Sowjetandenken

Andenken aus der Sowjetära sind alte Banknoten, Münzen, Taschenuhren und Ausrüstungsgegenstände der Roten Armee, wie Gürtelschnallen und Anstecker. Beliebt sind auch Armbanduhren mit Karikaturen von KGB-Agenten.

Gžel-Vase

Keramiken mit dem charakteristischen blau-weißen Muster stammen aus Gžel, einer Stadt bei Moskau. Das Angebot von Figurinen bis zu Geschirr ist bei Russen und Besuchern beliebt.

Taschenuhr

Anstecker mit Sowjetsymbolen

Ledergürtel der Roten Armee

Shopping-Angebote

In den großen Kaufhäusern im Stadtzentrum von St. Petersburg bekommt man Souvenirs, Wodka, Pelze und mehr in guter Qualität. Für manche landestypische Produkte sollte man in eines der Spezialgeschäfte gehen, die meistens zentral gelegen sind. In einer Stadt, die stolz auf ihre vielen Intellektuellen ist, sind Bücher und Kunst weitere beliebte Exportartikel. Auch Sowjetandenken sind seit ein paar Jahren sehr begehrt.

WODKA UND DELIKATESSEN

Guten Wodka findet man überall. Meiden Sie Billigsorten in »witziger« Aufmachung, ihre Qualität ist durchwegs schlecht. Gute Sorten sind Diplomat und Gželka. Auch Kaviar sollte man nur in einem Lebensmittelgeschäft oder Kaufhaus kaufen. Wodka und Kaviar bekommt man im **Gostinyj Dvor** und im Kaufhaus **Passaž**. Auch die **Liviz**-Filialen bieten eine gute Auswahl an Spirituosen. Alle Lebensmittel gibt es auf dem **Kuznečnyj-Markt**. Fleisch und Käse in allen Varianten gibt es bei **Stockmann Delicatessen**.

Die St. Petersburger Schokoladenfabrik **Krupskaja** ist seit je in Russland berühmt. Im **Schokoladenmuseum** findet man Überraschungen wie Schokoladennachbildungen berühmter Bauwerke. Im beliebten **Sever** bekommt man Süßigkeiten aller Art.

SOUVENIRS UND KUNSTHANDWERK

Im Sommer bauen fliegende Händler ihre Stände an den belebtesten Plätzen auf und überschwemmen die Stadt mit *Matrjoschka*-Puppen, Lackwaren und Schachspielen. Im Winter geht es deutlich ruhiger zu. Der **Souvenirmarkt** und der **Vernisaž**-Markt haben das ganze Jahr über geöffnet. Fündig wird man auch in den Kaufhäusern Gostinyj Dvor und Passaž. Museumsläden führen ebenfalls Andenken, z.B. im Stroganov-Palast *(siehe S. 112)* und in Carskoje Selo *(siehe S. 152–155)*. Der Laden in der **Eremitage** *(siehe S. 84–93)* verkauft Souvenirs und Kunstbildbände. Porzellan der **Zaristischen Porzellanmanufaktur** genießt einen hervorragenden Ruf. Die Manufaktur stellt alles her, von bunt bemalten rustikalen Tassen bis hin zu Reproduktionen von Porzellan aus der Revolutionsära.

SOWJETMEMORABILIEN

Artefakte aus der Sowjetära werden inzwischen speziell für Urlauber hergestellt. Vorsicht ist allerdings bei Straßenkäufen geboten: Viele scheinbar echte Dinge sind Fälschungen. Originale kann man noch auf dem **Souvenirmarkt** finden, wobei die Antiquitätenläden **Nado Zhe** und **Sobiratel** noch verlässlicher sind. Versuchen Sie es in einem der Gebrauchtwarenläden. Sowjetabzeichen kann man problemlos exportieren. Militaria-Modelle bekommt man im Obergeschoss des **D.V.K.**

KUNST UND ANTIQUITÄTEN

Grundsätzlich muss man ältere Antiquitäten und Kunstwerke verzollen. Viele Läden sind völlig übertäuert. Eine Ausnahme ist **Tercia**, eine wahre Fundgrube ist **Larusse**. Kaufen Sie ein Objekt nur, wenn Sie sicher sein können, dass die entsprechenden Formalitäten und die Ausfuhrgenehmigung kein Problem darstellen *(siehe S. 194)*. **Antikvariat** hilft Ihnen bei der Abwicklung mit den Behörden.

Für Gemälde brauchen Sie immer eine Ausfuhrgenehmigung. Kunstgalerien können sie selbst ausstellen, deshalb lohnt ein Besuch bei **Anna Nova**, **S.P.A.S.** oder **Borej**. Der **Kunstverein** veranstaltet Ausstellungen mit einheimischen Künstlern. Das Zentrum **Puškinskaja 10** bietet an den Wochenenden Veranstaltungen an, bei denen auch verkauft wird.

BÜCHER, DVDs UND CDs

Die St. Petersburger betrachten ihre Stadt als intellektuelles Zentrum mit einer großen literarischen und künstlerischen Vergangenheit. Die Innenstadt beherrschen Buchkaufhäuser wie **Bukvojed**, aber ein paar kleine Händler und Antiquariate konnten sich halten, allen voran **Dom Knigi** und die **Autorenbuchhandlung**. Fremdsprachige Bücher haben **Anglia**, Dom Knigi und Bukvojed. Antiquarische Bücher vor allem aus dem europäischen Ausland finden Sie bei **Akademkniga** und **Na Litejnom**. **Severnaja Lira** führt neben Instrumenten auch Musiknoten, CDs und Bücher über Musik. Kunstbücher verkauft das erwähnte Dom Knigi, zahlreiche gebrauchte Bände hat **Staraja Kniga**.

Preiswerte DVDs und CDs findet man in Musikläden wie **Purpurnyj Legion**.

MODE UND PELZE

Kleidung und Accessoires werden meistens importiert. Elegante Boutiquen gibt es in Gostinyj Dvor sowie in der Naberežnaja kanala Gribojedova und der Ulica Žukovskovo.

Manche Designer haben eigene Boutiquen, vor allem **Tatjana Parfjonova**, deren Entwürfe auch im Russischen Museum zu sehen sind.

Paloma und der **Hat Shop** führen Hüte aus allen Materialien, ob Stroh oder Pelz. Pelze kann man im **Lena**, Paloma oder im Obergeschoss von Gostinyj Dvor kaufen. Russisches Leinen ist ein echtes Schnäppchen. *Kosovorotka* (Bauernhemden) findet man im **Slavjanski stil**, Bekleidung jeder Art bei **Toto**.

Schmuck mit Edelsteinen aus dem Ural und Bernstein aus dem Baltikum bieten Juweliere wie **Samocvety** und **Ananov** an.

SHOPPING-ANGEBOTE

AUF EINEN BLICK

KAUFHÄUSER

Galeria
Галеря
Ligovski prospekt 30.
Stadtplan 7 C3.

Gostinyj Dvor
Гостиный двор
Nevski prospekt 35.
Stadtplan 6 F2.

Nevski Centre
Nevski prospekt 114–116.
Stadtplan 7 B2.
C 313 9319.

Passaž
Пассаж
Nevski prospekt 48.
Stadtplan 6 F1.

MÄRKTE UND BASARE

Andrejevski-Markt
Андреевский рынок
Bolšoj prospekt 18,
Vasileostrovski-Insel.
Stadtplan 5 A1.

Apraxin-Markt
Sadovaja ulica 30.
Stadtplan 6 E2.

Kuznečnyj-Markt
Кузнечный рынок
Kuznečnyj pereulok 3.
Stadtplan 7 A3.

Souvenirmarkt
Рынок сувениров
Naberežnaja kanala
Gribojedova,
Erlöserkirche.
Stadtplan 2 E5.

Unona-Markt
Унона рынок
Kazakova 35 (nahe
Metro-Station Avtovo).

Vernisaž-Markt
Вернисаж
Nevski prospekt 32–34.
Stadtplan 6 E1.

WODKA UND DELIKATESSEN

Krupskaja Fabrika
Кондитаерская фабрика
им. Н.К. Крупской
Pravdy ulica 6.
Stadtplan 7 A3.

Liviz
ЛИВИЗ
Ulica Žukovskovo 27.
Stadtplan 7 B1.
C 272 1969.

Passaž (Kaufhaus)
Пассаж
Nevski prospekt 48.
Stadtplan 6 F1.
C 315 5257.

Schokoladenmuseum
Музей шоколада
Nevski prospekt 17.
Stadtplan 6 E1.
C 315 1348.

Stockmann Delicatessen
Гастроном Стокманн
Nevski prospekt
114–116. **Stadtplan** 7 B2.
C 313 6000.

SOUVENIRS UND KUNSTHANDWERK

Zaristische Porzellanmanufaktur
Императорский
фарфоровый завод
151 Obuchovskoj Oborony
prospekt. **Stadtplan** 8 F4.
C 560 8544.
Vladimirski prospekt 7.
Stadtplan 7 A2.
C 713 1513.
Nevski prospekt 160.
Stadtplan 8 D3.
C 717 4838.

SOWJET-MEMORABILIEN

D.V.K.
Д.В.К.
Nevski prospekt 20. **Stadtplan** 6 E1. *C* 312 0563.

Nado Zhe
Надо же
Rubinštejna 11. **Stadtplan** 7 A2. *C* 314 3247.

Sobiratel
Собиратель
Sadovaja ulica 13. **Stadtplan** 6 F1. *C* 960 6186.

KUNST UND ANTIQUITÄTEN

Anna Nova
Ulica Žukovskovo 28.
Stadtplan 7 B1.
C 275 9762.

Antikvariat
Антиквариат
Malaja Morskaja ulica 21.
Stadtplan 6 D1.
C 571 2643.

Borej
Борей
Litejnyj prospekt 58.
Stadtplan 7 A1.
C 275 3837.

Larusse
Stremjannaja ulica 3.
Stadtplan 7 C2.
C 572 2043.

Marina Gisich Gallery
Fontanka 121. **Stadtplan** 6 D3. *C* 314 4380.

Kunstverein
Союз художников
Bolšaja Morskaja ulica 38.
Stadtplan 6 D2.
C 314 7721.

Puškinskaja 10
Пушкинская 10
Ligovski prospekt 53.
Stadtplan 7 B3.
C 764 5371.

Russkaja Starina
Русская Старина
Ulica Nekrasova 6.
Stadtplan 6 E1.

S.P.A.S.
С. П.А.С.
Naberežnaja Reki Mojki 93.
Stadtplan 5 C2.

Tercia
Терция
Italjanskaja ulica 5. **Stadtplan** 6 E1. *C* 710 5568.

BÜCHER, DVDs UND CDs

Akademkniga
Академкнига
Litejnyj prospekt 57.
Stadtplan 7 A1.
C 273 1398.

Anglia
Англия
Naberežnaja Reki Fontanki
38. **Stadtplan** 7 A2.

Autorenbuchhandlung
Лавка писателя
Nevski prospekt 66. **Stadtplan** / A2. *C* 314 4858.

Bukvojed
Буквоед
Ligovski prospekt 10.
Stadtplan 7 C2.

Dom Knigi
Дом книги
Nevski prospekt 28.
Stadtplan 6 E1.
C 448 2355.

Kailas
Кайлас
Puškinskaja ulica 10.
Stadtplan 7 B2.
C 764 2668.

Na Litejnom
На Литейном
Litejnyj prospekt 61.
Stadtplan 7 A2.
C 275 3874.

Severnaja Lira
Северная лира
Nevski prospekt 26.
Stadtplan 6 E1.
C 312 0796.

Staraja Kniga
Старая книга
Nevski prospekt 3
Stadtplan 6 D1.
C 312 1620.

MODE UND PELZE

Hat Shop
Шляпный магазин
Ulica Žukovskovo 11.
Stadtplan 7 B1.

Lena
Лена
Kronverskaja ulica 7.
Stadtplan 6 F1.
C 244 7246.

Paloma
Палома
Nevski prospekt 19.
Stadtplan 6 E1.
C 571 6091.

Russkije Samocvety
Пусские Самоцветы
Bolšoj prospekt 45.
Stadtplan 1 C2.
C 232 7856.

Slavjanski stil
Славянский стиль
Puškinskaja ulica 3.
Stadtplan 7 B2.
C 325 8599.

Tatjana Parfjonova
Татьяна Парфенова
модный дом
Nevski prospekt 51.
Stadtplan 7 B2.
C 713 3669.

Toto
Nevski prospekt 74.
Stadtplan 6 E1.
C 579 3590.

Stadtplan *siehe Seiten 230–245*

Unterhaltung

St. Petersburg bietet ein facettenreiches Unterhaltungsprogramm. Ballett, Oper, klassische Musik und Theater erreichen höchstes Niveau. Darüber hinaus gedeiht das pulsierende Nachtleben mit unzähligen Rock- und Jazzclubs, Bars, Discos, Nachtclubs und Casinos.

Tourneen vieler internationaler Künstler führen nach St. Petersburg. Populäres existiert gleichberechtigt neben Avantgarde-Musik, -Theater und -Kino. Die St. Petersburger Sinfonieorchester und das Mariinski-Ballett *(siehe S.119)* sind weltweit berühmt und oft auf Tournee.

Das Kulturprogramm der Stadt folgt den Jahreszeiten. Im Winter gibt es viele klassische Konzerte, die Veranstaltungen pflegen die Traditionen. Mit den Weißen Nächten im Juni *(siehe S.51)* kommen die Festivals an diversen Veranstaltungsorten. Zu dieser Jahreszeit ist die Stadt mit Klängen klassischer Musik sowie mit Rock, Pop und Jazz erfüllt.

Volkstänzerin

Der prachtvolle goldene Saal des Jusupov-Theaters

Information

Es ist gar nicht so einfach, in St. Petersburg auf dem Laufenden zu sein, denn offizielle wie private Veranstaltungen werden sehr kurzfristig organisiert. Theaterspielpläne werden erst wenige Monate vorher bekannt gegeben. Wer nichts verpassen will, muss die Augen offen halten.

Die meisten Veranstaltungshinweise in englischer Sprache findet man in dem mittwochs erscheinenden Wochenmagazin *St. Petersburg Times*. Es liegt kostenlos in zahlreichen Hotels, Bars, Filialen von Fast-Food-Lokalen und Museen aus. Sehr viel mehr an Information bieten auf Russisch jedoch die alle zwei Wochen erscheinenden Anzeigenmagazine: *Afisha* (www.spb.afisha.com) und *Time Out* (www.spb.timeout.ru).

Plakate des Mariinski-Theaters

Tickets kann man auch über die Website www.bileter.ru buchen.

Die meisten traditionellen Theater und Konzerthallen schließen im Juli, August und September, weil ihr Ensemble auf Tournee geht. Dieser Verlust wird von manchen Theatern durch Gastvorstellungen von Künstlern aus Moskau oder dem Ausland wieder wettgemacht. Andere Spielorte wie die Eremitage *(siehe S.84)* und das Alexandrinski *(siehe S.203)* bieten Sommerveranstaltungen insbesondere für Urlauber, die allerdings bei aller Unterhaltsamkeit qualitativ häufig sehr zu wünschen übrig lassen. Matineen beginnen mittags, die meisten Abendveranstaltungen werden um 19 Uhr angesetzt. Prüfen Sie Ihre Eintrittskarten beim Kauf gründlich in Bezug auf Spielort und Beginn.

Tickets

Die meisten bezahlen ihre Tickets bar. Vorverkaufsstellen und Kioske, die Karten einen Monat im Voraus anbieten, findet man überall in der Stadt. Dort hängt (auf Russisch) das Programm für alle Theateraufführungen und klassischen Konzerte der kommenden 20 Tage aus. Sie haben meist von 10–13 Uhr und von 16–19 Uhr geöffnet. Theaterbüros sind von 11–15 Uhr und von 16–19 Uhr besetzt, sie verkaufen auch Karten für alle angekündigten Konzerte. Keine Angst, wenn Sie nicht Russisch sprechen: Zeigen Sie einfach mit dem Finger auf das gewünschte Datum. Auch an der Hotelrezeption kann man Karten buchen lassen. Das Mariinski-Theater hat eine englische Website, über die man Karten kaufen kann (www.mariinsky.ru), für andere Theater gibt es: www.artis.spb.ru

Die Karten mancher Bühnen, vor allem des Mariinski-Theaters *(siehe S.119)*, haben spezielle Banderolen, dabei handelt es sich um verbilligte Karten nur für Einheimische. Nichtrussen mit solchen Tickets kann der Eintritt verwehrt werden, oder sie müssen nachzahlen. Restkarten für ausverkaufte Aufführungen des Mariinski-Theaters gibt es immer wieder. Der Schwarzhandel bei Großveranstaltungen boomt, hier ist Vorsicht vor Fälschungen und Wucherpreisen angebracht.

Spektakuläre Aufführung des berühmten Balletts *Dornröschen*

VERKEHRSMITTEL IN DER NACHT

Die Metro wird um Mitternacht geschlossen, Busse fahren bis 0.15 Uhr (selten nach 23 Uhr). Kein öffentliches Verkehrsmittel fährt nachts. Nehmen Sie ein Taxi, doch nicht vor Hotels oder Bars wartende Privattaxis, die viel teurer sind als die offiziellen gelben *(siehe S. 222f)*.

SPASS FÜR KINDER

In vielen Theatern werden Kindertheaterstücke auf Russisch gespielt. Schauen Sie dazu in die entsprechende Rubrik von **Afisha** oder **Time Out**. Im **Zirkus** oder im **Delfinarium** auf der Krestovski-Insel hat man keine Sprachprobleme.

Die besten Aufführungen und Konzerte für Kinder gibt es im **Zazerkalje**. Puppentheater führen bekannte Märcheninszenierungen auf. Ein «echt» russisches Wintererlebnis ist eine Schlittenfahrt mit der *troika*, z.B. in Pavlovsk *(siehe S. 158–161)* oder **Šuvalovka**, einem nachgebauten russischen Dorf. Es liegt ca. 30 Kilometer außerhalb der Stadt, hat das ganze Jahr über geöffnet und verfügt über Holzhäuser im russischen Stil des 17. Jahrhunderts, eine Eislaufbahn, mehrere Schlittenbahnen, eine noch betriebene Schmiede und ein Bauernmuseum. Nehmen Sie einen Minibus ab der Metro-Station Avtovo, und bitten Sie den Fahrer, bei Šuvalovka zu halten.

FESTIVALS

Die vielen Veranstaltungen während der Weißen Nächte *(siehe S. 51)* ziehen große Namen der Popmusik wie der Klassik an, entsprechend teuer sind dann die Karten wie auch die Hotels.

Es gibt allerdings noch viele andere Saisonveranstaltungen. Die Weißen Tage (zum russischen Weihnachtsfest am 7. Januar) und der Fasching pflegen russische Kultur. Zahlreiche Jazzfestivals (achten Sie auf das **SKIF** im Apr), die traditionellen **Tage Alter Musik** (Sep und Okt) sowie thematische oder dokumentarische Kinofestivals sorgen dafür, dass die Unterhaltungsszene St. Petersburgs das ganze Jahr über lebendig ist.

RUSSISCHER ZIRKUS

Zirkusse gibt es in Russland seit Anfang des 19. Jahrhunderts, aber erst in den Jahren 1876/77 wurde für Gaetano Cinisellis italienischen Zirkus der erste feste Bau in Russland errichtet. St. Petersburgs Zirkus befindet sich noch heute an der alten Stelle. Er wurde 1963 modernisiert und führt die Tradition der Artistik und der Tierdressur fort, die den russischen Zirkus so berühmt gemacht haben.

Akrobaten in St. Petersburgs Zirkus

AUF EINEN BLICK

TICKETS

Zentraler Theaterkartenverkauf
Nevski prospekt 42. **Stadtplan** 6 F1. 571 3181.
www.bileter.ru

Ticketkioske
Eremitage. **Stadtplan** 2 D5.
Pl Ostrovskovo. **Stadtplan** 6 F2.
Gostinyj Dvor. **Stadtplan** 6 F2.
Metro Gostinyj Dvor.
Stadtplan 6 F1.

WEBSITES

www.artis.spb.ru
www.bileter.ru
www.mariinsky.ru
www.spb.afisha.ru
www.spb.kassir.ru
www.spb.timeout.ru

SPASS FÜR KINDER

Delfinarium
дельфинарий
Dellfarni
Konstantinovski prospekt 19.
235 4631.

Großes Puppentheater
Большой театр кукол
Bolšoj teatr kukol
Ulica Nekrasova 10.
Stadtplan 7 B1. 273 6672.
www.puppets.ru

Marionettentheater
Театр марионеток
Teatr marionetok
Nevski prospekt 52.
Stadtplan 6 F1.
310 5879.

Puppentheater
Кукольный театр сказки
Kukolnyj teatr skazki
Moskovski prospekt 121.
Stadtplan 6 D3. 388 0031.

Šuvalovka
Шуваловка
Sankt-Peterburgskoje šosse 111.
450 5393.
www.russian-village.ru

Zazerkalje
Зазеркалье
Ulica Rubinštejna 13.
Stadtplan 7 A2.
712 5135.
www.zazerkal.spb.ru

Zirkus
Цирк
Cirk
Nab Reki Fontanki 3. **Stadtplan** 7 A1. 313 4260.

Stadtplan siehe Seiten 230–245

Musik, Oper, Theater und Kino

Bei einer für ihre Traditon des Balletts und der klassischen Musik weltberühmten Stadt verwundert die große Vielfalt des kulturellen Angebots kaum. Ein Abend im Mariinski-Theater ist während eines Aufenthalts in St. Petersburg ein absolutes Muss, doch um die ganze kulturelle Bandbreite kennenzulernen, lohnt sich auch ein Besuch anderer Theater, Musiksäle und Kirchen. Klassische Musik ist sehr beliebt, die erstklassigen St. Petersburger Orchester sind auf der ganzen Welt gefragt. Darüber hinaus locken Kirchenchöre, die lebendige Atmosphäre von Volkscabarets und die vielen anderen Festivals *(siehe S. 50–53)*, auf denen vor allem junge Musiker, Schauspieler, Komponisten, Tänzer und Filmemacher ein Forum bekommen.

MARIINSKI-THEATER

Das **Mariinski-Theater** *(siehe S. 119)*, der Olymp der russischen Ballett- und Opernelite, ist ein Pilgerziel für Liebhaber des erlesenen Kulturgenusses. Aus der ganzen Welt kommen Besucher hierher. Allein schon die faszinierende Innenausstattung lohnt den Besuch. Trotz der gegenwärtigen Umgestaltung finden regelmäßig Vorstellungen statt. Die 2007 eröffnete Konzerthalle gehört zu den wichtigsten Veranstaltungsorten für Festivitäten anlässlich der Weißen Nächte.

BALLETT

Einige der weltbesten Tänzer kommen vom **Mariinski-Theater** *(siehe S. 119)*. Karten für Auftritte der Primaballerinen Uljana Lopatkina und Diana Višneva sind kaum zu bekommen. Ein Höhepunkt des Jahres ist die Weihnachtsaufführung des *Nussknackers* mit den Kindern der Ballettschule Vaganova *(siehe S. 110)*. Die Aufführungen im **Michajlovski-Theater** und im **Theater des Konservatoriums** *(siehe S. 120)* haben fast immer ein hohes Niveau.

Im Sommer gibt es viele Aufführungen für Urlauber, hier schwankt das Niveau beträchtlich. Boris Eifmanns Ballett-Ensemble und Valery Michajlovskis rein männlich besetztes Mužskojballett sind bei Einheimischen überaus beliebt und treten an Spielorten wie dem **Oktober-Konzertsaal** auf.

OPER

Čajkovskis Oper *Eugen Onegin* und Musorgskis *Boris Godunov* sind aus keinem Repertoire wegzudenken. Opernaufführungen (meist in russischer Sprache) finden im **Michajlovski-** und im **Mariinski-Theater** statt. Achten Sie auf Stars wie Anna Netrebko und Olga Borodina oder den Tenor Vladimir Galuzin. Weniger bekannte Werke, z. B. Kammeropern des 18. Jahrhunderts, werden von der **St.-Petersburg-Oper** auf einer eigenen Bühne aufgeführt, auch in der **Eremitage** und dem **Jusupov-Theater**. Sehenswert sind die Inszenierungen des **Kindertheaters Zazerkalje** *(siehe S. 201)*.

KLASSISCHE MUSIK

Die Komponisten Čajkovski, Šostakovič, Musorgski und Rimski-Korsakov lebten in St. Petersburg, wo ihre Musik bis heute unglaublich beliebt ist.

Der **Große** *(siehe S. 98)* und der **Kleine Saal der Philharmonie** *(siehe S. 48)* sowie die **Akademische Kapelle** *(siehe S. 112)* sind historische Konzertsäle. Andere historische Gebäude wie die **Eremitage** *(siehe S. 84f)* und die Paläste von Carskoje Selo *(siehe S. 152f)* und Šeremetjev *(siehe S. 129)* bilden oft den festlichen Rahmen für Konzerte. Die renommierten Veranstaltungen werden speziell beworben. **Dom Kočnevoj** und **Beloselski-Belozerski** sind Orte für beste Kammermusik.

KIRCHENMUSIK

Wohl kaum jemand wird sich dem Klang des russisch-orthodoxen Chorgesangs entziehen können. Die besten Chöre singen samstagabends und sonntagmorgens in der **Dreifaltigkeitskathedrale** *(siehe S. 130)*, in der **Christi-Verklärungs-Kathedrale** *(siehe S. 127)* und in der **Kazaner Kathedrale** *(siehe S. 111)*. Auch in der **Smolnyj-Kathedrale** *(siehe S. 128)* wird religiöse Musik aufgeführt.

VOLKSMUSIK

Der Fremdenverkehrsverband wirbt für Konzerte mit russischer Folklore, von denen manche wirklich gut sind. Die besten Darbietungen erlebt man im **Nikolajevski-Palast**. Viele Lokale wie das **St. Peterburg** *(siehe S. 188)* bieten Bauerntheater, das aber auch klischeehaft und laut sein kann. Eine überaus gute kleine Truppe spielt im Restaurant **Podvorie** in Pavlovsk *(siehe S. 191)*.

STRASSENMUSIK

Die Demokratisierung hatte den Nebeneffekt, dass viele private Aktivitäten wie Straßenmusik möglich wurden. Heute spielen überall hochbegabte Musikanten auf den Straßen und sind die unterschiedlichsten Klänge versierter Musiker zu hören. Die beiden Unterführungen vom Nevski prospekt zum Gostinyj Dvor sind beliebte Plätze, während andere Metro-Stationen bekannt dafür sind, dass hier alte Damen russische Liebeslieder singen.

THEATER

Alle Aufführungen finden auf Russisch statt. Für jemanden, der der Sprache nicht mächtig ist, mögen Inszenierungen von Klassikern wie des *Kirschgartens* durchaus interessant sein, aber bei unbekannteren Stücken kann es schwierig werden.

Seit Sowjetzeiten ist das **Bolšoj-Theater** (BDT) das Spitzenensemble. Das **Alexandrinski-Theater** *(siehe S. 110)* ist das älteste Russlands, ein neueres ist das **Molodjožnyj-Theater**. In den vergangenen Jahren wurde das **Malyj Drama Theatre** (MDT) unter der Leitung von Lev Dodin international berühmt als das »Theatre of Europe«, in dem einige Inszenierungen auf Englisch sind.

KINO

Die meisten Kinos zeigen heute Hollywoodfilme mit Untertiteln, aber die Mehrheit der ausländischen Filme ist synchronisiert. Das **Mirage** und einige andere russische Kinos wie das **Dom Kino** und **Aurora** zeigen auch Filme in der Originalsprache. Jedes Jahr finden Filmfestivals statt, bei denen Filme in der Originalsprache laufen.

Die *St. Petersburg Times*, *Afisha* und *Time Out* informieren umfassend über alle Festivals, etwa das bedeutendste, das Festival der Festivals *(siehe S. 51)*.

AUF EINEN BLICK

TICKETS

Wenn nicht anders angegeben, werden die Eintrittskarten an Kiosken oder in den Theatern verkauft.

BALLETT UND OPER

Eremitage-Theater
Эрмитажный театр
Ermitažnyj teatr
Dvorcovaja nab 34.
Stadtplan 2 E5.
📞 571 5059. *(Karten nur an Kiosken und in Hotels.)*

Jusupov-Theater
Юсуповский театр
Jusupovski teatr
Jusupov-Palast, Nab Reki Mojki 94. **Stadtplan** 5 B3.
📞 314 9883, 314 1991.

Mariinski-Theater
Мариинский театр
Mariinski teatr
Teatralnaja ploščad 1.
Stadtplan 5 B3.
📞 326 4141.
www.mariinsky.ru

Michajlovski-Theater
Михайловский театр
Michajlovski teatr
Ploščad Iskusstv 1. **Stadtplan** 6 E1. 📞 595 4305.
⬤ *Ende Juli–Aug.*
www.mikhailovsky.ru

Oktober-Konzertsaal
Большой концертный зал Октябрьский
Bolšoj koncertnyj zal Oktjabrski
Ligovski prospekt 6.
Stadtplan 7 C1.
📞 275 1273.

Rimski-Korsakov-Konservatorium
Театр оперы и балета Консерватории
Teatr opery i baleta Konservatorii
Teatralnaja ploščad 3.
Stadtplan 5 C3.
📞 312 2519.

St.-Petersburg-Oper
Санкт-Петербург опера
Sankt-Petersburg opera
Galernaja ulica 33.
Stadtplan 5 B2.
📞 312 3982.

KLASSISCHE MUSIK

Akademische Kapelle
академическая Капелла
Akademičeskaja Kapella
Nab Reki Mojki 20.
Stadtplan 2 E5.
📞 314 1058.

Beloselski-Belozerski-Palast
дворец Белосельских-Белозерских
Dvorec Beloselskich-Belozerskich
Nevski prospekt 41.
Stadtplan 7 A2.
📞 315 5236.

Dom Kočnevoj
Дом Кочневой
Nab Reki Fontanki 41.
Stadtplan 6 F2.
📞 310 2987.

Großer Saal der Philharmonie
Большой зал филармонии
Bolšoj zal Filarmonii
Michajlovskaja ul 2.
Stadtplan 6 F1.
📞 710 4257.

Kleiner Saal der Philharmonie
Малый зал филармонии
Malyj zal Filarmonii
Nevski prospekt 30.
Stadtplan 6 F1.
📞 571 8333.

KIRCHENMUSIK

Christi-Verklärungs-Kathedrale
Спасо-Преображенский собор
Spaso-Preobraženski sobor
Preobraženskaja ploščad 1.
Stadtplan 3 B5.
🕐 *tägl. 10 & 18 Uhr.*

Dreifaltigkeits-kathedrale
Свято-Троицкий собор
Svjato-Trojcki sobor
Alexandr-Nevski-Kloster, Pl Alexandra-Nevskovo.
Stadtplan 8 E4.
🕐 *tägl. 10 & 18 Uhr.*

Kathedrale Unserer Lieben Frau von Kazan
Собор Казанской Богоматери
Sobor Kazansko Bogomateri
Kazanskaja ploščad 2.
Stadtplan 6 E1.
🕐 *tägl. 9 & 19.30 Uhr.*

Smolnyj-Kathedrale
Смольный собор
Smolnyj sobor
Ploščad Rastrelli 3. **Stadtplan** 4 F4. 📞 577 1421.

VOLKSMUSIK

Nikolajevski-Palast
çиколаевский дворец
Nikolaevski dvorec
Ploščad Truda 4.
Stadtplan 5 B2.
📞 312 5500.

THEATER

Alexandrinski-Theater
Александринский театр
Alexandrinski teatr
Ploščad Ostrovskovo 6.
Stadtplan 6 F2.
📞 312 1545.

Bolšoj-Theater (BDT)
Большой драматический театр
Bolšoj dramatičeski teatr
Nab Reki Fontanki 65.
Stadtplan 6 F2.
📞 310 9242.

Malyj Drama Theatre (MDT)
МЛТ – Театр Европы
MDT – Teatr Evropy
Ulica Rubinštejna 18.
Stadtplan 7 A2.
📞 713 2078.

Molodjožnyj-Theater
Молодёжный театр на Фонтанке
Molodjožnyj teatr na Fontanke
Nab Reki Fontanki 114.
Stadtplan 6 D4.
📞 316 6564.

KINO

Aurora Cinema
аврора
Nevski prospekt 60.
Stadtplan 7 A2.
📞 315 5254.

Crystal Palace
Кристал Палас
Kristal-Palac
Nevski prospekt 72.
Stadtplan 7 A2.
📞 272 2382.

Dom Kino
Дом Кино
Ulica Karavannaja 12.
📞 314 0638.

Mirage
Мираж
Bolšoj prospekt 35, Petrogradskaja.
Stadtplan 1 C2.
📞 238 4838.

Stadtplan *siehe Seiten 230–245*

Clubs und Nachtleben

St. Petersburg war das Herz der sowjetischen Untergrund-Rockszene, die beste russische Popmusik hat hier ihren Ursprung. In den riesigen Nachtclubs wird meist Techno und Mainstream-Pop gespielt. Dorthin zieht es die betuchte Jugend. Kleinere Kunstclubs bieten eine wahllose Mischung, an einem Abend Live-Musik, am nächsten Abend avantgardistische Modenschauen oder Filmvorführungen. Die großen Clubs und die Casinos akzeptieren Kreditkarten. Wenn keine Öffnungszeiten angegeben sind, schauen Sie lieber im Veranstaltungsprogramm nach, bevor Sie losziehen.

KUNSTCLUBS

Die **Fish Fabrique** ist das älteste Kunstcafé der Stadt. Zwar hat es die turbulente jüngere russische Geschichte gut überstanden, doch bekommt es nun Konkurrenz von neuen Läden. **Brodjachaja Sobaka** ist Anziehungspunkt für Schriftsteller, die hier Lesungen ihrer literarischen Werke veranstalten. Das **GEZ-21** verbindet philosophische Lesungen mit Rockkonzerten.

ROCKKONZERTE

Unter der Sowjetherrschaft war der Leningrader Rock rebellisch, aber nicht direkt politisch. Texte, in denen es um Freiheit ohne Kontrolle und Repressionen geht, spielen heute keine große Rolle mehr, doch der russische Rock hat seiner rebellischen Vergangenheit viel zu verdanken.

Internationale Bands spielen im **Kosmonavt**. Das **Pjatnica** mit seinen Punkbands sorgt garantiert für Stimmung. Rockabilly stand Pate für das **Money Honey** und den **City Club** eine Etage höher (für Altrocker), was wiederum Rockabillygruppen in der Stadt wie Pilze aus dem Boden schießen ließ.

Rock- und Popkonzerte mit großen Namen für ein breites Massenpublikum finden meistens in einer der großen Veranstaltungsarenen statt wie etwa der **Oktjabrski Bolšoj Koncertnyj Zal** oder der **Ledovyj Dvorec**. Weltstars treten allerdings auf einer Spezialbühne am Dvorcovaja ploščad auf.

JAZZBÜHNEN

Der Vater des Petersburger Jazz heißt David Gološčokin, dem die **Jazz-Filarmonik Choll** zu verdanken ist. Der Jazz, der hier gespielt wird, ist vor allem traditionell, Tanzen ist hier verboten. Das **JFC** gehört zu den führenden Bühnen in Sachen Improvisation und innovativer Jazz. Oft sind hier international bekannte Musiker zu Gast. Gleich danach kommt der **Jimi Hendrix Blues Club** mit seiner gelungenen Mischung von Blues, Rock und gutem Essen.

Restaurants wie das **Sunduk** (siehe S. 189) bieten oft gute Live-Auftritte. Das **48 Chairs** ist ein nobles Club-Restaurant, das für seine Konzerte berühmt ist.

MUSIKBARS

In vielen Bars der Stadt wird Live-Musik gespielt, aber meistens ist die Musik dort ziemlich schlecht. Man bleibt doch besser bei den bewährten etablierten Clubs.

Im **Liverpool** treten Live-Bands auf, die nicht nur Beatles-Songs spielen. Auch das **Manhattan** hat manchmal gute Jazzmusik zu bieten. In der **Hallelujah Bar** treten regelmäßig talentierte Studentenbands auf.

CLUBS UND DISCOS

Riesige Unterhaltungszentren wie das **Metro** (auf drei Etagen) erfüllen hauptsächlich die Wünsche jüngerer Aufsteiger und spielen House, Techno und russische Tanzmusik. Das **Barrel** ist ein eher hochpreisiger Club, in dem oft Karaoke geboten wird. Dem Club ist auch ein gutes Restaurant angegliedert. Obwohl es außerhalb vom Stadtzentrum liegt, zählt **Efir** zu den angesagtesten Orten für internationale Musiker und einheimische DJs. **Tribunal** setzt auf Mainstream-Musik und kann so in den Sommermonaten Gäste in Scharen anziehen, wenn auch noch die jungen Urlauber hinzukommen.

Kleine individuellere Clubs wie das alternative **Gribojedov** liegen immer noch im Trend. Sie spielen die neuesten Hits, veranstalten Modenschauen und andere Kulturereignisse. **Begemot** bietet in jedem Raum unterschiedlichen Sound und verfügt auch über ein Restaurant. Sehr gute DJs und Essen bis tief in die Nacht tragen zur Beliebtheit bei. **Typografija** bedient absolut jeden Musikgeschmack – von Tango bis House.

SCHWULE UND LESBEN

In St. Petersburg können sich nur wenige Clubs für Schwule länger als vier oder fünf Jahre halten. **Cabaret** ist hier die rühmliche Ausnahme, während andere kommen und danach schnell wieder verschwinden. Auch das **Central Station** hat sich etabliert. Die Schwulenkultur und die Kunstszene der Stadt gehören eng zusammen, bei den samstäglichen Ausstellungen in der Neuen Akademie der Künste in der Puškinskaja ulica 10 gibt es Informationen zu Veranstaltungen.

BILLARD UND BOWLING

Zu den favorisierten Freizeitbeschäftigungen in St. Petersburg gehören Billard und Bowling. Das Ambiente in den Billardhallen und Bowling-Centern ist leger, die Preise sind jedoch recht hoch. Häufig besteht Verzehrpflicht in angegliederten Restaurants, die Menüs sind umfangreich, aber teuer. Viele Einheimische kommen trotzdem hierher, um die spezielle Atmosphäre zu genießen – auch wenn sie noch nie gespielt haben.

CLUBS UND NACHTLEBEN

AUF EINEN BLICK

KUNSTCLUBS

Brodjachaja Sobaka
Бродячая Собака
Italianskaja ulica 4.
Stadtplan 6 F1.
📞 *312 8047.*
www.vsobaka.ru

Fish Fabrique
Ligovski prospekt 53.
Stadtplan 7 B3.
📞 *764 4857.*
⏰ *tägl. 15–6 Uhr.*
www.fishfabrique.ru

GEZ-21
ГЕЗ-21
Ligovski prospekt 58.
Stadtplan 7 B3.
📞 *764 5263.*
www.gez21.ru

ROCKKONZERTE

Arctica
Арктика
Ulica Beringa 38.
📞 *337 3277.*

Jubilejnyj Dvorec Sporta
Дворец спорта юбилейный
Prospekt Dobroljubova 18.
Stadtplan 1 B3.
📞 *702 3622.*

Kosmonavt
Космонавт
Bronnitskaja ulica 24.
Stadtplan 6 E5.
📞 *922 1300.*
www.kosmonavt.su

Ledovyj Dvorec
Ледовый дворец
Prospekt Pjatiletok 1.
📞 *716 6620.*

Money Honey / City Club
Apraxin Dvor block 13,
Sadovaja ulica 28–30.
Stadtplan 6 E2.
📞 *310 0549.*

Oktjabrski Bolšoj Koncertnyj Zal
БКЗ Октябрьский
Ligovski prospekt 6.
Stadtplan 7 C1.
📞 *275 1300.*

Pjatnica
Пятница
Moskovski pr 10–12.
Stadtplan 6 D3.
📞 *310 2317.*
www.clubfriday.ru

JAZZBÜHNEN

48 Chairs
Ulica Rubinštejna 5.
Stadtplan 7 A2.
📞 *315 7775.*
www.48chairs.com

Jazz-Filarmonik Choll
филармония джазовой музыки
Zagorodnyj prospekt 27.
⏰ *Di–So 20–23 Uhr.*

JFC
Špalernaja ulica 33.
Stadtplan 3 C4.
📞 *272 9850.*
⏰ *tägl. 19–23 Uhr.*
www.jfc-club.spb.ru

Jimi Hendrix Blues Club
Джими Хендрикс блюз-клуб
Litejnyj prospekt 33.
Stadtplan 3 A5.
📞 *579 8813.*
⏰ *tägl. 12–24 Uhr.*
Konzerte ab 20.30 Uhr.

MUSIKBARS

Dača
Дача
Dumskaja ulica 9.
Stadtplan 6 E2.
⏰ *tägl. 18–6 Uhr.*

Hallelujah Bar
Inženernaja ulica 7/8.
Stadtplan 6 F1.
📞 *940 510.*
www.hallebar.ru

Liverpool
Ливерпуль
Ulica Majakovskovo 16.
Stadtplan 7 B1.
📞 *579 2054.*

Manhattan
Nab Reki Fontanki 90.
Stadtplan 6 E3.
📞 *713 1945.*
⏰ *tägl. 13–24 Uhr.*
www.manhattanclub.ru

CLUBS UND DISCOS

Barrel
Kazanskaja ulica 5.
Stadtplan 6 E2.
📞 *929 8298*
www.project-barrel.ru

Begemot
Бегемот
Sadovaja ulica 12
Stadtplan 6 F1.
📞 *925 4000.*
www.bar-bergemot.ru

Coyote Ugly
Litejnyj prospekt 57.
Stadtplan 7 A1.
📞 *272 0790.*
www.coyoteugly.ru

Efir
Ефир
Malyj prospekt Petrogradskaja 54.
Stadtplan 1 B2.
📞 *940 0548.*
www.efirclub.ru

Gribojedov
Грибоедов
Voronežskaja ulica 2a.
Stadtplan 7 B4.
📞 *764 4355.*
⏰ *tägl. 18–6 Uhr.*
www.griboedovclub.ru

Jakata
Ulica Bakunina 5.
Stadtplan 8 D2.
📞 *346 7462.*

Metro
Метро
Ligovski prospekt 174.
📞 *766 0204.*
⏰ *tägl. 22–6 Uhr.*
www.metroclub.ru

Revolution
Ulica Sadovaja 28/30.
Stadtplan 6 E2.
📞 *717 5915, 571 2391.*
⏰ *tägl. 13–6 Uhr.*

Tribunal
Karavannaja ulica 26.
Stadtplan 5 C1.
📞 *314 2423.*
⏰ *tägl. 21–6 Uhr.*

Tunnel
Тоннель
Ecke Zverinskaja ulica/
Ljubanski pereulok.
Stadtplan 1 C3.
📞 *233 4015.*

Typografija
Типография
Ulica Mira 3
Stadtplan 2 D2.
📞 *600 4448.*
www.typograf-club.ru

SCHWULE UND LESBEN

Cabaret (alias Matroskaja Tišina)
Кабаре
Nabereznaja Obvodnovo kanala 181.
📞 *259 9512.*
www.cabarespb.ru

Central Station
Ulica Lomonosova 1.
Stadtplan 6 E2.
📞 *312 3600.*
www.centralstation.ru

BILLARD UND BOWLING

Art Billiard
Арт-Бильярд
Bolšaja Morskaja ulica 52.
Stadtplan 5 C2.
📞 *312 3077.*
www.art-billiard.ru.

Bowling City Senaya
Боулинг Сити Сенная
Ulica Jefimova 3.
Stadtplan 6 E3.
📞 *380 3005.*
www.bowlingpark.ru.

The Cellar
Birževoj projezd 2/24.
Stadtplan 1 C5.
📞 *335 2207.*

Sapsan
Сапсан
Galeria Mall,
Ligovski prospekt 300.
Stadtplan 7 C3.
📞 *600 0331.*
www.sapsan-bowling.ru

Stadtplan *siehe Seiten 230–245*

Grund-
informationen

Praktische Hinweise 208-217

Anreise 218-220

In St. Petersburg unterwegs 221-229

Stadtplan 230-245

Praktische Hinweise

Straßenschilder und -karten von St. Petersburg sind nicht so schwer zu entziffern, wie es bei der ersten Berührung mit der kyrillischen Schrift erscheint. Das Personal in Hotels, Restaurants und vielen anderen Service-Einrichtungen ist überaus hilfsbereit. In letzter Zeit werden vermehrt Hinweisschilder auf Sehenswürdigkeiten und Läden in englischer Sprache aufgestellt. Es gibt keine der anderswo üblichen Fremdenverkehrsbüros in der Stadt. Informationsstellen und auch Wechselstuben findet man oft in Hotels und anderen von Urlaubern besuchten Orten. Zunächst wirkt Alltägliches befremdend, doch mit ein wenig Geduld und Entschlossenheit wird schließlich alles möglich, vom internationalen Telefongespräch und Geldwechsel bis zu ärztlicher Behandlung im Notfall. Die Telekommunikation verbessert sich, die Preise gleichen sich zunehmend dem westlichen Standard an oder übertreffen ihn sogar.

Logo der Neva Travel Company

Rezeption im Grandhotel Europa

Information

Hotels sind für Reisende in St. Petersburg die wichtigste Informationsquelle. In den größeren Häusern und in Mini-Hotels bietet die Rezeption einen Reise- und Buchungsservice. Kleinere Hotels haben ein Büro mit ähnlichen Dienstleistungen, obwohl die Beratung oft nur mittelmäßig ist. Die Büros von **Cosmos**, **MIR** und **Neva Travel Company** geben zuverlässig und kostenlos Auskunft, buchen Unterkunft und Tickets. Englischsprachige Zeitungen (siehe S. 217) informieren ebenso über Veranstaltungen und Öffnungszeiten wie einige Websites (u. a. www.petersburgcity.com).

Ausflüge

Hotels buchen für Sie Gruppenführungen und -ausflüge in mehreren Sprachen. Neben Stadttouren und Kanalfahrten gibt es Tagesausflüge zu den Palästen in den Vororten und nach Nowgorod. **Cosmos** und **Neva Travel Company** bieten Touren auf Englisch und Deutsch an. Von der Stadt organisierte Führungen, beginnend bei der Admiralität (siehe S. 78), am Schlossplatz (siehe S. 83) und beim Rusca-Portikus am Nevski prospekt (siehe S. 48), sind oft auf Russisch. Dies gilt auch für die Flussfahrten (siehe S. 226). An Sommerwochenenden starten von der Peter-Paul-Festung (siehe S. 66f) Helikopterflüge.

Logo der MIR Travel Company

Eintrittspreise

Eintrittsgelder für Museen und Theater, vor allem für die Eremitage (siehe S. 84–93), das Russische Museum (siehe S. 104f) und das Mariinski-Theater (siehe S. 119) sind für Ausländer etwas höher als für Russen, aber noch unter der europäischen Norm. Für Studenten und Kinder gibt es Ermäßigungen. Kreditkarten werden selten akzeptiert. Der Kartenverkauf ist oft weit vom Eingang entfernt. Orientieren Sie sich am касса-Schild.

Ein Helikopter nimmt Fluggäste bei der Peter-Paul-Festung an Bord

Öffnungszeiten

Die meisten Sehenswürdigkeiten sind durchgehend von 10 oder 10.30 bis 18 Uhr geöffnet, mit einem wöchentlichen Ruhetag und einem Reinigungstag im Monat. Genaueres erfährt man telefonisch. Parks, auch die beiden Paläste, öffnen meist von 8 bis 20 Uhr, länger während der Weißen Nächte.

ОТКРЫТО

Geöffnet (otkryto)

ЗАКРЫТО

Geschlossen (zakryto)

Kirchenbesuch

Der Besuch eines orthodoxen Gottesdienstes ist ein faszinierendes Erlebnis. Da dieser mehrere Stunden dauert, kann man auch zwischendurch kommen. Man sollte eine Spende geben und die Kleiderordnung beachten: Shorts sind nicht erlaubt, Männer sollten die Hüte absetzen, Frauen Schultern und Ausschnitt mit einem Tuch, den Kopf mit Hut oder Kopftuch bedecken. In Kirchen dürfen Frauen Hosen tragen, in Klöstern auf keinen Fall. Die

◁ Eine der imposanten Rostrasäulen (siehe S. 60), im Hintergrund die Peter-Paul-Kathedrale (siehe S. 68f)

Hauptgottesdienste finden samstagabends, sonntagmorgens und an kirchlichen Feiertagen statt. Kirchen sind meist von frühmorgens bis spätabends geöffnet. Der Beginn der Gottesdienste ist in der Freitagsausgabe der *St Petersburg Times* (siehe S. 217) nachzulesen.

Freunde begrüßen sich auf der Straße

Sprache

Das im Russischen verwendete kyrillische Alphabet wurde nach dem Mönch Kyrill (9. Jh.) benannt. Die Ähnlichkeit zwischen den kyrillischen und lateinischen Schriftzeichen kann irreführen. Manche sind gleich, andere sehen ähnlich aus, stehen aber für verschiedene Laute. Es gibt unterschiedliche Systeme der Übertragung in lateinische Buchstaben. In diesem Buch wird das international etablierte Transliterationssystem nach DIN 1460 verwendet *(siehe S. 260)*.

Die meisten Einheimischen, die mit Besuchern Kontakt haben, sprechen etwas Englisch und Deutsch. Man freut sich über ein paar russische Wörter *(siehe S. 260–264)* und betrachtet dies als Zeichen von Respekt.

Etikette

Bei der Anrede unterscheidet man zwischen dem formellen »Sie« *(wy)* und dem informellen »Du« *(ty)*.

In öffentlichen Verkehrsmitteln überlassen Jüngere in der Regel ihren Platz Kindern und älteren Menschen ohne Weiteres.

Rauchen ist in Kinos, Museen, Theatern und öffentlichen Verkehrsmitteln verboten. Ebenfalls nicht erlaubt ist das Trinken von Bier in der Öffentlichkeit.

Russen trinken und rauchen gern und sprechen häufig einen Toast aus. Wenn Sie Gast bei einer russischen Familie sind, sollten Sie unbedingt auf die Gastgeberin *(sa chosjaiku)* und den Gastgeber *(sa chosjaina)* anstoßen. Freunde begrüßen sich mit Handschlag oder einem Kuss oder sagen ganz einfach *privet* (Hallo).

Bezahlung

Der Rubel ist die einzig gültige Währung *(siehe S. 215)*. Barzahlung ist nur in Rubel erlaubt. Kreditkarten werden in einigen Restaurants und immer mehr Hotels sowie in den größeren Läden akzeptiert. Erkundigen Sie sich aber frühzeitig.

Trinkgeld gibt man nach Ermessen, Kofferträger am Flughafen oder Bahnhof fordern oft überzogene Summen. Geben Sie nach Gutdünken – etwa einen Euro.

Adressen

Russische Adressen werden in folgender Reihenfolge angegeben: Postleitzahl, Stadt, Straßenname, Haus- und Wohnungsnummer, Name.

Nach 1917 wurden – ebenso wie die Stadt selbst – viele Straßen und Sehenswürdigkeiten umbenannt, um sowjetische Helden zu ehren. Seit nach einem Referendum 1991 die Stadt ihren ursprünglichen Namen wiederangenommen hat, gab man vielen Straßen die alten Namen zurück, andere Umbenennungen werden noch diskutiert. Die Umgebung der Stadt heißt auch weiterhin Leningrader Region. Viele verwenden beide Bezeichnungen, und niemanden stört es.

Hausnummer und kyrillischer Straßenname

Postleitzahl   Stadt   Straßenname

193015 Санкт-Петербург
улица Восстания
д. 34, кв. 52
Милане Прекрасной

Hausnummer   Wohnungsnummer   Empfänger

Öffnungszeiten der Brücken

Wenn die Neva von Anfang April bis Mitte November schiffbar ist, sind die Brücken (außer der neuen Vantovi Most) zwischen 2 und 5 Uhr nachts hochgeklappt. Die Zeiten gelten nur als ungefähre Werte.

Dvorzovyj most: 1.35–4.50 Uhr
Troicki most: 2–4.40 Uhr
Blagoveščenski most: 1.40–4.55 Uhr
Litejnyj most: 1.10–4.45 Uhr
Birževoj most: 2–4.55 Uhr
Tučkov most: 2.10–3.05 u. 3.35–4.45 Uhr
Bolšejochtinski most: 2.20–5.10 Uhr
Most Alexandra Nevskovo: 1.30–5.05 Uhr
Most Volodarski: 2.10–3.45 u. 4.15–5.45 Uhr

Die Dvorzovyj most (Schlossbrücke) zur Vasileostrovski-Insel, für Schiffe geöffnet

Informationsbüro mit reichhaltiger Literatur

Visum

Für die Einreise nach Russland benötigen Sie ein Visum. Da sich die Einreisebestimmungen häufig ändern, sollten Sie sich rechtzeitig vor Ihrer Reise darüber informieren. Aktuelle Hinweise finden Sie vor allem auf der Website der Konsularabteilung der Russischen Botschaft (www.russisches-konsulat.de/visa.htm). Das Auswärtige Amt bietet ebenfalls umfassende Informationen (www.auswaertiges-amt.de).

Das Visum muss vor der Einreise bei einer russischen Auslandsvertretung (Botschaft oder Konsulat) beantragt und eingeholt werden. Reiseveranstalter wie **Cosmos**, **MIR Travel** oder **Neva Travel Company** beantragen das Visum für Sie, Individualreisende müssen dies selbst tun.

Für die Erteilung eines Visums sind diverse Nachweise erforderlich. Besucher müssen u. a. entweder eine gebuchte Unterkunft oder eine Einladung (Visumsbefürwortung) von einem Reiseunternehmen, einem Geschäftspartner oder einer Einzelperson in Russland vorweisen können.

Die Bedingungen für die Einreise nach Russland wurden in den letzten Jahren noch weiter verschärft. Für Privatreisen sind nun u. a. auch Einkommensnachweise vorzulegen, Geschäftsreisende benötigen neben einer förmlichen Einladung mittlerweile auch einen vom Arbeitgeber ausgestellten Nachweis über ihr Beschäftigungsverhältnis.

Die Ausstellung des Visums kann einige Wochen dauern. In Russland können Visumsverlängerungen nur von der einladenden Organisation gewährt werden.

Einreise und Zoll

Reisepass (noch mindestens sechs Monate über die Reise hinaus gültig!) und Visum werden bei der Einreise sorgfältig geprüft. Kinder benötigen seit 2012 ein eigenes Ausweisdokument. Einreisende haben eine Migrationskarte auszufüllen und bis zur Abgabe bei der Ausreise aufzubewahren. Devisen können in unbegrenzter Höhe mitgeführt werden, Beträge ab umgerechnet 10000 US-Dollar müssen bei der Einreise deklariert werden. Fremdwährungen dürfen maximal bis zur Höhe des deklarierten Betrags ausgeführt werden, bei höheren Beträgen muss deren Herkunft belegt werden.

Wertgegenstände wie Schmuck und Computer müssen im Zollformular angegeben werden. Zollkontrollen sind streng, vor allem bei Kunstgegenständen und Antiquitäten (siehe S. 194). Weitere Infos finden Sie im Internet (www.zoll.de).

Registrierung

Alle Einreisenden müssen sich innerhalb von sieben Werktagen bei der Migrationsbehörde **FMS** registrieren lassen. Um die Registrierung hat sich die einladende Person bzw. Organisation oder die Verwaltung des Hotels zu kümmern. Dafür sind u. a. Kopien des Reisepasses und der bei der Einreise abgestempelten Migrationskarte vorzulegen. Die Registrierung ist auch per Post möglich. Bei nicht erfolgter Registrierung wird eine Strafgebühr fällig, und Ihre Ausreise kann sich verzögern.

Botschaften und Konsulate

Wer sich länger als drei Monate in Russland aufhalten möchte, sollte sich bei seiner Botschaft oder dem Konsulat melden.

Ist ein Krankenhausaufenthalt nötig, wird man beraubt oder ist man aus anderen Gründen auf Hilfe angewiesen, findet man hier in jedem Fall die nötige Unterstützung, einen Dolmetscher oder zumindest praktische Hinweise. Man stellt Ihnen einen neuen Pass aus oder versorgt Sie im Notfall außerdem mit Geld für die Heimreise.

Behinderte Reisende

In St. Petersburg gibt es nur wenige Einrichtungen für Behinderte und Menschen mit eingeschränkter Mobilität. Die öffentlichen Verkehrsmittel sind mit Rollstuhl nicht zugänglich, Eingänge haben Stufen und enge Türen, zudem gibt es kaum Fahrstühle.

Studenten

Mit einem internationalen Studentenausweis besucht man Museen günstiger und erhält Ermäßigungen bei Zugfahrten und Flügen, wenn diese über **Sinbad Travel** in der Internationalen Jugendherberge St. Petersburg (siehe S. 170) gebucht werden.

Praktische Hinweise

Mit Kindern Reisen

Die Russen lieben Kinder. Reisende mit Kindern sind gern gesehen und werden mit Komplimenten überhäuft. In der Restaurantliste *(siehe S. 184–191)* sind kinderfreundliche Lokale mit entsprechendem Piktogramm versehen.

Es gibt viele Parks in der Stadt, während der Schulferien werden überall Spielplätze eingerichtet. Museen und öffentliche Verkehrsmittel sind für Kinder unter fünf Jahren kostenlos. Schulkinder bekommen in Museen einen Preisnachlass.

Herrentoilette

Damentoilette

Kinder in einer aufblasbaren Hüpfburg auf dem Schlossplatz

Toiletten

Die Situation hat sich zwar verbessert, aber öffentliche Toiletten sollte man nach wie vor meiden. In einigen Cafés gibt es gar keine Toilette. Man kann ein Hotel aufsuchen oder eine Toilette gegen Bezahlung in einem Kaufhaus benutzen. Beim Bezahlen bekommt man Toilettenpapier ausgehändigt.

Fotografieren

Beschränkungen für das Fotografieren in der Öffentlichkeit gibt es so gut wie nicht mehr, einzige Ausnahme: die Metro. In Museen muss man eine Gebühr für die Erlaubnis zum Fotografieren oder zum Filmen bezahlen. Stative und Blitzlichter sind in der Regel verboten.

Elektrizität

Die Netzspannung beträgt 230 Volt. Man braucht zweipolige Stecker, doch in manche alte Steckdose passt kein moderner Euro-Stecker. Adapter kann man überall in St. Petersburg kaufen.

Zeit

St. Petersburg richtet sich ganzjährig nach Moskauer Zeit und ist der Mitteleuropäischen Zeit (MEZ) um zwei Stunden voraus. Da wie im restlichen Europa von Ende März bis Ende Oktober Sommerzeit gilt, ändert sich auch dann der Zeitunterschied nicht.

Sprache

Die Menschen in St. Petersburg sind weitaus freundlicher und hilfsbereiter, als das viele Besucher erwarten. Wenn Sie wenigstens ein paar Wörter Russisch parat haben (»danke«, »bitte«), dann hilft man Ihnen gerne und detailliert, damit Sie ans Ziel gelangen und sich zurechtfinden. Junge Leute sprechen immer öfter Englisch, unter den älteren finden sich ab und zu welche, die eine skandinavische Sprache oder gar etwas Deutsch beherrschen.

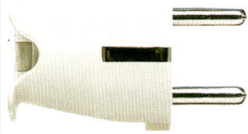

Russischer Zweipolstecker

Auf einen Blick

Visum und Informationen

Cosmos
Vasileostrovski-Insel,
2-ja linija 35.
Stadtplan 1 A5.
☎ 327 7256.
www.cosmos-dmc.ru

MIR Travel Company
Nevski prospekt 11.
Stadtplan 6 D1.
☎ 325 25 95.
www.mir-travel.com

Neva Travel Company
Ulica Prof Popova 28.
☎ 335 5533.
www.nevatravel.ru

Registrierung

FMS
www.fms.gov.ru

Botschaften und Konsulate

Deutschland
119285 Moskau,
Mosfilmovskaja ulica 56.
☎ (495) 937 95 00.
www.moskau.diplo.de

191123 St. Petersburg,
Furštatskaja ulica 39.
Stadtplan 3 B4.
☎ 320 2400.

Österreich
119034 Moskau,
Starokonjušennyj pereulok 1.
☎ (495) 780 60 66.
www.aussenministerium.at/moskau

Schweiz
101000 Moskau,
Ogorodnaja Sloboda pereulok 2/5.

☎ (495) 258 38 30.
www.eda.admin.ch/moscow

191123 St. Petersburg,
Černyševskovo prospekt 17.
Stadtplan 3 B4.
☎ 327 0817.

Russische Botschaften

Deutschland
(Konsularabteilung)
Behrenstr. 66,
10117 Berlin.
☎ (030) 22 65 11 84.
www.russische-botschaft.de

Österreich
Reisnerstr. 45–47,
1030 Wien.

☎ (01) 712 12 29.
www.rusemb.at

Schweiz
Brunnadernrain 37,
3006 Bern.
☎ (031) 352 05 66.
www.switzerland.mid.ru

Studenten

St Petersburg International Youth Hostel
3-ja Sovjetskaja ulica 28.
Stadtplan 7 C2.
☎ 329 8018.
www.ryh.ru

Sindbad Travel
3-ja Sovjetskaja ulica 28.
Stadtplan 7 C2.
☎ 327 8384.
www.sindbad.ru

Stadtplan siehe Seiten 230–245

Sicherheit und Gesundheit

Trotz weltweiter Medienberichte über die Aktivitäten der Mafia ist St. Petersburg relativ sicher. Man ist allenfalls von Kleinkriminalität betroffen, der man mit genügend Vorsicht entgehen kann. Kopieren Sie Ihren Pass und Ihr Visum, notieren Sie die Nummern Ihrer Reiseschecks und Ihrer Kreditkarte, führen Sie außerdem Ihre russische Adresse bei sich. Eine Auslandsreise-Krankenversicherung ist unbedingt nötig, da die Krankenversorgung deutlich schlechter ist als im Westen und Arztdienste in der Muttersprache oder ein Rücktransport sehr teuer sind. Die meisten Arzneien bekommt man problemlos, spezielle Medikamente sollte man aus dem Heimatland mitbringen.

Verkehrspolizist bei einer Kontrolle

PERSÖNLICHE WERTSACHEN

Besucher Russlands müssen eine Auslandsreise-Krankenversicherung abschließen. In St. Petersburg selbst sollte man gewisse Vorsicht walten lassen und keine größeren Geldmengen offen zeigen, Geld in einem nicht sichtbaren Geldgürtel verbergen sowie Pass, Flugtickets und Wertsachen im Hotelsafe lassen. Hotels mit westlichem Standard gelten als sicher, aber man sollte immer Wertsachen im Safe deponieren. Reiseschecks *(siehe S. 215)* sind zwar versichert, ihre Gebühren sind aber hoch, abhandengekommene Schecks sind schnell »gewaschen«.

Ignorieren Sie die Zigeuner, die sich auf dem Nevski prospekt treffen. Halten Sie auf keinen Fall an, und achten Sie auf Ihre Wertsachen. Einen Diebstahl melden Sie aus versicherungstechnischen Gründen bei der Polizei. Da es selten einen Dolmetscher gibt, sollten Sie im Hotel Hilfe erbitten.

PERSÖNLICHE SICHERHEIT

Die größte Gefahr für Reisende geht von Taschendieben und Räubern aus, die bei Gegenwehr nicht vor Gewalt zurückschrecken. Wie in anderen Ländern sollte man ihnen bei Gewaltandrohung geben, was sie verlangen.

Die Bedrohung, die von der russischen Mafia ausgeht, wird von den Medien wohl überbewertet – sie hat keinen Kontakt zu Urlaubern, die zudem in der Regel nicht so wohlhabend wie russische Geschäftsleute sind.

Allein reisende Frauen werden selten sexuell belästigt. Sie sollten jedoch Bettlern aus dem Weg gehen und nicht nachts allein ein Taxi nehmen.

Gefahr droht Besuchern hauptsächlich von Seiten der Autofahrer, die Fußgänger mitunter als reines Ärgernis betrachten, sowie in der Tat von Kanaldeckeln, die instabil oder brüchig sind – eine nicht zu unterschätzende Gefahr. Ohnehin sind so manche Straßen in St. Petersburg mit Schlaglöchern übersät, die leicht zur Stolperfalle werden können.

Polizeiauto jüngeren Datums

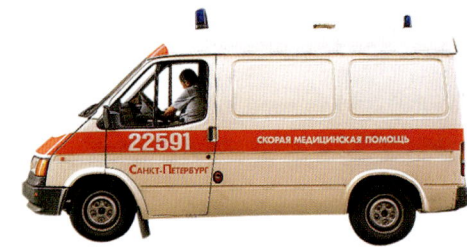

Krankenwagen in St. Petersburg

Feuerwehrfahrzeug

SICHERHEIT UND GESUNDHEIT

POLIZEI

Polizist der *milicija*

Mehrere Arten von Polizeieinheiten existieren nebeneinander. Die Uniformen ändern sich mit den Wetterverhältnissen, im Winter kommen Pelzmützen und lange Mäntel hinzu.

Die Miliz *(milicija)* trägt dunkelblaue Uniformen und ist häufig bewaffnet. Ihre Uniform ähnelt der der Eingreiftruppe OMON und ist nur an den Abzeichen zu unterscheiden.

Unabhängig davon operiert die Verkehrspolizei, deren Uniformen auf Brust und Schulter ein Abzeichen (ДПС, DPS) haben. Sie dürfen jedes Auto zur Kontrolle der Fahrzeugpapiere anhalten.

Sowohl Miliz als auch Verkehrspolizei bessern ihr niedriges Gehalt mit Geldbußen für Bagatelldelikte auf, wie das Überqueren von Straßen während der Rotphase. Am besten ist es, man bezahlt die geringe »Buße« (in der Regel um die 100 Rubel).

APOTHEKEN

Die mit Abstand bestsortierten und kompetentesten Apotheken *(apteky)* liegen am Nevski prospekt. Sie verkaufen viele importierte Arzneimittel, einige davon mit russischen Erläuterungen, andere in Originalsprache. Rezepte sind selbst für sonst rezeptpflichtige Medikamente nicht nötig. Die Verkäufer haben eine Apothekerausbildung und können Alternativen vorschlagen. Wenn Sie besondere Medikamente brauchen, etwa Insulin, sollten Sie für Ihren Aufenthalt in St. Petersburg einen ausreichenden Vorrat mitbringen.

Schild einer Apotheke *(apteka)*

MEDIZINISCHE VERSORGUNG

Wenn Sie krank werden, bitten Sie am besten im Hotel um Hilfe. Normalerweise hat das Hotel einen eigenen Arzt. Mehrere Einrichtungen, vor allem **Medem International Clinic** und **Euromed**, sind auf Ausländer spezialisiert. Sie erledigen alles von Zahnbehandlung über Röntgen, Geburtsvorsorge bis zum Krankenrücktransport. Ihre Rechnungen sind hoch, doch sind sie im Umgang mit ausländischen Krankenversicherungen versiert. Hier findet man meist auch einen Englisch oder Deutsch sprechenden Arzt.

Wer sofort ärztliche Hilfe braucht, begibt sich in die Ambulanz der **Traumaklinik des Zentraldistrikts**, nahe dem Nevski prospekt. Hier werden u. a. Wunden behandelt und Injektionen verabreicht. Wenn Sie in ein Krankenhaus eingeliefert werden und mehr medizinische Hilfe brauchen, wenden Sie sich an Ihr Konsulat oder an die genannten Zentren. Sie veranlassen Ihre Verlegung und überwachen Ihre Behandlung. Der Besuch eines guten Zahnarztes kann empfindlich teuer werden. Zu empfehlen ist u. a. der **Dental Palace**, der gute Leistungen bietet, aber dessen Kosten in der Regel nicht erstattet werden.

GESUNDHEITSVORSORGE

Besucher sollten nur in Flaschen abgefülltes Wasser trinken. Leitungswasser kann Schwermetalle und Parasiten enthalten, die Magenbeschwerden verursachen.

Russisches Essen verursacht selten Magenprobleme. Vermeiden Sie im Straßenverkauf erhältliche Fleischpasteten.

In letzter Zeit ist Diphtherie verstärkt aufgetreten, eine Impfung ist anzuraten. Besorgniserregend ist der Anstieg von durch Geschlechtsverkehr übertragbaren Krankheiten wie Syphilis und HIV.

MÜCKEN

Mücken *(komary)* treten vermehrt von Juni bis Ende September auf. Russische Gegenmittel sind wenig wirksam, rüsten Sie sich besser zu Hause aus. Sprays, Riechöle oder Verdunster, die Chemikalien erhitzen, sind nachts empfehlenswert.

AUF EINEN BLICK

NOTRUF

Feuerwehr *(požar)*
01 bzw. 112.
Polizei *(milicija)*
02 bzw. 112.
Ambulanz *(skoraja pomošč)*
03 bzw. 112.

MEDIZINISCHE DIENSTE

American Medical Clinic
Naberežnaja Reki Mojki 78.
Stadtplan 2 E5. 740 2090.
24 Stunden.
www.amclinic.ru

Klinikkomplex
Ao Polikliničeski komplex
Moskovski prospekt 22.
Stadtplan 6 D5. 777 9777.
24 Stunden.

Dental Palace
Petropavlovskaja ulica 4.
Stadtplan 2 D1. 325 7500.
www.dentalpalace.ru

Euromed
Suvorovski prospekt 60.
Stadtplan 4 E4. 327 0301.
24 Stunden.
www.euromed.ru

Medem International Clinic
Ulica Marata 6.
Stadtplan 7 B2. 336 3333.
24 Stunden.
www.medem.ru

Traumaklinik des Zentraldistrikts
Traumpunkt pri poliklinike n. 35 Malaja Konjušennaja ulica 2.
Stadtplan 6 E1. 571 4396.
24 Stunden.

APOTHEKEN

Nevski prospekt 98.
275 8189.

24-Stunden-Apotheke
Nevski prospekt 22.
314 5401.
Zagorodnyj prospekt 21.
315 2743.

Stadtplan *siehe Seiten 230–245*

Banken und Währung

St. Petersburg findet allmählich Anschluss an das Zeitalter der Kreditkarten. In Hotels und in einigen Restaurants und Läden akzeptiert man die gängigsten Kreditkarten. Überall sonst zahlt man bar in Rubel, die einzig legale Währung. Es gibt viele Bankautomaten sowie Wechselstuben in der Stadt, bei denen man Devisen (am beliebtesten sind Dollar und Euro) in Rubel umtauschen kann. Wer Zeit hat, sollte vor dem Umtausch zuerst ein wenig recherchieren und die Wechselstuben vergleichen, denn die Gebühren für den Umtausch variieren zum Teil enorm.

GELDWECHSEL

Rubel sind außerhalb Russlands kaum erhältlich, aber in St. Petersburg gibt es zahlreiche Wechselstuben, so etwa am Flughafen.

Manche Schalter haben 24 Stunden lang geöffnet. Beim Geldwechsel muss man seinen Pass vorlegen. Jede sichtbare Beschädigung einer Banknote – Einrisse, Wasser- oder Tintenflecken – macht sie in Russland ungültig und für den Umtausch ungeeignet. Nehmen Sie also einwandfreie, nur nach 1997 gedruckte Banknoten mit.

Die Wechselkurse der Banken in St. Petersburg sind in der Regel sehr gut. Als Urlauber gibt es deshalb keinen Grund, Geld auf der Straße umzutauschen, so günstig die jeweils angebotenen Kurse auch sein mögen. Tatsächlich läuft man unweigerlich Gefahr, trotz eines vorteilhaft erscheinenden Angebots betrogen zu werden.

Bargeldautomat

Stadtplan *siehe Seiten 230–245*

Russisches Wechselbüro *(obmen valjuty)*

BANKEN UND WECHSELSTUBEN

Nur wenige ausländische Banken haben regelmäßigen Schalterverkehr. Die verlässlichste russische Bank ist die **Sberbank**.

Es gibt viele Wechselstuben und Zweigstellen von Banken, die Bargeld wechseln sowie Bargeld auf Scheck- und Kreditkarten auszahlen. Größere Zweigstellen nehmen Reiseschecks. Wechselstuben haben sehr lange Öffnungszeiten. Die Wechselkurse der Sberbank sind nicht besser als die anderer Banken, dafür hat sie viele Niederlassungen.

Über **Western Union**, die in den Büros vieler Banken vertreten sind, kann man schnell und sicher, aber auch relativ teuer Bargeld überweisen lassen.

KREDITKARTEN

Auf eine Kreditkarte erhält man in größeren Banken und an Geldautomaten, die es mittlerweile überall in der Stadt gibt, Bargeld – Rubel, US-Dollar oder Euro. Die Kommission beträgt zwischen zwei und fünf Prozent, zuzüglich der Gebühren des Kartenunternehmens – zusammengerechnet meist noch immer billiger als der Umtausch von Bargeld.

Am meisten verbreitet sind **Visa** und **MasterCard**, seltener sind **Diners Club** und **American Express**. An den Bargeldautomaten der **Alfabank** und in der Eremitage kann man mehr Bargeld abheben als sonstwo in der Stadt. Die Bargeldauszahlung in Rubel ist wegen geringerer Gebühren am günstigsten.

AUF EINEN BLICK
KARTENVERLUST

Allg. Notrufnummer
📞 81049 116 116.
www.116116.eu

American Express
📞 495 254 2111.
www.americanexpress.com

Diners Club
📞 495 745 8407.
www.dinersclub.com

MasterCard
📞 8101 636 722 7111.
www.mastercard.com

Visa
📞 363 2400 866 654 0164.
www.visa.com

girocard
📞 81049 69 740 987.

BANKEN

Alfabank
Алфабанк
Nab kanala Gribojedova 6/2.
Stadtplan 6 E1.
📞 8 800 200 0000.
www.alfabank.ru

American Express
Leninski pereulok 138/5.
📞 326 4500.

Citibank
Nevski prospekt 45/2.
Stadtplan 7 B2.
📞 336 7575.

Raiffeisen Bank
Volynski per 3a.
Stadtplan 5 A4.
📞 331 9199.

Sberbank
Сбербанк
Dumskaja ulica 3.
Stadtplan 6 F2.
📞 329 8760.
www.nwsbrf.ru

BANKEN UND WÄHRUNG

REISESCHECKS

Banken berechnen mindestens drei Prozent für das Einlösen von Reiseschecks (nur Banken wie **Alfabank** und **Sberbank**). Am günstigsten sind Schecks von American Express, für die bei Einlösen im American-Express-Büro eine Gebühr von nur zwei Prozent erhoben wird. Als Zahlungsmittel für Waren- und Dienstleistungen können Reiseschecks in US-Dollar und Euro nur in größeren Hotels verwendet werden. Bei Umtausch oder Bezahlung mit Reiseschecks müssen Sie Ihren Pass vorlegen.

RUSSISCHE WÄHRUNG

Der Rubel (geschrieben рубль, abgekürzt p oder руб) ist die russische Währung. Rubel in höheren Notierungen sind in Scheinen erhältlich, die russische Städte zeigen, niedrigere in Münzen. 1 Rubel entspricht 100 Kopeken. Kopeken gibt es nur als Münzen.

1998 wurde der Rubel wegen der hohen Inflation neu bewertet und neue Banknoten ausgegeben. Alte Banknoten und Münzen sind nicht mehr gültig.

Banknoten

Neue Banknoten gibt es als 10-, 50-, 100-, 500-, 1000- und 5000-Rubel-Scheine (5000-Rubel-Scheine sind selten). Achten Sie darauf, dass Sie nur Noten erhalten, die nach 1997 gedruckt wurden.

10 Rubel (Jenisseibrücke bei Krasnojarsk)

50 Rubel (Rostrasäulen am Neva-Ufer, St. Petersburg)

100 Rubel (Quadriga des Bolšoj-Theaters, Moskau)

500 Rubel (Hafen in Archangelsk)

1000 Rubel (Jaroslav der Weise)

Münzen

Die Neubewertung des russischen Rubel 1998 machte die geliebte, aber wenig gebrauchte Kopeke wieder zum Zahlungsmittel. Traditionell besteht ein Rubel immer aus 100 Kopeken. Heute gibt es neben 1-, 2- und 5-Rubel-Münzen auch neue Münzen für 1, 5, 10 und 50 Kopeken. Alle Münzen, die vor der Neubewertung in Umlauf waren, sind wertlos. Sie können jederzeit ihre Annahme verweigern.

1 Rubel **2 Rubel** **5 Rubel**

1 Kopeke **5 Kopeken** **10 Kopeken** **50 Kopeken**

Kommunikation

Internationale Ferngespräche

Telekommunikation ist die größte Wachstumsbranche in Nordwestrussland. Das veraltete Telefonsystem wurde mit Satelliten, Digitalisierung und weltweiter Direktwahl auf den neuesten Stand gebracht. Auch das Angebot an Zeitungen, Zeitschriften und Fernsehkanälen hat enorm zugenommen. Leider hält die örtliche Postzustellung nicht mit der Entwicklung Schritt, aber es gibt günstige und effiziente Alternativen in Form von Kurierdiensten.

WICHTIGE TELEFONNUMMERN

- Vorwahl **Russland**: 007.
- Vorwahl **St. Petersburg**: 812 (007812 aus dem Ausland).
- **Auskunft** für St. Petersburg: 09.
- Es gibt keine Auskunft für internationale Telefonnummern.
- Anmeldung von **Ferngesprächen**: 07.
- Anmeldung von **internationalen Gesprächen**: 315 0012.
- **Auslandsgespräche**: *Deutschland:* Wählen Sie 8 (Signal) 10 49, dann die Ortskennzahl ohne 0 plus Anschlussnummer. *Österreich:* Wählen Sie 8 (Signal) 10 43, dann die Ortskennzahl ohne 0 plus Anschlussnummer. *Schweiz:* Wählen Sie 8 (Signal) 10 41, dann die Ortskennzahl ohne 0 plus Anschlussnummer.
- **Deutschland Direkt**: 81 0800 130 10 495.
- Notrufnummern zur Sperrung von Handykarten: **Vodafone** 8-10-49-172-12 12; **T-Mobile** 8-10-49-1803-302 202; **E-Plus** 8-10-49-177-1000; **O₂** 8-10-49-179-55 222.

TELEFON UND HANDY

Das örtliche Telefonnetz PTS (IITC) ist zuverlässig und vergleichsweise günstig. Grüne PTS-Telefonzellen befinden sich an Straßen und in einigen Metro-Stationen. Auslandsgespräche können über ein PTS-Kartentelefon geführt werden. Telefonkarten erhält man an Kiosken, in Postämtern und in den Filialen der Sberbank *(siehe S. 214)*.

Auslandsgespräche sind meist recht kostspielig, zwischen 22 und 8 Uhr sowie an Wochenenden sind Ferngespräche billiger. Münztelefone sind fast vollständig aus dem Stadtbild verschwunden. Von ihnen kann man nur Ortsgespräche führen. Achten Sie darauf, dass Sie vor dem Wählen ein Freizeichen hören. Werfen Sie dann 1-, 2- oder 5-Rubel-Stücke ein, und wählen Sie. An den meisten Telefonen sind Anleitungen nur in englischer Sprache vorhanden. Ortsgespräche von Privattelefonen sind – noch – gratis. **Notrufe** können kostenlos abgesetzt werden: Wählen Sie 01 für die Feuerwehr, 02 für die Polizei und 03 für den Notarzt bzw. die allgemeine Notrufnummer 112.

Auslandsgespräche sind mit einer Prepaid-Karte wie der Zebra-Karte deutlich billiger, man erhält sie an Kiosken sowie in den Sberbank-Filialen. Die Karten können auch in Internet-Cafés zum Surfen verwendet werden.

GSM-Telefone funktionieren in der Regel in Russland problemlos, dafür sorgen Roaming-Partner wie MTS. Informieren Sie sich vor Ihrer Reise bei Ihrer Telefongesellschaft über günstige Roaming-Tarife.

KARTENTELEFON

2 Warten Sie auf die Anzeige »Karte eingeben«.

1 Nehmen Sie den Hörer ab.

3 Führen Sie die Karte in den Schlitz ein, und lassen Sie sie dort während des Gesprächs.

4 Wenn Ihre Karte akzeptiert wird, wählen Sie die Nummer. Sobald Ihr Anruf angenommen wird, drücken Sie die Taste mit dem Stern.

5 Hängen Sie den Hörer nach Gesprächsende ein, und entnehmen Sie Ihre Karte erst nach Aufforderung.

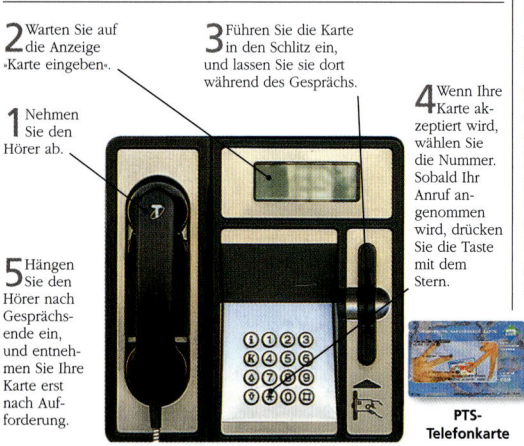

PTS-Telefonkarte

POSTDIENSTE

Das staatlich betriebene Postsystem ist generell unzuverlässig und außer zum Versenden von Postkarten kaum zu empfehlen. Effizient und preiswert sind **Westpost** und **Post International**, die Normal-, Express-, Kurier- und Postlagerdienste anbieten. Für Karteninhaber nimmt auch American Express *(siehe S. 214)* postlagernde Sendungen an. Die Hotels Europa und Corinthia Nevskij Palace *(siehe S. 176)* unterhalten einen preisgünstigen, zuverlässigen und sehr schnellen Postdienst (etwa zwei US-Dollar pro Brief). Die Postämter in den Hotels und das **Hauptpostamt** *(siehe*

KOMMUNIKATION

Westpost am Nevski prospekt

S. 122) verkaufen Briefmarken, Postkarten und Telefonkarten für Ortsgespräche. In der Innenstadt gibt es viele Briefkästen mit der Aufschrift почта (počta). Urlauber benutzen die kleinen blauen Briefkästen, die gelben sind nur für Ortssendungen.

Fax, Telegramm und E-Mail

Fast alle Hotels und das **Hauptpostamt** bieten Fax- und Telegrammdienste. Von **Post International** und **Westpost** kann man Faxe und E-Mails senden. Online-Zugang hat man in Internet-Cafés wie **5.3 GHz** und **Cafe Max**. Auch im **Informationszentrum der Russischen Nationalbibliothek** und im Museum der **Eremitage** *(siehe S. 84–93)* kann man E-Mails schreiben.

Kurierdienste

In St. Petersburg konkurrieren mehrere Kurierdienste miteinander. **DHL** und **Federal Express** bringen Sendungen innerhalb von drei Tagen zu Empfängern im europäischen Ausland und Übersee. Kleinere Firmen wie **Westpost** und **Post International** brauchen dafür etwas länger, sind aber günstiger. Westpost liefert innerhalb von einem Tag Sendungen nach Moskau. Päckchen, Pakete und ähnliche Sendungen müssen den Zoll passieren, was in der Regel einen Extra-Tag kostet.

Fernsehen und Radio

Im russischen Fernsehen dominieren Daily Soaps, Serien, Spielshows und Talkshows. Um 8.30 Uhr zeigt Kanal 6 NBC-Nachrichten auf Englisch. Die besten Nachrichtensendungen auf Russisch senden NTV, Rossia und Channel One. Die meisten Hotels haben Satellitenfernsehen mit westlichen Programmen. Die besten englischsprachigen Radiosendungen bietet auf Kurzwelle BBC World Service.

Zeitungen und Zeitschriften

Man bekommt drei Zeitungen und Zeitschriften in englischer Sprache, die gratis in allen Hotels, großen Restaurants und Fast-Food-Ketten ausliegen. *The St Petersburg Times* erscheint mit internationalen Nachrichten, Sport und lokalen Neuigkeiten zweimal wöchentlich. Die Freitagsausgabe veröffentlicht einen Veranstaltungskalender und Kritiken. Die monatlich erscheinende *Pulse* enthält ebenfalls einen Veranstaltungskalender. *Neva News* ist ein Stadtplan beigelegt. Ausländische Zeitungen gibt es zu hohen Preisen in den Hotels.

Tageszeitungen in St. Petersburg

AUF EINEN BLICK

TELEFONDIENSTE

Call-Center
Peregovornyj punkt
Nevski prospekt 85.
Stadtplan 7 C2.
☎ 740 1849.
◯ tägl. 7–23 Uhr.

HANDY-DIENSTE

Megafon
Мегафон
Artilleriskaja ulica 1.
Stadtplan 3 B5.
☎ 329 4747.
www.megafon.ru

MTS
МТС
Kazanskaja ulica 45.
Stadtplan 6 D2.
☎ 380 0000.
www.mts.ru

POSTDIENSTE

Hauptpostamt
Главпочтамт
Glavpočtamt
Počtamtskaja ulica 9.
Stadtplan 5 C2.
☎ 315 8022.
◯ Mo-So 9–21 Uhr.
● Feiertage.

Post International
Nevski prospekt 34.
Stadtplan 6 E1.
☎ 570 4472.
◯ Mo–Fr 10–19,
Sa 11–16 Uhr.

Westpost
Nevski prospekt 86.
Stadtplan 7 B2.
☎ 275 0784 oder 336 6352.
FAX 275 0806.
◯ Mo–Fr 9.30–20,
Sa, So 12–20 Uhr.
www.westpost.ru

INTERNET-CAFÉS

Cafe Max
Кафе Макс
Nevski prospekt 90–92.
Stadtplan 6 E1.
☎ 273 6655.
◯ tägl. 24 Stunden.

Informationszentrum der Russischen Nationalbibliothek
Информационно-Сервисный Центр
Российская библиотека
Sadovaja ulica 20.
Stadtplan 5 A5.
☎ 310 9676.
◯ Mo–Sa 10–19 Uhr.

5.3 GHz
Nevski prospekt 63.
Stadtplan 6 E1.
☎ 314 6009.
◯ tägl. 24 Stunden.

KURIERDIENSTE

DHL International Centre
Nevski prospekt 10.
Stadtplan 7 B2.
☎ 326 6400.
FAX 326 6410.
◯ Mo–Fr 9–21,
Sa, So 10–16 Uhr.

DHL International Centre
Izmajlovski prospekt 4.
Stadtplan 5 C5.
☎ 326 6400.
FAX 326 6410.
◯ Mo–Fr 9–21,
Sa, So 10–16 Uhr.

Fedex
Pereulok Grivcova 6.
Stadtplan 6 D2.
☎ 325 8825.
◯ Mo–Do 9–20,
Fr 9–19 Uhr.

Stadtplan *siehe Seiten 230–245*

ANREISE

Nach einem gravierenden Rückgang der Besucherzahlen Anfang der 1990er Jahre hat St. Petersburg seine Popularität als Reiseziel längst zurückgewonnen. Da gleichzeitig vermehrt Geschäftsreisen unternommen werden, steigt auch die Zahl der Flüge und anderer Verkehrsverbindungen. Fliegen rangiert in der Beliebtheitsskala bei Gruppen- und Individualreisenden ganz oben, gefolgt von Bahnreisen von Moskau und Helsinki aus. Unabhängiges Reisen ist in Russland schwierig und teuer, günstiger sind Pauschalreisen. Es gibt viele Veranstalter, die Touren mit versierten Reiseleitern anbieten – oft gekoppelt mit Moskau. Da die Zahl der Besucher insgesamt noch recht gering ist, sind Pauschalreisen nicht gerade billig. Intensive Preisvergleiche fördern manch gutes Angebot zutage, insbesondere in der Nebensaison.

Landung einer Aeroflot-Maschine in St. Petersburg

Pulkovo 2, der internationale Flughafen von St. Petersburg

ANREISE MIT DEM FLUGZEUG

Der internationale Flughafen Pulkovo 2 wird von fast allen großen europäischen Städten, so auch von Berlin, München, Frankfurt am Main, Wien und Zürich, aus angeflogen. Zu den nach St. Petersburg fliegenden Gesellschaften zählen nicht nur die russische Fluggesellschaften **Aeroflot** und **Pulkovo**, sondern allgemein die großen europäischen, amerikanischen und asiatischen Fluggesellschaften, wie **Air France**, **Austrian Airlines**, **British Airways**, **Finnair**, **KLM**, **Lufthansa** und **SAS**.

Von den großen europäischen Städten aus fliegen die Gesellschaften zum Teil mehrmals täglich St. Petersburg an. Im Winter verringert sich die Anzahl der Flüge deutlich.

Bei der Landung müssen Fluggäste zuweilen ihren Weiterflug bestätigen. Dies kann beim Schalter der eigenen Fluggesellschaft erledigt werden oder bei der **Zentralen Flugagentur** am Nevski prospekt.

ST. PETERSBURGS FLUGHÄFEN

Internationale Flüge landen auf dem Flughafen **Pulkovo 2**, der zwar unlängst modernisiert wurde, aber immer noch vergleichsweise klein und einfach ist. Beide Terminals, Ankunft wie Abflug, haben kleine Duty-free-Shops.

In der Ankunftshalle gibt es auch eine Wechselstube. Die meiste Zeit verbringt man nach der Landung bei der Passkontrolle. Abflüge an Wochenenden sind hektisch, in der Hochsaison sollte man mindestens 90 Minuten vor Abflug am Flughafen sein.

Pulkovo 1 ist für die Inlandsflüge reserviert. Das Gebäude aus den 1970er Jahren ist recht eng und ein wenig düster, aber Ausländer und Geschäftsreisende aus oder nach Moskau benutzen eine separate Ankunfts- und Abflughalle mit einem eigenen Eingang, ohne Verbindung zum Hauptgebäude.

FAHRT IN DIE STADT

Beide Flughäfen liegen ca. 17 Kilometer südlich des Stadtzentrums. Die großen Hotels haben einen Flughafendienst, der Individualreisende für 45 US-Dollar abholt. Dieser Service, den man auf die Hotelrechnung setzen lassen kann, sollte schon bei der Zimmerbuchung angefordert werden. Die Taxis, die am Flughafen warten, unterbieten den Hotelservice um etwa 5 US-Dollar, während die normalen gelben Taxis – selten am internationalen Flughafen

Shuttle-Limousine des Grandhotel Europa (siehe S. 175)

Gewöhnliches gelbes Taxi vor dem Inlandsflughafen Pulkovo 1

Der Bus Nr. 13 von Pulkovo 2 zur Metro-Station Moskovskaja

Minibus oder *maršrutnoje taxi*

ANREISE MIT DEM ZUG

Bahnfahrten sind von Finnland nach Moskau oder generell innerhalb des Landes recht günstig. Studenten erhalten in der Regel aber kaum Ermäßigungen.

Es gibt täglich zehn Züge von und nach Moskau, die am **Moskauer Bahnhof** ankommen beziehungsweise abfahren, sowie drei Zugverbindungen zwischen Helsinki und dem **Finnischen Bahnhof** *(siehe S. 126)*. Wer genügend Zeit und Lust hat, macht sich mit dem Zug über Berlin, Warschau oder Prag zu einer einmaligen Reise auf, was allerdings viel teurer ist als ein Flug und zudem sehr zeitaufwendig. Die komfortablen Züge sind gewöhnlich pünktlich, doch zuweilen ziemlich überfüllt. Diebstahl ist leider an der Tagesordnung, daher sollten Sie äußerst aufmerksam sein und Wertgegenstände sicher verwahren. Eventuell braucht man ein Transitvisum, wie für die Ukraine und Weißrussland. Jeder Russland-Besucher muss vor Antritt der Zugreise ein gültiges Visum besitzen *(siehe S. 210)*.

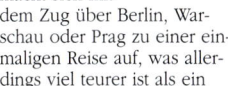

Fahrkartenschalter des Zentralen Fahrkartenverkaufs

Züge aus Osteuropa kommen am **Vitebsker Bahnhof** an und fahren auch wieder von dort ab. Fahrkarten für Züge ab St. Petersburg kauft man am besten beim **Zentralen Fahrkartenverkauf** oder am Moskauer Bahnhof. Auch Agenturen wie **Okdail** *(siehe S. 220)* verkaufen Bahnkarten. Taxis an den Bahnhöfen verlangen oft überhöhte Preise, aber die Anbindung an das öffentliche Verkehrsnetz der Stadt ist recht gut.

Der Finnische Bahnhof, Abfahrtsort für Züge nach Repino und zum Finnischen Meerbusen

zu finden – mit einem Fahrpreis von etwa 30 Dollar in Rubel erheblich billiger sind. Allerdings sollten Sie von Fahrten mit privaten Taxis unbedingt Abstand nehmen.

Reisende mit einem kleinen Budget, die schon im Flughafen Geld gewechselt haben, können den Bus Nr. 13 (von Pulkovo 2) oder Nr. 39 (von Pulkovo 1) zur Metro-Station Moskovskaja nehmen. Minibusse, als *maršrutnoje taxi* oder Routentaxi bekannt, nehmen die gleiche Route und sind etwas teurer *(siehe S. 227)*.

REISEN ZWISCHEN MOSKAU UND ST. PETERSBURG

Viele Besucher fliegen nach Moskau und verlassen das Land von St. Petersburg aus oder umgekehrt. Die Zugfahrt zwischen beiden Städten – täglich verkehren zehn Züge – ist ausgesprochen beliebt. Fünf Stunden dauert eine Fahrt am Tag, nachts meist achteinhalb. Die Preise richten sich nach dem Zug – der *Rote Pfeil* ist der teuerste – und der Platzwahl. Man kann auswählen zwischen Zwei-Personen-Abteil *(SV)*, Vier-Personen-Abteil *(coupé)*, Großraumabteil *(platzkart)* oder *sidjašĉy*. Alle außer *sidjašĉy* sind Schlafwagen. Tagsüber ist Letzterer komfortabler als das Großraumabteil. Die Einzelfahrpreise bewegen sich zwischen 70 Euro in Rubel für ein Zwei-Personen-Abteil und 20 Euro für *sidjašĉy*. Nicht immer enthalten ist Bettwäsche, die beim Kartenkauf zusätzlich berechnet wird. Man kann unterwegs Essen kaufen, besser nimmt man sich aber Vorräte mit.

St. Petersburg – Moskau-Schild in einem Abteil

Reguläre Flüge zwischen den beiden Städten dauern etwa 50 Minuten. Sie werden von Aeroflot und Privatlinien wie Pulkovo und Transaero angeboten. Ein einfacher Flug kostet für Ausländer etwa 60 Euro, ein Business-Ticket 100 Euro. Tickets werden direkt am Flughafen oder von der **Zentralen Flugagentur** verkauft. Im Sommer kann man mit dem Schiff von oder nach Moskau reisen *(siehe S. 220)* – eine durchaus reizvolle Alternative.

Zwei-Personen-Abteil in dem komfortablen *Roten Pfeil*

Einer der Reisebusse von Finnord

ANREISE PER BUS

Die komfortablen Reisebusse von und nach Helsinki sind eine günstige Alternative zur Zugreise. **Finnord** bietet eine Tagesfahrt und eine Nachtfahrt in jede Richtung an.

Die Reise dauert etwa acht Stunden. Reisebusgesellschaften benutzen nicht nur die Busbahnhöfe, sondern lassen Sie an verschiedenen Stellen in der Stadt aussteigen. Endhaltestelle von Finnord ist das Pulkovskaja Hotel. Vorausbuchungen sind bei diesem Busunternehmen ratsam, da viele Russen die Fahrten zu Einkäufen in Lappeenranta oder in Helsinki nutzen.

ANREISE PER SCHIFF

Die Anreise per Schiff ist eine sehr interessante und neue Art der Reise nach St. Petersburg. Da die Fähren und Personenschiffe nur unregelmäßig verkehren, sollte man sich bei einem Reisebüro nach Einzelheiten erkundigen.

Fähren aus Skandinavien machen im Fährhafen, im Westen der Vasileostrovski-Insel, fest. Die Trolleybusse Nr. 10 und Nr. 7 fahren von hier ins Zentrum oder zur Metro-Station Primorskaja.

Im Sommer gibt es auf der Wolga durch den Ladogasee wunderbare Fahrten von Moskau nach St. Petersburg. Auf der zweiwöchigen Reise erlebt man viele Sehenswürdigkeiten und bekommt vieles mehr von Russland zu sehen. Diese Schiffe machen in der Regel im **Flussterminal** von St. Petersburg fest, zu Fuß zehn Minuten von der Metro-Station Proletarskaja entfernt. Die Schifffahrtsgesellschaften betreiben Busse ins Stadtzentrum.

Luxusliner kommen im Frachthafen, fünf Kilometer südwestlich der Innenstadt, an. Da der Zugang zum Hafen stark eingeschränkt ist, werden Besucher mit exklusiven Sonderbussen in die Stadt befördert.

Fähre am Kai für Seeschiffe im westlichen Teil der Vasileostrovski-Insel

AUF EINEN BLICK

FLUGHAFEN-INFORMATION

Pulkovo 1
Пулково 1 (704 3822.

Pulkovo 2
Пулково 2 (704 3444.

FLUGLINIEN

Zentrale Flugagentur
Nevski prospekt 7/9.
Stadtplan 6 D1.
(315 0072 (international). (571 8093 (Inland).

Aeroflot
Ulica Rubinštejna 1.
Stadtplan 7 A2.
(438 5583.
(723 8534 (Pulkovo 1).
www.aeroflot.aero

Air France
Malaja Morskaja ulica 23.
Stadtplan 6 D1.
(336 2900.
www.airfrance.com

Austrian Airlines
Pulkovo 2, Abflughalle.
(313 30 20.
www.aua.com

KLM
Malaja Morskaja ulica 23.
Stadtplan 6 D1.
(346 68 64.
www.klm.com

Lufthansa
Ticketschalter Pulkovo 2.
Tel. Reservierungen über Büro in Moskau:
((495) 980 99 99.
www.lufthansa.com

Pulkovo Airlines
1-ja Krasnojarmejskaja ulica 4. **Stadtplan** 6 D5.
(303 9268.
www.pulkovo.ru

SAS
Nevski prospekt 22.
Stadtplan 6 F2.
(326 2600.
(324 3244 (Pulkovo 2).
www.scandinavian.net

Transaero
10-ja Sovjetskaja ulica 4–6.
Stadtplan 8 D1.
(331 5570.

ZÜGE

Zugauskunft
(055.

Zentraler Kartenverkauf
Центральные железнодорожные кассы
Centralnye železnodorožnye kassy
Nab kanala Gribojedova 24.
Stadtplan 6 E2.
(067.

Finnischer Bahnhof
Финляндский вокзал
Finljandski vokzal
Ploščad Lenina 6.
Stadtplan 3 B3.

Ladožski-Bahnhof
Ладожский вокзал
Ladožski vokzal
Sanevski prospekt 73.

Moskauer Bahnhof
Московский вокзал
Moskovski vokzal
Ploščad Vosstanija.
Stadtplan 7 C2.

Okdail
Moskauer Bahnhof
(24 Stunden).
(335 9807, 740 1324.

Vitebsker Bahnhof
Витебский вокзал
Vitebski vokzal
Zagorodnyj prospekt 52.
Stadtplan 6 E4.

REISEBUSSE

Finnord
Italjanskaja ulica 37.
Stadtplan 6 F1.
(314 8951.

SCHIFFE

Fährhafen für Seeschiffe
Морской пассажирский вокзал
Morskoj passažirskij vokzal
Ploščad Morskoj Slavy.
(322 6052.

Flussterminal
Речной вокзал
Rečnoj vokzal
Prospekt Obuchovskoj Oborony 195. (262 0239.

Stadtplan *siehe Seiten 230–245*

In St. Petersburg unterwegs

Obwohl der öffentliche Nahverkehr gut und preiswert ist, lernt man St. Petersburg am besten zu Fuß kennen. Beim Betrachten des Stadtplans fällt auf, dass die Anlage der Stadt einem klaren Schema folgt, das die Orientierung erleichtert. Ist man vom Gehen müde, kann man auf einer Bootsfahrt die Stadt von der Flussseite erkunden. Der Nevski prospekt ist eine der Hauptverkehrsadern, hier laufen viele wichtige Straßen zusammen. Metro sowie Straßenbahn-, Bus- und Trolleybuslinien führen von hier in alle Himmelsrichtungen. Man kann den Nevski prospekt zum Ausgangspunkt für Fahrten zu allen möglichen Punkten der Stadt machen.

Selbst ein Auto zu fahren ist aufgrund der schlechten Straßenverhältnisse, der aggressiven Fahrweise der Russen und des allzu wachsamen Auges des Gesetzes nicht zu empfehlen.

Fußgängerüberweg

Zu Fuss

In einigen Gebieten, vor allem an der Uferpromenade des Palastufers, liegen die Sehenswürdigkeiten so nah beieinander, dass öffentliche Verkehrsmittel überflüssig werden. Andere Sehenswürdigkeiten sind bis zu 20 Minuten zu Fuß vom nächsten Verkehrsmittel entfernt, aber es bietet sich ohnehin oft an, das letzte Stück zu Fuß zurückzulegen. Abgesehen davon, dass es praktisch ist, kann man so wunderbar die Atmosphäre und die faszinierende und einzigartige Architektur dieser Stadt aufnehmen.

Sobald die Sonne hervorkommt, strömen sommers wie winters die Leute aus allen Richtungen in die Parks. Die Einheimischen sind passionierte Spaziergänger, sei es den Nevski prospekt entlang oder an der Neva um 2 Uhr nachts während der Weißen Nächte *(siehe S. 51)*. Der Sommergarten *(siehe S. 95)* und der Michajlov-Garten waren schon immer sehr beliebt bei den Petersburgern. Längere Spaziergänge vorbei an architektonisch interessanten Gebäuden kann man auf der Stein- und der Jelagin-Insel *(siehe S. 136f)* mit ihren Residenzen und Datschas unternehmen, von denen zahlreiche aus dem frühen 20. Jahrhundert stammen. Ein romantischer Bummel abseits des Stadtverkehrs führt entlang der Mojka oder dem Gribojedov-Kanal *(siehe S. 134f)*. Südlich des Nevski prospekt machen die majestätischen Gebäude nach und nach kleineren Wohnblocks aus dem 19. Jahrhundert Platz, die an der Uferseite von Baumreihen, Plätzen und schattigen Innenhöfen geschmückt sind.

Straßenschild am Nevski prospekt

Autofahrer achten oft nicht sehr auf Fußgänger, sodass der Verkehr bei den Spaziergängen sehr störend ist. Benutzen Sie unbedingt die Fußgängerunterführungen oder Fußgängerüberwege an Ampeln. Überwege ohne Ampeln werden durch ein blaues Fußgängerschild signalisiert. Autofahrer sind hier nicht verpflichtet anzuhalten. Wenn Sie die Straße an einer Stelle überqueren, an der keine Fußgängermarkierungen eingezeichnet sind, kann es leicht passieren, dass Sie eine Geldbuße zahlen müssen *(siehe S. 213)*. Die wenigen Radfahrer, die man auf der Straße sieht, neigen dazu, alle Verkehrsregeln zu ignorieren, und stellen eine zusätzliche Gefahr für den unaufmerksamen Fußgänger dar. Auf den Hauptstraßen nennen dunkelblaue Straßenschilder den Namen der Straße auf Russisch und auf Englisch. Sonst sind die Schilder weiß mit schwarzen kyrillischen Zeichen. Viele Karten, so auch die in den *Neva News (siehe S. 217)*, geben die Namen der Hauptstraßen in Kyrillisch und in Transkription wieder. Das kann sich als sehr nützlich erweisen, wenn Sie einen Passanten nach dem Weg fragen. Über **Cosmos** und **Neva Travel Company** *(siehe S. 211)* kann man geführte Stadtrundgänge buchen.

Fußgängerunterführung

Der idyllische Michajlov-Garten hinter dem Russischen Museum

Metro

Blaues Metro-Schild

Da oberirdische Verkehrsmittel im Stadtzentrum am nützlichsten sind, wird die Metro (wie die U-Bahn in St. Petersburg genannt wird) vorwiegend als Verbindung zu den Vororten benutzt. Als Kulturerbe sollten Sie die Metro-Stationen, die Stalin als »Paläste für das Volk« sah, auf jeden Fall ansehen. Die Metro ist sicher und bis nach Mitternacht in Betrieb. Fahren Sie am späten Abend, dann sind nicht mehr so viele der fast zwei Millionen täglichen Metro-Benutzer unterwegs. Die Stationen werden meist nur in Kyrillisch angezeigt. Da es nur fünf Linien gibt, findet man sich aber leicht zurecht.

Steile Rolltreppen zum Bahnsteig

Züge ab. Es gibt keine echten Stoßzeiten, die Metro ist eher den ganzen Tag überfüllt – ein positiver Sicherheitsaspekt. Auf den Bahnsteigen ist kein Personal, aber man kann eine Aufsichtsperson im Schalter unten am Fuß der Rolltreppen um Hilfe bitten.

Wegen des ausgedehnten Wasserstraßennetzes liegen die Bahnsteige tief unter der Erde und sind nur über lange Rolltreppen zu erreichen. Bleiben Sie rechts, damit eilige Passanten überholen können.

Immer neue Stationen kommen hinzu, zuletzt Krestovski ostrov, Staraja derevnja und Komendancki prospekt auf der violetten Linie. Bauliche Probleme haben immer wieder die Schließung einzelner Stationen zur Folge. Ein Bus fährt dann stattdessen.

Die Metro-Station Ploščad Vosstanija

DIE METRO ALS SEHENSWÜRDIGKEIT

Die besten Architekten der Sowjetunion beauftragte man mit dem Entwurf der Metro-Stationen. Die Wände wurden mit Tausenden Tonnen von Marmor, Granit und Kalkstein verziert. Skulpturen, Mosaiken und Kronleuchter gab man bei Künstlern in Auftrag. Die Eröffnung der ersten Linie mit acht Stationen erfolgte 1955. Sie verbindet die Ploščad Vosstanija mit den damals neuen Wohnkomplexen der Stalin-Ära im Südwesten und der größten Industrieanlage der Stadt, der Kirov-Fabrik. Die perfekte Umsetzung des Stils und der Ideale des Stalinismus macht diese Linie besonders sehenswert. Die Station Kirovski zavod ist ein den Arbeitern gewidmeter Tempel. Die Krönung stellt Avtovo mit ihrem Stil- und Detailreichtum bis hin zu geformten Säulen aus Glas dar.

Die Metro hat heute 63 Stationen jeden Stils, vom düsteren Gedenkstättenambiente von Ploščad Mužestva (1975) nahe dem Piskarjevskoje-Friedhof *(siehe S. 126)* bis zur Vulgarität von Udelnaja (1980er Jahre) und der Sterilität von Komendancki prospekt (2005).

METRO-NETZ

Die Metro ist unabdingbar für das Erreichen der entfernteren Hotels und des Flughafens. Die fünf Linien verlaufen von den Vororten durch das Zentrum mit Schnittpunkten an sieben Hauptstationen. Sie fahren in Minutenabständen, spätabends alle fünf Minuten. Obwohl die Zugänge um Mitternacht geschlossen werden, fahren im Zentrum noch zehn Minuten später

Mosaiken und ungewöhnliche Glassäulen in der reich verzierten Station Avtovo

Hinweisschild mit den Stationen einer Linie in Kyrillisch

Schild am Umsteigebahnhof mit Stationen der anderen Linie

MIT DER METRO UNTERWEGS

Wenn man mit der Metro fahren möchte, sollte man einen Metro-Plan in kyrillischer Schrift und ihrer Transkription bei sich haben. Die Hinweisschilder sind meist nur auf Kyrillisch, Wandkarten in den Schalterhallen und Zügen sind selten. Auf dem Bahnsteig gibt es nur ein Schild auf der Wand am Gleis – Sie können sie nicht lesen, wenn ein Zug am Bahnsteig hält oder Sie selbst im Zug sind.

METRO

Hinweisschild mit Stationen und Umsteigebahnhöfen der Metro

Viel befahrene Stationen im Zentrum haben eine durch Sicherheitstüren von den Zügen getrennte Halle. Hält der Zug an, öffnen sich die Türen. In dieser Halle finden Sie eine Karte der Linie, die Sie gerade befahren. Andere Stationen haben Bahnsteige, in denen die Karte sich jenseits der Schienen befindet.

Bevor sich die Zugtüren schließen, ruft der Fahrer: *Ostorošno. Dveri zakryvajutsja* (Vorsicht, Türen schließen!). Die Ansage vor der nächsten Haltestelle nennt deren Namen und die Möglichkeit umzusteigen, gefolgt vom Namen der folgenden Station. Man sollte die Stationen mitzählen, wenn man die Ansage nicht versteht.

Beim Umsteigen folgen Sie den Hinweisschildern переход (*perechod* – Übergang). Technologičeski Institut ist eine Ausnahme: Hier halten sowohl die beiden südwärts fahrenden als auch die nordwärts fahrenden Linien an parallel verlaufenden Bahngleisen. Um in die gleiche Richtung zu fahren, brauchen Sie nur die Halle zu durchqueren.

Ausgänge sind mit выход (*vychod*) gekennzeichnet. Manche Stationen, wie Moskowskaja (zum Flughafen) und Gostinyj Dvor, haben zwei oder mehrere Ausgänge in einigem Abstand zueinander.

METRO-NETZ ST. PETERSBURG

(Karte mit Stationen)

Metro-Münze

FAHRKARTEN

Das gebräuchlichste Zahlungsmittel in der Metro ist die Münze (*žeton*), nur an Metro-Stationen erhältlich. Es gibt auch Magnetkarten, die man mit der entsprechenden Anzahl an benötigten Fahrten aufladen kann.

Oben, am Kopf der Rolltreppen, befinden sich Entwerter, die meisten nehmen Magnetkarten und Münzen.

Die Karten werden mit dem Magnetstreifen nach oben eingeführt. Wenn Sie versuchen, ohne Bezahlung an einer Maschine vorbeizukommen, wird der Durchgang automatisch gesperrt. Auf der äußersten rechten Seite werden andere Fahrkarten kontrolliert. Hier können Sie auch Ihre Metro-Münzen einwerfen. Ihre Magnetkarten können Sie hier nicht benutzen.

Magnet-Monatskarten für die Metro und alle anderen öffentlichen Verkehrsmittel gelten für 70 Fahrten mit der Metro und unbegrenzt viele mit anderen Verkehrsmitteln während eines Kalendermonats. Man erwirbt sie zwischen dem 10. und dem 20. eines Monats, sie gelten dann bis zum 15. des Folgemonats. Wer länger in der Stadt bleibt, für den lohnt sich der Kauf einer personalisierten Chipkarte mit Passfoto, die man an jeder Metro-Station mit einem Kredit aufladen kann. Diese Karten werden nicht in den Entwerter gesteckt, sondern kurz auf einen mit einem weißen Kreis gekennzeichneten Sensor gelegt. Jenseits der Barrieren werden die Karten nicht mehr kontrolliert.

Fahrkarte mit Magnetstreifen, gültig für Fahrten mit der Metro

Tram, Bus und Trolleybus

Schild an einer Tramhaltestelle

Oberirdische Verkehrsmittel sind besonders in Stoßzeiten überfüllt, doch immer noch am besten für kurze Fahrten in der Stadt geeignet. Das Zentrum ist von einem Gewirr von Tram- und Trolleybus-Oberleitungen durchzogen. Trolleybusse fahren häufig eine günstige Route, sind aber überfüllt. Trams sind weniger voll, dafür aber laut. Busse fahren nicht so oft. Tagsüber hat man kaum die Chance, einen Sitzplatz zu ergattern. Bessere Fahrtakte haben die bequemeren, aber teureren privat betriebenen Busse und Minibusse. Die Vororte sind oft nur mit Bussen zu erreichen. Während der Hauptverkehrszeiten ist man oft schneller zu Fuß. Eine Übersicht über das Verkehrsnetz finden Sie auf den hinteren Umschlaginnenseiten.

An einer Tramhaltestelle

Haltestelle für Busse und Minibusse vor dem Mariinski-Theater

TRAMS

Trams bieten eine hervorragende Möglichkeit, die Stadt zu sehen. Auch findet man in Trams eher einen Sitzplatz, da sie weniger voll sind als Trolleybusse. Haltestellen erkennt man an rot-weißen Schildern, die über den Schienen befestigt sind. Nur auf breiten Straßen außerhalb des Zentrums liegen die Haltestellen auf Verkehrsinseln, ansonsten wartet man auf dem Bürgersteig. Während des Halts muss der übrige Verkehr die Fahrgäste die Straße überqueren lassen. Es gibt aber immer Fahrer, die nicht warten können: Seien Sie also auf der Hut. An einigen Kreuzungen muss der Fahrer Weichen stellen und steigt zu diesem Zweck aus dem Vorderausgang aus. Besteigen oder verlassen Sie in diesem Fall niemals die Bahn.

ALLGEMEINE INFORMATION

Straßenbahnen, Busse und Trolleybusse fahren ab 5.30 Uhr. Der Zeittakt ist tagsüber unregelmäßig, sehr lang nach 23 Uhr und endet gegen Mitternacht. Nur wenige Buslinien hängen ihren Fahrplan aus. Jedes Verkehrsmittel hat eigene Haltestellen, die zuweilen sehr weit auseinanderliegen.

Schlangestehen ist unüblich, beim Einsteigen entsteht ein wildes Gedränge. Einstiege befinden sich vorne, in der Mitte und hinten. Die ersten acht Sitze sind für Behinderte, Senioren und Fahrgäste mit Kindern reserviert, die auch beim Ein- und Ausstieg Vortritt haben. Ein Schaffner verkauft Fahrkarten. Kurz vor einer Haltestelle werden die am Ausgang stehenden Passagiere oft gefragt: *Vy vychodite?* (Steigen Sie aus?), was so viel bedeutet wie »Können Sie bitte beiseitetreten?«. Wenn es sehr voll ist, sollten Sie sich rechtzeitig einen Weg zum Ausgang bahnen und auf Drängelei gefasst sein.

Der Trolleybus Nr. 10 fährt von der Ploščad Vosstanija durchs Zentrum und über die Vasileostrovski-Insel *(siehe S. 56–63)* bis zur Metro-Station Primorskaja. Er eignet sich gut für eine Stadtrundfahrt. Andere schöne Routen befahren der Bus Nr. 46 vom Marsfeld *(siehe S. 94)* zur Metro-Station Černaja Rečka, der Bus Nr. 22 vom Smolnyj-Institut *(siehe S. 128f)* via Isaaksplatz *(siehe S. 79)* und Mariinski-Theater *(siehe S. 119)* in den Südwesten sowie die Busse Nr. 46 und 76 vom Marsfeld den Kamennoostrovski prospekt *(siehe S. 70)* entlang und zur Steininsel *(siehe S. 136f)*.

Schild für Bushaltestelle mit Namen und Busnummer

BUSSE UND MINIBUSSE

Die Busse fahren ungefähr alle 20 Minuten, manchmal auch seltener. In der Stadt erkennt man Bushaltestellen an weißen und gelben Schildern am Straßenrand oder an einem Laternenpfahl mit dem roten Buchstaben »A« für *avtobus*. Sie ersetzen die alten gelben Schilder. Viele

TRAM, BUS, TROLLEYBUS

Seitenansicht einer Tram

Trolleybus auf dem Nevski prospekt

Privater Bus auf der Vasileostrovski-Insel

FAHRKARTEN UND -AUSWEISE

Ein Einheitspreis gilt für alle Verkehrsmittel, unabhängig von der Länge der Fahrt. Fahrkarten kaufen Sie vor Erreichen der nächsten Haltestelle beim Schaffner (meist erkennbar an einer blaugelben Jacke) oder im privaten Bus beim Fahrer. Für große Gepäckstücke zahlt man extra. Strafgebühren werden an Ort und Stelle von Kontrolleuren in Zivil erhoben und dürfen nur etwa 100 Rubel ausmachen. Wenn Sie des Schwarzfahrens bezichtigt werden, müssen sich die Kontrolleure unbedingt ausweisen.

Bleibt man ein paar Wochen oder länger in St. Petersburg, kauft man sich am besten eine für alle Transportmittel, einschließlich der Metro *(siehe S. 222f)*, gültige Monats- oder Halbmonatskarte. Die Magnet-Monatskarte *jedinyj bilet* ist vom 16. eines Monats bis zum 15. des nächsten Monats gültig und kann jeweils vom 10. bis zum 20. erworben werden. Halbmonatskarten gelten vom 1. bis zum 15., es gibt sie vom Monatsletzten bis zum 5. des Folgemonats. Man kann auch für jedes einzelne Transportmittel eine Monatskarte erwerben. Fahrausweise sind auch gültig für Fahrten nach Carskoje Selo und Pavlovsk, aber nicht Peterhof, Gatčina oder Oranienbaum *(siehe S. 228f)*.

Routen werden heute zusätzlich von privaten, mit einem »T« vor der Liniennummer und einem »K« für Express gekennzeichneten Bussen oder Minibussen befahren. Die Fahrpreise betragen das Zweifache der normalen Busse und werden beim Fahrer beim Ein- oder Ausstieg entrichtet. Man kann diese Busse jederzeit zum Ein- oder Aussteigen anhalten.

TROLLEYBUSSE

Trolleybusse (Oberleitungsbusse) verkehren am häufigsten auf der Hauptverkehrsader der Stadt, dem Nevski prospekt. Ihre Routen und Haltestellen liegen günstig, sie sind aber fast immer voll. Häufig werden Fahrscheinkontrollen durchgeführt.

Ihre Haltestellen erkennt man an kleinen blau-weißen, an Drähten aufgehängten Schildern mit den Busnummern, auf Hauptstraßen an den an Hauswänden befestigten Hinweistafeln. Auf ihnen steht ein blauer Buchstabe auf weißem Hintergrund, einem flachen »M« ähnlich, der aber ein kyrillisches »T« für *trolleibus* ist.

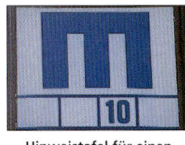

Hinweistafel für einen Trolleybus

Die Stromabnehmer sind allgemein bekannt als »Hörner« *(roga)* oder »kleine Schnurrbärte« *(usiky)*. Gelegentlich verlieren sie den Kontakt zur Oberleitung, und der Trolleybus kommt mit einem Ruck zum Stehen. Dann muss der Fahrer sie wieder befestigen.

Fahrgäste warten auf dem Nevski prospekt nahe der Ploščad Vosstanija auf den Trolleybus

Kanal- und Flussfahrten

Wassertaxi

St. Petersburgs zahlreiche natürliche Wasserstraßen wurden ausgebaut und erweitert, um das von Peter dem Großen geliebte Amsterdam zu imitieren. Man könnte sagen, St. Petersburg wetteifert mit Amsterdam um den Titel »Venedig des Nordens«.

Rundfahrten für jeden Geschmack und jede Gruppenstärke beginnen an den Brücken am Nevski prospekt. Besonders für Besucher, die nicht gut zu Fuß sind, bieten sie eine Gelegenheit, mehr von der Stadt zu sehen. Bestandteil jeder Fahrt sind die breite Fontanka mit den klassizistischen Palästen, die belaubte Mojka mit ihren eisernen Brücken und der Gribojedov-Kanal. Nehmen Sie sich etwas zu essen und zu trinken sowie einen warmen Pullover mit, und entspannen Sie sich.

AUF EINEN BLICK

Sankt Petersburger Büro für Stadtrundfahrten
Sadovaja ulica 28–30. **Stadtplan** 6 E2. 312 0527.

MIR Travel Company
Nevski prospekt 11. **Stadtplan** 6 D1. 325 7122/3341.
www.mir-travel.com

Russkije Kruizy
Nevski prospekt 51. **Stadtplan** 7 B2. 325 6120.
www.russian-cruises.ru

Taxireservierung
600 0000, 068 320 0200.

FAHRTEN AUF DER NEVA

Viele Boote befahren die Neva zwischen dem Finnischen Meerbusen und dem Flussterminal *(rečnoj voksal)*. Die einstündigen Fahrten finden zwischen 10 und 22 Uhr stündlich statt. Ausländer zahlen mehr als Einheimische, aber die Karten sind nicht teuer und können am Landungssteg oder an Bord gekauft werden. Die Fahrt beginnt am Landungssteg gegenüber dem Ehernen Reiter auf dem Senatsplatz und unter dem Haupteingang zur Eremitage *(siehe S. 75)*.

Diese Fahrten stellen weniger eine Gelegenheit zu Besichtigungen als einen netten Zeitvertreib dar. Man bekommt Getränke und Snacks, abends auf einigen Booten Alkohol.

Bootstouren mit Luxusgastronomie sind für bis zu zehn Personen im Voraus zu buchen. **MIR** und **Russkije Kruizy** bieten verschiedene Routen auf der Neva und den Kanälen der Stadt an.

Kanalfahrt auf der Mojka

ALLGEMEINE INFORMATION

Das Wetter spielt eine große Rolle für Beginn und Ende der Kanalfahrten. Die meisten Boote fahren täglich von Mitte Mai bis Ende September. Die Routen ändern sich wegen Sanierungsarbeiten an den Uferbefestigungen, Teilstrecken sind dann nicht passierbar.

Der Finnische Meerbusen beeinflusst die Neva und landeinwärts führende Wasserwege. Wenn starke Winde die Wasserpegel ansteigen lassen, entfallen oft alle Fahrten.

KANALFAHRTEN MIT FÜHRUNG

Große, überdachte Ausflugsboote legen zwischen 11.30 und 20 Uhr alle 30 Minuten von der Aničkov-Brücke am Nevski prospekt *(siehe S. 49)* ab. Beim Kiosk am Ufer erwirbt man eine Fahrkarte für die nächste Fahrt. Sind die Warteschlangen lang, erhält man auch Karten für spätere Fahrten. Die Fahrt führt in 70 Minuten über die Mojka, den Gribojedov-Kanal und die Fontanka. Bei entsprechendem Wetter wird auch die Neva befahren, von wo aus man einen tollen Blick auf die Stadt hat.

Kartenverkauf auf der Aničkov-Brücke

Urlauber zahlen etwa 10 bis 20 Euro in Rubel, etwas mehr als die Russen. Die Erläuterungen während der Fahrt sind nur auf Russisch. Große Gruppen sollten an den Kiosken oder per Telefon im Voraus buchen, vor allem in den Schulferien. Fahrten mit Erläuterung in deutscher Sprache können in jedem größeren Hotel gebucht werden.

Wenn es heiß ist, kann es in den Booten sehr stickig werden. Zuweilen wird die Sicht auch durch die verkratzten Acrylfenster behindert. Auf dem Heck der Boote gibt es eine Aussichtsplattform mit besserer Sicht, für die Sie aber einen Aufpreis bezahlen müssen. Nehmen Sie etwas zu trinken und zu essen mit.

Ausflugsboot auf der Neva, im Hintergrund die Eremitage und das Palastufer

Stadtplan siehe Seiten 230–245

KANAL- UND FLUSSFAHRTEN, TAXIS

Wassertaxis am Kai des Gribojedov-Kanals nahe der Kazaner Brücke

Wassertaxis

Wassertaxis ähneln privaten Motorbooten und können vier bis zehn Personen befördern. Während der Weißen Nächte fahren sie bis in die späte Nacht.

Auf kleine Boote warten Sie am Landungssteg auf der Nordseite der Polizeibrücke, wo der Nevski prospekt *(siehe S. 46–49)* die Mojka überquert, oder an der Metro-Station Gostinyj Dvor am Gribojedov-Kanal. Größere Boote sollte man einige Stunden im Voraus buchen.

Preise sind Verhandlungssache, liegen aber zwischen 30 und 50 Euro, je nach Bootsgröße und Route, die Sie zu fahren wünschen. Die einstündige Fahrt führt über Binnenwasserwege, aber in eineinhalb Stunden kann man auch die Neva überqueren, die Peter-Paul-Festung *(siehe S. 66 f)* umrunden und hat einen schönen Blick auf die Sehenswürdigkeiten am Ufer. Viele Bootsführer können die meisten auf Englisch benennen, manche geben ein paar Informationen. Auf vorherige Nachfrage bekommt man eventuell einen Deutsch sprechenden Führer. Bei einer kleinen Vorabzahlung können Boote im Voraus gebucht werden. Es gibt aber so viele, dass man auch spontan eines mieten kann. Auch im Sommer sollte man warme Kleidung mitbringen, denn in den offenen Booten kann es, besonders nachts, kalt werden. Für jeden Passagier gibt es eine Decke an Bord. Man kann sich frei bewegen, sofern kein Sicherheitsrisiko entsteht.

Wassertaxi auf der Mojka an der Polizeibrücke

Die Bootsführer sind recht unempfindlich, was knallende Korken und andere Feiergeräusche angeht.

Taxis

St. Petersburgs offizielle gelbe Taxis werden allmählich durch private in allen möglichen Farben ersetzt. Die Einheimischen nutzen die billigere Alternative und halten ein *častnik*, einen Privatwagen, an.

Ein gelbes St. Petersburger Taxi

Offizielle Taxis

Die gelbe Taxiflotte hat in letzter Zeit von privaten Taxiunternehmen mit modernen Importwagen harte Konkurrenz bekommen. Die Fahrer der Privattaxis verlangen vor der Fahrt aufgerundete Beträge. Besteigen Sie niemals ein Taxi, das vor großen Hotels, Restaurants, Bars oder dem Flughafen wartet – die Preise sind dann völlig überteuert. Um Geld zu sparen, sollte man etwas entfernt ein Taxi heranwinken.

Gleichgültig, welches Taxi Sie benutzen, nennen Sie Ihr Ziel immer, bevor Sie einsteigen. Die Taxis müssen Sie nicht befördern, wenn sie nicht in Ihre Richtung fahren wollen. Die Fahrpreise sind relativ niedrig.

Neuere Taxis haben moderne Taxameter, die den Preis anzeigen. Ältere sind unzuverlässig oder einfach abgeschaltet. Ersparen Sie sich Ärger, und handeln Sie den Preis vor der Fahrt aus. Fühlen Sie sich übervorteilt, besprechen Sie dies mit dem Fahrer.

In manchen Gegenden ist kaum ein Taxi zu bekommen. Bestellen Sie eines telefonisch, oder hoffen Sie auf eine Mitfahrgelegenheit in einem *častnik*.

Privatautos

Seit Jahren halten die Russen Privatautos für eine Mitfahrgelegenheit an. Von ihnen gibt es viele, und sie sind oft billiger als die offiziellen Taxis. So wird jedes Mal, wenn Sie die Hand ausstrecken, um ein Taxi zu stoppen, ein Privatauto halten. Die Autos entsprechen sicher nicht immer unseren Vorstellungen, doch sind ihre Fahrer oft williger als die Taxifahrer, Gepäck mitzunehmen. Steigen Sie niemals in einen Wagen ein, in dem mehrere Personen sitzen. Wer nachts allein unterwegs ist, sollte weder mit einem offiziellen Taxi (außer es wurde vorbestellt) noch einem Privatauto nach Hause fahren.

Wie bei einem Taxi nennen Sie vor Fahrtantritt Ihr Ziel und einigen sich über den zu bezahlenden Preis.

Ein Privatauto wird auf der Straße angehalten

Ausflüge

Am Wochenende im Sommer und auch im Winter fahren viele zu ihrer Datscha oder in die Wälder, um hier Obst und Gemüse zu ernten, Langlauf zu betreiben oder eine der früher herrschaftlichen Sommerresidenzen zu besichtigen. Busse und Nahverkehrszüge verkehren das ganze Jahr häufig und sind das beste Transportmittel zu den Gegenden außerhalb der Stadt, mit Ausnahme von Peterhof, das man mit einem Tragflächenboot über den Finnischen Meerbusen erreicht. Besucher bevorzugen Reisebusse, doch mit einiger Planung kann man sich auch auf eigene Faust bewegen.

Fahrgäste beim Einstieg am Vitebsker Bahnhof

Innenansicht eines Nahverkehrszugs

NAHVERKEHRSZÜGE

Sie sind sehr praktisch, um außerhalb der Stadt gelegene Sehenswürdigkeiten zu besichtigen. Fahrkarten kauft man am Schalter *(prigorodnaja kassa)* im Bahnhof, in dem auch ein Fahrplan aushängt. Rückfahrkarten sind nicht billiger als Einfachfahrten. Rauchen ist verboten. Zwischen 10 und 12 Uhr gibt es oft eine Unterbrechung im Fahrplan.

Jugendstil-Architektur im Vitebsker Bahnhofsrestaurant

ANREISE NACH CARSKOJE SELO UND PAVLOVSK

Züge nach Carskoje Selo *(siehe S. 152–155)* und Pavlovsk *(siehe S. 158–161)* fahren alle 20 Minuten vom **Vitebsker Bahnhof**. Einst baute man die Linie für die Zarenfamilie, die schnell zu ihren Sommerresidenzen kommen wollte. Der Bahnhof ist beispielhaft für die Jugendstil-Architektur. Die Schalter befinden sich im Hauptgebäude der Bahn. Nach 25 Minuten erreichen die Züge erst Carskoje Selo (Detskoje Selo), dann Pavlovsk.

Vom Bahnhof Detskoje Selo fahren die Busse Nr. 382 und 371 nach Carskoje Selo nahe dem Palast. Der Bahnhof von Pavlovsk liegt gegenüber dem Parkeingang. Man braucht eine halbe Stunde zu Fuß zum Palast.

Von der Metro-Station Moskovskaja in St. Petersburg fahren zahlreiche Minibusse nach Carskoje Selo (Puškin) und nach Pavlovsk. Sie stellen eine zuverlässige und bequeme Alternative zu den Zügen dar.

ANREISE NACH PETERHOF UND ORANIENBAUM

Nahverkehrszüge nach Peterhof *(siehe S. 148–151)* und Oranienbaum *(siehe S. 146f)* fahren alle 20 Minuten vom **Baltischen Bahnhof** ab. Züge nach Oranienbaum haben entweder Kališče oder Oranienbaum selbst als Endpunkt.

Wollen Sie nach Peterhof, steigen Sie in Novy Petergof (40 Minuten Fahrt) vom Zug in Bus Nr. 348, 350, 351, 352 oder 356 zum Palast (10 Minuten).

Im Sommer ist eine Fahrt mit dem Tragflächenboot ab Eremitage, etwa 12 Euro in Rubel pro Fahrt, sicherlich die schönste Alternative.

In Oranienbaum gehen Sie rechts aus dem Bahnhof heraus und 200 Meter zur Hauptstraße. Direkt gegenüber liegt der Eingang zum Park. Von hier sind es fünf Minuten zu Fuß bis zum Palast.

Von der Metro-Station Avtovo in St. Petersburg fahren regelmäßig Minibusse nach Peterhof und nach Oranienbaum.

ANREISE NACH GATČINA

Züge nach Gatčina *(siehe S. 147)* fahren vom **Baltischen Bahnhof** etwa halbstündlich ab und brauchen eine Stunde.

Gegenüber dem Bahnhof von Gatčina führt eine Straße zum Platz vor dem Palast.

Man kann auch den Bus Nr. 431 und regulär verkehrende Minibusse, die südlich der Metro-Station Moskovskaja starten, nehmen. Auf dieser Strecke sind die städtischen Fahrkarten nicht gültig.

ANREISE NACH REPINO UND ZUM FINNISCHEN MEERBUSEN

Nach Repino *(siehe S. 146)* und zum Finnischen Meerbusen fahren alle 20 Minuten Züge vom **Finnischen Bahnhof**. Karten kauft man im Hauptgebäude. Nehmen Sie keinen Zug nach Beloostrov oder Krugovoj. In Repino überqueren Sie die Hauptstraße, gehen hinunter zum Meer und links auf die Asphaltstraße bis nach Penaty. Der Bus Nr. 211 fährt von der Metro-Station Černaja Rečka auch nach Repino und hält direkt vor Penaty.

Reisebus nach Novgorod

ANREISE NACH NOVGOROD

Alle zwei Stunden fahren Busse vom **Busbahnhof** nach Novgorod *(siehe S. 162–165)*. Auch wenn die eingesetzten Busse einen schlechten Eindruck machen, so sind sie zuverlässiger als Züge. Die Fahrzeit beträgt zwei Stunden. Noch bequemer ist eine Pauschalreise *(siehe S. 208)*.

MIT DEM TRAGFLÄCHENBOOT NACH PETERHOF

Ein Tragflächenboot legt vor der Eremitage an

Die schönste Art, zum zaristischen Sommerpalast von Peterhof zu gelangen, ist die 45-minütige Fahrt über den Finnischen Meerbusen mit dem Tragflächenboot. Es fährt von Anfang Juni bis Anfang Oktober vom Landungssteg vor der Eremitage *(siehe S. 75)* ab, wo auch ein Fahrplan aushängt. In der Regel fahren die Boote ab 9.30 Uhr jede halbe Stunde. Das letzte kehrt um 18 Uhr zurück. Kaufen Sie die Rückfahrkarte bei Ankunft in Peterhof. Mit ihr können Sie den gebührenpflichtigen unteren Park kostenlos betreten, um wieder zum Boot zu gelangen.

AUTOFAHREN IN ST. PETERSBURG

Mietwagen sind in Russland noch nicht sehr verbreitet. Zurzeit kann man Autos und Minibusse fast nur mit Fahrer mieten. **Hertz** und **Europcar** bieten als Einzige den Service ohne Fahrer, allerdings zu sehr viel höheren Preisen als in Europa, bezahlt werden muss mit Kreditkarte. Die wenigen Urlauber, die tatsächlich ein Fahrzeug lenken, müssen einiges beachten. Obligatorisch sind ein internationaler Führerschein, eine internationale Versicherung und Papiere, die Sie zum Führen des Fahrzeugs bevollmächtigen: eine amtliche Zulassung oder ein Mietvertrag auf Ihren Namen. Die Verkehrspolizei *(siehe S. 213)* darf das anfallende Bußgeld für Bagatelldelikte, etwa für ein verschmutztes Nummernschild, das Fehlen der Erste-Hilfe-Ausrüstung oder für schwerere Vergehen wie Alkohol am Steuer (die Promillegrenze liegt bei null), nicht mehr sofort einkassieren. Stattdessen wird Ihnen ein Strafzettel ausgestellt, dessen ausgewiesener Betrag innerhalb eines Monats auf der Sberbank eingehen muss. Die Geldbußen können sehr hoch sein.

Fahren Sie defensiv, denn Einheimische kümmern sich nicht unbedingt um die Verkehrsregeln. Biegen Sie auf einer Hauptstraße nie links ab, solange dies nicht von einem Linksabbiegerschild angezeigt wird.

Winterbereifung ist erforderlich, da Schneeketten auf Straßenbahnschienen beschädigt werden. Die Handbremse sollte nicht benutzt werden, da sie oft einfriert.

Bleifreies Benzin ist kaum erhältlich. Benzin mit weniger als 95 Oktan sollten Sie nicht tanken. Parken ist in weiten Teilen des Stadtzentrums nicht gebührenpflichtig. Nutzen Sie die rund um die Uhr bewachten Parkplätze vor den Hotels Nevskij Palace und Europa *(siehe S. 175)*.

Die kyrillischen Buchstaben bedeuten »Stopp«

AUF EINEN BLICK
ZUG- UND BUSBAHNHÖFE

Zugauskunft
☎ 055.

Baltischer Bahnhof
Балтийский вокзал
Baltiski vokzal
Nab Obvodnovo kanala 120.

Busbahnhof
Автобусный вокзал
Avtobusnyj vokzal
Nab Obvodnovo kanala 36.
Stadtplan 7 C5. ☎ 766 5777.

Finnischer Bahnhof
Финляндский вокзал
Finljandski vokzal
Pl Lenina 6. **Stadtplan** 3 B3.

Moskauer Bahnhof
Московский вокзал
Moskovski vokzal
Pl Vosstanija. **Stadtplan** 7 C2.

Vitebsker Bahnhof
Витебский вокзал
Vitebski vokzal
Zagorodnyj pr 52. **Stadtplan** 6 E4.

AUTOVERLEIH

Europcar
Pulkovo 2 Ankunft.
☎ 7 (911) 987 2956.

Hertz
Pulkovo 1 Ankunft.
☎ 326 4505.

Stadtplan *siehe Seiten 230–245*

STADTPLAN

Die Karte unten zeigt die Gebiete St. Petersburgs, die der Stadtplan abdeckt. Sehenswürdigkeiten, Hotels, Restaurants, Läden und Unterhaltungsstätten sind mit den Koordinaten der Karten in diesem Abschnitt versehen. Alle wichtigen Sehenswürdigkeiten sind zum besseren Auffinden markiert. Die Zeichen in den Karten sind ebenfalls auf dieser Seite erklärt. Der Stadtplan gibt die kyrillische Schreibweise und die international etablierte Transliteration der Namen wieder. Die kyrillische Schreibweise wird in den Karten nur für Hauptstraßen verwendet. Angegeben sind wiedereingeführte russische, nicht sowjetische Straßennamen. Sehenswürdigkeiten sind unter ihrem deutschen Namen aufgeführt.

Besucher vor der Kazaner Kathedrale

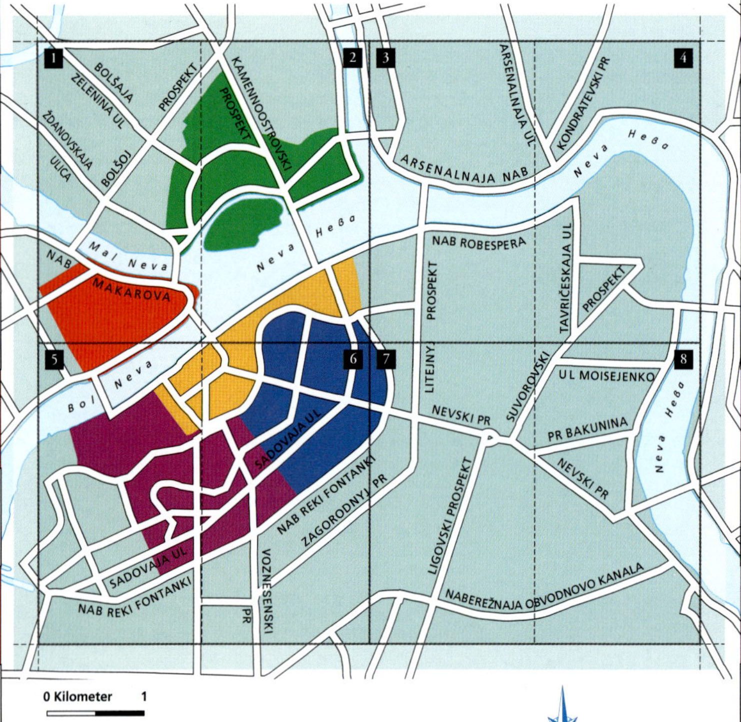

LEGENDE

- Wichtige Sehenswürdigkeit
- Sehenswürdigkeit
- Anderes Gebäude
- Bahnhof
- Metro-Station
- Tramhaltestelle
- Trolleybushaltestelle
- Busbahnhof
- Fähranlegestelle
- Taxistand
- Krankenhaus
- Polizei
- Orthodoxe Kirche
- Kirche
- Synagoge
- Moschee
- Post
- Eisenbahn
- «45 Hausnummer (Hauptstraße)

MASSSTAB

0 Meter — 300
1:15 000

Kartenregister

Abkürzungen & Bezeichnungen

ul	ulica	Straße
pl	ploščad	Platz
pr	prospekt	Boulevard
per	pereulok	Gasse, Weg
nab	naberežnaja	Uferstraße
	most	Brücke
	sad	Park
	šosse	Straße

1-ja Krasnojarmejskaja ulica
   1-Я КРАСНОАРМЕЙСКАЯ УЛИЦА   **6 D5**
1-ja Sovetskaja ulica
   1-Я СОВЕТСКАЯ УЛИЦР   **7 C2**
2-j Luč, ulica
   2-Й ЛУЧ, УЛИЦА   **8 F5**
2-ja i 3-ja linii
   2-Я И 3-Я ЛИСИИ   **1 A4**
2-ja Krasnojarmejskaja ulica
   2-Я КРАСНОАРМЕЙСКАЯ УЛИЦР   **6 D5**
2-ja Sovetskaja ulica
   2-Я СОВЕТСКАЯ УЛИЦА   **7 C2**
3-ja Krasnojarmejskaja ulica
   3-Я КРАСНОАРМЕЙСКАЯ УЛИЦА   **6 D5**
3-ja Sovetskaja ulica
   3-Я СОВЕТСКАЯ УЛИЦА   **7 C2**
4-ja i 5-ja linii   4-Я И 5-Я ЛИНИИ   **1 A4, 5 A1**
4-ja Krasnojarmejskaja ulica
   4-Я КРАСНОАРМЕЙСКАЯ УЛИЦА   **6 D5**
4-ja Sovetskaja ulica
   4-Я СОВЕТСКАЯ УЛИЦР   **7 C1**
5-ja Krasnojarmejskaja ulica
   5-Я КРАСНОАРМЕЙСКАЯ УЛИЦА   **6 D5**
5-ja Sovetskaja ulica
   5-Я СОВЕТСКАЯ УЛИЦА   **7 C1**
6-ja i 7-ja linii   **1 A5, 5 A1**
   6-Я И 7-Я ЛИНИИ
6-ja Sovetskaja ulica
   6-Я СОВЕТСКАЯ УЛИЦА   **7 C1**
7-ja Sovetskaja ulica
   7-Я СОВЕТСКАЯ УЛИЦА   **7 C1**
8-ja Krasnojarmejskaja ulica
   8-Я КРАСНОАРМЕЙСКАЯ УЛИЦА   **5 C5**
8-ja Sovetskaja ulica
   8-Я СОВЕТСКАЯ УЛИЦА   **8 D1**
9-ja Krasnojarmejskaja ulica
   9-Я КРАСНОАРМЕЙСКАЯ УЛИЦА   **5 C5**
9-ja linija   **5 A1**
   9-Я ЛИСИЯ
9-ja Sovetskaja ulica
   9-Я СОВЕТСКАЯ УЛИЦА   **8 D1**
10-ja Krasnojarmejskaja ulica
   10-Я КРАСНОАРМЕЙСКАЯ УЛИЦА   **5 B5**
10-ja Sovjetskaja ulica
   10-Я СОВЕТСКАЯ УЛИЦА   **8 D1**
11-ja linija   **5 A1**
   11-Я ЛИСИЯ
13-ja Krasnojarmejskaja ulica
   13-Я КРАСНОАРМЕЙСКАЯ УЛИЦА   **5 C5**

A

Admirala Lasereva, naberežnaja
   АДМИРАЛА ЛАЗАРЕВА, НАБЕРЕЖНАЯ   **1 A1**
Admiralität   **5 C1**
Admiraltejskaja naberežnaja
   АДМИРАЛТЕЙСКАЯ НАБЕРЕЖНАЯ   **5 C1**
Admiraltejski projezd
   АДМИРАЛТЕЙСКАЯ ПРОЕЗД   **6 D1**
Admiraltejski prospekt
   АДМИРАЛТЕЙСКИЙ ПРОСПЕКТ   **5 B2**
Admiraltejskovo kanala, naberežnaja
   АДМИРАЛТЕЙСКОВО КАНАЛА, НАБЕРЕЖНАЯ   **5 C1**
Akademie der Künste   **5 B1**
Akademika Lebedeva, ulica
   АКРДЕМИКА ЛЕБЕДЕВА, УЛИЦА   **3 B2**
Akademika Sacharova, ploščad
   АКАДЕМИКА САХАРОВА, ПЛОЩАДЬ   **1 B5**
Akademische Kapelle   **2 E5**
Alexandr-Nevski-Kloster   **8 E4**
Alexandra Nevskovo, most
   АЛЕКСАНДРА НЕВСКОГО, МОСТ   **8 F3**
Alexandra Nevskovo, ploščad
   АЛЕКСАНДРА НЕВСКОГО, ПЛНЩАДЬ   **8 E3**
Alexandra Nevskovo, ulica
   АЛЕКСАНДРА НЕВСКОГО, УЛИЦА   **8 E3**
Alexandrovski-Park
   АЛЕКСАНДРОВСКИЙ ПАРК   **2 D3**
Andreaskathedrale   **1 A5**
Angliskaja naberežnaja
   АНГЛИЙСКАЯ НАБЕРЕЖНАЯ   **5 B2**
Angliski most
   АНГЛИЙСКИЙ МОСТ   **5 B5**
Angliski prospekt
   АНГЛИЙСКИЙ ПРОСПЕКТ   **5 A3**
Aničkov most   **7 A2**
Aničkov-Palast
   АНИЧКОВ МОСТ   **7 A2**
Antonenko, pereulok
   АНТОНЕНКО, ПЕРЕУЛОК   **6 D2**
Apraxin-Markt   **6 E2**
Apraxin pereulok
   АПРАКСИН ПЕРЕУЛОК   **6 E3**
Aptekarski pereulok
   АПТЕКАРСКИЙ ПЕРЕУЛОК   **2 E5**
Armenische Kirche   **6 F1**
Arsenalnaja naberežnaja
   АРСЕНАЛЬНЯ НАБЕРЕЖНАЯ   **3 B3**
Arsenalnaja ulica
   АРСЕНАЛЬНЯ УЛИЦА   **3 C1**
Artilleriemuseum   **2 D3**
Artilleriskaja ulica
   АРТИЛЛЕРИЙСКАЯ УЛИЦА   **3 B5**
Astoria, Hotel   **6 D2**
Atamanskaja ulica
   АТАМАНСКАЯ УЛИЦА   **8 D5**
Atamanski most   АТАМАНСКИЙ МОСТ   **8 D5**

B

Bakunina, prospekt
   БАКУНИНА, ПРОСПЕКТ   **8 D2**
Bankovski most   БАНКОВСКИЙ МОСТ   **6 E2**
Bankovski pereulok
   БАНКОВСКИЙ ПЕРЕУЛОК   **6 E2**
Barmalejeva, ulica   БАРМАЛЕЕВА, УЛИЦА   **1 C1**
Baročnaja ulica   БАРОЧНАЯ УЛИЦА   **1 A1**
Baskov pereulok
   БАСКОВ ПЕРЕУЛОК   **3 B5, 7 C1**

Batajski pereulok	
БАТАЙСКИЙ ПЕРЕУЛОК	6 E5
Belinskovo, most	
БЕЛИНСКОГО, МОСТ	7 A1
Belinskovo, ulica	
БЕЛИНСКОГО, УЛИЦА	7 A1
Birževaja linnja БИРЖЕВАЯ ЛИННЯ	1 B5
Birževaja ploščad	
БИРЖЕВАЯ ПЛОЩАДЬ	1 C5
Birževoj most БИРЖЕВОЙ МОСТ	1 C4
Birževoj pereulok	
БИРЖЕВОЙ ПЕРЕУЛОК	1 B4
Birževoj projezd БИРЖЕВОЙ ПРОЕЗД	1 C5
Blagojeva, ulica БЛАГОЕВА, УЛИЦА	1 C3
Blagoveščenski-Brücke	5 B1
Blochina, ulica БЛОХИНА, УЛИЦА	1 B3
Bobruiskaja ulica БОБРУИСКАЯ УЛИЦА	3 B1
Bojzova, pereulok	
БОЙЦОВА, ПЕРЕУЛОК	6 D4
Bolšaja Konjušennaja ulica	
БОЛЬШАЯ КОНЮШЕННАЯ УЛИЦА	6 E1
Bolšaja Monetnaja ulica	
БОЛЬШАЯ МОНЕТНАЯ УЛИЦА	2 D2
Bolšaja Morskaja ulica	
БОЛЬШАЯ МОРСКАЯ УЛИЦА	5 B2
Bolšaja Moskovskaja ulica	
БОЛЬШАЯ МОСКОВСКАЯ УЛИЦА	7 A3
Bolšaja Podjačeskaja ulica	
БОЛЬШАЯ ПОДЬЯЧЕСКАЯ УЛИЦА	5 C4
Bolšaja Posadskaja ulica	
БОЛЬШАЯ ПОСАДСКАЯ УЛИЦА	2 E2
Bolšaja Puškarskaja ulica	
БОЛЬШАЯ ПУШКАРСКАЯ УЛИЦА	1 C2
Bolšaja Raznočinnaja ulica	
БОЛЬШАЯ РАЗНОЧИННАЯ УЛИЦА	1 A1
Bolšaja Zelenina ulica	
БОЛЬШАЯ ЗЕЛЕНИНА УЛИЦА	1 A1
Bolšejochtinski most	
БОЛЬШЕОХТИНСКИЙ МОСТ	4 F5
Bolšoj prospekt (Petrogradskaja)	
БОЛЬШОЙ ПРОСПЕКТ	1 B3, 1 C1
Bolšoj prospekt (Vasileostrovskij-Insel)	
БОЛЬШОЙ ПРОСПЕКТ	1 A5, 5 A1
Bolšoj Sampsonievskij prospekt	
БОЛЬШОЙ САМПСОНИЕВСКИЙ ПРОСПЕКТ	3 A1
Bonč-Brujeviča, ulica	
БОНЧ-БРУЕВИЧА, УЛИЦА	4 F5
Borodinskaja ulica	
БОРОДИНСКАЯ УЛИЦА	6 F3
Borovaja ulica БОРОВАЯ УЛИЦА	7 A4
Botkinskaja ulica БОТКИНСКАЯ УЛИЦА	3 A2
Bronnickaja ulica БРОННИЦКАЯ УЛИЦА	6 E5

C

Čajkovskovo, ulica	
ЧАЙКОВСКОГО, УЛИЦА	3 A4
Čapajeva, ulica ЧАПАЕВА, УЛИЦА	2 F1
Čechova, ulica ЧЕХОВА, УЛИЦА	7 B1
Černjachovskovo, ulica	
ЧЕРНЯХОВСКОГО, УЛИЦА	7 B5
Černomorski pereulok	
ЧЕРНОМОРСКИЙ ПЕРЕУЛОК	5 C1
Černyševskovo, prospekt	
ЧЕРНЫШЕВСКОГО, ПРОСПЕКТ	3 B4
Černyševskovo, sad imeni	
ЧЕРНЫШЕВСКОГО, САД ИМЕНИ	8 D2

Charkovskaja ulica	
ХАРЬКОВСКАЯ, УЛИЦА	8 D3
Chersonskaja projezd	
ХЕРСОНСКАЯ ПРОЕЗЛ	8 E3
Chersonskaja ulica	
ХЕРСОНСКАЯ, УЛИЦА	8 D2
Chrustalnaja ulica	
ХРУСТАЛЬНАЯ, УЛИЦА	8 F5
Ciolkovskovo, ulica ЦИОЛКОВСКОГО, УЛИЦА	5 A5
Čkalovski prospekt	
ЧКАЛОВСКИЙ ПРОСПЕКТ	1 A2

D

Degtjarnaja ulica	
ДЕГТЯРНАЯ УЛИЦА	8 D2
Degtjarnyj pereulok	
ЛЕГТЯРНЫЙ ПЕРЕУЛОК	4 E5, 8 D1
Dekabristov, projezd	
ДЕКАБРИСТОВ, ПРОЕЗД	5 C1
Dekabristov, ulica	
ДЕКАБРИСТОВ, УЛИЦА	5 A3
Derptski pereulok	
ДЕРПТСКИЙ ПЕРЕУЛОК	5 B5
Divenskaja ulica	2 E2
Dmitrovski pereulok	7 B2
Dnepropetrovskaja ulica	
ДНЕПРОПЕТРОВСКАЯ УЛИЦА	7 C5
Dobroljubova, prospekt	
ДОБРОЛЮБОВА, ПРОСПЕКТ	1 B3
Dostojevski-Museum	7 B3
Dostojevskovo, ulica	
ДОСТОЕВСКОГО, УЛИЦА	7 A4
Dreifaltigkeitsbrücke	2 E4
Dreifaltigkeitsplatz	2 E3
Drovjanaja ulica ДРОВЯНАЯ УЛИЦА	5 B5
Drovjanoj pereulok	
ДРОВЯНОЙ ПЕРЕУЛОК	5 A4
Dumskaja ulica ДУМСКАЯ УЛИЦА	6 E2
Dvorcovaja naberežnaja	
ДВОРЦОВАЯ НАБЕРЕЖНАЯ	2 D5
Dvorcovaja ploščad	
ДВОРЦОВАЯ ПЛОЩАДЬ	6 D1
Dvorcovyj most ДВОРЦОВЫЙ МОСТ	1 C5
Džambula, pereulok	
ДЖАМБУЛА ПЕРЕУЛОК	6 F3

E

Eherner Reiter	5 C1
Eisenbahnmuseum	6 D4
Englischer Kai	5 B2
Eremitage	2 D5
Evangelische Kirche	6 E1

F

Fabergé-Haus	6 D1
Feodosiskaja ulica	
ФЕОДОСИЙСКАЯ УЛИЦА	4 F1
Finnischer Bahnhof	3 B3
Finski pereulok	
ФИНСКИЙ ПЕРЕУЛОК	3 B2
Fonarnyj most ФОНАРНЫЙ МОСТ	5 C2
Fonarnyj pereulok	
ФОНАРНЫЙ ПЕРЕУЛОК	5 C2
Furštatskaja ulica	
ФУРШТАТСКАЯ УЛИЦА	3 B4

G

Gagarinskaja ulica	ГАГАРИНСКАЯ УЛИЦА	3 A4
Galernaja ulica	ГАЛЕРНАЯ УЛИЦА	5 A2
Gasovaja ulica	ГАЗОВАЯ УЛИЦА	1 B1
Gatčinskaja ulica	ГАТЧИНСКАЯ УЛИЦА	1 B1
Gimnazičeski pereulok	ГИМНАЗИЧЕСКИЙ ПЕРЕУЛОК	1 A2
Glinjanaja ulica	ГЛИНЙНАЯ УЛИЦА	8 D5
Glinka-Kapelle (Akademische Kapelle)		2 E5
Glinki, ulica	ГЛИНКИ, УЛИЦА	5 B3
Gluchaja Zelenina ulica	ГЛУХАЯ ЗЕЛЕНИНА УЛИЦА	1 A1
Gluchooserskoje šosse	ГЛУХООЗЕРСКОЕ ШОССЕ	8 D5
Gončamaja ulica	ГОНЧАРНАЯ УЛИЦА	7 C2
Gorochovaja ulica	ГОРОХОВАЯ УЛИЦА	6 D1
Gorstkin most	ГОРСТКИН МОСТ	6 E3
Gostinyj Dvor		6 F2
Grafski pereulok	ГРАФСКИЙ ПЕРЕУЛОК	7 A2
Grandhotel Europa		6 F1
Graždanskaja ulica	ГРАЖДАНСКАЯ УЛИЦА	6 D3
Grečeskaja ploščad	ГРЕЧЕСКАЯ ПЛОЩАДЬ	7 C1
Grečeski prospekt	ГРЕЧЕСКИЙ ПРОСПЕКТ	7 C1
Gribojedova, naberežnaja kanala	ГРИБОЕДОВА, НАБЕРЕЖНАЯ КАНАЛА	5 A4
Grivcova, pereulok	ГРИВЦОВА, НЕРЕУЛОК	6 D2
Grodnenski pereulok	ГРОДНЕНСКИЙ ПЕРЕУЛОК	3C5

H

Hauptpostamt		5 C2
Haus Peters des Großen		2 F3

I

Iliča, pereulok	ИЛЬИЧА, ПЕРЕУЛОК	2 D3
Ingenieurshaus		2 D3
Ingenieursschloss		2 F5
Inženernaja ulica	ИНЖЕНЕРНАЯ УЛИЦА	6 F1
Inženerni most	ИНЖЕНЕРНАЯ МОСТ	2 F5
Ioannovski most	ИОАННОВСКИЙ МОСТ	2 E3
Isaakijevskaja ploščad	ИСААКИЕВСКАЯ ПЛОЩАДЬ	5 C2
Isaakskathedrale		5 C2
Isaaksplatz		5 C2
Ispolkomskaja ulica	ИСПОЛКОМСКАЯ УЛИЦА	8 D3
Italjanskaja ulica	ИТАЛЬЯНСКАЯ УЛИЦА	6 D4
Izmailovski most	ИЗМАЙЛОВСКИЙ МОСТ	5 C4
Izmailovski prospekt	ИЗМАЙЛОВСКИЙ ПРОСПЕКТ	5 C5
Izmailovski sad	ИЗМАЙЛОВСКИЙ САД	5 C5
Ižorskaja ulica	ИЖОРСКАЯ УЛИЦА	1 B2

J

Jabločkova, ulica	ЯБЛОЧКОВА, УЛИЦА	1 C3
Jakobštadtski pereulok	ЯКОБШТАДТСКИЙ ПЕРЕУЛОК	5 C5
Jakuboviča, ulica	ЯКУБОВИЧА, УЛИЦА	5 B2
Jaroslavskaja ulica	ЯРОСЛАВСКАЯ УЛИЦА	4 E5
Jefimova, ulica	ЕФИМОВА, УЛИЦА	6 E3
Jegipetski most	ЕГИПЕТСКИЙ МОСТ	5 B5
Jegorova, ulica	ЕГОРОВА УЛИЦА	6 D5
Jelisejev		6 F1
Jevgenjevskaja ulica	ЕВГЕНЬЕВСКАЯ УЛИЦА	8 D2
Jusupov-Palast		5 B3
Jusupovski sad	ЮСУПОВСКИЙ САД	6 D3

K

Kalužski pereulok	КАЛУЖСКИЙ ПЕРЕУЛОК	4 E4
Kamennoostrovski prospekt	КАМЕННООСТРОВСКИЙ ПРОСПЕКТ	2 D1
Kanonerskaja ulica	КАНОНЕРСКАЯ УЛИЦА	5 B4
Karavannaja ulica	КАРАВАННАЯ УЛИЦА	7 A1
Kavalergardskaja ulica	КАВАЛЕРГАРДСКАЯ УЛИЦА	4 E4
Kazači pereulok	КАЗАЧИЙ ПЕРЕУЛОК	6 E4
Kazaner Kathedrale		6 E1
Kazanskaja ploščad	КАЗАНСКАЯ ПЛОЩАДЬ	6 E2
Kazanskaja ulica	КАЗАНСКАЯ УЛИЦА	6 D2
Kazanski most	КАЗАНСКИЙ МОСТ	6 E1
Kazarmennyj pereulok	КАЗАРМЕННЫЙ ПЕРЕУЛОК	2 F1
Kirillovskaja ulica	КИРИЛЛОВСКАЯ УЛИЦА	8 E1
Kiročnaja ulica	КИРОЧНАЯ УЛИЦА	3 B5
Kirov-Museum		2 D1
Kirpičnyj pereulok	КИРПИЧНЫЙ ПЕРЕУЛОК	6 D1
Klimov pereulok	КЛИМОВ ПЕРЕУЛОК	5 B5
Kliničeskaja ulica	КЛИНИЧЕСКАЯ УЛИЦА	3 A2
Klinski prospekt	КЛИНСКИЙ ПРОСПЕКТ	6 E5
Kolokolnaja ulica	КОЛОКОЛЬНАЯ УЛИЦА	7 A2
Kolomenskaja ulica	КОЛОМЕНСКАЯ УЛИЦА	7 B3
Kolpinskaja ulica	КОЛПИНСКАЯ УЛИЦА	1 B2
Komissara Smirnova, ulica	КОМИССАРА СМИРНОВА, УЛИЦА	3 A1
Kommandantenhaus		2 D4
Komsomola, ulica	КОМСОМОЛА, УЛИЦА	3 C3
Kondratjevski prospekt	КОНДРАТЬЕВСКИЙ ПРОСПЕКТ	4 D2
Konjušennaja ploščad	КОНЮШЕННАЯ ПЛОЩАДЬ	2 E5
Konnaja ulica	КОННАЯ УЛИЦА	8 D2
Konnogvardejski Bulvar	КОННОГВАРДЕЙСКИЙ БУЛЬВАР	5 B2

Konnyj pereulok КОННЫЙ ПЕРЕУЛОК	2 E2
Konstantina Zaslonova, ulica КОНСТАНТИНА ЗАСЛОНОВА, УЛИЦА	7 A4
Konstantinogradskaja ulica КОНСТАНТИНОГРАДСКАЯ УЛИЦА	8 D4
Korolenko, ulica КОРОЛЕНКО, УЛИЦА	3 B5
Korpusnaja ulica КОРПУСНАЯ УЛИЦА	1 A1
Kotovskovo, ulica КОТОВСКОГО, УЛИЦА	2 E1
Kovenski pereulok КОВЕНСКИЙ ПЕРЕУЛОК	7 B1
Krasnoj Svjazi, ulica КРАСНОЙ СВЯЗИ, УЛИЦА	3 C5
Krasnoselskaja ulica КРАСНОСЕЛЬСКАЯ УЛИЦА	1 B2
Krasnovo Kursanta, ulica КРАСНОГО КУРСАНТА, УЛИЦА	1 A2
Krasnovo Textilščika, ulica КРАСНОГО ТЕКСТИЛЬЩИКА, УЛИЦА	4 F5
Krasnyj most КРАСНЫЙ МОСТ	6 D2
Kremenčugskaja ulica КРЕМЕНЧУГСКАЯ УЛИЦА	8 D4
Kreuzer Aurora	2 F3
Krjukova kanala, naberežnaja КРЮКОВА КАНАЛА, НАБЕРЕЖНАЯ	5 B2
Kronverkskaja naberežnaja КРОНВЕРКСКАЯ НАБЕРЕЖНАЯ	2 D3
Kronverkskaja ulica КРОНВЕРКСКАЯ, УЛИЦА	2 D2
Kronverkski most КРОНВЕРКСКИЙ МОСТ	2 D4
Kronverkski prospekt КРОНВЕРКСКИЙ ПРОСПЕКТ	1 C3
Kropotkina, ulica КРОПОТКИНА, УЛИЦА	1 C2
Krylova, pereulok КРЫЛОВА, ПЕРЕУЛОК	6 F2
Kšesinskaja, Villa	2 E3
Kujbyševa, ulica КУЙБЫШЕВА, УЛИЦА	2 E3
Kulibina, ploščad КУЛИБИНА, ПЛОЩАДЬ	5 A4
Kunstkammer	1 C5
Kurskaja ulica КУРСКАЯ УЛИЦА	7 A5
Kutuzova, naberežnaja КУТУЗОВА, НАБЕРЕЖНАЯ	2 F4, 3 A4
Kuznečnyj pereulok КУЗНЕЧНЫЙ ПЕРЕУЛОК	7 A3
Kvarengi, pereulok КВАРЕНГИ, ПЕРЕУЛОК	4 F4

L

Labutina, ulica ЛАБУТИНА, УЛИЦА	5 B4
Lachtinskaja ulica ЛАХТИНСКАЯ УЛИЦА	1 B1
Ladygina, pereulok ЛАДЫГИНА, ПЕРЕУЛОК	5 B5
Lazaretnyj pereulok ЛАЗАРЕТНЫЙ ПЕРЕУЛОК	6 E4
Lebjažjevo kanala, naberežnaja ЛЕБЯЖЬЕГО КАНАЛА, НАБЕРЕЖНАЯ	2 F5
Lejtenanta Šmidta, most ЛЕЙТЕНАНТА ШМИДТА, МОСТ	5 B1
Lejtenanta Šmidta, naberežnaja ЛЕЙТЕНАНТА ШМИДТА, НАБЕРЕЖНАЯ	5 A1
Lenina, ploščad ЛЕНИНА, ПЛОЩАДЬ	3 B3
Lenina, ulica ЛЕНИНА, УЛИЦА	1 B1
Lermontovski prospekt ЛЕРМОНТОВСКИЙ ПРОСПЕКТ	5 B3
Lesnoj prospekt ЛЕСНОЙ ПРОСПЕКТ	3 B1
Leštukov most ЛЕШТУКОВ МОСТ	6 F3
Letni sad ЛЕТНИЙ САД	2 F5
Levašovski prospekt ЛЕВАШОВСКИЙ ПРОСПЕКТ	1 A1
Ligovski prospekt	7 B4
Litejnyj most ЛИТЕЙНЫЙ МОСТ	3 A3
Litejnyj prospekt ЛИТЕЙНЫЙ ПРОСПЕКТ	3 A5, 7 A1
Literaturcafé	6 E1
Lizy Čajkinoj, ulica ЛИЗЫ ЧАЙКИНОЙ, УЛИЦА	1 C3
Lodejnopolskaja ulica ЛОДЕЙНОПОЛЬСКАЯ УЛИЦА	1 B1
Lomonosova, most ЛОМОНОСОВА, МОСТ	6 F3
Lomonosova, ploščad ЛОМОНОСОВА, ПЛОЩАДЬ	6 F2
Lomonosova, ulica ЛОМОНОСОВА, УЛИЦА	6 F2
Lva Tolstovo, ulica ЛЬВА ТОЛСТОГО, УЛИЦА	2 D1
Lvinyj most ЛЬВИНЫЙ МОСТ	5 C3

M

Majakovskovo, ulica МАЯКОВСКОГО УЛИЦА	3 B5, 7 B1
Makarenko, pereulok МАКАРЕНКО, ПЕРЕУЛОК	5 C4
Makarova, naberežnaja МАКАРОВА, НАБЕРЕЖНАЯ	1 A4
Malaja Grebeckaja ulica МАЛАЯ ГРЕБЕЦКАЯ УЛИЦА	1 B2
Malaja Konjušennaja ulica МАЛАЯ КОНЮШЕННАЯ УЛИЦА	6 E1
Malaja Monetnaja ulica МАЛАЯ МОНЕТНАЯ УЛИЦА	2 E1
Malaja Morskaja ulica МАЛАЯ МОРСКАЯ УЛИЦА	6 D1
Malaja Posadskaja ulica МАЛАЯ ПОСАДСКАЯ УЛИЦА	2 E2
Malaja Puškarskaja ulica МАЛАЯ ПУШКАРСКАЯ УЛИЦА	1 C2
Malaja Raznočinnaja ulica МАЛАЯ РАЗНОЧИННАЯ УЛИЦА	1 B2
Malaja Sadovaja ulica МАЛАЯ САДОВАЯ УЛИЦА	6 F1
Malaja Zelenina ulica МАЛАЯ ЗЕЛЕНИНА УЛИЦА	1 A1
Malodetskoselski prospekt МАЛОДЕТСКОСЕЛЬСКИЙ ПРОСПЕКТ	6 E5
Maloochtinski prospekt МАЛООХТИНСКИЙ ПРОСПЕКТ	8 F2
Malyj prospekt МАЛЫЙ ПРОСПЕКТ	1 B2
Manege der Gardekavallerie	5 C2
Manežny pereulok МАНЕЖНЫЙ ПЕРЕУЛОК	3 B5
Marata, ulica МАРАТА, УЛИЦА	6 F4, 7 A4
Mariinski projezd МАРИИНСКИЙ ПРОЕЗД	4 D5
Mariinski-Theater	5 B3
Marinemuseum	1 C5
Markina, ulica МАРКИНА УЛИЦА	1 C2
Marmorpalast	2 E4
Marsfeld МАРСОВО ПОЛЕ	2 F5

Marsovo Pole	МАРСОВО ПОЛЕ	2 F5
Marstall		2 E5
Masnaja ulica	МАРКИНА УЛИЦА	5 A4
Masnikova, ulica	МАСТЕРСКАЯ УЛИЦА	5 C4
Masterskaja ulica	МАСТЕРСКАЯ УЛИЦА	5 A3
Matvejeva pereulok		
	МАТВЕЕВА ПЕРЕУЛОК	5 B3
Melničnaja ulica		
	МЕЛЬНИЧНАЯ УЛИЦА	8 F5
Mendelejevskaja ulica		
	МЕНДЕЛЕЕВСКАЯ УЛИЦА	1 C5
Menšikov-Palast		1 B5, 5 B1
Michajlova, ulica		
	МИХАЙЛОВА УЛИЦА	3 C2
Michajlovskaja ulica		
	МИХАЙЛОВСКАЯ УЛИЦА	6 F1
Michajlovski sad		
	МИХАЙЛОВСКИЙ САД	2 F5, 6 F1
Michajlovski-Schloss		2 F5
Mičurinskaja ulica		
	МИЧУРИНСКАЯ УЛИЦА	2 E2
Millionnaja ulica		
	МИЛЛИОННАЯ УЛИЦА	2 E5
Mineralnaja ulica		
	МИНЕРАЛЬНАЯ УЛИЦА	3 C1
Minski pereulok		
	МИНСКИЙ ПЕРЕУЛОК	5 B3
Mira, ulica		
	МИРА, УЛИЦА	2 D2
Mirgorodskaja ulica		
	МИРГОРОДСКАЯ УЛИЦА	8 D3
Mochovaja ulica		
	МОХОВАЯ УЛИЦА	3 A4, 7 A1
Moisejenko, ulica		
	МОИСЕЕНКО, УЛИЦА	8 D1
Monastyrki, naberežnaja reki		
	МОНАСТЫРКИ, НАБЕРЕЖНАЯ РЕКИ	8 E5
Mončegorskaja ulica		
	МОНЧЕГОРСКАЯ УЛИЦА	1 B2
Moskatelnyj pereulok		
	МОСКАТЕЛЬНЫЙ ПЕРЕУЛОК	6 E2
Moskovski prospekt		
	МОСКОВСКИЙ ПРОСПЕКТ	6 D3
Možajskaja ulica	МОЖАЙСКАЯ УЛИЦА	6 E5
Mučnoj pereulok	МУЧНОЙ ПЕРЕУЛОК	6 E2
Mytninskaja naberežnaja		
	МЫТНИНСКАЯ НАБЕРЕЖНАЯ	1 C4
Mytninskaja ulica		
	МЫТНИНСКАЯ УЛИЦА	8 D2
Mytninski pereulok		
	МЫТНИНСКИЙ ПЕРЕУЛОК	1 C3

N

Narodnyj most	НАРОДНЫЙ МОСТ	6 E1
Neftjanaja doroga	НЕФТЯНАЯ ДОРОГА	7 C5
Nekrasova, ulica	НЕКРАСОВА, УЛИЦА	7 B1
Nesterova, pereulok		
	НЕСТЕРОВА, ПЕРЕУЛОК	1 B3
Neu-Holland		5 B2
Neva-Tor		2 E4
Nevski prospekt		
	НЕВСКИЙ ПРОСПЕКТ	6 D1, 7 A2
Nikolaus-Marine-Kathedrale		5 C4
Nikolskaja ploščad		
	НИКОЛЬСКАЯ ПЛОЩАДЬ	5 C4
Nikolskyj pereulok		
	НИКОЛЬСКИЙ ПЕРЕУЛОК	5 C4

Novgorodskaja ulica		
	НОВГОРОДСКАЯ УЛИЦА	4 E5, 8 E1
Novoadmiraltejskovo kanala, naberežnaja		
	НОВОАДМИРАЛТЕЙСКОГО КАНАЛА, НАБЕРЕЖНАЯ	5 A2
Novokamenyj most		
	НОВОКАМЕННЫЙ МОСТ	7 B5

O

Obuchovskaja ploščad		
	ОБУХОВСКАЯ ПЛОЩАДЬ	6 D4
Obuchovski most	ОБУХОВСКИЙ МОСТ	6 D4
Obuchovskoi Oborony, prospekt		
	ОБУХОВСКОЙ ОБОРОНЫ ПРОСПЕКТ	8 F4
Obvodnovo kanala, naberežnaja		
	ОБВОДНОГО КАНАЛА, НАБЕРЕЖНАЯ	6 F5, 7 A5
Očakovskaja ulica	ОЧАКОВСКАЯ УЛИЦА	4 E4
Odesskaja ulica	ОДЕССКАЯ УЛИЦА	4 E4
Oficerski pereulok		
	ОФИЦЕРСКИЙ ПЕРЕУЛОК	1 A3
Oranienbaumskaja ulica		
	ОРАНИЕНБАУМСКАЯ УЛИЦА	1 B1
Ordinarnaja ulica	ОРДИНАРНАЯ УЛИЦА	1 C1
Orenburgskaja ulica		
	ОРЕНБУРГСКАЯ УЛИЦА	3 A2
Orlovskaja ulica	ОРЛОВСКАЯ УЛИЦА	4 D3
Orlovski pereulok		
	ОРЛОВСКИЙ ПЕРЕУЛОК	7 C2
Osernyj pereulok	ОЗЕРНЫЙ ПЕРЕУЛОК	7 C1
Ostrovskovo, ploščad		
	ОСТРОВСКОГО, ПЛОЩАДЬ	6 F2

P

Pantelejmonovski most		
	ПАНТЕЛЕЙМОНОВСКИЙ МОСТ	2 F5
Paradnaja ulica	ПАРАДНАЯ УЛИЦА	4 D5
Pavlogradski pereulok		
	ПАВЛОГРАДСКИЙ ПЕРЕУЛОК	7 B5
Pečatnika Grigorjeva, ulica		
	ПЕЧАТНИКА ГРИГОРЬЕВА, УЛИЦА	7 A4
Penkovaja ulica	ПЕНЬКОВАЯ УЛИЦА	2 F3
Perekupnoj pereulok		
	ПЕРЕКУПНОЙ ПЕРЕУЛОК	8 D3
Pestelja, ulica	ПЕСТЕЛЯ, УЛИЦА	3 A5
Peter-Paul-Kathedrale		2 D4
Peterstor		2 E3
Petra Velikovo, most		
	ПЕТРА ВЕЛИКОГО, МОСТ	4 F5
Petrogradskaja naberežnaja		
	ПЕТРОГРАДСКАЯ НАБЕРЕЖНАЯ	2 F1
Petrovskaja naberežnaja		
	ПЕТРОВСКАЯ НАБЕРЕЖНАЯ	2 E3
Petrozavodskaja ulica		
	ПЕТРОЗАВОДСКАЯ УЛИЦА	1 B1
Pevčeski most	ПЕВЧЕСКИЙ МОСТ	2 E5
Pevčeski pereulok		
	ПЕВЧЕСКИЙ ПЕРЕУЛОК	2 E2
Pinski pereulok	ПИНСКИЙ ПЕРЕУЛОК	2 F2
Pionerskaja ploščad		
	ПИОНЕРСКАЯ ПЛОЩАДЬ	6 F4
Pionerskaja ulica	ПИОНЕРСКАЯ УЛИЦА	1 A2
Pirogova, pereulok	ПИРОГОВА, ПЕРЕУЛОК	5 C2
Pirogovskaja naberežnaja		
	ПИРОГОВСКАЯ НАБЕРЕЖНАЯ	2 F1, 3 A2
Pisareva, ulica	ПИСАРЕВА, УЛИЦА	5 A3
Platz der Künste		6 F1

Plutalova, ulica	ПЛУТАЛОВА, УЛИЦА	1 C1
Pocelujev most	ПОЦЕЛУЕВ МОСТ	5 B3
Počtamtskaja ulica ПОЧТАМТСКАЯ УЛИЦА		5 C2
Počtamtski most ПОЧТАМТСКИЙ МОСТ		5 C2
Počtamtski pereulok ПОЧТАМТСКИЙ ПЕРЕУЛОК		5 C2
Podjezdnoj pereulok ПОДЪЕЗДНОЙ ПЕРЕУЛОК		6 F4
Podkovyrova, ulica ПОДКОВЫРОВА, УЛИЦА		1 C1
Podolskaja ulica	ПОДОЛЬСКАЯ УЛИЦА	6 E5
Podrezova, ulica	ПОДРЕЗОВА, УЛИЦА	1 C1
Poljustrovski prospekt ПОЛЮСТРОВСКИЙ ПРОСПЕКТ		4 F1
Polosova, ulica	ПОЛОЗОВА, УЛИЦА	1 C1
Poltavskaja ulica ПОЛТАВСКАЯ УЛИЦА		7 C3
Potjomkinskaja ulica ПОТЕМКИНСКАЯ УЛИЦА		3 C4
Povarskoi pereulok ПОВАРСКОЙ ПЕРЕУЛОК		7 B2
Pračečny pereulok ПРАЧЕЧНЫЙ ПЕРЕУЛОК		5 C2
Pravdy, ulica	ПРАВДЫ, УЛИЦА	7 A3
Predtečenski most ПРЕДТЕЧЕНСКИЙ МОСТ		7 B5
Preobraženskaja ploščad ПРЕОБРАЖЕНСКАЯ ПЛОЩАДЬ		3 B5
Prjadilnyj pereulok ПРЯДИЛЬНЫЙ ПЕРЕУЛОК		5 B5
Professora Ivašenceva, ulica ПРОФЕССОРА ИВАШЕНЦЕВА, УЛИЦА		8 D3
Professora Kačalova, ulica ПРОФЕССОРА КАЧАЛОВА, УЛИЦА		8 F5
Proletarskoj Diktatury, ploščad ПРОЛЕТАРСКОЙ ДИКТАТУРЫ, ПЛОЩАДЬ		4 E4
Proletarskoj Diktatury, ulica ПРОЛЕТАРСКОЙ ДИКТАТУРЫ, УЛИЦА		4 E4
Pskovskaja ulica	ПСКОВСКАЯ УЛИЦА	5 A4
Pudožskaja ulica	ПУДОЖСКАЯ УЛИЦА	1 B1
Puškarski pereulok ПУШКАРСКИЙ ПЕРЕУЛОК		2 D2
Puškinskaja ulica ПУШКИНСКАЯ УЛИЦА		7 B3
Puškin-Museum		2 E5

R

Radiščeva, ulica РАДИЩЕВА, УЛИЦА		3 C5, 7 C1
Rastrelli, ploščad РАСТРЕЛЛИ, ПЛОЩАДЬ		4 E4
Razjezžaja ulica	РАЗЪЕЗЖАЯ УЛИЦА	7 A3
Reki Fontanki, naberežnaja РЕКИ ФОНТАНКИ, НАБЕРЕЖНАЯ		2 F4, 5 A5, 7 A1
Reki Mojki, naberežnaja РЕКИ МОЙКИ, НАБЕРЕЖНАЯ		2 E5, 5 A3
Reki Prjažki, naberežnaja РЕКИ ПРЯЖКИ, НАБЕРЕЖНАЯ		5 A3
Rentgena, ulica	РЕНТГЕНА, УЛИЦА	2 D1
Repina, ploščad	РЕПИНА, ПЛОЩАДЬ	5 A4
Repina, ulica	РЕПИНА, УЛИЦА	1 B5
Resnaja ulica	РЕЗНАЯ УЛИЦА	1 A1
Revelski pereulok РЕВЕЛЬСКИЙ ПЕРЕУЛОК		5 B5
Rimski-Korsakov-Konservatorium		5 B3
Rimskovo-Korsakova, prospekt РИМСКОГО-КОРСАКОВА, ПРОСПЕКТ		5 A4
Rižski prospekt РИЖСКИЙ ПРОСПЕКТ		5 A5
Robespera, naberežnaja РОБЕСПЬЕРА, НАБЕРЕЖНАЯ		3 B4
Romenskaja ulica	РОМЕНСКАЯ УЛИЦА	7 B4
Ropšinskaja ulica РОПШИНСКАЯ УЛИЦА		1 B2
Rostrasäulen		1 C5
Rubinštejna, ulica РУБИНШТЕЙНА, УЛИЦА		7 A2
Russisches Museum		6 F1
Ruzovskaja ulica	РУЗОВСКАЯ УЛИЦА	6 E5
Rybackaja ulica	РЫБАЦКАЯ УЛИЦА	1 B2
Rylejeva, ulica	РЫЛЕЕВА, УЛИЦА	3 B5

S

Sablinskaja ulica САБЛИНСКАЯ УЛИЦА		1 C2
Sacharnyj pereulok САХАРНЫЙ ПЕРЕУЛОК		3 A1
Sadovaja ulica	САДОВАЯ УЛИЦА	2 F5, 5 A5
Sampsonijevski most САМПСОНИЕВСКИЙ МОСТ		2 F2
Šamševa, ulica	ШАМШЕВА УЛИЦА	1 C2
Sapernyj pereulok САПЕРНЫЙ ПЕРЕУЛОК		3 B5
Saratovskaja ulica САРАТОВСКАЯ УЛИЦА		3 A2
Ščepjanoj pereulok ЩЕПЯНОЙ ПЕРЕУЛОК		5 C4
Ščerbakov pereulok ЩЕРБАКОВ ПЕРЕУЛОК		7 A2
Schlossplatz		6 D1
Semjonovski most	СЕМЕНОВСКИЙ МОСТ	6 E3
Senatsplatz		5 C1
Sennaja ploščad	СЕННАЯ ПЛОЩАДЬ	6 D3
Šeremetjev-Palast		7 A1
Serpuchovskaja ulica СЕРПУХОВСКАЯ УЛИЦА		6 E5
Ševčenko, ploščad ШЕВЧЕНКО, ПЛОЩАДЬ		5 B1
Sini most	СИНИЙ МОСТ	5 C4
Sinopskaja naberežnaja СИНОПСКАЯ НАБЕРЕЖНАЯ		4 F5, 8 E2
Sjesdovskaja i 1-ja linii СЪЕЗДОВСКАЯ И 1-Я ЛИНИИ		1 A4
Sjezžinskaja ulica СЪЕЗЖИНСКАЯ УЛИЦА		1 B3
Smežnyj most	СМЕЖНЫЙ МОСТ	6 D2
Smolnaja naberežnaja СМОЛЬНАЯ НАБЕРЕЖНАЯ		4 E2
Smolnovo, alleja	СМОЛЬНОГО, АЛЛЕЯ	4 F4
Smolnovo sad	СМОЛЬНОГО САД	4 F4
Smolnovo, ulica	СМОЛЬНОГО, УЛИЦА	4 F3
Smolnyj-Institut		4 F4
Smolnyj-Kloster		4 F4
Smolnyj projezd	СМОЛЬНЫЙ ПРОЕЗД	4 F4
Smolnyj prospekt СМОЛЬНЫЙ ПРОСПЕКТ		4 F5
Socialističeskaja ulica СОЦИАЛИСТИЧЕСКАЯ УЛИЦА		7 A4
Sojuza Pečatnikov, ulica СОЮЗА ПЕЧАТНИКОВ, УЛИЦА		5 A4
Soljanoj pereulok	СОЛЯНОЙ ПЕРЕУЛОК	3 A4
Sommergarten		3 A4
Sommerpalast		3 A4

Sovetski pereulok		
СОВЕТСКИЙ ПЕРЕУЛОК		6 D5
Špalernaja ulica	ШПАЛЕРНАЯ УЛИЦА	3 A4
Spasski pereulok		
СПАССКИЙ ПЕРЕУЛОК		6 D2
Sredni prospekt	СРЕДНИЙ ПРОСПЕКТ	1 A5
Srednjaja Koltovskaja ulica		
СРЕДНЯЯ КОЛТОВСКАЯ УЛИЦА		1 A1
Srednjaja Podjačeskaja ulica		
СРЕДНЯЯ ПОДЬЯЧЕСКАЯ УЛИЦА		5 C3
Starorusskaja ulica		
СТАРОРУССКАЯ УЛИЦА		8 D2
Stavropolskaja ulica		
СТАВРОПОЛЬСКАЯ УЛИЦА		4 E4
Štiglic-Museum		3 A5
Stolejarny pereulok		
СТОЛЕЯРНПЙ ПЕРЕУЛОК		6 D3
Strelninskaja ulica		
СТРЕЛЬНИНСКАЯ УЛИЦА		1 C2
Stremjannaja ulica		7 A2
СТРЕМЯННАЯ УЛИЦА		
Stroganov-Palast		6 E1
Suvorovskaja ploščad		
СУВОРОВСКАЯ ПЛОЩАДЬ		2 F4
Suvorovski prospekt		
СУВОРОВСКИЙ ПРОСПЕКТ		4 D5, 7 C2
Svečnoj pereulok	СВЕЧНОЙ ПЕРЕУЛОК	7 A3
Švedski pereulok		
ШВЕДСКИЙ ПЕРЕУЛОК		6 E1
Sverdlovskaja naberežnaja		
СВЕРДЛОВСКАЯ НАБЕРЕЖНАЯ		4 D2
Sytninskaja ulica		
СБІТНИНСКАЯ УЛИЦА		2 D2

T

Tambovskaja ulica	ТАМБОВСКАЯ УЛИЦА	7 B5
Tatarski pereulok		
ТАТАРСКИЙ ПЕРЕУЛОК		1 C3
Taurischer Palast		4 D4
Tavričeskaja ulica		
ТАВРИЧЕСКАЯ УЛИЦА		4 D5
Tavričeski pereulok		
ТАВРИЧЕСКИЙ ПЕРЕУЛОК		4 D4
Tavričeski sad	ТАВРИЧЕСКИЙ САД	4 D4
Teatralnaja ploščad		
ТЕАТРАЛЬНАЯ ПЛОЩАДЬ		5 B3
Teatralnyj most		
ТЕАТРАЛЬНЫЙ МОСТ		2 F5
Teležnaja ulica	ТЕЛЕЖНАЯ УЛИЦА	8 D3
Tiflisskaja ulica		
ТИФЛИССКАЯ УЛИЦА		1 C5
Tjušina, ulica	ТЮШИНА, УЛИЦА	7 A5
Torgovy pereulok		6 F3
Transportnyj pereulok		
ТРАНСПОРТНЫЙ ПЕРЕУЛОК		7 B4
Troicki most	ТРОИЦКИЙ МОСТ	2 E4
Troicki prospekt		
ТРОИЦКИЙ ПРОСПЕКТ		5 C5
Trubeckoj-Bastion		2 D4
Truda, ploščad	ТРУДА, ПЛОЩАДЬ	5 B2
Truda, ulica	ТРУДА, УЛИЦА	5 B2
Tučkov most	ТУЧКОВ МОСТ	1 A4
Tučkov pereulok	ТУЧКОВ ПЕРЕУЛОК	1 A4
Tulskaja ulica	ТУЛЬСКАЯ УЛИЦА	4 E5
Turgeneva, ploščad		
ТУРГЕНЕВА ПЛОЩАДЬ		5 B4
Tverskaja ulica	ТВЕРСКАЯ УЛИЦА	4 D4

U

Uljany Gromovoj, pereulok		
УЛЬЯНЫ ГРОМОВОЙ, ПЕРЕУЛОК		7 C1
Universitetskaja naberežnaja		
УНИВЕРСИТЕТСКАЯ НАБЕРЕЖНАЯ		1 C5, 5 B1

V

Vatutina, ulica	ВАТУТИНА, УЛИЦА	4 D1
Verejskaja ulica	ВЕРЕЙСКАЯ УЛИЦА	6 E5
Vitebskaja ulica	ВИТЕБСКАЯ УЛИЦА	5 A4
Vladimirskaja ploščad		
ВЛАДИМИРСКАЯ ПЛОЩАДЬ		7 A3
Vladimirski prospekt		
ВЛАДИМИРСКИЙ ПРОСПЕКТ		7 A2
Vodoprovodnyj pereulok		
ВОДОПРОВОДНЫЙ ПЕРЕУЛОК		4 D4
Volchovski pereulok		
ВОЛХОВСКИЙ ПЕРЕУЛОК		1 B4
Volodi Jermaka, ulica		
ВОЛОДИ ЕРМАКА, УЛИЦА		5 A4
Volokolamski pereulok		
ВОЛОКОЛАМСКИЙ ПЕРЕУЛОК		7 A4
Volynski pereulok		
ВОЛЫНСКИЙ ПЕРЕУЛОК		6 E1
Voronežskaja ulica		
ВОРОНЕЖСКАЯ УЛИЦА		7 A5
Voronzov-Palast		6 F2
Voskova, ulica	ВОСКОВА, УЛИЦА	1 C2
Vosstanija, ploščad		
ВОССТАНИЯ, ПЛОЩАДЬ		7 C2
Vosstanija, ulica		
ВОССТАНИЯ, УЛИЦА		3 C5, 7 C1
Voznesenski prospekt		
ВОЗНЕСЕНСКИЙ ПРОСПЕКТ		5 C4
Vvedenskaja ulica		
ВВЕДЕНСКАЯ УЛИЦА		1 C2
Vvedenskovo kanala, naberežnaja		
ВВЕДЕНСКОГО КАНАЛА, НАБЕРЕЖНАЯ		6 E4
Vvedenskovo kanala, ulica		
ВВЕДЕНСКОГО КАНАЛА УЛИЦА		6 F5
Vyborgskaja ulica		
ВЫБОРГСКАЯ УЛИЦА		3 A1

W

Winterpalast	2 D5

Z

Zacharjevskaja ulica		
ЗАХАРЬЕВСКАЯ УЛИЦА		3 B4
Zagorodnyj prospekt		
ЗАГОРОДНЫЙ ПРОСПЕКТ		6 E4, 7 A3
Zamkovaja ulica	ЗАМКОВАЯ УЛИЦА	2 F5
Ždanovskaja naberežnaja		
ЖДАНОВСКАЯ НАБЕРЕЖНАЯ		1 A2
Ždanovskaja ulica	ЖДАНОВСКАЯ УЛИЦА	1 A2
Zerkalnyj pereulok		
ЗЕРКАЛЬНЫЙ ПЕРЕУЛОК		8 F5
Zirkus		7 A1
Zodčego Rossi, ulica		
ЗОДЧЕГО РОССИ, УЛИЦА		6 F2
Zoologičeski sad		
ЗООЛОГИЧЕСКИЙ САД		2 D3
Zoologisches Museum		1 C5
Žukova, ulica	ЖУКОВА УЛИЦА	4 F1
Žukovskovo, ulica	ЖУКОВСКОГО, УЛИЦА	7 B1
Zvenigorodskaja ulica		
ЗВЕНИГОРОДСКАЯ УЛИЦА		6 F4, 7 A4
Zverinskaja ulica	ЗВЕРИНСКАЯ УЛИЦА	1 B3
Zwölf Kollegien		1 C5

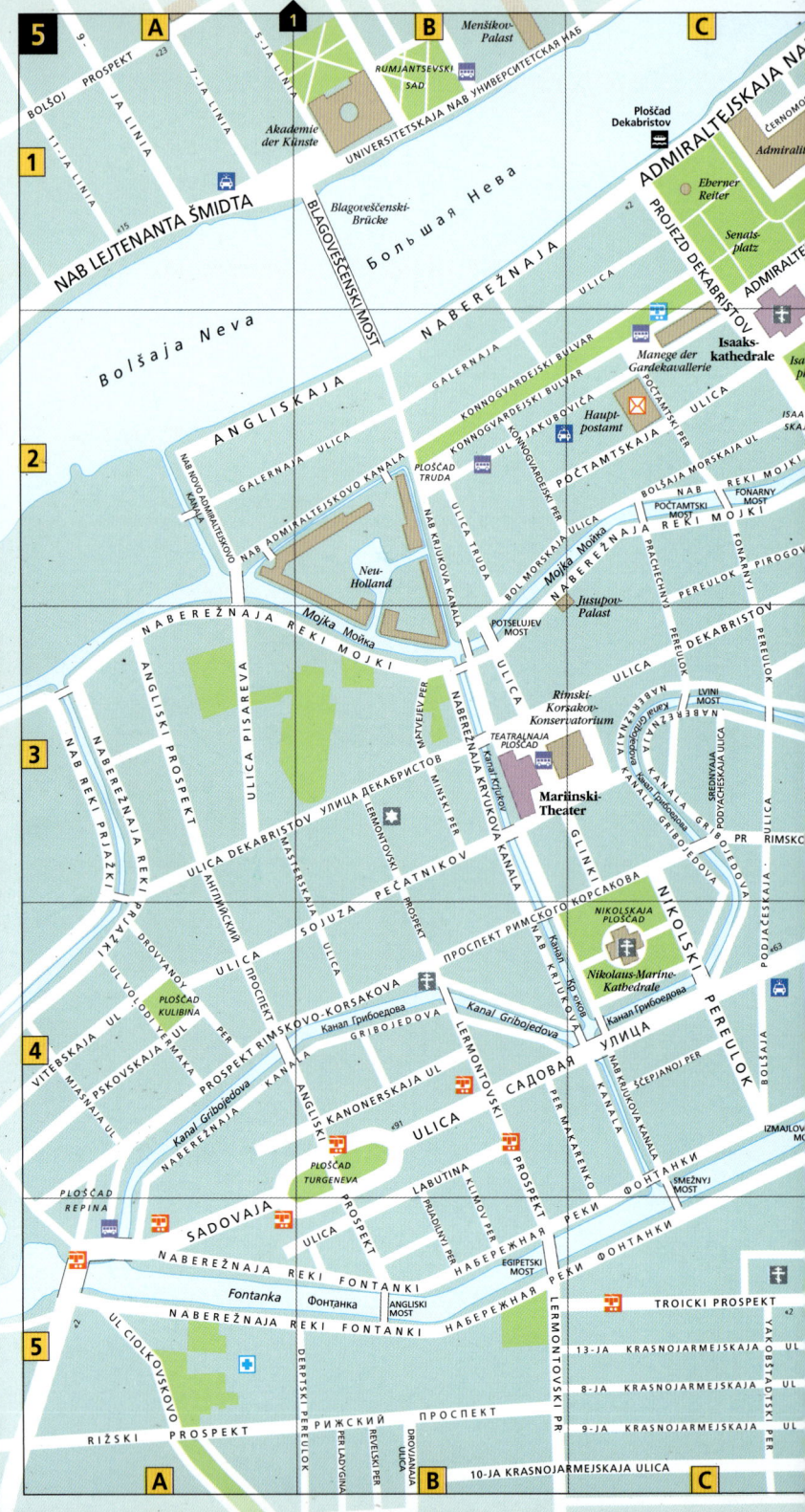

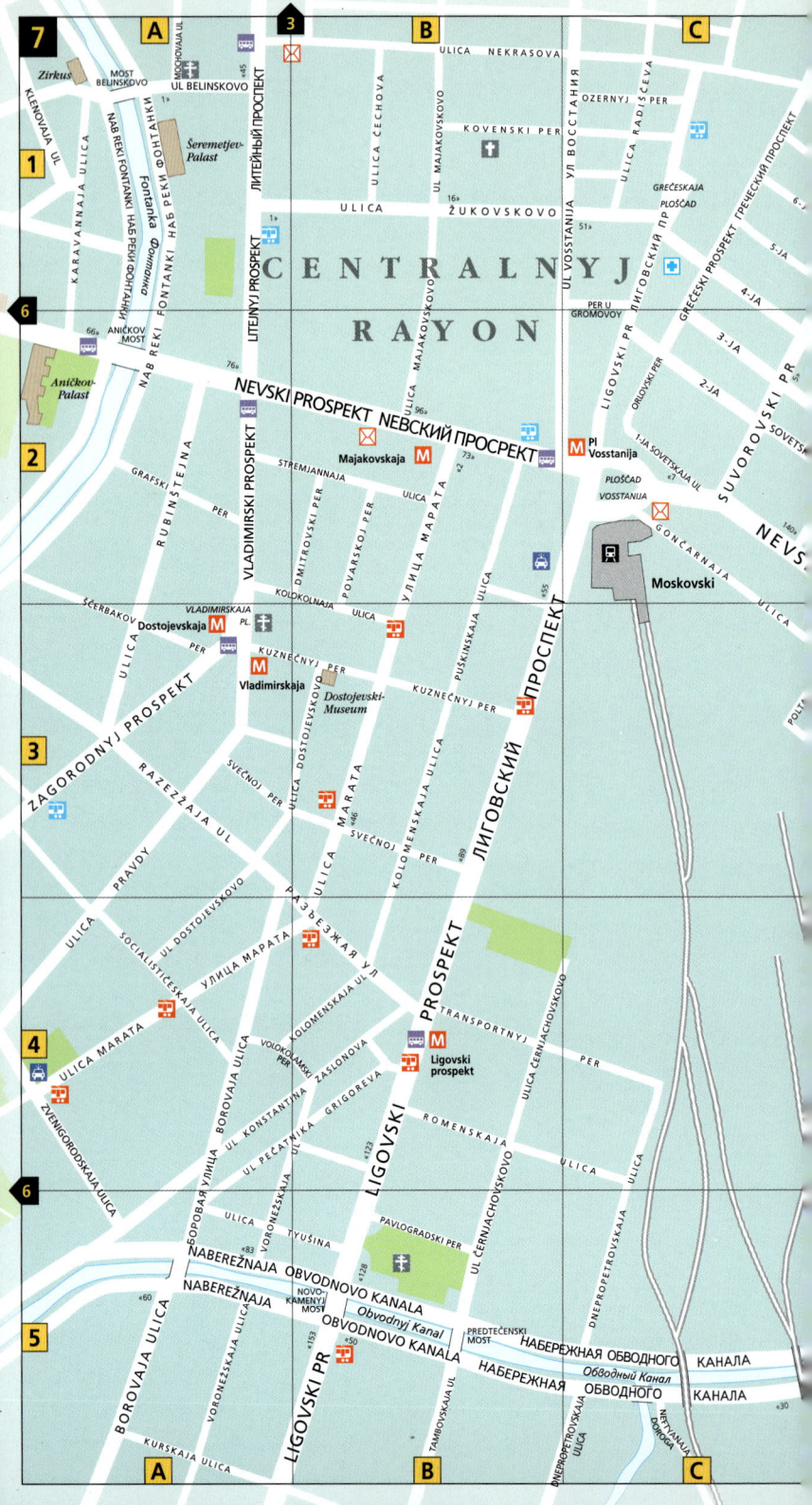

Textregister

Gefettete Seitenzahlen beziehen sich auf Haupteinträge.

1913 (Restaurant) 10, 186
5.3 GHz (Internet-Café) 217
7:40 (Restaurant) 191

A

Abamelek-Lasarev, Fürst 134
Abrahams Opfer (Rembrandt) 86
Abstecher **124–131**
   Karte 125
Achatpavillon (Carskoje Selo) 154
Achmatova, Anna 43, 44, **129**
   Anna-Achmatova-Museum 41, 129
   Biwak der Komödianten 134
   Porträt von Nathan Altman 43
Adam, Jegor
   Brückenpassage 35
   Große Marstallbrücke 134
   Sängerbrücke 37, 112
Adamini, Domenico 134
Adamini-Haus 134
Admiralität **78**
Admiralität (Carskoje Selo) 154
Admiralitätsgarten 46
Adressen 209
Aeroflot-Gebäude 46
Ägyptische Brücke 37
   Highlights: Brücken und Wasserstraßen 34
Aivasovski, Ivan 106
Akademie der Künste 19, 40, 57, **63**
Akademie der Wissenschaften 25
   Detailkarte 58
Akademische Kapelle **112**, 203
Akademkniga 199
Alexander I., Zar 23
   Alexanderpalast (Carskoje Selo) 155
   Alexandersäule 83
   Gonzaga-Kamee 88
   Jelagin-Insel 126
   Kamennoostrovski-Palast 136
   Lyzeum (Carskoje Selo) 155
   Napoleonische Kriege 22
Alexander II., Zar
   Attentatsversuch 135
   Erlass zur Gleichstellung 23
   Erlöserkirche 100
   Ermordung 26, 92, 100, 134
   Grab 68f
   Winterpalast 93
Alexander III., Zar 26
   Aničkov-Palast 109
   Erlöserkirche 100
   Fabergé-Eier 82
   Gatčina 147
   Russisches Museum 104
   Statue 94
Alexander (Reiseagentur) 171
Alexanderpalast (Carskoje Selo) 155
Alexandersäule 83
Alexandra, Zarin (Gemahlin von Nikolaus I.) 150
Alexandra-Park (Peterhof) 150
Alexandrinski-Theater 110, 202
Alexandr-Nevski-Brücke 37
Alexandr-Nevski-Kloster 11, **130f**

Alexandrovski-Park **70**
Alexej, Zar 17
Alexej, Zarevič 66, 69
Alfabank 214
Alkohol **182f**
Altman, Natan 43
Amenemhet III., Pharao 89
Amenophis III., Pharao 63
American Express 214
American Medical Clinic 213
Anabel 171
Ananov 199
Andreaskathedrale **63**
Andrej Vladimirovič, Großfürst 72
Andrejevski-Markt 199
Andropov, Juri 30, 31
Angelico, Fra 90
Angleterre (Hotel) **77**, 174
   Detailkarte 77
Anglia (Laden) 199
Aničkov, Michail 109
Aničkov-Brücke 37
   Highlights: Brücken und Wasserstraßen 35
   Statuen 49
Aničkov-Palast 49, **109**, 110
Anikušin, Michail 101, 131
Anna Ivanovna, Zarin 19
Anna-Achmatova-Museum 41, 129
Anreise **218–220**
Anthès, Georges d' 83, 113
Antikvariat 199
Antiquitäten
   Exportgenehmigung 194f
   Läden **198**, 199
Apartments, Vermietung 171
Apotheken 213
Apothekerinsel 136
Apraxin-Familie 111
Apraxin-Markt 199
Apšeron 188
Apyškov, Vladimir 136
Aragvi 187
Arakčejev, Fürst Alexej 135
Architektur
   Jugendstil 65, **71**
Archiv des Kriegsministeriums
   Detailkarte 66
Arctica 205
Argunov, Fjodor 129
Aristov, Leonid 82
Artilleriemuseum 41, **70**
Ärzte 213
Asia (Café) 193
Assignatenbank 135
Astoria Hotel **79**, 169, 172, 174
Aufklärung **24f**
Aurora siehe Kreuzer Aurora
Ausflüge **140–165**, 228f
   Regionalkarte 144f
Austerlitz, Schlacht von (1805) 22
Austrian Airlines 218, 220
Autorenbuchhandlung 199
Autos
   Autofahren 229
   Autovermietung 229
   častniki (Privatautos) 227
Autovermietung 229

Avantgarde 29, 107
Avtovo Metro-Station 11
Azimut St Petersburg (Hotel) 172, 176

B

Bach, Robert
   Statue Glinka 120
   Statue Puškin 155
Bachmatov, Ivan 164
Bakst, Lev 26, 45, 107, 119
Ballett **202**, 203
   Ballett in St. Petersburg **118**
   Ballets Russes 107, 118, **119**
   Matilda Kšesinskaja **72**
   Tänzer und Choreografen **45**
   Die Welt der Kunst 26
   Zaristische Ballettschule 45, 110
Baltic Star Hotel (Strelna) 177
Baltischer Bahnhof 229
Balzac, Honoré de 94
Bankbrücke 37, 135
   Highlights: Brücken und Wasserstraßen 35
Banken **214**
Banknoten 215
Baranovski, Gavriil 71, 109, 137
Barberry 193
Barbizon, Schule von 91
Barclay de Tolly, Michail
   Statue 111
Bars **192**, 193
   Musikbars **204**, 205
   Öffnungszeiten 179
Basare **195**, 199
Bašenov, Vasili 101
Bašnya (Peterhof) 193
Basquiat, Jean-Michel 94
Batignol 138
Beauharnais, Josephine 88
Bed & Breakfast 170
Beethoven, Ludwig van 101
Behinderte Reisende 210
   Hotels 169
   Restaurants 179
Behrens, Peter 76, 79
Belagerung von Leningrad (1941–1944) 27, 43
   Denkmal der Verteidiger Leningrads 41
   Eremitage 85
   Piskarjevskoje-Friedhof **126**
   Siegesdenkmal **131**
Belj, Andrej 44
Bella Vista 10, 188
Beloselski-Belozerski-Palast 49, 203
Benna, Alexandre 117
   Ballets Russes 119
   Die Welt der Kunst 26, 45, 107
Benua, Leonti 104, 112
Benua-Haus
   Detailkarte 117
Benzin 229
Bergholz, Olga 126
Bernini, Gian Lorenzo 47
Bessel und Co. 49
Bibliothek der Akademie der Wissenschaften
   Detailkarte 59

Bibliotheken
  Bibliothek der Akademie der Wissenschaften 59
  Puškin-Museum 113
  Russische Nationalbibliothek 48, 110
Bier 183
Bildnis von E.J. Nelidova (Levitski) 106
Billard **204**, 205
Biwak der Komödianten 134
Blagoveščenski most 37, **63**
  Highlights: Brücken und Wasserstraßen 34
Blank, Ivan 151
Der Blaue Reiter 107
Blok, Alexandr 44, 134
»Blutsonntag« (1905) 26, 73, 83, 138
Bogoljubski, Fürst Andrej 163
Bolšaja Morskaja ulica **122**
Bolšaja Selinina ulica, Nr. 28 71
Bolschewiken
  Finnischer Bahnhof **126**
  Russische Revolution 26f
  Smolnyj-Institut 128
  Villa Kšesinskaja 72
»Bolšoj-Dom« 139
Bolšoj-Dramentheater (BDT) 203
Bolšoj prospekt (Vasileostrovski-Insel) **62**
Bonazza, Giovanni 151
Bootshaus (Peter-Paul-Festung)
  Detailkarte 67
Borej 199
Borodin, Alexandr 44
Borodino, Schlacht von (1812) 23
Botanischer Garten 136
Botschaften 210f
Boucher, François 90
Bowling **204**, 205
Brandy 183
Braunstein, Johann 150
Brenna, Vincenzo
  Gatčina 147
  Michajlovski-Schloss 101
  Pavlovsk 158–161
Brest-Litovsk, Friedensvertrag von (1917) 29
Brežnev, Leonid 30, 53
Brjullov, Alexandr
  Blagoveščenski most 34, 63
  Evangelische Kirche 112
  Hauptquartier der Wache 83
  Isaakskathedrale 80
  Marmorpalast 94
  Winterpalast 93
Brjullov, Karl 45, 163
  Isaakskathedrale 81
  Der letzte Tag von Pompeji 105f
Brodski, Iosif 44
Brücken **34–37**
  Blagoveščenski most 34, **63**
  Highlights: Brücken und Wasserstraßen **34f**
  Öffnungszeiten 209
Brückenpassage
  Highlights: Brücken und Wasserstraßen 34f
Brullov, Nikolaj 122
Brunnen, Peterhof **151**

Buchhandlungen **198**, 199
Buddhistischer Tempel 137
Bukvojed 199
Buločnaja 193
Bürgerkrieg (1918–1920) 27, 29
Busbahnhof 229
Bush, George 30
Bush, John 154
Buše Byuie 193
Busreisen 220
Busse **224f**
Byron, Lord 113

C
Cabaret (A. K. A. Matroskaja Tišina) 205
Café de Clie 193
Café Max 217
Café Singer 193
Cafés
  Internet-Cafés 217
  Kleine Mahlzeiten und Imbisse **192f**
  Öffnungszeiten 179
Čajev, Sergej 136
Čajkovski, Peter 42, 44, 49, 202
  Grab 11, 131
  Mariinski-Theater 119
  Rimski-Korsakov-Konservatorium 116, 120
  Sinfonie *Pathétique* 101
  Tod 82
Čajnaja Chižina 193
Čaliapin (Repino) 191
Cameron, Charles
  Carskoje Selo 152–154
  Chinesisches Dorf (Carskoje Selo) 154
  Pavlovsk 25, 158–161
  Cameron-Galerie (Carskoje Selo) 154
Camping 171
Canova, Antonio 90
Canvas 186
Caravaggio
  Der Lautenspieler 90
Carskoje Selo 40, 139, 143, **152–155**
  Anreise 228
  Highlights: Paläste und Museen 38
  Im Herbst 52
  Katharinenpark **154**
  Schlosspark 155
  Tagesausflüge 193
  Zentrumskarte 155
Carskoje-Selo-Karneval 51
Carusel 193
Častniki (Privatautos) 227
Caviar Bar und Restaurant 188
Čechov, Anton 110
ČEKA 29
Čerdak 193
Čerepanov, Familie 123
Černenko, Konstantin 30f
Česme-Kirche **130**
Česme-Palast 130
Česme-Säule (Carskoje Selo) 154
Čevakinski, Savva
  Carskoje Selo 153
  Neu-Holland 121
  Nikolaus-Marine-Kathedrale 120
  Šeremetjev-Palast 129

Cézanne, Paul 91, 107
Chabrol, Vincent 35
Chagall, Marc 45, 107
  Der Zirkus 45
Chardin, Jean-Baptiste
  Stillleben mit Attributen der Künste 91
Chinesischer Palast (Oranienbaum) 143f, 146
Chinesisches Dorf (Carskoje Selo) 154
Choreografen **45**, 118
Chruščov, Nikita 30
Ciniselli, Giuseppe 201
Citibank 214
City Realty 171
Clubs **204**, 205
Cocteau, Jean 43
Corinthia Nevskij Palace Hotel 169, 176
Corot, Camille 91
Corps des Pages 111
Cosmos 211
Cottage-Palast (Peterhof) **150**
Cox, James 85
Cranach, Lucas der Ältere
  Venus und Cupido 90
Crystal Palace (Kino) 203
CubaHostel Backpackers 171

D
Da Albertone 185
Dača (Musikbar) 205
Dante Alighieri 113
Danzas, Konstantin 83
Daškova, Fürstin Jekaterina 110
Datschas 50f
  Wohnen auf einer Datscha 171
Davydov, Ivan 151
Degas, Edgar 91
Dekabristen-Aufstand (1825) **23**, 111
  Kommandantenhaus 69
  Senatsplatz **78**
Dekabristenplatz *siehe* Senatsplatz
Delacroix, Eugène 91
Delfinarium 201
Demercov, Fjodor 135
Demidov 190
Demidov, Pjotr 122
Demjanova Ucha 184
Demut-Malinovski, Vasili 83, 105
Denisov-Nikolajev Confectionery 193
Denkmäler
  Denkmal der Verteidiger Leningrads 41
  Denkmal für Rimski-Korsakov 116
  Siegesdenkmal 11, **131**
Dental Palace 213
DHL International Centre 217
Diderot, Denis 24, 79, 91
Diebe 212
Diners Club 214
Discos **204**, 205

Djagilev, Sergej 43, 45
  Ballets Russes 118, **119**
  Taurischer Palast 128
  Die Welt der Kunst 26, 45, 107
Dolgorukov, Familie 136
Dom Kino 203
Dom knigi 199
Dom Kočnevoj 203
Donskoj, Fürst Dmitri 17
Dostojevski, Fjodor 43, **123**
  Dostojevski-Museum 41, **130**
  Grab 11, 131
  Inhaftierung 69
  Literaturcafé 83
  Malaja Morskaja ulica 82
  Michajlovski-Schloss 101
  Schuld und Sühne 43 f, 123
Dostojevski-Museum 41, **130**
Dreifaltigkeit (Rubljov) 165
Dreifaltigkeitsbrücke 37, 65, 73, 138
  Highlights: Brücken und Wasserstraßen 35
Dreifaltigkeitskathedrale 130, 203
Dreifaltigkeitsplatz **73**, 138
Dreißigjähriger Krieg 151
Duma-Turm 48
Duncan, Isadora 79
DVD-Läden 199
Dve Paločki 193
D.V.K. (Dom voyennoy knigi) 199
Dyck, Anthonis van 90, 130

E
E-Mail 217
Ea Haere Ia Oe (Gauguin) 87, 91
EC-/Maestro-Karte 214
Der Eherne Reiter (Falconet) 10, 75, **78 f**
  Detailkarte 76
Der Eherne Reiter (Puškin) 37, 69, **78**
Einkaufen *siehe* Shopping
Eintrittspreise 208
Einwohnerzahl 12
Eisenbahnmuseum 41, **123**
Eislaufen 53
El Greco 90
Elektrizität 211
Elisabeth, Zarin 19
  Aničkov-Palast 49, 109
  Carskoje Selo 143, 152, 154
  Christi-Verklärungs-Kathedrale 127
  Peterhof 148, 150
  Smolnyj-Kloster 128
  Tod 22
  Winterpalast 92
Elizabeth, Zarin (Gemahlin von Alexander I.) 159
Engel mit dem Goldhaar (Ikone) 106
Englischer Kai **121**
Eremitage 10, 40, **84–93**
  Antike Kunst 88
  Europäische Kunst des 19. und 20. Jahrhunderts 91
  Flämische, niederländische und deutsche Kunst 90
  Französische und englische Kunst 90 f
  Grundrissplan 86 f
  Highlights: Paläste und Museen 38
  Italienische und spanische Kunst 90
  Orientalische Kunst 88 f
  Prähistorische Kunst 88
  Russische Kunst 89
  Winterpalast 10, **92 f**
Eremitage (Carskoje Selo) 154
Eremitage (Peterhof) **150**
Eremitage-Theater 34, 203
Eridan Travel Company 171
Erlass zur Gleichstellung (1861) 23
Erlöserkirche **100**
Erster Weltkrieg 26 f
Essen und Trinken
  Gesundheitsvorsorge 213
  Getränke **182 f**
  Imbisse **192 f**
  Russische Küche **180 f**
  siehe auch Restaurants
Etikette 179, 209
Eurasia (Sushi-Bar) 193
Euromed 213
Europcar 229
Evangelische Kirche 47, **112**
Ewige Flamme 94

F
Fabergé **82**
Fabergé, Agathon 82
Fabergé, Carl 82
Fabergé, Gustav 82
Fabergé-Haus **82**
Facettenpalast (Novgorod) 162 f
Fähren 220
Fahrkarten 223, 225
Falconet, Étienne-Maurice 91
  Der Eherne Reiter 10, 22, 75 f, **78 f**
Fašoutdinov, Emil 45
Fast Food **192**, 193
Fax 217
Feiertage 53
Felten, Juri
  Armenische Kirche 48, 108
  Česme-Kirche 130
  Česme-Palast 130
  Eremitage-Theater 34
  Große Eremitage 84
  Kirche Johannes' des Täufers 136
  Kleine Eremitage 85
  Knarrende Laube (Carskoje Selo) 154
  Peterhof 149
  Sommergarten 95
Feofan Grek 164
Fernsehen 217
Festival der Festivals 51
Festivals **50–53**
Feuerwehr 212 f
Filippov Mini-Hotels 171
Film *siehe* Kino
Filonov, Pavel 45
Finnischer Bahnhof **126**, 139, 220, 229
Finnischer Meerbusen 143 f
  Anreise 229
  Schiffsfahrten 226
  Tragflächenboot 229
Finnord 220
Fish Fabrique 205
Flottentag 51
Flughäfen 218, 220
Flugreisen **218 f**, 220
Flüsse 36
  Entlang den Wasserstraßen **134 f**
  Flussfahrten **226 f**
Flussterminal 220
FMS (Migrationsbehörde) 210 f
Fokin, Michail 45
  Ballets Russes 119
  Ballett in St. Petersburg 118
  Haus am Theaterplatz 117
Follenweiders Villa 137
Fomin, Ivan 134, 137
Fontana, Giovanni-Maria 62, 146
Fontana, Ludwig 98, 101
Fontanka 36, 125
Fotografieren 211
Fragonard, Jean Honoré 90
Franchioli, Enrico 119
Friedhöfe
  Lazarusfriedhof 131
  Piskarjevskoje-Friedhof **126**
  Tichviner Friedhof 131
Friedrich Wilhelm I., König von Preußen 153
Friedrich, Caspar David 91
Frühling in St. Petersburg 50
Führungen 211
Futurismus 107

G
Gabriadse, Reso
  Vogelstatue 99
Gagarin, Juri 30
Gagarina, Fürstin 122
Galerien *siehe* Museen und Sammlungen
Gardekavallerie 79
Gärten *siehe* Parks und Gärten
Gatčina 143, **147**
  Anreise 228
Gaudí, Antoni 71
Gauguin, Paul 91
  Ea Haere Ia Oe 87, 91
Gauswald, Jevgenija 137
Gaweman, Adolf 62
Ge, Nikolaj 107
›Geheimes Haus‹ 66, 69
Geisler, Michail 122
Geldautomaten 214
Geldwechsel **214 f**
Generalstabsgebäude 135
Geschichte **16–31**
Gesundheitsvorsorge 212 f
Getränke **182 f**
GEZ-21 205
Giordano, Luca 90
Giorgione 90
girocard 214
Glasnost 30
Glinka, Michail 44, 46
  Akademische Kapelle 112
  Grab 131
  Porträt von Repin 44
  Statue 120
Gloss Café 193
Godunov, Boris, Zar 17
Gogen, Alexander von 71 f

Gogh, Vincent van 91
Gogol, Nikolaj 42, 44, 46
  Alexandrinski-Theater 110
  Malaja Morskaja ulica 82
  Nevski prospekt 108
  Puškins Datscha (Carskoje Selo) 155
  Sverkov-Haus 135
Golovin, Alexandr 119
Gončarova, Natalija (Malerin) 107
  Der Radfahrer 40, 107
Gončarova, Natalija (Puškins Frau) 83, 113, 155
Gorbačov, Michail 30f
Gorki, Maxim 146
Gostinyj Dvor 15, 48, **96–113**
  Detailkarte 98f
  Erlöserkirche **100**
  Gostinyj Dvor (Kaufhaus) **108f**
  Hotels 175
  Platz der Künste **98f**
  Restaurants 187f
  Russisches Museum **104–107**
  Stadtteilkarte 97
Grandhotel Emerald 176
Grandhotel Europa **101**, 168f, 173, 175
  Detailkarte 98
Greuze, Jean-Baptiste 91
Gribojedov (Nachtclub) 205
Gribojedov, Alexander 47
Gribojedov-Kanal 36, 47, 133
  Entlang den Wasserstraßen 134f
Grigorjev, Boris
  Meyerhold-Porträt 107
Große Eremitage 84
Große Kaprice (Carskoje Selo) 154
Große Marstallbrücke 134
Große Synagoge **121**
Großer Nordischer Krieg 18, 21, 65
Großer Saal der Philharmonie 43, 101, 203
Großer See (Carskoje Selo) 154
Großes Puppentheater 201
Großfürstengruft 69
  Detailkarte 67
Grüne Brücke (Zeleny most) 135
Guslisti, Boris 122

H

Hafen 205
Handys 216f
Hannibal, Abram 113
Hanska, Gräfin Eveline 94
Hat Shop 199
Hauptpostamt **122**, 217
Haus der Mode 47, 135
Haus Peters des Großen 41, **73**, 138f
Heine, Heinrich 113
Herbergen **170**, 171
Herbst in St. Petersburg 52
Hermann, Josef 80
Hertz 229
Himmlische Jungfrau (Brjullov) 81
Hitler, Adolf 79
Hochzeit Kaiser Konstantins (Rubens) 93
HOFA (Host Families Association) 171

Holiday Inn Hotel 176
Holländische Kirche 47, 135
Hostel All Seasons 171
Hotel Dostojevski 173, 176
Hotels **168–177**
  Ausstattung 168
  Behinderte Reisende 169
  Gostinyj Dvor 175
  Herbergen 170f
  Kinder 169
  Mini-Hotels 170f
  Palastufer 174f
  Preise 168f
  Preiswerte Hotels 170
  Reservierung 168
  Sennaja ploščad 175
  Sicherheit 169
  Vasileostrovski-Insel 174
Hotels on Nevsky (Mini-Hotel) 171
Houdon, Jean-Antoine 91
  Statue Voltaires 87

I

Idealnaja Čaška 193
Idiot 193
Ikonen 106
  Russische Ikonenmalerei **165**
Ikonostase 165
Il Patio 193
Imbir 189
Imperator 184
Information 208, 211
Ingal, Vladimir 116
Ingenieurshaus 41, 67, **68**
Ingenieursschloss siehe Michajlovski-Schloss
Insektenschutzmittel 213
Institut für russische Literatur
  Detailkarte 59
Internationale Jugendherberge St. Petersburg 171, 211
Internationaler Frauentag 50, 53
Internationaler Kinderschutztag 51
Internet
  Internet-Cafés 217
  Restaurants: Websites 179
  Unterhaltung: Websites 201
Isaak von Dalmatien, Heiliger 76
Isaakskathedrale 10f, 75, **80f**, 139
  Detailkarte 76
Isaaksplatz **79**
  Detailkarte 76f
Isajeva, Vera 126
Ivan I., Zar 17
Ivan III., Zar 17, 162f
Ivan IV. »der Schreckliche«, Zar 17, 19, 162
Ivan V., Zar 18, 20
Ivan VI., Zar 69
Ivanov, Viktor
  Lenin-Porträt 28
Ivanstov 68
  Detailkarte 67

J

Jacot, Paul 47, 101, 135
Jakitorija 185
Jaroslav der Weise 163

Jaroslav-Hof (Novgorod) 163
Jazz 51, **204**, 205
Jefimov, Nikolaj 77
Jegorov, Pjotr 95
Jelagin-Insel 11, 133
  Spaziergang über Jelagin- und Steininsel **136f**
Jelagin-Palast 40, **126**, 133
  Spaziergang über Jelagin- und Steininsel 137
Jelisejev 49, **109**
  Jugendstil in St. Petersburg 71
Jelisejev, Pjotr 109
Jelzin, Boris 30f, 53
Jesenin, Sergej 79
JFC Jazz Club 205
Jimi Hendrix Blues Club 205
Johanniterorden 161
Jubilejnyj Dvorec Sporta 205
Juden
  Große Synagoge **121**
Jugendstil 65, **71**
  Jelisejev 109
  Kamennoostrovski prospekt 70, 138
  Villa Kšesinskaja 72
Jurjev-Kloster 164
Jurjevskoje Podvorje 191
Jusupov, Familie 116, 120
Jusupov, Fürst Felix 111, 120f
Jusupov-Palast 10, 40, **120**
  Detailkarte 116
Jusupov-Theater 203

K

Kabakov, Illja 94
Kaffee 193
Kailas 199
Kalinka-Malinka 187
Kalter Krieg 27, 30
Kamennoostrovski prospekt **70**
  Jugendstil-Architektur 71
  Spaziergang entlang der Neva 138
Kamennoostrovski-Palast 136
Kamennoostrovski-Theater 136
Kamennyj Ostrov siehe Steininsel
Kamenski, Valentin 131
Kanäle **34–37**
  Bootsfahrten **226f**
  Entlang den Wasserstraßen **134f**
  Highlights: Brücken und Wasserstraßen **34f**
Kandinski, Vasili 39, 107
Karl & Friedrich 190
Karl XII., König von Schweden 18, 21, 68
Karsavina, Tamara 119
Karten
  Beliebte Hotels 172f
  Carskoje Selo 155
  Entwurf der neuen Stadt 20f
  Gostinyj Dvor 97
  Großraum St. Petersburg 13, 125
  Highlights: Brücken und Wasserstraßen 34f
  Highlights: Paläste und Museen 38f
  Isaaksplatz 76f
  Metro 223

Nevski prospekt 46–49
Palastufer 75
Peter-Paul-Festung 66f
Petrogradskaja 65
Platz der Künste 98f
Russische Föderation 12f
Sennaja ploščad 115
St. Petersburger Persönlichkeiten 42f
Stadtplan 230–245
Strelka 58f
Theaterplatz 116f
Tichviner Friedhof 131
Umgebung von St. Petersburg 144f
Vasileostrovski-Insel 57
Weinanbaugebiete 183
Zentrum von St. Petersburg 14f
Spaziergänge 132–139
Entlang den Wasserstraßen 134f
Spaziergang entlang der Neva 138f
Spaziergang über Jelagin- und Steininsel 136f
Kartenverkauf
 Kioske 201
 Reise 223, 225
 Unterhaltung 200
Katharina I., Zarin 19, 21
 Andreaskathedrale 63
 Carskoje Selo 152
 Sommerpalast 95
Katharina II. «die Große» 19, **22**, 93, 108
 Alexanderpalast (Carskoje Selo) 155
 Aničkov-Palast 109
 Die aufgeklärte Herrscherin **24f**
 Carskoje Selo 143, 152, 154
 Česme-Palast 130
 Denkmal 110
 Der Eherne Reiter (Falconet) 78f
 Eremitage 84–93
 Gatčina 147
 Gribojedov-Kanal 36
 Haus Peters des Großen 73, 139
 Marmorpalast 94
 Monplaisir (Peterhof) 150
 Oranienbaum 146
 Pavlovsk 158, 160f
 Peterhof 149
 Smolnyj-Kloster 128
 Sommergarten 95
 Statue 49
 Taurischer Palast 128
 Voltaires Bibliothek 110
Katharinenpalast *siehe* Carskoje Selo
Katharinenpark (Carskoje Selo) **154**
Kathedralen
 Andreaskathedrale **63**
 Christi-Verklärungs-Kathedrale **127**, 203
 Dreifaltigkeitskathedrale 130, 203
 Isaakskathedrale 10f, 23, 75, 76, **80f**, 139
 Kathedrale Unserer Lieben Frau von Kazan 33, 47, **111**, 135, 203
 Mariä-Erscheinungs-Kirche (Novgorod) 164

Nikolaus-Marine-Kathedrale 115, 117, **120**
Nikolauskathedrale (Novgorod) 163
Peter-Paul-Kathedrale 19, 41, 65, 67, **68f**, 138
Smolnyj-Kathedrale 203
Smolnyj-Kloster 128
Sophienkathedrale (Novgorod) 143, 162f
siehe auch Kirchen
Kaufhäuser **195**, 199
Kaukasische Küche 181, 193
Kaviar 198
Kavkaz-Bar (Restaurant) 187
Kavos, Albert
 Bolšaja Morskaja ulica 122
 Hauptpostamt 122
 Kamennoostrovski-Theater 136
 Mariinski-Theater 119
 Musorgski-Theater für Oper und Ballett 101
Kazaner Kathedrale *siehe* Kathedrale Unserer Lieben Frau von Kazan
Kempinski Hotel Mojka 22 175
Kerenski, Alexandr 29, 147
Kiev 17
Kinder 211
 Hotels 169
 Restaurants 179
 Spaß 201
Kino 203
 Festival der Festivals 51
 Leningrader Filmstudios 45, 70
 Regisseure **45**
Kiprenski, Orest 45
Kirchen
 Armenische Kirche 48, **108**
 Česme-Kirche **130**
 Christi-Verklärungs-Kirche (Novgorod) 164
 Erlöserkirche 10, 98, **100**, 102f, 134
 Evangelische Kirche 47, **112**
 Holländische Kirche 47, 135
 Katharinenkirche 48
 Kirche der drei Heiligen 63
 Kirche der heiligen Frauen (Novgorod) 163
 Kirche Johannes' des Täufers 136
 Mariä-Verkündigungs-Kirche 130
 Palastkirche (Carskoje Selo) 155
 Paraskeva-Pjatniza-Kirche (Novgorod) 163
 Prokopiuskirche (Novgorod) 163
 Theodor-Stratilates-Kirche (Novgorod) 164
 siehe auch Kathedralen
Kirchenbesuch 208f
Kirchenmusik **202**, 203
Kirov, Sergej 70
 Ermordung 27, 41, 72, 128f
 Kirov-Museum 11, 41, **72**
Kirov-Ballett *siehe* Mariinski-Ballett

Kirov-Museum 11, 41, **72**
Kirov-Stadion 137
Kirov-Theater *siehe* Mariinski-Theater
Klangwege (Musikfestival) 52
Klassische Musik **202**, 203
Kleidung
 Kirchenbesuch 208
 Läden **198f**
 Restaurants 179
Kleine Eremitage 84f
Kleine Marstallbrücke 35, 37, 134
Kleiner Saal der Philharmonie (Glinka-Saal) 48, 203
Klenze, Leo von 84
Klima 50–53
Kliniken 213
KLM 220
Klodt, Pjotr
 Aničkov-Brücke 35, 49
 Denkmal für Nikolaus I. 77, 79
 Grab 131
 Statue von Ivan Krylov 95
Klöster
 Alexander-Nevski-Kloster 11, **130f**
 Jurjev-Kloster 164
 Smolnyj-Kloster 128
Knarrende Laube (Carskoje Selo) 154
Kneipen **192**, 193
Kneller, Sir Godfrey 91
Kokorinov, Alexandr 63
Kolokolnikov, Fedot 120
Kolokolnikov, Menas 120
Kommandantenhaus 41, **69**
 Detailkarte 66
Kommunikation **216f**
Kommunismus
 Russische Revolution **28f**
Kompot 190
Konstantin, Großfürst 23
Konsulate 210f
Konzerte **202**, 203
Koreakrieg (1950–1954) 30
Kosaken 28
Kosincev, Grigori 42, 45, 70
Koslovski, Michail 151
Kosmonautentag 50
Kotzebue, Alexander von
 Peter der Große gründet Petersburg 17
Kramskoj, Ivan 106, 131
Krankenhäuser 212, 213
Kreditkarten 209, **214**
 Hotels 168
 Läden 194
 Restaurants 178
Kreml (Novgorod) 143, 162f
Krestovka 136
Krestovski sad 190
Krestovski-Insel 136f
Kreuzer *Aurora* 11, **73**
 Russische Revolution 29, 41, 139
 Spaziergang entlang der Neva 138f
Kriminalität 212
Krimkrieg (1853–56) 23
Krjukov-Kanal 36
Kronstadter Aufstand (1921) 27

Kronverk Hotel 177
Krokodil (Restaurant) 10, 186
Kropotkin, Fürst Pjotr 69
Krupskaja Fabrika 199
Krylov, Ivan
  Grab 131
  Statue 95
Kšesinskaja, Matilda 45, **72**
  Ballettschuhe 118
  Englischer Kai 121
  Villa Kšesinskaja **72**, 138
Kubakrise (1962) 30
Kulturministerium 194
Kunst
  Exportgenehmigung 194f
  Künstler **45**
  Läden **198**, 199
  Russische Ikonenmalerei **165**
  siehe auch Museen und Sammlungen
Kunstclubs 204
Kunsthandwerksläden 198
Kunstkammer 11, 41, **60f**
  Detailkarte 58
Künstler **45**
Kunstverein 199
Kurierdienste 217
Kutusov, Feldmarschall Michail
  Grab 111
  Sieg über Napoléon 23, 111
  Statue 111
Kuznečnyj-Markt 199
Kvartirka 11, 187
Kvas 183
Kyrill, Heiliger 17, 209
Kyrillisch 209

L

L'Homme aux Bras Croisés (Picasso) 91
La Danse (Matisse) 87
Läden und Märkte *siehe* Shopping
Ladogasee 143
Ladožski Station (Bahnhof) 220
Lagidze 189
Laika 30
Lampi, Johann 160
Landé, Jean-Baptiste 110, 118
Landgüter
  Carskoje Selo **152–155**
  Gatčina **147**
  Oranienbaum **146f**
  Pavlovsk **158–161**
  Peterhof **148–151**
Larionov, Michail 107
Larusse 199
Lasarev, Ioakim 108
Laternenbrücke 37
Der Lautenspieler (Caravaggio) 90
Lazarusfriedhof 131
Le Blond, Jean Baptiste
  Brunnen in Peterhof 151
  Großer Palast (Peterhof) 148f
  Peterhof-Park 150
Le Nain, Louis 90
Ledovyj Dvorec 205
Lemaire, François 80
Lena 199
Lenin, Führer des Volkes (Ivanov) 28

Lenin, Vladimir 61, 94
  Finnischer Bahnhof **126**, 139
  Neue Ökonomische Politik 27
  Porträt 28
  Russische Revolution 28f, 83
  Smolnyj-Institut 128f
  Statue 126, 129, 139
  Villa Kšesinskaja 72, 138
Leningrader Filmstudios (Lenfilm) 45, 70
Leonardo da Vinci
  Madonna Litta 86, 90
Lermontov, Michail 46, 83
Der letzte Tag von Pompeji (Brjullov) 105f
Levinson, Jevgeni 126
Levitan, Isaak 107
Levitski, Dmitri 45, 163
  Bildnis von E.J. Nelidova 106
Lichtenstein, Roy 94
Lidval, Fjodor
  Grandhotel Europa 101
  Hotel Astoria 79
  Kamennoostrovski prospekt 70f
Lisicki, El 107
Liszt, Franz 129
Literaturcafé 46, **83**, 187
  Entlang den Wasserstraßen 135
Liverpool (Musikbar) 205
LIVIZ 199
Ljalevič, Marian 47
Lobanov-Rostovski-Palast
  Detailkarte 77
Locke, John 91
Lomonosov *siehe* Oranienbaum
Lomonosov, Michail 45
  Denkmal 58, 61
  Grab 131
  Oranienbaum 147
  Statuen 25, 61
Lomonosov-Brücke 37
  Highlights: Brücken und Wasserstraßen 35
Lomonosov-Denkmal 58, 61
Lorrain, Claude 90
Löwenbrücke 37
  Detailkarte 117
  Highlights: Brücken und Wasserstraßen 34
Lucchini, Giovanni 60
Ludwig XVI., König von Frankreich 160
Ludwig, Peter und Irene 94
Lufthansa 218, 220
Lumière, Gebrüder 70
Luna 193
Lvov, Fürst 29
Lvov, Nikolaj 122
Lyzeum (Carskoje Selo) 41, 155

M

Mädchen mit dem zerbrochenen Krug (Sokolov) 154
Madonna Litta (Leonardo da Vinci) 86
Maestro-/EC-Karte *siehe* girocard
Mafia 212
Das Mahl im Kloster (Perov) 104
Malaja Morskaja ulica **82**

Malevič, Kasimir 45
  Russisches Museum 107
  Staatliches Kunstinstitut 79
  Supremus No. 56 29
Malyšev, Ignati 100
Mama Roma 187
Mamontov, Savva 107
Mandschurische Löwen 138f
Manege der Gardekavallerie **79**
  Detailkarte 76
Manhattan (Musikbar) 205
Mariä-Erscheinungs-Kirche (Novgorod) 164
Marie Antoinette, Königin von Frankreich 161
Marienpalast 79
  Detailkarte 77
Mariinski-Ballett 45, 118
Mariinski-Palast *siehe* Marienpalast
Mariinski-Theater **119**, **202**, 203
  Detailkarte 116
Marija Alexandrovna, Zarin 119
Marija Fjodorovna, Zarin **161**
  Aničkov-Palast 109
  Fabergé-Eier 82
  Jelagin-Insel 126
  Pavlovsk 143, 158–161
Marija, Großherzogin (Tochter von Nikolaus I.) 77
Marija Pavlovna, Großherzogin 94
Marina Gisich Gallery 199
Marineakademie Nachimov 138f
Marinemuseum 11, 41, 57, **60**
  Detailkarte 59
Marionettentheater 201
Märkte **195**, 199
  Apraxin-Markt **111**, 199
  Nikolausmarkt 117
  Rundmarkt 134
  Souvenirmarkt 11
Marly-Palast (Peterhof) **150**
Marmorbrücke (Carskoje Selo) 154
Marmorpalast 40, **94**
Marsfeld 11, **94**
Marstall **113**, 134
Martini, Simone 90
Martos, Ivan 151, 153
MasterCard 214
Matisse, Henri 91, 107
  La Danse 87
Matrosskaja Tišina 190
Mattarnovi, Georgi 60
Matvejev, Andrej 106
Matvejev, Fjodor 106
MDT «Theatre of Europe» 203
Medem International Clinic 213
Medizinische Fakultät des Militärs 139
Medizinische Versorgung 212f
Medvedev, Dmitri 31
Meister Pjotr 164
Meister von Flémalle 90
Melzer, Roman 93, 137
Mendelejev, Dmitri 45, 61
Menelavs, Adam 150
Menšikov, Fürst Alexander 21, **62**
  Bolšoj prospekt 62
  Menšikov-Palast 38, 40, 62
  Oranienbaum 146f
  Zwölf Kollegien 61

Menšikov-Palast 40, **62**
　Highlights: Paläste und Museen 38
Mesenzeva, Galina 45
Messmacher, Maximilian
　Bolšaja Morskaja ulica 122
　Štiglic-Museum 39, 127
Method, Heiliger 17, 209
Metro **222f**
Meyerhold, Vsevolod 110, 134
　Porträt 107
Michail Alexandrovič, Großfürst 94
Michail I., Zar 17, 163
Michail Pavlovič, Großfürst 104
Michajlov, Andrej 120
Michajlov-Palast
　Detailkarte 98
　Highlights: Paläste und Museen 39
　Russisches Museum 104
Michajlovski-Schloss 40, 97, **101**
　Detailkarte 99
Michajlovski-Theater 203
Michelangelo 90
Michetti, Niccolò 150
Migrationsbehörde (FMS) 210f
Mikešin, Michail 110, 163
Millionärsstraße **94**
Miloslavski, Familie 18
Mini-Hotels **170**, 171
Minibusse 224f
Ministerium für Staatsbesitz
　Detailkarte 77
MIR Travel Company 171, 226
Mirage Cinema (Kino) 203
Mjatlev-Haus 79
Mobiltelefone 217
Mode **198**, 199
Mojka 36
　Entlang den Wasserstraßen 134f
Molodjožnyj-Theater 203
Monet, Claude 91
Money Honey/City Club 205
Mongolen 17
Monighetti, Ippolito 120, 152, 154
Monplaisir (Peterhof) **150**
Montferrand, Auguste de
　Alexandersäule 83
　Bolšaja Morskaja ulica 122
　Isaakskathedrale 79f
　Isaaksplatz 79
Morosov, Ivan 91
Moschee, Kamennoostrovski prospekt 70, 138
Moskau
　Reisen zwischen Moskau und St. Petersburg 219
Moskauer Bahnhof 220, 229
Moskva Hotel 175
Mstislav, Fürst 163
MTS 217
Mücken 213
Münze 11
　Detailkarte 66
Münzen 215
Murillo, Bartolomé Esteban 90
Museen und Sammlungen
　Akademie der Künste 40, **63**
　Anna-Achmatova-Museum 41, 129
　Artilleriemuseum 41, **70**
　Carskoje Selo 153

Dostojevski-Museum 41, **130**
Eisenbahnmuseum 41, **123**
Eremitage 10, 40, **84–93**
Freilichtmuseum für Holzbaukunst (Novgorod) 164
Haus Peters des Großen 41, **73**, 138f
Hygienemuseum 99
Ingenieurshaus 41, 67, **68**
Institut für russische Literatur 59
Kirov-Museum 11, 41, **72**
Kommandantenhaus 41, 66, **69**
Kreuzer *Aurora* 41, **73**, 139
Kunstkammer 11, 41, 58, **60f**
Lyzeum (Carskoje Selo) 41
Marinemuseum 11, 41, 57, 59, **60**
Marmorpalast 40, 94
Menšikov-Palast 38, 40, **62**
Michajlovski-Schloss 99
Museum der politischen Geschichte Russlands 11, 39, 41, **72**, 138
Museum des musikalischen Lebens 41, 129
Museum für Anthropologie und Ethnografie 41, 61
Museum für Geschichte, Architektur und Kunst (Novgorod) 163
Nabokov-Museum 41
Peter-Paul-Kathedrale 41
Puškin-Museum 39, 41, **113**, 134
Repino 41, **146**
Russisches Museum 40, 94, 97f, **104–107**
Štiglic-Museum 40, **127**
Sommerpalast **95**
Stroganov-Palast 40, **112**
Theatermuseum 41, 110
Trubeckoj-Bastion 41, 66, **69**
Villa Kšesinskaja 71, **72**
Winterpalast 10, **92f**
Zoologisches Museum 11, 41, 58, **60**
Museumsläden 195
Musik
　Akademische Kapelle **112**
　Ballett **118**, **202**, 203
　Kirchenmusik **202**, 203
　Klangwege (Festival) 52
　Klassische Musik **202**, 203
　Live-Musik und Nachtleben **204f**
　Museum des musikalischen Lebens 41, 129
　Musical Olympus International Festival 50
　Musikalische Begegnungen der Nordpalmyra 53
　Musikalischer Frühling in St. Petersburg 50
　Musiker **44**
　Musikläden **198**, 199
　Oper **202**, 203
　Restaurants 179
　Rimski-Korsakov-Konservatorium 116, **120**
　Stars der Weißen Nächte, Festival der klassischen Musik 51
　Straßenmusik **202**, 203
　Virtuosi 2000 50

Volksmusik **202**, 203
Weiße Nächte, Rockfestival 51
White Nights Swing, Jazzfestival 51
Musorgski, Modest 44, 202
　Grab 131
　Mariinski-Theater 119

N

Na Litejnom 199
Na Muchnom 171
Nabokov-Museum 41
Nachtclubs **204**, 205
Nado Zhe 199
Nahverkehrszüge **228f**
Napoléon I., Kaiser 111, 161
　Alexandersäule 83
　Einmarsch in Russland 22f
　Kamennoostrovski-Palast 136
Napoleonische Kriege 22
Naryškin-Bastion
　Detailkarte 66
Naryškin-Familie 18
Natali Hotel (Puškin) 177
Neff 80
Nejelov, Illja 154
Nejelov, Vasili 154
Nelidova, E.J., Porträt 106
Neptun Hotel 176
Nesterov, Michail 100
Neu-Holland **121**
Neue Börse
　Detailkarte 59
Neue Eremitage 84, 135
Nev Island (Restaurant) 184
NEVA Travel Company 211
Neva **36**
　Flussfahrten **226**
　Neva-Brücken **36f**
　Spaziergang entlang der Neva **138f**
Neva-Tor **69**
　Detailkarte 66
Nevski prospekt **46–49**, **108**
Nevski, Alexandr
　Alexandr-Nevski-Kloster 130
　Grab 130f
　Isaakskathedrale **80f**
　Sarkophag und Denkmal 89
Niederschläge 52
Nikitin, Ivan 106, 153
Nikolaj Nikolajevič, Großfürst 121
Nikolajev, Leonid 72
Nikolajevski-Palast 203
Nikolas, Vladimir 120
Nikolaus I., Zar
　Cottage-Palast (Peterhof) 150
　Dekabristen-Aufstand 23, 78
　Eremitage 84, 91
　Große Synagoge 121
　Isaaksplatz 79
　Smolnyj-Kloster 128
　Sommergarten 95
　Statue 77, 79
Nikolaus II., Zar 69
　Alexanderpalast (Carskoje Selo) 155
　Ermordung 29
　Fabergé-Eier 82
　Peter-Paul-Kathedrale 31, 69

Russische Revolution 26, 28
Russisches Museum 104
Winterpalast 93
Nikolaus-Marine-Kathedrale 115, **120**
  Detailkarte 117
  Glockenturm 117
Nikolauskathedrale (Novgorod) 163
Nikolausmarkt
  Detailkarte 117
Nižinski, Vaclav 45, 118f
Nord Hostel 171
Notrufnummern 213
Novgorod 143, **162–164**
  Anreise 229
  Hotels 177
  Restaurants 191
  Tagesausflüge 193
Novgoroder Schule 162, 163
  Russische Ikonenmalerei 106, **165**
Novotel 176
NyamBurg 193
Nurijev, Rudolf 45, 110, 118
Nystad, Frieden von (1721) 19

O

Obvodnov-Kanal 36
Ochtinskaja (Hotel) 177
Öffnungszeiten 208
  Brücken 209
  Läden 194
  Restaurants 179
Okdail 220
Oktjabrskaja (Hotel) 176
Oktjabrski Bolšoj Koncertnyj Zal 205
Oktober-Konzerthalle 203
Oktoberrevolution siehe Revolution (1917)
Oper **202**, 203
Oranienbaum 40, 143f, **146f**
  Anreise 228
Ordensritter 17
Orlov, Graf Alexej 24
Orlov, Graf Grigori 108
  Gatčina 147
  Marmorpalast 94
  Monplaisir (Peterhof) 150
Orthodoxe Kirche siehe Russisch-orthodoxe Kirche
Osner, Karl 68
Ostern 50, 53
Ostrovski, Alexandr 110
Ostrovskiplatz **110**
Ostwest 171

P

Palast Peters des Großen (Peterhof) 148f
Paläste **38–40**
  Alexanderpalast (Carskoje Selo) 155
  Aničkov-Palast 49, **109**, 110
  Beloselski-Belozerski-Palast 49
  Carskoje Selo **152–155**
  Česme-Palast 130
  Cottage-Palast (Peterhof) **150**
  Highlights: Paläste und Museen **38f**
  Jelagin-Palast **126**, 133, 137
Jusupov-Palast 10, 116, **120**
Kamennoostrovski-Palast 136
Marly-Palast (Peterhof) **150**
Marmorpalast **94**
Menšikov-Palast **62**
Michajlov-Palast 39, 98, 104
Monplaisir (Peterhof) **150**
Oranienbaum **146f**
Peterhof **148–151**
Šeremetjev-Palast **129**
Sommerpalast **95**
Stroganov-Palast 47, **112**, 135
Taurischer Palast **128**
Voronzov-Palast **111**
Winterpalast **92f**
Palastufer 15, **74–95**
  Detailkarte 76f
  Eremitage **84–93**
  Hotels 174f
  Isaakskathedrale **80f**
  Isaaksplatz **76f**
  Restaurants 185f
  Spaziergang entlang der Neva **138f**
  Stadtteilkarte 75
Palermo (Restaurant) 189
Paloma (Modeladen) 199
Pantelejmon-Brücke 37
  Detailkarte 99
Paraskeva-Pjatnica-Kirche (Novgorod) 163
Park Giuseppe (Restaurant) 186
Park Inn Pribaltiskaja 168, 177
Park Inn Pulkovskaja 168, 176
Parks und Gärten
  Admiralitätsgarten 46
  Alexandrovski-Park **70**
  Botanischer Garten 136
  Carskoje Selo 153f
  Gatčina 147
  Hängender Garten (Eremitage) 85
  Katharinenpark (Carskoje Selo) 154
  Oranienbaum 147
  Pavlovsk 158
  Peterhof 148, 150f
  Siegespark 137
  Sommergarten **95**
  Taurischer Palast 128
  Zentralpark für Kultur und Erholung 126
Parland, Alfred 100
Pass 210
Passaž 199
Passaž-Arkaden 48
Patouillard, René 35
Paul I., Zar
  Ermordung 22
  Gatčina 143, 147
  Kathedrale Unserer Lieben Frau von Kazan 111
  Marineakademie Nachimov 139
  Mausoleum (Pavlovsk) 159
  Michajlovski-Schloss 99, 101
  Neptunbrunnen (Peterhof) 151
  Pavlovsk 158, 160f
  Pavlovski-Garde 94
  Taurischer Palast 128
  und Carlo Rossi 110
Pavlov, Ivan 45, 61

Pavlova, Anna 42, 45
  Ballets Russes 119
  Ballett in St. Petersburg 118
  Zaristische Ballettschule 110
Pavlovsk 40, 143, **158–161**
  Anreise 228
  Grundrissplan 160
  Highlights: Paläste und Museen 38
  Privatgemächer 161
  Prunksäle 160f
  Restaurants 191
  Südflügel 161
  Tagesausflüge 192f
  Zweiter Weltkrieg 27
Pel, Alexandr 122
Pelmeni 192
Pelmeni Bar 11, 193
Pelzläden **198**, 199
Peregovornyj punkt (Call-Center) 217
Perestroika 30
Peretjatkovič, Marian 46
Perov, Vasili 107
  Das Mahl im Kloster 104
Persönliche Sicherheit **212f**
Peter der Große, Zar **18–21**, 106f, 163
  Admiralität 78
  Alexandr-Nevski-Kloster 130
  Apothekerinsel 136
  Bibliothek der Akademie der Wissenschaften 59
  Carskoje Selo 153
  Der Eherne Reiter (Falconet) 10, 75f, **78f**
  Eiche 136
  Eremitage 88f
  Grab 69
  Haus Peters des Großen 41, **73**, 138f
  Kanäle 36
  Kunstkammer 58, 60f
  Marine 60
  Marly-Palast (Peterhof) 150
  Menšikov-Palast 62
  Monplaisir (Peterhof) 150
  Neu-Holland 121
  Peter-Paul-Kathedrale 68
  Peterhof 148f
  Peterstor 68
  Porträt von Nikitin 153
  Preobraženski-Garde 134
  Sommergarten 95
  Sommerpalast 39f, 95
  Statuen 67, 99, 101
  Strelitzen-Aufstand 20
  Vasileostrovski-Insel 57
  Winterpalast 92
  Wodka 182
  Zwölf Kollegien 61
Peter II., Zar 19, 69
Peter III., Zar 19
  Ermordung 22
  Oranienbaum 146
  Prätendent Pugačov 24
Peter-der-Große-Brücke 37
Peter-Paul-Festung 11, 18
  Detailkarte 66f
  Spaziergang entlang der Neva 138
Peter-Paul-Kathedrale 68

Peterhof 40, 143, **148–151**
 Anreise 228f
 Cottage-Palast **150**
 Eremitage **150**
 Highlights: Paläste und Museen 38
 Marly-Palast **150**
 Monplaisir **150**
 Springbrunnen 50, **151**
 Tagesausflüge 192f
Peterstor **68**
 Detailkarte 67
Petipa, Marius 45, 118, 131
Petraševski-Kreis 123
Petro Palace Hotel 174
Petrogradskaja 15, **64–73**
 Detailkarte 66f
 Jugendstil in St. Petersburg **71**
 Peter-Paul-Festung **66f**
 Restaurants 184f
 Stadtteilkarte 65
Philharmonie
 Großer Saal (Šostakovič-Saal) 43, 101, 203
 Kleiner Saal (Glinka-Saal) 48, 203
Picasso, Pablo 91, 94, 107
 L'Homme aux Bras Croisés 91
Pilze sammeln 52
Pimenov, Nikolaj 80
Pimenov, Stepan 83, 110
Pineau, Nicholas 148
Pirosmani 191
Piskarjevskoje-Friedhof **126**
Pissarro, Camille 91
Pivnaja 0.5 193
Pizzerien **192**, 193
Pjatnica 205
Platz der Künste **101**
 Detailkarte 98f
Ploščad Lenina 139
Podvore 193
Podvorie (Pavlovsk) 191
Polenov, Vasili 107
Polikoff Hotel 175
Politische Gefangene **69**
Polizei 212, **213**
Polovcov, Alexandr 122, 127, 137
Poltava, Schlacht von (1709) 19, 21
Popov, Alexandr 45
Porzellanläden 199
Post **216f**
 Hauptpostamt **122**, 217
Postel, Fjodor von 71
Potjomkin, Fürst Grigori 25
 Aničkov-Palast 109
 Pfauenuhr 85
 Taurischer Palast 128
Potjomkin, Pjotr 91
Poussin, Nicolas 90
Povari 190
»Prager Frühling« 30
Preobraženski-Garde 134
Prestiž Hotel Center 172, 174
Priboj 193
Prima Sport Hotel 171
Prinzessin Olga Konstantinovna Orlova (Serov) 104
Privatunterkünfte 171f
Probka 190
Prokofjev, Sergej 116, 120

PTS-Kartentelefon 216
Pugačov-Aufstand (1773–75) 22, 24
Pulkovskaja Hotel 173, 176
Puppentheater 201
Puschkin *siehe* Puškin
Puška Inn 175
Puškin
 Hotels 177
 Restaurants 191
Puškin, Alexandr 43, 44
 Brunnen in Carskoje Selo 154
 Carskoje Selo 41, 155
 Der Eherne Reiter 23, 37, 69, **78**
 Literaturcafé 46, 83
 Puškin-Museum 39, **113**, 134
 Repins Porträt 146
 Statuen 101, 155
 Tod **83**, 113
Puškin, Natalija *siehe* Gončarova, Natalija
Puškin-Museum 41, **113**, 134
 Highlights: Paläste und Museen 39
Puškins Datscha (Carskoje Selo) 155
Puškinskaja 10 199
Putin, Vladimir 31

Q

Quarenghi, Giacomo
 Akademie der Wissenschaften 25, 58
 Alexanderpalast (Carskoje Selo) 155
 Aničkov-Palast 109
 Carskoje Selo 154
 Englischer Kai 121
 Eremitage 84
 Grab 131
 Manege der Gardekavallerie 76, 79
 Neue Börse 59
 Rundmarkt 134
 Smolnyj-Institut 128
Quarenghis Stände 49

R

RADAR 211
Radio 217
Radisson Royal Hotel 176
Raffael 83, 84, 90, 130
Raiffeisen Bank 214
Rasputin, Grigori 26
 Česme-Palast 130
 Jusupov-Palast 10, 120
 Tod 40, 72, **121**
Rastrelli, Bartolomeo Carlo (Vater)
 Büste Peters des Großen 89
 Statue Peters des Großen 101
Rastrelli, Bartolomeo Francesco (Sohn) 19, **93**
 Carskoje Selo 152, 154
 Gostinyj Dvor 108f
 Katharinenpalast (Carskoje Selo) 38
 Monplaisir (Peterhof) 150
 Peterhof 148f
 Smolnyj-Kloster 128
 Stroganov-Palast 112
 Voroncov-Palast 111
 Winterpalast 10, 85, 92

Rasumovski, Alexej 49, 109
Rauchen 179, 209
Reed, John 79
Regionalküche 192
Registrierung von Ausländern 210
Reiseinformationen **218–229**
 Anreise 218–220
 Ausflüge von St. Petersburg 228f
 Autofahren 229
 Busse und Minibusse 224f
 Fähren und Ausflugsboote 220
 Flüge 218f, 220
 In St. Petersburg unterwegs 221–227
 Kanal- und Flussfahrten 226f
 Metro 222f
 Reisebusse 220
 Reiseversicherung 212
 Taxis 201, 226f
 Tragflächenboot 229
 Trambahnen 224
 Trolleybusse 225
 Umgebung von St. Petersburg 144
 Verkehrsmittel in der Nacht 201
 Wassertaxis 227
 Zu Fuß 221
 Züge 219
Reiseschecks 212, 215
Reiseveranstalter 220
Rembrandt 90
 Abrahams Opfer 86
Renaissance St Petersburg Baltic Hotel 172, 175
Reni, Guido 90
Renoir, Pierre Auguste 91
Repin, Illja 41, 42, 45, 106f
 Akademie der Künste 63
 Datscha 143
 Grab 146
 Porträt von Michail Glinka 44
Repino 41, 146
 Anreise 229
 Restaurants 191
Resanov, Alexandr 94
Residenz des Erzbischofs (Novgorod) 162
Restaurants **178–193**
 Behinderte Reisende 179
 Bezahlen und Trinkgeld 178
 Etikette 179
 Gostinyj Dvor 187f
 Kinder 179
 Live-Musik 179
 Novgorod 191
 Öffnungszeiten 179
 Palastufer 185f
 Pavlovsk 191
 Petrogradskaja 184f
 Puškin 191
 Rauchen 179
 Repino 191
 Reservierung 179
 Russische Küche 180f
 Sennaja ploščad 188
 Speisekarte 178
 Šuvalovka 191
 Vasileostrovski-Insel 184
 Vegetarische Gerichte 179

Retur Camping 171
Revolution (1905) 26
 Dreifaltigkeitsplatz 73, 138
 Schlossplatz 83
Revolution (1917) 26, **28f**
 Finnischer Bahnhof **126**
 Kreuzer *Aurora* 73, 139
 Schlossplatz 83
 Smolnyj-Institut 128
 Villa Kšesinskaja 72, 138
Revolution (Disco) 205
Reynolds, Sir Joshua 91
Ribera, José de 90
Rimski-Korsakov, Nikolaj 44, 202
 Akademische Kapelle 112
 Denkmal für Rimski-Korsakov 116
 Grab 131
Rimski-Korsakov-Konservatorium **120**
 Detailkarte 116
Rinaldi Bed & Breakfast 171
Rinaldi, Antonio
 Česme-Säule (Carskoje Selo) 154
 Gatčina 147
 Marmorpalast 94
 Oranienbaum 146
Ritter am Scheideweg (Vasnecov) 106f
Robert, Hubert 161
Rockmusik 51, **204**, 205
Rodčenko, Alexandr 107
Romanov-Dynastie 10, 94
 Beginn 17
 Ende 27, 28
Rossi, Carlo 37, **110**
 Aničkov-Palast 109
 Generalstabsgebäude 83, 135
 Grab 131
 Jelagin-Palast 136f
 Michajlovski-Palast 39, 98, 104f
 Ostrovskiplatz 110
 Platz der Künste 98, 101
 Russische Nationalbibliothek 110
 Schlossplatz 83
 Senat 76, 78
 Senatsplatz 78
 Synode 76, 78
 Ulica Sodčevo Rossi 110
Rossija Hotel 176
Rostrasäulen **60**
 Detailkarte 59
Rote Armee 27
Rote Brücke 37
Rote Garde 28
Rowley, Meister John 89
Rubens, Peter Paul 90, 93, 130
 Die Hochzeit Kaiser Konstantins 93
Rubinstein, Anton 44, 116, 120
Rubljov, Andrej 106, 164
 Dreifaltigkeit 165
Rudnev, Lev 94
Rundmarkt 134
Rurik, Fürst 17, 162f
Rusca, Luigi 48
Rusca-Portikus (Perinnjie Rjadi) 48
Russisch-Japanischer Krieg (1904/05) 26, 139

Russisch-orthodoxe Kirche
 Geschichte 17
 Ikonostase 165
 Kirchenbesuch 208f
 Ostern 50
Russische Föderation
 Karte 12f
Russische Ikonenmalerei **165**
 Sakralmusik **202**, 203
 Weihnachten 53
Russische Küche **192**, 193
Russische Nationalbibliothek 48, 110
 Informationszentrum 217
Russische Revolution *siehe* Revolution
Russisches Museum 40, 97, **104–107**
 Altrussische Kunst 106
 Detailkarte 98
 Grundrissplan 104f
 Highlights: Paläste und Museen 39
 Ikonen 106
 Kunst des 20. Jahrhunderts 107
 Kunst von 1700–1860 106f
 Marmorpalast 94
 Volkskunst 107
Russkaja rybalka (Restaurant) 191
Russkaja Starina 199
Russki Kitč (Restaurant) 11, 184
Russkije Kruizy 226
Russkije Samocvety 199
Russland-Tag 51
Ruysch, Frederik 60f

S
Saburov, Pjotr 88
Sacharov, Andrej (Architekt) 63, 78, 131
Sacharov, Andrej (Dissident) 30f
Sadko 193
Salchino 185
Šaljapin, Fjodor 70, 146
Samowar 183
Sängerbrücke 37, 112, 135
Sankt Peterburg (Hotel) 173, 177
Sankt Peterburg (Restaurant) 11, 188
Sankt Petersburger Büro für Stadtrundfahrten 226
Šapošnikov, Ivan 121
SAS 220
Saserkalje 201
Säuberungsaktionen 27, 72
Sberbank 214
Ščedrin, Silvestr 45, 106
Schädel, Gottfried 62, 146
Schiffe
 Bootsfahrten 36
 Fähren und Schiffsfahrten 220
 Kanal- und Flussfahrten **226f**
 Kreuzer *Aurora* 11, 41, **73**, 139
 Marinemuseum 59, **60**
 Tragflächenboot 229
 Wassertaxis **227**
Schiffstouren 220, **226**
Schlossbrücke 36
Schlossplatz 10, **83**
Schlüsselburg-Festung 69

Schlüter, Andreas 95, 153
Schmidt, Karl 82
Schmidt, Leutnant Pjotr
 Blagoveščenski most 37, **63**
Schnee 52
Schokoladenmuseum 199
Schöne, Vasili 137
Schostakowitsch *siehe* Šostakovič
Schriftsteller **44**
Schröter, Viktor 119, 121
Schwanenkanal 36
 Highlights: Brücken und Wasserstraßen 35
Schwimmen 53
Schwule und lesbische Clubs **204**, 205
Ščukin, Sergej 91
Šebujev, Vasili 63
Sechsflügeliger Seraph (Vrubel) 107
Šelfort Hotel 174
Senatsplatz 10, **78**
 Detailkarte 76
Sennaja ploščad 15, **114–123**
 Ballett in St. Petersburg **118**
 Detailkarte 116f
 Hotels 175
 Restaurants 188
 Stadtteilkarte 115
 Theaterplatz **116f**
Šerbet 190
Šeremetjev, Familie 41, 129
Šeremetjev, Feldmarschall Boris 129
Šeremetjev-Palast 125, **129**
Serov, Valentin
 Prinzessin Olga Konstantinovna Orlova 104
Serov, Vasili 163
Severnaja Lira 199
Shakespeare, William 42, 113
Shelfort Hotel 174
Shopping **194–199**
 Bezahlung 194
 Bücher, DVDs und CDs 198f
 Handeln 194
 Kaufhäuser 195, 199
 Kunst und Antiquitäten 194f, 198f
 Märkte und Basare 195, 199
 Mode und Pelze 198f
 Museumsläden 195
 Öffnungszeiten 194
 Souvenirs 196–199
 Sowjetmemorabilien 198f
 Wodka und Delikatessen 198
Sicherheit **212f**
 Hotels 169
Siegesdenkmal 11, **131**
Siemiradzki, Henryk
 Phryne bei den Poseidonfeiern in den Eleusinischen Gefilden 105
»Silbernes Zeitalter« (Poesie) 44, 129
Silvester 53
Sindbad Travel Centre 171
Singer-Gebäude 47, 71, 135
Šinok 190
Sjusor, Pavel 47, 71
Skilaufen 53
Sladkoježka 193
Slavjanski stil 199
Slawen 17

TEXTREGISTER

Smolnyj-Institut 11, **128f**
Smolnyj-Kathedrale 203
Smolnyj-Kloster **128**
Smolnyj-Komplex 125
Sobčak, Anatoli 31
Sobiratel 199
Sobornaja-Moschee 70, 138
Sobranie (Šuwalovka) 191
Soiree 193
Sokolov, Pavel 34
  Das Mädchen mit dem zerbrochenen Krug 154
Solženicyn, Alexander 30
Sommer in St. Petersburg 51
Sommergarten **95**
Sommerpalast 40, **95**
  Highlights: Paläste und Museen 39
Sonnenschein 51
Sophia, Regentin 18
Šostakovič, Dmitri 43f, 202
  Filmmusik 45
  Mariinski-Theater 119
  Rimski-Korsakov-Konservatorium 116, 120
  Siebte Sinfonie 27, 43, 44
  Siegesdenkmal 131
Souvenirläden 198
Souvenirmarkt 11, 199
Sowjetmemorabilien 198f
Sozrealismus 27
S.P.A.S. 199
Spaziergänge **132–139**
  Entlang den Wasserstraßen **134f**
  Spaziergang entlang der Neva **138f**
  Über Jelagin- und Steininsel **136f**
Speisekarte 178
Speranski, Sergej 131
Sphinx 57
Sport 51
Sprache 209, 211
Sprachführer **260–264**
Sputnik 30
Stadtplan **230–245**
Stadttag (Mai) 50
Štakenschneider, Andrej 49, 85, 94
Stalin, Iosif 125
  Chruščovs Abrechnung 30
  Diktatur 27
  Ermordung von Kirov 41, 72
  Metro-Stationen 222
  »Säuberungen« 27, 72, 129
Staraja Bašnja (Puškin) 191
Staraja Derevnja 191
Staraja Kniga 199
Staraja tamožnja (Restaurant) 184
Starov, Ivan 128, 130
Stars der Weißen Nächte, Festival der klassischen Musik 51
Staryj Dom 189
Stasov, Vasili
  Christi-Verklärungs-Kathedrale 127
  Kaserne der Pavlovski-Garde 94
  Literaturcafé 83
  Marstall 113
  Smolnyj-Kloster 128
Steinbrücke 135

Steininsel (Kamennyj Ostrov)
  Spaziergang über Jelagin- und Steininsel **136f**
Štiglic, Baron Alexandr 127
Štiglic-Museum 40, **127**
  Highlights: Paläste und Museen 39
Stillleben mit Attributen der Kunst (Chardin) 91
Stirka 40° 193
Stockmann Delicatessen 199
Stolle 193
Stony Island Hotel 177
Straßenmusik **202**, 203
Stravinski, Igor 44, 119
Strelitzen-Aufstand (1682) 18, 20
Strelka 11
  Detailkarte 58f
Strelna
  Hotels 177
Stroganov, Fürst Sergej 112
Stroganov-Palast 40, 47, **112**
  Entlang den Wasserstraßen 135
Studenten 210, 211
Šubin, Fedot 130, 151
Suliko 187
Sunduk 190
Suprematismus 107
Supremus No. 56 (Malevič) 29
Surikov, Vasili 107
Sushi **192**, 193
Sushi Planet 193
Süßigkeiten und Gebäck **192**, 193
Šustov, Smaragd 136
Šuvalovka 201
  Restaurants 191
Sverkov-Haus 135
Symbolisten 107
Synagoge, Große **121**

T

Tag der Arbeit 50, 53
Tag der Nationalen Einheit 53
Tag der Verteidiger des Vaterlands 53
Tag des Sieges 50, 53
Tag des Wissens 52
Tageszeitungen 217
Taleon Imperial Hotel 174
Tamanski, Pjotr 70
Tanz *siehe* Ballett
Taschendiebe 212
Tatjana Parfjonova modnyj dom 199
Tatlin, Vladimir 79
Taurischer Palast **128**
Taurit, Robert 126
»Tausend Jahre Russland« (Denkmal, Novgorod) 163
Taxis 201, 226, **227**
  Flughafen 219
Tbiliso 185
Tee 183
Telefonieren 169, **216**
Telegramme 217
Temperaturen 53
Terborch, Gerard 90
Teremok 193
Terrasa 185

Tertia 199
Theater 202f
  Alexandrinski-Theater 110, 202
  Kamennoostrovski-Theater 136
  Mariinski-Theater 116, **119**, **202**, 203
  Baltisches Theaterfestival 52
  Theatermuseum 41, 110
Theaterbrücke 37, 134
Theaterplatz
  Detailkarte 116f
Thomon, Thomas de 60, 131
Tichviner Friedhof 131
Tiepolo, Giovanni Battista 90
Tilsit, Frieden von (1807) 22
Tinkoff 193
Tizian 63, 90
T-Lounge 186
»Todestor« 69
Toiletten 211
Tolstoj, Lev
  Krieg und Frieden 23, 111, 121
Torelli, Stefano 94
Toto 199
Tragflächenboote 229
Traitteur, Georg von 35, 37, 135
Trams 224
Transaero 220
Trapeza (Peterhof) 193
Trauberg, Leonid 45, 70
Traumaklinik des Zentraldistrikts 213
Tres Amigos 189
Trezzini, Domenico
  Mariä-Verkündigungs-Kirche 130
  Peter-Paul Festung 66
  Peter-Paul-Kathedrale 68
  Peterstor 67, 68
  Sommerpalast 95
  Zwölf Kollegien 61
Trezzini, Giuseppe 63
Tribunal 205
Trinitatis (Trioza; Feiertag) 51
Trinkgeld 209
Trinksprüche 209
Triscorni, Paolo 77
Troicki most (Restaurant) 11, 193
Troika 190
Trolleybusse 225
Trotzki, Lev 27
  Bürgerkrieg 123
  Ermordung 29
  Gefangenschaft 69
  Russische Revolution 28f
Trubeckoj, Fürst Pavel 94
Trubeckoj-Bastion 41, **69**
  Detailkarte 66
Tsch... *siehe* Č...
Tschaikowsky *siehe* Čajkovski
Tschechow *siehe* Čechov
Türkenkriege 22
Türkisches Bad (Carskoje Selo) 154
Typografija 199

U

Überschwemmungen **37**, 69
  Der Eherne Reiter (Puškin) 78
Ulica Zodčego Rossi **110**

Universität
  Zwölf Kollegien 58, **61**
Unona-Markt 199
Unteres und Oberes Bad (Carskoje Selo) 154
Unterhaltung **200–205**
  Ballett 202f
  Festivals 50–53, 201
  Information 200
  Kino 203
  Kirchenmusik 202f
  Klassische Musik 202f
  Live-Musik und Nachtleben 204f
  Mariinski-Theater 202f
  Oper 202f
  Spaß für Kinder 201
  Straßenmusik 202f
  Theater 202f
  Tickets 200
  Verkehrsmittel in der Nacht 201
  Volksmusik 202f
  Websites 201
  Weiße-Nächte-Festivals 51, 201
  Zirkus 201

V
Vaganova, Agrippina 45, 110, 118
Valeriani, Giuseppe 152
Vallin de la Mothe, Jean-Baptiste
  Akademie der Künste 63
  Gostinyj Dvor 109
  Jusupov-Palast 120
  Katharinenkirche 48
  Kleine Eremitage 85
  Neu-Holland 121
Vasileostrovski-Insel 14, **56–63**
  Detailkarte 58f
  Hotels 174
  Restaurants 184
  Stadtteilkarte 57
  Strelka **58f**
Vasiljev, Alexandr 126
Vasnecov, Viktor
  Erlöserkirche 100
  Ritter am Scheideweg 106f
Vdali ot zhen 193
Vegetarische Gerichte 179
Velázquez, Diego de Silva y 90
Venus und Cupido (Cranach) 90
Vereščagin, Nikolaj 89
Verfassungstag 53
Vernisaž 199
Versicherungen 212
Villa Dolgorukov 136
Villa Kšesinskaja 71, **72**, 138
  Highlights: Paläste und Museen 39
Visa (Kreditkarte) 214
Visum 210, 211
Vitali, Ivan 80, 81
Vitebsker Bahnhof 220, 229
Vitte, Graf Sergej 70

Vladimir Alexandrovič, Großfürst 94
Vladimir Kirilovič, Großfürst 67
Vladimir, Großfürst 17
Vladimirski Passaž 199
Vogelstatue (Gabriadse) 99
Volchov Hotel (Novgorod) 177
Volksmusik **202**, 203
»Volkswille« (Geheimbund) 26, 135
Volna 185
Voltaire 22, 113
  Bibliothek 110
  Korrespondenz mit Katharina der Großen 24
  Statue 87
Voroncov, Fürst Michail 111
Voroncov-Palast **111**
Voronichin, Andrej
  Akademie der Künste 63
  Grab 131
  Kathedrale Unserer Lieben Frau von Kazan 111
  Kentaurenbrücke (Pavlovsk) 158
  Pavlovsk 160f
  Visconti-Brücke (Pavlovsk) 159
Vorwahlnummern 216
Vrubel, Michail 107
  Sechsflügeliger Seraph 107
Vsevolod, Fürst 164

W
Währung 215
»Wanderer« *(peredvižniki)* 45, 63, 106f
Warhol, Andy 94
Warschauer Bahnhof 229
Warschauer Pakt 30
Wasser
  Gesundheitsvorsorge 213
  Mineralwasser 183
Wasserstraßen **34–37**
  Entlang den Wasserstraßen 134f
  Highlights: Brücken und Wasserstraßen 34f
Wassertaxis **227**
Watteau, Antoine 90
Websites
  Restaurants 179
  Unterhaltung 201
Wedgwood, Josiah 91, 130
Weenix, Jan 62
Weihnachten 53
Wein 183
Weiße Nächte, Rockfestival 51
Weiße-Nächte-Festivals 51, 201
Weißgardisten 27
»Welt der Kunst« 26, 45, 107
Westpost 217
Wetter 50–53
Weyden, Rogier van der 90
White Nights Swing, Jazzfestival 51
Winter in St. Petersburg 53

Winterkanal 36
  Entlang den Wasserstraßen 134f
  Highlights: Brücken und Wasserstraßen 34
Winterpalast 10, 40, 85, 87, **92f**
  Erstürmung 28f
Wissenschaftler **45**
Wist, Alexandr 63
Wodka 182, 198
Wohnungen, Anmietung 171
Die Wolgatreidler (Repin) 105
Wright of Derby, Joseph 91

X
Xren 190

Z
Zakuski 181
Zaristische Ballettschule 45, 110, 118
Zaristische Porzellanmanufaktur 25, 199
Zarudny, Ivan 67f
Zeck, Johann 161
Zeit 211
Zeitschriften 217
  Veranstaltungshinweise 200
Zelenogorsk
  Hotels 177
Zentralasiatische Küche 181
Zentrale Flugagentur 220
Zentrale Steuerbehörde 49
Zentraler Fahrkartenverkauf 220
Zentraler Theaterkartenverkauf 201
Zentralpark für Kultur und Erholung 126
Zirkus 11, 201
  Detailkarte 99
Der Zirkus (Chagall) 45
Živago 80
Zoll 210
Zolotoj Kovš (Novgorod) 193
Zoologisches Museum 11, 41, **60**
  Detailkarte 58
Zov Iliča (Restaurant) 11, 188
Züge 220
  Anreise per Zug 219
  Auskunft 229
  Eisenbahnmuseum 41, **123**
  Finnischer Bahnhof **126**
  Nahverkehrszüge **228f**
  Reisen zwischen Moskau und St. Petersburg 219
Zurbarán, Francisco 90
Zver 11, 185
Zweiter Weltkrieg 27
  Denkmal der Verteidiger Leningrads 41
  Siegesdenkmal **131**
  Tag des Sieges 50
  siehe auch Belagerung von Leningrad
Zwölf Kollegien **61**
  Detailkarte 58

Danksagung und Bildnachweis

Dorling Kindersley bedankt sich bei allen, die bei der Entstehung dieses Buches mitgewirkt haben.

Autoren
Chistopher Rice promovierte an der Universität Birmingham in russischer Geschichte. Er besuchte mit seiner Frau Melanie, ebenfalls Schriftstellerin, Russland zum ersten Mal 1978; seitdem fahren beide regelmäßig dorthin. Sie schrieben gemeinsam zahlreiche Reiseführer über St. Petersburg, daneben auch über Prag, Berlin und Istanbul. Von ihnen stammt auch der *Vis-à-Vis Moskau*.

Catherine Phillips ist Kunsthistorikerin, die seit 1985 in Russland lebt und 1989 nach St. Petersburg zog. Sie berichtete in den ersten Jahren der Perestroika für britische und US-Fernseh-und Radiosender über wichtige Ereignisse und schrieb die ersten Reiseführer über das neue Russland oder beriet bei deren Produktion. Heute übersetzt und lektoriert sie in erster Linie wissenschaftliche Texte und schreibt für Nachschlagewerke.

Weitere Autoren
Rose Baring begann mit zwölf Jahren, Russisch zu lernen. Sie hat einen Master of Arts in Moderner Geschichte und lebt seit Anfang der 1990er Jahre in London, Moskau und St. Petersburg. Von ihr stammen Reiseführer über St. Petersburg, Moskau und andere Reiseziele, darunter auch der *Vis-à-Vis Istanbul*.

Assistenz
Dorling Kindersley dankt für die Unterstützung von Marc Bennets (Drei Spaziergänge), Anastasia Makarova (Überprüfung der Einträge), Hilary Bird (Textregister), Ian Wizniewski (Essen, Trinken), Valera Kazuba (Fotografier-Erlaubnisse), Marina Maidanjuk und Agency Information Resources (Recherche), Olexi Nesnov (Sprachberater), Julija Motovilova (St. Petersburger Tourismusbehörde) und den Mitarbeitern von Peter TiPS.

Korrektorat
Stewart J. Wild.

Register
Hilary Bird.

Grafik- und Redaktionsassistenz
Namrata Adhwaryu, Emma Anacootee, Gillian Allan, Douglas Amrine, Liz Atherton, Andrej Bogdanov, Laurence Broers, Shura Collinson, Lucinda Cook, Dawn Davies-Cook, Hannah Dolan, Claire Folkard, Chris Gordon, Freddy Hamilton, Paul Hines, Leanne Hogbin, Sam Merrell, Adam Moore, Fiona Morgan, Jane Oliver, Helen Partington, Marianne Petrou, Pure Content, Luke Rozkowski, Alison Stace, Ingrid Vienings, Veronica Wood.

Ergänzende Illustrationen
Claire Littlejohn, John Woodcock.

Ergänzende Fotografie
Valentin Baranovski, Andrej Bogdanov, Victoria Buyvid, Shura Collinson, Andy Crawford, Erich Crichton, Neil Fletcher, Steve Gorton, Paul Miller, Ian O'Leary, Jon Spaull, Clive Streeter; Kommersant Photo Agency: Jevgeni Pavlenko, Sergej Semjenov.

Genehmigung für Fotografien
Dorling Kindersley bedankt sich bei allen für die freundlich gewährte Erlaubnis, in ihren Einrichtungen fotografieren zu können, darunter Museen, Paläste, Kathedralen, Kirchen, Läden und Sehenswürdigkeiten, deren Aufzählung den Rahmen dieses Abschnitts sprengen würde.

Bildnachweis
l = links; m = Mitte; o = oben; r = rechts; u = unten; d = Detail.

Dorling Kindersley dankt den folgenden Personen, Institutionen und Bildarchiven für die freundliche Genehmigung zur Reproduktion ihrer Fotografien:

AISA: Barcelona: 18o, 44o, 55 (Einklinker), 106or.
AKG: London: 16, 17o, 20ul/ml, 20/21m, 25ol, 26ml, 27m, 28ur; Erich Lessing 28ul, 29m, 37u, 42ml/ul/ur, 43ur, Staatliches Russisches Museum, St. Petersburg 105mru.
Alamy Images: Art Kovalsky 10mo; Medioimages 10ur; Robert Harding Picture Library Ltd 10om, 138mr; Robert Harding Picture Library Ltd/Sylvain Grandadam 180ml, 181ol; Peter Titmuss 138ur.

Ancient Art & Architecture Collection: 45mr.
APA: Jim Holmes 93ol.
Axiom: Jim Holmes 153u.
Valentin Baranovski: 84ul, 85ol, 201o.
Ian Bavington-Jones: 130o.
Juri Belinski: 31o.
Bridgeman Art Library, London/New York: 153m; Forbes Magazine Collection 28/29m; Eremitage, St. Petersburg 24/25m, 25ml, 86o/u, 87o/u, 88u, 89or/u, 90o/u, 91o/m, *Der Tanz*, Henri Matisse (1910) © Nachlass Henri Matisse/DACS 2006 87m; Privatsammlung *Propagandaplakate des 20. Jahrhunderts*, D. Moor © DACS 2006 29or; Russisches Museum, St. Petersburg, *Der Radfahrer*, Natalija Gončarova (1913) © ADAGP, Paris, and DACS, London, 2006 40u, *Prinzessin Olga Konstantinovna Orlova*, Valentin Alexandrovič Serov (1911) 104mlu; Tretjakov-Galerie, Moskau 19o, *Der Zirkus*, Marc Chagall (1919) © ADAGP, Paris, and DACS, London, 2006 45ol.
Camera Press: Roxana Artacho 85ul.
Demetrio Carrasco: 2/3, 6u, 15u, 36o, 53ul, 80ul, 93mr/ur, 102/103.
Jean-Loup Charmet: 23o.
Christie's Images: 82u.
Corbis: Dean Conger 52or; Antoine Gyori 139o; E. O. Hoppe/Bettmann 118mr; Rob Howard 181m; Bob Krist 201u; Library of Congress 28ol; Michael Nicholson 152o; Gianni Dagli Orti 8/9, 119ul; Steve Raymer 31mru, 118ur; Gregor M. Schmid 138ol; Eremitage, St. Petersburg 24ul; Russisches Museum, St. Petersburg 25ul.
ET Archive: Bibliothèque Nationale, Paris 17ml.
Eremitage, St. Petersburg 88o, 89ol.
Mary Evans Picture Library: 99 (Einklinker), 19u, 21ur, 22m, 23m, 24ml/ur, 25ur, 26o, 29ur, 62u, 139 (Einklinker), 159ul, 199 (Einklinker).
Getty Images: Hulton Archive 43or, 118ml, 121m, 182or; The Image Bank/Harald Sund 11ur.
Giraudon: State Russian Museum 43mr, 105mr; Tretjakov-Galerie, Moskau 165mr.
Michael Holford: 18m, 19m, 21ul.
Hotel Dostojevski: 173mu.
Interior Archive: Fritz von der Schulenburg 161m.
Katz Pictures: 167 (Einklinker).
KEA Publishing Services: Francesco Venturi 92 (alle).

David King Collection: 29ol, 30o, 45u, 69u, 129m.
Lonely Planet Images: Jonathan Smith 11or, 139mru.
Mary Evans Picture Library: 9 (Einklinker), 19u, 21ur, 22m, 23m, 24ml/ur, 25ur, 26o, 29ur, 62u, 141 (Einklinker), 161ul, 207 (Einklinker).
Paul Miller: 51mr.
MIR Travel Company: 208om.
Novosti, London: 20ur, 21ol, 26u, 27o, 30ml, 31u, 43ol, 50m, 51u, 78u, 165o/l.
Oronoz, Madrid: 22o, 43ul.
Park Inn Pribaltiskaja: 168ml.
Plodimex Außenhandels GmbH, Hamburg: 178mr/ul.
Natasha Razina: 152u, 153o.
Renaissance St Petersburg Baltic Hotel: 172m.
Rex Features: V. Sichov/SIPA Press 30mr.
Robert Harding Picture Library: 84ur.
Rocco Forte Hotels, St. Petersburg: 169ur.
Ellen Rooney: 53o, 79o, 83u, 140–141.
Gregor M. Schmid: 50ur.
Science Photo Library: CNES, 1989 Distribution Spot Image 11mr.
Vladimir Sidoropolev: 182ur.
State Russian Museum: 7mr; *Blauer Boden*, Vasili Kandinsky (1917) © ADAGP, Paris, and DACS, London 2006 39ur; 93or, 104ul/ur, 105ol, 106ol/u, 107 (alle), 110u.
Travel Library: Stuart Black 85ur.
Visual Arts Library: 44u; State Hermitage, St. Petersburg *L'Homme aux bras croisés*, Pablo Picasso (1905) © Succession Picasso/DACS 2006 91u; 123m.
Zentrales Staatsarchiv für Fotografie und Filmdokumente, St. Petersburg: 42o, 72m, 110m, 118ul.

Umschlag

Vorderseite: **Alamy Images**: Jon Arnold Images m; **DK Images**: John Heseltine mlu.
Rückseite: Demetrio Carrasco: ul;
DK Images: Demetrio Carrasco mlu, mlo, ul; John Heseltine ol.
Buchrücken: **DK Images**: Demetrio Carrasco u.
Vordere Umschlaginnenseite: **DK Images**: Valentin Baranovsky mru.

Alle anderen Bilder, Fotos und Karten:
© Dorling Kindersley, London.
Weitere Informationen finden Sie unter:
www.dkimages.com

Sprachführer Russisch

In diesem Buch wurde das international etablierte Transliterationssystem nach DIN 1460 verwendet, das auch der Duden behandelt. Es ordnet jedem kyrillischen Zeichen ein (oder zwei) Zeichen der lateinischen Schrift zu. Dieses System erleichtert Ihnen die Orientierung vor Ort wesentlich. Systeme, die sich eher nach der Aussprache kyrillischer Buchstaben richten, helfen am Reiseziel kaum weiter. Die unten aufgeführten Richtlinien ermöglichen eine korrekte Aussprache und Betonung im Deutschen. Alle Straßen- und Ortsnamen sowie die meisten Personen wurden nach diesem Prinzip umgeschrieben. Die Namen russischer Herrscher wie etwa Peter der Große werden in ihrer deutschen Form wiedergegeben.

Richtlinien zur Aussprache

Das kyrillische Alphabet besteht aus 33 Buchstaben, von denen einige keine Entsprechung im Deutschen haben. So gibt es etwa harte und weiche Vokale sowie weiche Zischlaute, die dem französischen »j« in »journal« vergleichbar sind. In der rechten Spalte des unten aufgelisteten Alphabets wird mithilfe deutscher Wörter verdeutlicht, wie kyrillische Buchstaben ausgesprochen werden. Dabei hängt die Aussprache von der Stellung des Lauts im Wort ab, aber auch davon, ob die Silbe betont oder unbetont ist.

In diesem Sprachführer finden Sie Transliterationen der Wörter und Redewendungen, die man in vielfältigen Alltagssituationen, etwa beim Essen, im Hotel oder beim Einkaufen, verwenden kann.

Auf den folgenden Seiten finden Sie in der linken Spalte die deutsche Bedeutung eines Worts oder einer Redewendung, in der rechten Spalte die kyrillische Schreibweise und die entsprechende Transliteration nach DIN 1460. Eine Ausnahme davon bildet die Rubrik *Auf der Speisekarte*, in der aus praktischen Gründen die deutsche Übersetzung rechts aufgeführt wird.

Kyrillisches Alphabet

А а	a	S**a**nd
Б б	b	**B**aum
В в	v	**W**asser
Г г	g	**G**arten (Anm. 1)
Д д	d	**D**attel
Е е	e	**E**sel (Anm. 2)
Ё ё	ë	**J**och
Ж ж	ž	**J**ournal (stimmhaft)
З з	z	**R**ose
И и	i	L**i**d
Й й	j	Ma**i** (Anm. 3)
К к	k	**K**ugel
Л л	l	**L**and
М м	m	**M**ond
Н н	n	**N**orden
О о	o	S**o**nne
П п	p	**P**alme
Р р	r	**gerollt** (wie im Ital.)
С с	s	**L**u**s**t
Т т	t	**T**anz
У у	u	L**u**pe
Ф ф	f	**F**ahrt
Х х	ch	Ba**ch**
Ц ц	c	**z**u
Ч ч	č	Kut**sch**e
Ш ш	š	**Sch**atz
Щ щ	šč	**schtsch** bzw. langes sch
Ъ ъ		(Härtezeichen, Anm. 4)
Ы ы	y	zwischen **I**gel und **Ü**bel, wie in **I**rrtum
Ь ь		(Weichheitszeichen, Anm. 4)
Э э	è	zwischen e und ä, wie in **E**rbe
Ю ю	ju	**Ju**gend
Я я	ja	**Ja**hr

1) Г: in den Endungen -ego und -ogo immer »w« gesprochen (-ewo und -owo).
2) E: in unbetonter Silbe wie in »Felsen«, am Wortanfang immer und in betonten Silben meist »je« gesprochen. Die Betonung wird üblicherweise nicht angegeben.
3) Й: entfällt nach И.
4) Ъ bzw. Ь: Viele Konsonanten werden im Russischen in einer harten oder weichen Form gesprochen. Das Härte- bzw. Weichheitszeichen ist ein Hinweis auf die Aussprache des voranstehenden Konsonanten.

Notfälle

Hilfe!	Помогите!	*Pomogite!*
Halt!	Стоп!	*Stop!*
Lassen Sie mich in Ruhe!	Оставьте меня в покое!	*Ostavte menja v pokoe!*
Rufen Sie einen Arzt!	Позовите врача!	*Pozovite vrača!*
Rufen Sie einen Krankenwagen!	Вызовите скорую помощь!	*Vyzovite skoruju pomošč!*
Feuer!	Пожар!	*Požar!*
Rufen Sie die Feuerwehr!	Вызовите пожарных!	*Vyzovite požarnych!*
Polizei!	Милиция!	*Milicija!*
Wo ist das nächste ...	Где ближайший ...	*Gde bližajši ...*
... Telefon?	... телефон?	*... telefon?*
... Krankenhaus?	... больница?	*... bolnica?*
... Polizeirevier?	... тделение милиции?	*... otdelenie milicii?*

Wichtige Wörter

Ja	Да	*Da*
Nein	Нет	*Net*
Bitte	Пожалуйста	*Požalujsta*
Danke	Спасибо	*Spasibo*
Bitte sehr	Пожалуйста	*Požalujsta*
Verzeihung	Извините	*Izvinite*
Hallo	Здравствуйте	*Zdravstvujte*
Auf Wiedersehen	До свидания	*Do svidanija*
Guten Morgen	Доброе утро	*Dobroe utro*
Guten Tag	Добрый день	*Dobryj den*
Guten Abend	Добрый вечер	*Dobryj večer*
Gute Nacht	Спокойной ночи	*Spokojnoj noči*
Morgen (Tageszeit)	утро	*utro*
Nachmittag	день	*den*
Abend	вечер	*večer*
gestern	вчера	*včera*
heute	сегодня	*segodnja*
morgen	завтра	*zavtra*
hier	здесь	*sdes*

dort	там	tam
Was?	Что?	Čto?
Wo?	Оde?	Ode?
Warum?	Почему?	Počemu?
Wann?	Когда?	Kogda?
jetzt	сейчас	sejčas
später	позже	pozže
Darf ich ...?	можно ...?	možno ...?
Es ist möglich/	можно	možno
Es ist nicht möglich/ verboten	нельзя	nelzja

Nützliche Redewendungen

Wie geht es Ihnen?	Как дела?	Kak dela?
Danke, gut.	Хорошо, спасибо.	Chorošo, spasibo.
Sehr erfreut.	Очень приятно.	Očen prijatno.
Wie komme ich nach ...?	Как добраться до ...?	Kak dobratsja do ...?
Könnten Sie mir bitte sagen, wann wir in ... ankommen?	Скажите, пожалуйста, когда мы приедем в ...?	Skažite, požalujsta, kogda my priedem v ...?
Ist es sehr weit?	Это далеко?	Eto daleko?
Sprechen Sie Deutsch?	Вы говорите по-немецкий?	Vy govorite po-nemecki?
Ich verstehe nicht.	Я не понимаю.	Ja ne ponimaju.
Könnten Sie etwas langsamer sprechen?	Говорите медленне?	Govorite medlenne?
Könnten Sie das wiederholen?	Повторите, пожалуйста?	Povtorite, požalujsta?
Ich habe mich verirrt.	Я заблудился (заблудилась).	Ja zabudilsja (m.) Ja zabludilas (w.)
Wie sagt man ... auf Russisch?	Как по-русски ...?	Kak po-russki ...?

Nützliche Begriffe

groß	большой	bolšoj
klein	маленький	malenki
heiß (Wasser, Essen)	горячий	gorjači
heiß (Wetter)	жарко	žharko
kalt	холодный	cholodnj
gut	хорошо	chorošo
schlecht	плохо	plocho
in Ordnung	нормально	normalno
nahe	близко	blizko
weit	далеко	daleko
oben	наверху	naverchu
unten	внизу	vnizu
früh	рано	rano
spät	поздно	pozdno
frei (nicht besetzt)	свободно	svobodno
kostenlos	бесплатно	besplatno
Kasse/ Kartenvorverkauf	касса	kassa
große Straße/ Boulevard	проспект	prospekt
Brücke	мост	most
Uferstraße	набережная	naberežnaja
große Straße, Schnellstraße	шоссе	šosse
Gasse, Weg	переулок	pereulok
Platz	площадь	ploščad
Straße	улица	ulica
Wohnung	квартира	kvartira
Stockwerk	этаж	étaž
Haus/Häuserblock	дом	dom
Eingang	вход	vchod
Ausgang	выход	vychod
Fluss	река	reka
Ferien-/Landhaus	дача	dača
Schwimmbecken	бассейн	bassejn
Stadt	город	gorod
Toilette	туалет	tualet

Telefonieren

Kann man von hier ins Ausland telefonieren?	Можно отсюда позвонить за границу?	Možno otsjuda pozvonit za granicu?
Könnte ich bitte mit ... sprechen?	Позовите, пожалуйста ...?	Pozovite, požalujsta ...?
Könnten Sie ihm/ ihr bitte etwas ausrichten?	Вы можете передать ему/ей?	Vy možete peredat emu/ej?
Meine Nummer ist ...	Мой номер ...	Moj nomer ...
Ich rufe später zurück.	Я позвоню позже.	Ja pozvonju pozže.

Sehenswürdigkeiten

Schloss	замок	zamok
Kathedrale	собор	sobor
Kirche	церковь	cerkov
Zirkus	цирк	cirk
wegen Reinigungsarbeiten geschlossen	санитарный день	sanitarnyj den
Renovierungsarbeiten	ремонт	remont
Ausstellung	выставка	vystavka
Festung	крепость	krepost

Deutsch	Russisch	Transliteration
Galerie	галерея	galereja
Garten	сад	sad
Insel	остров	ostrov
Kreml/ Befestigungsanlage	кремль	kreml
Bibliothek	библиотека	biblioteka
Denkmal	памятник	pamjatnik
Moschee	мечеть	mečet
Museum	музей	musej
Palast	дворец	dvorec
Park	парк	park
Parlament	дума	duma
Synagoge	синагога	sinagoga
Touristen-information	пункт информации для туристов	punkt informacii dlja turistov
Zoo	зоопарк	zoopark

Shopping

geöffnet	открыто	otkryto
geschlossen	закрыто	zakryto
Wie viel kostet das?	Сколько это стоит?	Skolko éto stoit?
Ich würde gerne ... kaufen.	Я хотел (хотела) бы купить ...	Ja chotel (chotela) by kupit ...
Haben Sie ...?	У вас есть ...?	U vas jest ...?
Nehmen Sie Kreditkarten?	Кредитные карточки вы принимаете?	Kreditnye kartočki vy prinimaete?
Wann öffnen/schließen Sie?	Во сколько вы открываетесь/закрываетесь?	Vo skolko vy otkryvaetes/zakryvaetes?
diese/r/s	этот	étot
teuer	дорого	dorogo
billig	дёшево	deševo
Größe	размер	razmer
weiß	белый	belyj
schwarz	чёрный	černyj
rot	красный	krasnyj
gelb	жёлтый	žëltyj
grün	зелёный	zelënyj
dunkelblau	синий	sini
hellblau	голубой	goluboj
braun	коричневый	koričnevyj

Läden

Bäckerei	булочн	buločnaja
Buchhandlung	книжный магазин	knižyj magazin
Metzgerei	мясной магазин	mjasnoj magazin
Fotoladen	фото-това	foto-tovary
Apotheke	аптека	apteka
Feinkostgeschäft	гастроном	gastronom
Kaufhaus	универмаг	univermag
Florist	цветы	cvety
Lebensmittelladen	бакалея	bakaleja
Friseur	парикмахерская	parikmacherskaja
Markt	рынок	rynok
Zeitungskiosk	газетный киоск	gazetnyj kiosk
Postamt	почта	počta
Plattenladen	граммпластинки	gramplastinki
Schuhgeschäft	обувь	obuv
Reisebüro	бюро путешествий	bjuro putešestvi
Bank	банк	bank

Im Hotel

Haben Sie ein Zimmer frei?	У вас есть свободный номер?	U vas jest svobodnyj nomer?
Doppelzimmer mit Doppelbett	номер с двуспальной кроватью	nomer s dvuspalnoj krovatju
Zweibettzimmer	двухместный номер	dvuchmestnyj nomer
Einzelzimmer	одноместный номер	odnomestnyj nomer
Badewanne	ванная	vannaja
Dusche	душ	duš
Portier	носильщик	nosilščik
Schlüssel	ключ	ključ

Im Restaurant

Bitte einen Tisch für zwei Personen.	Стол на двоих, пожалуйста.	Stol na dvoich, požalujsta.
Ich möchte einen Tisch reservieren.	Я хочу заказать стол.	Ja choču zakazat stol.
Die Rechnung, bitte.	Счёт, пожалуйста.	Sčët, požalujsta.
Ich bin Vegetarier.	Я вегетерианец (вегетерианка).	Ja vegeterianec (vegeterianka).
Frühstück	завтрак	zavtrak
Mittagessen	обед	obed
Abendessen	ужин	užin
Kellner!	официант!	oficiant!
Kellnerin!	официантка!	oficiantka!
Tagesgericht	фирменное блюдо	firmennoe bljudo

Vorspeisen	закуск	*zakuski*
Hauptgang	второе блюдо	*vtoroe bljudo*
Fleisch- und Geflügelgerichte	мясные блюда	*mjasnye bljuda*
Fisch- und Meeresfrüchtegerichte	рыбные блюда	*rybnye bljuda*
vegetarische Gerichte	овощные блюда	*ovoščnye bljuda*
Nachspeise	десерт	*desert*
Getränke	напитки	*napitki*
Gemüse	овощи	*ovošči*
Brot	хлеб	*chleb*
Weinkarte	карта вин	*karta vin*
blutig (Steak)	недожаренный	*nedožarennyj*
durchgebraten	прожаренный	*prožarennyj*
Glas	стакан	*stakan*
Flasche	бутылка	*butylka*
Messer	нож	*nož*
Gabel	вилка	*vilka*
Löffel	ложка	*ložka*
Teller	тарелка	*tarelka*
Salz	соль	*sol*
Pfeffer	перец	*perec*
Butter	масло	*maslo*
Zucker	сахар	*sachar*

Auf der Speisekarte

абрикос	*abrikos*	Aprikose
апельсин	*apelsin*	Orange
апельсиновый сок	*apelsinovyj ok*	Orangensaft
арбуз	*arbuz*	Wassermelone
белое вино	*beloe vino*	Weißwein
бифштекс	*bifšteks*	Steak
блины	*bliny*	Pfannkuchen
борщ	*boršč*	Borschtsch (Rote-Bete-Suppe)
варенье	*varene*	russische Sirupmarmelade
варёный	*varěnyj*	gekocht
ветчина	*vetčina*	Schinken
вода	*voda*	Wasser
говядина	*govjadina*	Rindfleisch
грибы	*griby*	Pilze
груша	*gruša*	Birne
гусь	*gus*	Gans
джем	*džem*	Marmelade
жареный	*žarenyj*	gebraten/gegrillt
икра	*ikra*	schwarzer Kaviar
икра красная/кета	*ikra krasnaja/keta*	roter Kaviar
капуста	*kapusta*	Kohl
картофель	*kartofel*	Kartoffel
квас	*kvas*	süßes, leicht alkoholisches Getränk
клубника	*klubnika*	Erdbeeren
колбаса	*kolbasa*	Salami
кофе	*kofe*	Kaffee
красное вино	*krasnoe vino*	Rotwein
креветки	*krevetki*	Krabben
курица	*kurica*	Hühnchen
лук	*luk*	Zwiebel
малина	*malina*	Himbeeren
минеральная вода	*mineralnaja voda*	Mineralwasser
мороженое	*morožnoe*	Eiscreme
мясо	*mjaso*	Fleisch
огурес	*ogurez*	Gurke
осетрина	*osetrina*	Stör
пельмени	*pelmeni*	Fleisch- oder Fischklöße
персик	*persik*	Pfirsich
печенье	*pečene*	Keks
печёнка	*pečěnka*	Leber
печёный	*pečěnyj*	gebacken
пиво	*pivo*	Bier
пирог	*pirog*	Kuchen
пирожки	*pirožki*	kleine gefüllte Teigtaschen
помидор	*pomidor*	Tomate
продукты моря	*produkty morja*	Meeresfrüchte
рыба	*ryba*	Fisch
салат	*salat*	Salat
свинина	*svinina*	Schweinefleisch
сельдь	*seld*	Hering
сосиски	*sosiski*	Würstchen
сыр	*syr*	Käse
сырой	*syroj*	roh
утка	*utka*	Ente
фасоль	*fasol*	Bohnen
форель	*forel*	Forelle
чай	*čaj*	Tee
чеснок	*česnok*	Knoblauch
шашлык	*šašlyk*	Schaschlik
яйцо	*jajco*	Ei
слива	*sliva*	Pflaume
фрукты	*frukty*	Obst
яблоко	*jabloko*	Apfel

Transport

Norden	север	sever
Süden	юг	jug
Osten	восток	vostok
Westen	запад	zapad
Flughafen	аэропорт	aeroport
Flugzeug	самолёт	samolët
Verkehrspolizei	ГАИ	GAI
Bus	автобус	avtobus
Busbahnhof	автобусная станция	avtobusnaja stancija
Bushaltestelle	остановка автобуса	ostanovka avtobusa
Auto	машина	mašina
Flug	рейс	rejs
U-Bahn-Station	(станция) метро	(stancija) metro
kein Eingang	нет входа	net vchoda
kein Ausgang	нет выхода	net vychoda
Parken	автостоянка	avtostojanka
Benzin	бензин	benzin
Eisenbahn	железная дорога	železnaja doroga
Bahnhof	вокзал	vokzal
Rückfahrkarte	обратный билет	obratnyj bilet
Sitz	место	mesto
Vorortzug	пригородный поезд	prigorodnyj poezd
geradeaus	прямо	prjamo
Taxi	такси	taxi
Fahrschein	билет	bilet
U-Bahn-Münze (Einzelfahrt)	жетон	žeton
links	налево	nalevo
rechts	направо	napravo
Zug	поезд	poezd
Straßenbahn	трамвай	tramvaj
Trolleybus	троллейбус	trollejbus

Zahlen

1	один/одна/одно	odin/odna/odno
2	два/две	dva/dve
3	три	tri
4	четыре	četyre
5	пять	pjat
6	шесть	šest
7	семь	sem
8	восемь	vosem
9	девять	devjat
10	десять	desjat
11	одиннадцать	odinnadcat
12	двенадцать	dvenadcat
13	тринадцать	trinadcat
14	четырнадцать	četyrnadcat
15	пятнадцать	pjatnadcat
16	шестнадцать	šestnadcat
17	семнадцать	semnadcat
18	восемнадцать	vosemnadcat
19	девятнадцать	devjatnadcat
20	двадцать	dvadcat
21	двадцать один	dvadcat odin
22	двадцать два	dvadcat dva
23	двадцать три	dvadcat tri
24	двадцать четыре	dvadcat četyre
25	двадцать пять	dvadcat pjat
30	тридцать	tridcat
40	сорок	sorok
50	пятьдесят	pjatdesjat
60	шестьдесят	šestdesjat
70	семьдесят	semdesjat
80	восемьдесят	vosemdesjat
90	девяносто	devjanosto
100	сто	sto
200	двести	dvesti
300	триста	trista
400	четыреста	četyresta
500	пятьсот	pjatsot
1000	тысяча	tysjača
2000	две тысяч	dve tysjač
5000	пять тысяч	pjat tysjač
1000 000	миллион	million

Datum und Uhrzeit

eine Minute	одна минута	odna minuta
Stunde	час	čas
halbe Stunde	полчаса	polčasa
Tag	день	den
Woche	неделя	nedelja
Montag	понедельник	ponedelnik
Dienstag	вторник	vtornik
Mittwoch	среда	sreda
Donnerstag	четверг	četverg
Freitag	пятница	pjatnica
Samstag	суббота	subbota
Sonntag	воскресенье	voskresene

Dorling Kindersley Vis-à-Vis

Vis-à-Vis-Reiseführer

Ägypten Alaska Amsterdam Apulien Argentinien Australien Bali & Lombok Baltikum Barcelona & Katalonien Beijing & Shanghai Belgien & Luxemburg Berlin Bologna & Emilia-Romagna Brasilien Bretagne Brüssel Budapest Bulgarien Chile Chicago China Costa Rica Dänemark Danzig & Ostpommern Delhi, Agra & Jaipur Deutschland Dresden Dublin Florenz & Toskana Florida Frankreich Genua & Ligurien Griechenland Griechische Inseln Großbritannien Hamburg Hawaii Indien Irland Istanbul Italien Japan Jerusalem Kalifornien Kambodscha & Laos Kanada Kanarische Inseln Karibik Kenia Korsika Krakau Kroatien Kuba Las Vegas Lissabon Loire-Tal London Madrid Mailand Malaysia & Singapur Mallorca, Menorca & Ibiza Marokko Mexiko Moskau München & Südbayern Neapel Neuengland Neuseeland New Orleans New York Niederlande Nordspanien Norwegen Österreich Paris Peru Polen Portugal Prag Provence & Côte d'Azur Rom San Francisco St. Petersburg Sardinien Schottland Schweden Schweiz Sevilla & Andalusien Sizilien Spanien Stockholm Südafrika Südtirol & Trentino Südwestfrankreich Thailand Thailand – Strände & Inseln Tokyo Tschechien & Slowakei Türkei USA USA Nordwesten & Vancouver USA Südwesten & Las Vegas Venedig & Veneto Vietnam & Angkor Washington, DC Wien

DORLING KINDERSLEY
www.dorlingkindersley.de

Vis-à-Vis